**Foundations of
Intercultural Communication**

跨文化交际学

（第 2 版）

陈国明　著

华东师范大学出版社

图书在版编目(CIP)数据

跨文化交际学/陈国明著.—上海:华东师范大学出版社,2009
ISBN 978-7-5617-6888-4

Ⅰ.跨…　Ⅱ.陈…　Ⅲ.文化交流　Ⅳ.G115

中国版本图书馆 CIP 数据核字(2009)第 074633 号

© 文化间传播学,五南图书出版股份有限公司,2003,繁体版,ISBN 957-11-3344-2
跨文化交际学,华东师范大学出版社,2009,简体版(修订第 2 版)

本书为(台湾)五南图书出版股份有限公司授权华东师范大学出版社在大陆地区出版发行简体字版本。

上海市版权局著作权合同登记　图字:09-2009-226 号

跨文化交际学

著　　者　陈国明
责任编辑　李恒平
责任校对　张　露
封面设计　高　山

出版发行　华东师范大学出版社
社　　址　上海市中山北路 3663 号　邮编 200062
网　　址　www.ecnupress.com.cn
电　　话　021-60821666　行政传真 021-62572105
客服电话　021-62865537　门市(邮购)电话 021-62869887
地　　址　上海市中山北路 3663 号华东师范大学校内先锋路口
网　　店　http://hdsdcbs.tmall.com

印 刷 者　上海商务联西印刷有限公司
开　　本　787×1092　16 开
印　　张　18.75
字　　数　442 千字
版　　次　2009 年 6 月第 2 版
　　　　　2003 年 8 月第 1 版(繁体字,台湾地区)
印　　次　2020 年 9 月第 7 次
书　　号　ISBN 978-7-5617-6888-4/H·455
定　　价　37.00 元

出 版 人　王　焰

(如发现本版图书有印订质量问题,请寄回本社客服中心调换或电话 021-62865537 联系)

作者简介

陈国明教授为美国肯特州立大学(Kent State University)传播学博士。主修跨文化交际与组织传播学,以及传播研究方法。为美国 1987 年国际与跨文化交际学杰出博士论文奖得主,目前任教于美国罗得岛大学(University of Rhode Island)传播学系。除了担任不同专业期刊编辑与编委之外,也是中华传播研究学会(Association for Chinese Communication Studies)创会会长。目前为国际跨文化交际研究学会(International Association for Intercultural Communication Studies)执行长。著作颇丰,除了一百余篇论文,已出版了《简明英汉传播学辞典》(2002,五南出版社)、《文化间传播学》(2003,五南出版社)、《中华传播理论与原则》(2004,五南出版社)、《传播学概论》(2005,巨流出版社)、《媒介素养》(2005,五南出版社)、《传播研究方法》(2009,复旦大学出版社)、"Foundations of Intercultural Communication"(1998,Allyn & Bacon)、"Chinese Conflict Management and Resolution"(2002,Ablex)、"Communication and Global Society"(2000,Peter Lang)、以及"Taking Stock in Intercultural Communication:Where To Now?"(2005,National Communication Association)等二十余本中英文著作。

Contents
目　录

Indexes
图文索引

很高兴《跨文化交际学》能以简体字发行，方便了整个大中华地区读者的阅读。本书首版于 2003 年，以繁体字在台湾出版。全书的主要架构除了修改了一些之外，大致上沿用了我与 William J. Starosta 教授于 1997（2005 再版）在美国合写的"Foundations of Intercultural Communication,"但是为了配合华人阅读，书中添增了不少与华人社会和中国文化相关的内容与例子。如今以简体字发行，为了更适合大陆的环境，我们也把内容做了一些适当的调整，特别是一些海峡两岸用语上的差异。希望做了这些修正后，在用词遣字上，能使读者阅读起来更加地自然、亲切。另外，虽然六年来跨文化交际学这个学术领域的发展，并没有产生什么变动，但为了使读者能更加了解这几年来这个领域研究的情形，在各章节不同的地方，我们也增列了一些较新的文献数据。

目前跨文化交际学的教科书，在英文方面大约已经出版了十余种，中文方面也大概有五六本。不过，如同本人在繁体版的序文里提到，本书与目前已经出版的中文与英文的著作，最大的差别在于内容的完整性与理论和实务的并重。已经出版的著作不是从一个特殊的理论方向来发挥，就是过度重视实用；虽然各有贡献，但也因此偏与一隅，无法让读者从中窥视跨文化交际学整个领域的全貌。本书的特色，就是试着弥补这种缺陷，以学科主题为基础，详细介绍跨文化交际学重要主题的本质与内涵，同时包括了与该主题相关的实用知识与方法。如此一方面可以协助读者了解整个跨文化交际学的大概面貌，另一方面也能在与来自不同文化的人们沟通互动时，感到自在并达到互动的目标。

在主题方面，本书除了讨论了跨文化交际学发展的历史轨迹，以及交际与文化的紧密关系之外，包括了文化价值、语言、非语言讯息、跨文化适应、跨文化身份/认同、跨文化训练、跨文化关系、跨文化冲突、跨文化谈判、跨文化交际能力、与跨文化交际学的未来发展等主题。虽然这些主题并未涵盖整个跨文化交际学的全部内容，但是结合起这些主题，对跨文化交际学的理解，虽不致亦不远矣。对不同主题感兴趣，而且想继续更深入研究该主题的读者，从各章节所提供的文献资料，依序渐进，也应该可以达到目的。

本书能够发行简体版，特别要感谢华东师范大学出版社李恒平先生的慧眼与奔波。没有他与台湾五南出版社的协调，本书是无法与读者见面的。本书的完成，当然也必须感谢我家人的支持，还有美国罗得岛大学（University of Rhode Island）传播学系在我教学与研究方面的协助,使我有足够的时间来从事中文写作。

最后,本书虽经竭尽全力修改,但繁简转化工作之复杂仍超出想象。书中如仍有用法不一甚至错漏之处,恳请读者指正。

陈国明

于美国罗得岛大学传播学系

2009 年 6 月

跨文化交际学/跨文化传播学在传播学整个领域内，算是一门年轻的学科。从美国匹兹堡大学于 1966 年，首先开设跨文化交际学课程到目前为止，还不到四十年的历史。因此，比起其他传播学学科，跨文化交际学教科书的数量，相对地少了很多，而且内容与质量不一。中文方面，海峡四地虽然在 80 年代之后，也出现了几本，但因时代的变迁，这些教科书在内容上，已无法完整地反映出跨文化交际学的面貌，出版一本较完善的跨文化交际学教科书的需求，乃因应而生。

由于本人专攻跨文化交际学，以《跨文化交际能力面向分析》为题的博士论文，曾于 1987 年获得美国最主要传播学会（National Communication Association）国际与文化传播学组，所颁发的最佳博士论文奖，加上已经在美国罗得岛大学传播学系，教了十五年的跨文化交际学以及出版了几十篇这方面的论文与几本英文著作，因此，写起来，可说是驾轻就熟之事。唯一不同的是，必须以自己的中文母语来写作，算是一项额外的挑战。还好完成第一章之后，总算寻回自己早年中文的功力，下笔乃觉一路顺畅。

本书使用的结构，与我英文版的 Foundations of Interculture Communication 类似。采用类似章节的结构，主要原因在于以主题为主的论述，可以帮助学生较全盘性地窥见与了解整个跨文化交际学学科的内涵。这种安排，对学习的过程，具有很大的意义与功能。虽然章节结构类似，但内容除了必须涵盖的跨文化交际学的理论与原则之外，这本书的对象是华人世界的学生与实务界的读者，因此，很多解说与例子都是从中华文化的角度着手，以让读者阅读能产生亲切感，并且体会到真正的文化间或跨文化传播的比较。

本书也力图理论与实务并重。避免像一些教科书，只侧重在"如何做"的层次。除了技巧或技术的方法与知识之外，本书同时强调跨文化交际学的原则与理论。这个安排显现在全书的内容之外，即可以在本书各章节所附加的"文献链接"与"迷你个案"看出。"文献链接"包含了与特定主题有关的研究摘要，直接与跨文化交际学的原则与理论唱和。"迷你个案"则以跨文化交际的过程中，可能碰到的实际问题做为讨论的中心，直接寻求跨文化交际学的原则与理论，提升对解决问题的应用性。两者整合起来，使得内容的趣味性增高，可说是本书最大的特色。希望这种安排，能帮助读者建立起一个扎实的基础。

为了避免一些专有术语在翻译上可能产生的困扰，并能够让读者同时认知学科内不同词语的英文表达，本书也尽可能在必要的地方标出英文。读者可以在阅读对照的过程，获取双重语言之利。

　　最后,本书的完成,必须感谢我太太与儿女一年多来鼎力的支持与包容。付梓后,首先该做的是重拾正常的家庭周末生活。其次,也感谢罗得岛大学(University of Rhode Island)传播学系,在教学时间的安排方面给了我不少方便与各种设备上的支援,还有中华传播研究学会(Association for Chinese Communication Studies)会员的鼓励与资料提供。最后,没有五南图书出版公司陈念祖先生与编辑同仁的协助,本书也无法按时完成,在此特别表达感谢之意。

陈国明

于美国罗得岛大学传播学系

2003 年 7 月

基础篇

　　本篇旨在介绍跨文化交际/跨文化传播学的发展、内容及其重要性，并讨论文化、传播、认知、与价值观等基本概念与它们之间的关系。

第一篇

第一章 跨文化交际学—绪论

> 小国寡民，使有什伯之器而不用，使民重死而不远徙。虽有舟舆，无所乘之；虽有甲兵，无所陈之。使民复结绳而用之。甘其食，美其服，安其居，乐其俗。邻国相望，鸡犬之声相闻，民至老死，不相往来。
>
> ——《老子》

　　从老子的小国寡民、安居乐业，与不和外界接触而终其一生的理想国，到陶渊明"黄发、垂髫，并怡然自乐……不复出焉；遂与外人间隔。问今是何世；乃不知有汉，无论魏晋……"的桃花源；或从柏拉图(Plato)以智德兼备的哲人统治的城邦理想国度，到摩尔(Moore)的乌托邦，人类自古即编织着一幅如梦如画的图案，冀求生活在一个无忧无虑的简朴独立社会。可惜事与愿违，人类历史的巨轮，却辗转地把孤立在世界各个角落，不管使用哪一种语言，不管过着什么样的生活，不管吃什么样食物的族群部落连结了起来。如今，面对面沟通对人类来说不仅是易如反掌，而且已是不堪逃避之事。

　　人类社会这种由孤立到相互依存的发展，使得跨文化交际/跨文化传播(intercultural communication)成了历史巨轮的轴心。于是文化间的互动，扮演了引导、批判、甚至抗拒着人类社会变迁的角色。研究与了解跨文化交际，成了当今人类和平共存不可或缺的条件。为了对跨文化交际学有基础性的了解，本章分四个章节来加以讨论：(1)跨文化交际学的需求，(2)跨文化交际学发展简史，(3)跨文化交际学的内涵，以及(4)跨文化交际的伦理依据。

第一节　跨文化交际学的需求

　　全球化(globalization)的潮流可说是对跨文化交际学需求最主要的动因。这股潮流如同巨浪，一波又一波地冲击着人类社会，使人与人、组织与组织、政府与政府之间处于前所未有的紧密依存关系。它不仅改变了传统的社区意义，也重新定义了亲族形态、语言共识、身体距离、共同规范、安全意识等人类社会的固有特质。这种巨大的变化，直接给人类生存与生活带来了极大挑战。换句话说，人类已经无法以不变应万变，期望以传统的方式活出一个有意义的人生。

　　二十世纪科技的发展带来了全球化。科技的发展不仅促使经济全球化，更带来了广泛的移民潮，多元文化的发展与邦国概念的模糊化。这些彼此关联的要素，可称为全球化的五大潮流(Chen & Starosta, 1996)。

科技的发展（Development of the Technology）

科技的突飞猛进把地球的各个角落连成了一体。稍稍回顾一下一个世纪来的人类历史，我们马上可以发现传播与交通科技的发展一日千里，速度惊人。以质量计，人类社会在二十世纪的变迁，毫无疑问地超过了过去五千年来的总和。突然之间戴安娜王妃车祸身亡、美英联合轰炸伊拉克、口蹄疫的蔓延、华尔街道琼斯指数大跌、美国纽约的"9·11"事件，2008年5月的汶川大地震和8月在北京举行的奥运会，以及由墨西哥引发的H1N1流感等消息就像发生在本地的新闻一样，同步出现在眼前的电视画面或收音机的广播。喷气式引擎的发明，也把昨夜还在上海的淮海路和徐家汇逛街，今晨就在纽约与朋友共进早餐的现象，变得稀松平常。

在传播科技（communication technology）方面，从1844年的电报开始，电话、电视和卫星技术接踵而至，到目前经由电脑的互联网（Internet），已使人类社会的结构与人类沟通的形态产生了巨变。这些科技产物中，又以互联网对人类的贡献最为巨大。信息高速公路（information superhighway）不仅模糊了人际间与大众传播间的界限，也促使了个人与公共信息的传递更迅速地跨越国界。

加上交通科技（transportation technology）的发展，时间的流程已遭到压缩，空间的限制已经被突破，天涯已变成咫尺。来自不同文化、不同国度的你我，就好像比邻而居，天天可以面对面谈心说笑。整个地球变成了一个小村庄，人类与人类，文化与文化之间所形成的全球依存性，已经取代了往日那种沉湎于地域性文化的隔离孤立的生活方式，而成了当今人类生活的常态。

在我们逐渐涉及本土外事务，达到相互交融到不可分割的地步的同时，我们能够时而到处旅游，到海外寻找或拜访那些似乎早已遗忘的亲戚朋友，负笈异地求取更高深的学识，寻找更大的国际商业市场，甚至在学校选修不同族裔的音乐、美术课程或研读不同文明的过去与现在。这些科技带来的变化，正清楚地显示了一个不同世纪的来临。在这一步一步更广泛的文化接触与了解的过程，我们开始发觉到如何经由学习来获取文化的知识与沟通的技巧的重要性。因此，对跨文化交际学的需求，乃因应而生（陈国明，2008）。

经济的全球化（Globalization of Economy）

传播与交通科技的创新，推出了一个崭新的经济版图。几十年来，各地的市场变得容易接触，全球性的商业交易也变得更加相互依赖。这种商业的国际化把分布在世界不同角落的人与产品，聚集在同一个时空之下。譬如，像索尼（Sony）与可口可乐（Coco Cola）等大型公司，有超过一半的收入来自非本土国家。这种经济的全球化促使整个商业界的结构为之改观。以国家经济与市场为基础的传统结构，已渐渐转型为全球化的系统。

这种潮流不仅带来了新的消费群、新的公司组织、新的商业知识与新的工作机会，更迫使人类不得不学习一套新的思考和沟通的模式，以期适应因全球化搅动的文化差异所带来的在商业上的沟通误会与冲突。换句话说，一个成功的全球性公司，必须具备了解世界各地潜在顾客的需求，并迅速地把这种需求转化为在文化上能够接受的产品与服务，然后在短时间内输入。

新兴顾客群散布各地、难以加以巩固集中等特色，使得全球化的市场满布荆棘并充满着巨大挑战，那就是几乎对人类社会，包括科技、管理、文化、语言等每个方面，必须有所了解。换句话说,新时代公司组织对新环境适应的弹性与处理多元文化的能力,已成为在全球化社会中存活不可或缺的条件。这使得对跨文化交际学的认识成了当务之急(Adler,2008;Moran,Harris & Moran,2007)。

广泛的移民潮(Widespread Immigration)

交通的发达与经济的全球化连带松动了国界,卷起了汹涌的波浪一样移民潮。为了寻找一个安全的居住环境、学习新知或就业机会而远走他乡,在新世纪成了一股不可阻挡的潮流。以美国为例,从 1980 到 1990 年间,就有近九百万的移民。全国有三千两百万人口的母语不是美语。这些数字到了公元 2000 年的人口普查,更有了明显的变化。甚至有学者推测,到了公元 2005 年,美国总人口的比率,将有 13% 是西语裔,12% 非裔黑人,8% 是亚裔,而白种人的比率将只剩下 53%(Chambers,Figueroa,Wingert,& Weingarten,1999)。

另外,社会不稳定也常为移民潮推波助澜,如东欧与非洲多年来政治的动荡,引起人口大量移动。还有台湾与香港,因工商业的发展,而从印尼、泰国、菲律宾等国引入的外籍劳工,也显示了来自不同国家或文化的人们穿越国界的频繁性与容易性。这种移民潮或出入于不同国家,使得当今社会成了一个多族裔的结合。这正意味着两项特色:第一,在同一国家境内进行跨文化沟通不可避免;第二,来自不同族裔的人们,学习如何相互调适对方的认同与文化,已是责无旁贷。

多元文化的发展(Development of Multiculturalism)

排山倒海的移民潮所带来的多元文化主义(multiculturalism),直接重整了当今社会的结构。例如,现代的公司里雇用不同文化、不同族群、不同性别和不同语言的员工已是司空见惯。以美国公司组织为例,Johnston & Packer(1987)的研究发现,五项潮流将直、间接冲击二十一世纪的组织生活:

1. 总人口与劳动力人口的成长将逐渐趋缓。
2. 总人口与劳动力人口的平均年龄将逐渐降低。
3. 女性劳动人口将逐渐增加。
4. 非主流的劳动人口将逐渐增加。
5. 新移民人口将构成劳动人口很大的比率。

这些人口上的变化不仅同时在其他国家发生,而且也显示了在教育与工作的领域,将产生多族裔与双性别共生共治的现象。也就是说,不同文化、族裔、性别与语言共存的多元文化主义,势必成为人类生活的基本规范(norm),而不再像以前只是属于一种特例(exception)。这种多元文化的结构,如同前面所谈的五项潮流,逼使现代人不得不重新学习如何面对因文化的不同所带来的沟通障碍与可能的龃龉和冲突等问题。

邦国概念的模糊化(Deemphasis of Nation-State)

多元文化共处一室的现象一产生,国家认同(national identity)的问题马上浮现。首先,我们看到更多的国家加入区域联盟(regional alliance),不再也无法在政治或经济上单打独斗。例如,亚太经济合作会议(Asia-Pacific Economic Cooperation,APEC)、东南亚国家协会(Association of Southeast Asian Nations,ASEAN)、欧洲共同市场(European Common

Market，ECM)、欧洲经济共同体(European Economic Community，EEC)、北约(North Atlantic Treaty Organization，NATO)、北美自由贸易协定(North American Free Trade Agreement，NAFTA)、欧洲经济合作组织(Organization for European Economic Cooperation，OEEC)与石油输出国家组织(Organization of Petroleum Exporting Countires，OPEC)等跨国界的区域性组织，直接淡化了国家(nation-state)的概念。

在同一个国境内，我们也同时看到不同族裔与文化，高声疾呼自我认同(self-identity)。诸如女性主义(feminism)与同性恋运动的高涨、加拿大魁北克省(Quebec)的独立运动、美国印第安人与黑人的民权奋斗、甚至劳工联盟、残障协会或学生团体，都要求更大的自治与更紧固的认同。这些境内团体对自我认同的强烈需求，无疑是突破传统邦国概念与界限的一种挑战。

这五条支流汇集而成的全球化大河，横贯了当今整个人类社会的各个领域。其势不可阻挡，其力无法抗拒。整个世界的相互依存性(interdependence)与联系性(interconnectedness)已日益增强，邦国之内或之间的文化也变得更加的同质化(homogeneity)。这种发展正开始培养个人针对文化、种族、族裔、宗教、国家与性别的一种多面向的认同。唯有培养乘浪而行的能力，以一种崭新的思考与划时代的生活方针来与新潮流并进，我们才有办法创造生命的意义，开展出丰富与成功的人生。而这种能力不经由跨文化交际学的学习，是无法达到的。以下就简扼地来谈谈跨文化交际学的发展史。

第二节 跨文化交际学发展简史

在整个传播学发展史里，跨文化交际学可说是一门相当年轻的领域，从其肇始迄今，也不过半个世纪的时间。为了方便起见，我们可将跨文化交际学的发展，区分为四个阶段：草创期(1959 年之前)，基础期(1960—1969 年)，巩固期(1970—1979)以及开花期(1980—现今)。

草创期(1959 年之前)

虽然文化交流在人类社会，自古就已是司空见惯之事，而且于 1920 年代在语言学和其他领域，已有学者与从业人士探讨跨文化交际的问题，但是作为一个研究领域，则等到 1959年 Hall 首次在他的《无声的语言》(*The Silent Language*)一书里，提出"跨文化交际学"(Intercultural Communication)这个辞语之后，才开始有了比较系统性的发展。

Hall 一生从事跨文化互动的研究与训练，早在 1950 年即使用了"文化间的紧张"(Intercultural Tensions)与"跨文化的问题"(Intercultural Problems)等辞，加上其丰富的著作，一般传播学者公认他为跨文化交际学的始祖。《无声的语言》的出版，开启了跨文化交际学研究的先河。当时 Hall 服务于隶属美国政府的"海外服务中心"(Foreign Service Institute，FSI)，这个机构提供给 Hall 一个机会，把人类学的观点引入了文化差异的研究，并达到了立即应用的效果。

据 Leeds-Hurwitz(1990)指出，Hall 对跨文化传播研究的肇始和往后的发展有八大贡献：

1. Hall 把传统人类学单一文化的研究，拓展为文化的比较研究(comparative culture study)，尤其是着重来自不同文化的人们互动的关系。这种方法仍是目前跨文化交际研究的主要方向之一。

2. Hall 把文化的概念,从宏观分析的角度(macro perspective)转移到微观分析(micro perspective)。这种改变是基于海外服务中心学生的需求,海外服务中心主要是训练外交人员,微观的文化分析比较适合他们的实际需要。

3. Hall 把文化的概念延伸到传播的研究。这个延伸使得日后传播研究渐渐和人类学分家,尤其是在研究方法上由质化(qualitative methods)转向量化(quantitative methods)。这种转变,在美国的传播理论加入后更是明显。

4. Hall 把传播视为有规律性(rule-governed),经由学习和可分析的变项。这种对传播概念的看法直接带来了传播理论化(theorize)的可能性。

5. Hall 认为全盘了解互动对方的文化,不是跨文化交际的必要条件。他列举了一些可用来了解互动对方文化的项目:语声(voice)、手势(gesture)、时间(time)与空间(space)的使用。这些项目如今已成为跨文化交际学者研究的主要课题。要言之,这些项目即目前所谓的非语言传播学(Nonverbal Communication),包括了举止动态学(Kinesics)、间距学(Proxemics)、声调学(Paralanguage)以及时间学(Chronemics)。

6. Hall 在海外服务中心所建立的训练方式,部分至今仍受到使用。例如,他倡导使用学生在海外的实际经验为教材,鼓励学生和外籍人士做实际的交流和教导在先,但是学生到了地主国之后必须继续学习的主张。

7. Hall 把训练的对象,从外交人员扩展到国际贸易的领域。对国际贸易人员的跨文化交际训练,如今已成为跨文化交际研究最大的职训领域之一。

8. Hall 到了 1980 年代仍旧发表不辍,除了《无声的语言》一书(1959)奠下了跨文化交际学的基石之外,他也出版了《隐藏的空间》(*The Hidden Dimension*,1966)、《文化之外》(*Beyond Culture*,1976)、《生命之舞:时间的另一个向度》(*The Dance of Life*:*The Other Dimension of Time*,1984)与《了解文化差异》(*Understanding Cultural Differences*,1989)等书和无数的论文。Hall 在跨文化交际研究的传统,经由传播学者的延续和发扬,如今已成为一门在学理和方法上,皆臻于成熟的领域。

基础期(1960—1969)

Hall 对跨文化交际学的影响是深远的,到了 60 年代之后,有更多的传播学者加入了跨文化交际研究的阵容,于是在这个时期,跨文化交际学在学术领域,开始奠立了基础。Oliver(1962)的《文化与传播》(*Culture and Communication*)和 Smith(1966)的《传播与文化》(*Communication and Culture*)二书,为基础期跨文化交际研究的代表作。

Oliver 对东方文化颇有研究,他的著作树立了跨文化交际比较研究的典型。Smith 的书是一本合辑,内容包括了十三个传播学领域,跨文化交际研究的论文虽然只有四篇,但是此书的出版直接肯定了跨文化交际学在传播研究上所占的一席地位。教育方面,美国匹兹堡大学(University of Pittsburgh)也于 1966 年,成为第一所开设跨文化交际学课程的学校。

巩固期(1970—1979)

到了 70 年代,有关跨文化交际的著作如雨后春笋,显示了一股蓬勃的生机。其中主要的作品包括以下的著作:

Intercultural Communication：A Reader（Samovar & Porter，1972）

Intercommunication among Nations and People（Prosser，1973）

Intercultural Communication（Harms，1973）

An Introduction to Intercultural Communication（Condon & Yousef，1975）

Orientations to Intercultural Communication（Ruhly，1976）

Foundations of Intercultural Communication（Sitaram & Cogdell，1976）

International and Intercultural Communication（Fischer & Merill，1976）

Perspectives on Cross-cultural Communication（Dodd，1977）

Cultural Dialogue（Prosser，1978）

Crossing Cultural Barriers（Weaver，1978）

The Handbook of Intercultural Communication（Asante，Blake，& Newmark，1979）

除了这些书之外，还有一些种族间传播的专著。跨文化交际学最主要的期刊 *The International Journal of Intercultural Relations*（IJIR）则在 1977 年发行，这个期刊对往后跨文化交际研究与实际运用的发展，产生了不可磨灭的影响。70 年代的这些著作，表现出一个庞杂的跨文化交际学的画面，每个作者似乎对跨文化交际研究都有不同的看法。

这种局面到了 80 年代之后才开始得到了整合，其中 Condon & Yousef 和 Samovar & Porter 的著作，对跨文化交际的整合最具影响。Samovar & Porter 的 *Intercultural Communication：A Reader* 到 2003 年已经发行到第十版，这本书包罗了理论和实用的论著，尤其着重在文化和传播之间的关系。

Condon & Youself 的 *An Introduction to Intercultural Communication* 是一本相当杰出的跨文化交际学教科书，此书广为采用，作者以语言学的背景融合了人类学和传播学的研究。书中对文化价值取向和沟通行为之间的论述极具价值，这个部分和 Hofstede 的文化行为模式及 Hall 的高情境文化（high-context culture）与低情境文化（low-context culture）的研究，有着密切的关系。书中讨论的语言、非语言传播和文化的关系也是目前跨文化交际研究的两个主要的领域。另外作者探讨的语言、思想形态和文化的互动性，连接了 Oliver 在演辩学（rhetoric）的文化比较研究方面的传统，到了 80 年代，Starosta（1984）继续呼吁这条研究路线的重要性，从此有了更多的学者投入了这个研究领域。

开花期（1980—现今）

80 年代之后，跨文化交际的研究更是方兴未艾。70 年代从学校训练出来的跨文化交际学者，在 80 年代开始掌握了跨文化交际研究的方向。70 年代庞杂的研究现象，到此期已有了较清晰的研究轮廓，三本主要的著作，代表了跨文化交际研究在 80 年代的走向：

1. Gudykunst（1983）编辑的 *Intercultural Communication Theory：Current Perspectives*（新版更名为 *Theories in Intercultural Communication*，由 Kim & Gudykunst 于 1988 年合编）。

2. Gudykunst & Kim（1984）合编的 *Methods of Intercultural Research*。

3. Asante & Gudykunst（1989）合编的 *Handbook of International and Intercultural Communication*。

理论（thoery）的建立和方法（methodology）的诉求，可说是这个时期的特色，这同时也显示了跨文化交际学寻求自我认同的努力。经过三十年的奋斗,跨文化交际学在迈入 90 年代之后可说是已经成为一门成熟的学科。在理论方面的摸索和建立,从 *Theories in Intercultural Communication* 一书中可以发现两个现象。

第一,跨文化交际研究移植了既存的传播理论,如建构主义(constructivism)、意义统合经营理论(coordinated management of meaning)、不确定性减除理论(uncertainty reduction theory)、沟通适应理论(communication accommodation theory)、网络理论(network theory)以及聚合理论(convergence theory)等。

第二,这些理论大部分建立在人际间沟通(interpersonal communication)的形态上。这两项特色也代表了跨文化交际研究在 80 年代之后的研究主流。这个现象可由 1960 年代 Smith 的《传播与文化》一书内容的多样化,到 1976 年 Fischer & Merrill 的 *International and Intercultural Communication* 一书的着重国际间传播(international communication),到 1989 年 Asante & Gudykunst 的 *Handbook of International and Intercultural Communication* 一书侧重跨文化交际学的转变看出端倪。

在方法论方面,传播研究传统上质化和量化的并用与摩擦,也显现在跨文化交际研究上。例如,《跨文化交际研究方法》(*Methods of Intercultural Communication Research*)一书以相当的篇幅,收集了六篇质化研究和六篇量化研究方法的论文。虽然此书同等对待质化和量化研究方法,但综览跨文化交际界实际的情形,我们可以马上发觉以实证主义(positivism)为主的量化研究方法,纵横在 80 年代的跨文化交际学界。

这股强大的潮流继续往 90 年代推进,直到最近几年,质化与批判的研究才开始蓬勃起来(陈国明,2008;Kelly,2008)。可预见的,未来几年内这两股方法互异的潮流,仍将持续其竞争的局面。这在 Starosta & Chen(2002)主编的《国际间与跨文化交际学年刊》第 26 期主题,可以看出端倪。该期主题是跨文化交际研究的"第五时机"(The Fifth Moment),意味着该领域的发展,在理论与方法上,已经到了一个扭转(critical turn)的局面。从文献链接 1-1,可对这个局面稍加了解。

从 70 年代开始到现在,跨文化交际研究的方向可轻易地从三个地方看出来:

1.《国际间与跨文化交际学年刊》(*International and Intercultural Communication Annual*,IICA)。

2. 国家传播学会(National Communication Association,NCA - 前身是 Speech Communication Association,SCA)。

3. 国际传播学会(International Communication Association,ICA)。

文献链接 1-1

作者:William J. Starosta & Guo-Ming Chen(Starosta & 陈国明)

题目:A Fifth Moment in Intercultural Communication:A Dialogue(跨文化交际学的第五时机:一个对话)

出处:*International and Intercultural Communication Annual*,27,2003

(下一页)

（续前）

摘要：本文以对话的方式，由两位学者针对跨文化交际学的"第五时机"是否已经到来，做了一个深入的讨论。两位对话学者同时认为，跨文化交际研究，自从研究者从实证方法逐渐往诠释法（interpretive）发展时，就已开始产生了转变。因此，问题并不在于采用诠释法的"第五时机"是否来临，而是这股潮流已经走了多远与这股潮流是否能与其他学门并驾齐驱。对话者之一，乃从 1973 年第一个所谓跨文化交际学博士学位的授予谈起，认为当时学术界虽然属于实证主义思考模式的天下，但是跨文化交际研究，从开始就有一些学者，从修辞（rhetoric）与诠释的角度，研究文化与沟通的关系。因此，可以说远在 70 年代，跨文化交际学就已有了转折。学者们已分别以或强或弱的态势，进行不同方法的研究，而不是完全操控在实证主义之下。两位对话人进而讨论与批判跨文化交际的内涵，并且试着探讨跨文化交际的研究转折，是否只因方法潮流的推动，而不是自身内涵所带动出来的。然后建议跨文化交际学者，应该勇于以现场与个人对事件的了解，将之称为哲学解释学，文学批评，或历史编纂学都无关紧要，做为文化与沟通研究的基础，而不是以实证主义，纯粹以追求客观的存在为研究的依据。

《国际间与跨文化交际学年刊》第一期于 1974 年发行，由 Casmir 主编。1983 年起，这本年刊的编辑方针，转为每期讨论一个跨文化交际专题。前面提到的 *Methods of Intercultural Communication Research* 和 *Theories in Intercultural Communication*，就是这个年刊不同年的专题。这个年刊反应了跨文化交际研究的方向和重要的研究概念。

NCA 和 ICA 为传播学界两个主要的专业学会，两个学会都设有跨文化交际研究组，在 NCA 称为 International and Intercultural Division，但多年来的运作仍然以跨文化交际为主。在 ICA 称为 Intercultural/Development Communication Division，ICA 因为是一个国际性的组织，为了配合其他国家的传播研究，所以才把 intercultural 和 development 二个领域同归为一组，但是跨文化交际学仍居主导地位。

值得一提的是，在 1980 年之后不胜枚举的跨文化交际学著作里，中文的著作也首度出现在华人世界。汪琪（1982）的《文化与传播》，为台湾地区第一本跨文化交际学的教科书，其后有黄葳威（1999）的《文化传播》。在内地，北京大学的关世杰，于 1995 年出版了《跨文化交流学》，其后于 2004 年出版了《国际传播学》则把跨文化交际学延伸到国际传播领域；哈尔滨工业大学的贾玉新于 1997 年出版了《跨文化交际学》；胡文仲的《跨文化交际学概论》（1999）；陈俊森、樊葳葳的《外国文化与跨文化交际》（2000）等。

第三节　跨文化交际学的内涵

身为传播学的一个领域，跨文化交际学乃是由 Hall 最初的研究，慢慢地发展成一个内容丰富的庞大领域。跨文化交际和传播研究两者具有一个共同的基础概念：传播/沟通（communication）。但是传播和文化（culture）两个概念结合后，才开始建立起跨文化交际学这个学科的正身。70年代之后，有几个学者试着界定跨文化交际学的内涵。除了《传播年刊》（*Communication Yearbook*）前四期各有一篇论文，专门探讨跨文化交际学的领域外（Asante，1980；Saral，1977，1979；Prosser，1978），还有三位学者的作品值得讨论：Rich，Stewart，以及 Gudykunst。

首先，依 Rich（1974）的看法，跨文化交际为一个甚为笼统的概念。为了研究和学习上的方便，Rich 主张把跨文化交际学分为五个领域：

1. 跨文化交际学（Intercultural Communication）——探讨来自不同文化的人们互动的关系。例如，中国人和美国人或日本人和巴西人之间的互动。

2. 国际间传播学（International Communication）——探讨来自不同国家代表人之间的互动关系。例如，联合国里各国代表之间的互动或韩国大使和加拿大总理之间的会谈。

3. 种族间传播学（Interracial Communication）——探讨一个国家或地区内多数（majority）和少数（minority）民族之间的互动关系。例如，中国台湾的汉族和原住民或美国盎格鲁萨克森白人与非洲裔美国人之间的互动。

4. 少数民族间传播学（Interethnic 或 Minority Communication）——探讨同一国家内少数民族之间互动的关系。例如，华裔美人和日裔美人之间或中国境内苗族与彝族人之间的互动。

5. 逆向传播学（Contracultural Communication）——探讨由跨文化交际转入种族间传播的过程。例如，哥伦布登陆美国时到目前白人和印第安人之间互动的关系。

Rich 的分类内容包含很广，虽然有的定义（如国际间传播学）过于狭隘，而且与既存定义有所不同，但是这种区分对学习的过程带来很大的方便。另外，从 Rich 的分类，我们已看出她心目中跨文化交际研究的对象，完全是以人的互动为主，并且侧重在人际间沟通的面向。

Stewart（1978）在《跨文化交际纲要》（*Outline of Intercultural Communication*）一文中，首先探讨传播和文化的基本概念和理论，然后融合二者而成为他的跨文化交际学的纲领。他认为跨文化交际学的主要内涵，应该包括语言和思想形态、文化价值、沟通的互介元素（如同情、移情、情感的表现、人际间互动的知识和人际间的行为）、行动取向、艺术表征、信任、公私之规律、意义和沟通能力（communication competence）。从这些元素我们可以发现 Stewart 对跨文化交际研究内涵的认定和 Condon（1978）的看法，与近年来跨文化交际学教科书的内涵，有诸多雷同之处。

Stewart 同时也非常重视跨文化交际研究的应用问题，他的这个观点表现在对训练课程（training program）的重视。他认为跨文化交际学应用到训练方面，应该试着达到以下九种效果：

1. 告知训练的目的（to inform）。

2. 指引学生的选择（to orient）。

3. 确认概念（to identify or to recognize）。

4. 知晓训练的内容（to know）。

5. 了解训练的概念和内涵(to understand)。

6. 深入的技巧(to empathize)。

7. 适应新文化(to adapt)。

8. 接受新文化(to adopt)。

9. 整合情感、认知、与行动上的文化适应能力(to integrate)。

这种重视跨文化交际学的应用发展的现象,至今仍然持续不辍。

Gudykunst(1987)则试着把有关跨文化交际研究的领域,做了一个归类。他以互动的(interactive)—比较的(comparative)和人际间的(interpersonal)—媒介的(mediated)四个观念为两根主轴,把社会文化和传播的研究划分为四个范畴:

1. 跨文化交际(Intercultural Communication)。

2. 跨文化传播(Cross-Cultural Communication)。

3. 国际间传播(International Communication)。

4. 比较大众传播(Comparative Mass Communication)。

跨文化交际由"人际间"和"互动的"两个概念组成,探讨来自不同文化的个人或团体之间的互动关系。互动的过程为这个领域研究的重心,它包括了 Rich 所谓的文化间、种族间和少数民族间的互动研究。跨文化传播由"人际间"和"比较的"两个概念组成,比较不同文化间的人们传播行为的异同。例如,研究美国人和日本人谈判(negotiation)技巧的差异,或俄国人与西班牙人沟通形态的不同。国际间传播由"互动的"和"媒介的"两个概念组成,主要是指对其他国家媒介传播的研究。例如,研究媒介在印度或新加坡社会中所扮演的角色。最后,比较大众传播由"媒介的"和"比较的"两个概念组成,探讨比较不同国家的媒介系统。例如,比较中国和英国传播媒介系统的差异即是。

除了这四个主要的研究范畴之外,Gudykunst 的模式中也包括了五个次要的领域:

1. 传播和国际间关系(Communication and International Relations)。

2. 跨文化比较传播(Comparative Intercultural Communication)。

3. 发展传播(Development Communication)。

4. 新世界资讯秩序研究(New World Information Order)。

5. 媒介效果比较研究(Comparative Media Effects)。

虽然 Gudykunst 把跨文化交际分类为那么多领域,但在文中他并未详细说明每个领域的意义与内容。不过,如前所述,当今的跨文化交际学界,其实是以跨文化交际和跨文化传播两个范畴为主导。其他方面则有待学者慢慢发展。

总而言之,目前跨文化交际研究的主流,乃是以人际间的沟通行为和文化的互动为对象,它承袭了传统的传播学研究方法,并且相当重视实际上的应用。这种理论和实际同时并进的现象,也正是跨文化交际研究的一大特色。做为整个传播学的一个分支,跨文化交际学可以说是传播学的多样性(diversity)和包容性(inclusiveness)所产生的一朵奇葩,从 50 年代 Hall 的努力至今,这门学科发展的速度真是令人惊叹。这是一门由实际上沟通的需求而产生的研究领域,由于"地球村"(global village)、民族自决与文化多元性(cultural diversity)等潮流的兴起,可以预见跨文化交际学的发展将会持续不衰。它的应用性也会愈来愈受到重视,而且在整个传播发展史上,业已建立了一席不可磨灭的地位。

第四节 跨文化交际的伦理依据

传播/沟通是一个彼此判断与品评论足对方思想行为的过程。当我们判断他人行为思想的同时,不免赋予对或错,美或丑,应该或不应该,值得或不值得等价值选择,伦理(ethics)的问题乃自然产生,成为沟通过程中一个必须面对与处理的内在问题。由于人的判断主要受制于文化价值(cultural value)与信仰(belief),而文化价值与信仰的获取,系经由社化(socialization)的学习过程自然地加以内化(internalization),因此,当人们行使判断的时候,往往在不知不觉之中,把文化价值与信仰加诸于对方的沟通行为。这种情况在跨文化沟通更是显著。

Hamnett(1978)就曾指出四项原因,解释跨文化沟通伦理与同文化间沟通的差异:

第一,不同文化所表现出不同的行为规范,增加了伦理道德标准的复杂与多样性。

第二,学者对其他文化的研究,可能因对该文化未有足够的了解,产生反而有害的知识。

第三,使用不同文化所导出的理论、模式或技巧来研究其他文化,很可能带来错误的结果。

最后,来自不同文化的学者合作研究,对收集有效的跨文化沟通的资料,本身就具有道德上的考虑。这些原因已足够说明了解沟通伦理(communicatoin ethics)的依据与内涵乃是探讨跨文化沟通的基本需求。以下就让我们来探讨跨文化沟通的伦理原则。

跨文化交际学的伦理原则

"互惠性"(reciprocity)乃是跨文化沟通最具有普遍性的伦理原则。这是"己所不欲,勿施于人"的发挥。也就是说,在沟通的过程中,不可把我们不希望别人的事加诸于我们的沟通方式,用来对待他人。这个普遍性的伦理原则要求四项行为的准则:相互性,不妄加臆断,诚实与尊重。

相互性(Mutuality)

跨文化沟通的相互性(mutuality)要求不同文化的双方,必须尽力建立一个共同的互动空间,而且不能期求把这个互动的空间,建立在自己或对方的文化基础之上,双方必须了解到,积极寻求一个可以畅言舒心的共同分享的符号园地的重要性。任何缺乏弹性的以自己文化作为沟通标准的互动,都是跨文化沟通的障碍。

不妄加臆断(Nonjudgmentalism)

不妄加臆断(nonjudgmentalism)是开放心灵的表现。它意味着我们在适当情况下公然表达心思与接收他人表达的意愿。不妄加臆断的功夫能促使讯息流通自如,同时在跨文化互动的过程,加强认同、感激与乐意接受不同意见的素养。不妄加臆断的目的在于解除双方讯息自由互换的桎梏,而达到此目的的首要条件,就是从认知文化价值的差异建立起彼此之间的互信。

诚实(Honesty)

诚实(honesty)指对自己发出讯息的理解与对互动对象的坦白。《中庸》里曾提到"不诚无物",人际交往的过程,只要心存不实,有所作为和无所作为是一样没有意义的。诚实乃是看待事物之本然,而不是把事物依我们所要看待的样子去看待。全然了解自己与文化可能存在的偏见,是在跨文化沟通的过程表现出诚实之心与行为的基础。

尊重(Respect)

最后,尊重(respect)强调对互动双方基本人权的护卫。尊重他人的能力,筑基在察颜观色以得知与认可对方需求的那股敏觉力(sensitivity)。这意味着我们必须认识到,在互动的过程中,一种想法可用多种方法来表达。因此,尊重这种因文化差异产生的讯息表达的多样性,乃成了我们在跨文化沟通所应尽的义务。这种相互尊重的做法,正是保护互动双方人性尊严的良方。

这四项伦理原则,是培养一个多族裔、多文化间人们能真正对话(dialogue)的环境的必要措施。这些原则也提供了跨文化沟通的行为准则。

跨文化交际学的伦理准则

从以上所述的四项伦理原则,我们可以归纳出五条跨文化交际所该依循的行为准则:志愿性的参与,尊重个别性,免于受害的权力,隐私权的保护与避免强加个人的偏见。

志愿性的参与(Voluntary Participation)

不受胁迫的参与互动,是跨文化交际最基本的需求。这种志愿性参与的本质,强调沟通双方全然与正确地了解互动本身可能带来心理与社交上负面的冲击。很明显地,强迫他人参与跨文化交际的行为,违反了相互性与尊重两项跨文化沟通的伦理原则。

尊重个别性(Respect Individual Uniqueness)

文化本身固然是影响跨文化沟通最重要的因素,但只有在文化冲击发生之前,强调个别性(individuality)的重要,一个真正的对话才有可能产生。纵使文化处处规范其社会分子的思想形态与行为举止,同文化内个别性的差异仍是相当明显。在文化规范之前试图寻求了解个人的特性,是避免落入文化刻板印象(stereotype)之窠臼的要素。文化刻板印象的缺点,在于把群体的特性当作是个人的特性,因此抹煞了个体性的存在。

免于受害的权力(Right to Freedom from Harm)

基于诚实的沟通伦理原则,任何加诸于互动对方生理上、心理上或社交上的伤害,必须完全避免。这个原则包括不应该使用不适当方式来操纵对方,例如刻意提出互动对方文化禁忌(cultural taboo)之事或侵犯个人信仰之举止皆是。类似这种伤害式的行动,轻者使人赧颜困窘,重者往往会引发严重的冲突,形成跨文化沟通不必要的误解。

隐私权的保护(Protection of Privacy)

跨文化交际相互性的伦理原则,并不是意味着相互侵犯隐私(privacy)。不管互动对方的性别或文化背景,尊重个人的隐私是任何沟通顺利进行的必要条件。为了特殊目的需要提出某种问题,事前应该照会对方或寻求对方的同意,以免因突如其来的语言或动作,使对方措手不及而感到惊讶或不快,在跨文化沟通上是很基本的修养。

避免强加个人的偏见(Avoidance of Imposing Personal Biases)

最后一个原则是避免把自己的意见强加到互动对方。由于人类的认知系统因文化的不同而有着多样性的差异,这种经由文化的影响产生的主观性,常常在跨文化沟通时,造成个人的偏见(bias),导致不必要的误解。一个有道德良心的人,不但需要了解这种偏见可能带来的负面影响,更需要试着避免利用这个偏见,来哄骗或误导互动的对方。因个人偏见所产生的欺骗行为,是破坏跨文化交际双方互信的最大敌人。

本书结构

为了勾勒出跨文化交际/跨文化传播这个领域的内涵与协助读者对这个领域有个通盘性地了解,本书规划成四大部分:筑基篇,脉络篇,互动篇与未来篇。

第一部分是基础篇,介绍跨文化交际学的原由与基本概念。这部分包括了四章。第一章阐述跨文化交际学的历史、研究内容与伦理需求。第二章解释文化、沟通与跨文化沟通三个基本概念的意义和相互间的关系。第三章处理认知系统和从它衍生的刻板印象与偏见等概念,在跨文化沟通过程所扮演的角色。第四章侧重在文化价值与沟通之间关系的讨论。

第二部分是脉络篇,包括了第五和第六章,分别讨论语言和非语言沟通与文化之间的关系。第三部分为互动篇,包括了四章。第七章探讨跨文化适应、认同与训练等概念。第八章分析跨文化关系、冲突经营与谈判。第九章阐明文化沟通能力(intercultural communication competence)的意义、本质、类型与模式。

最后部分为未来篇,包括了第十章,对跨文化交际学未来的发展走向,做一个预测式地展望。

结论

本章为全书之首,试图简明扼要地建立一个理解跨文化交际/跨文化传播学的基础。本章首先提出促使跨文化交际学兴起的五大全球性的潮流,包括传播与交通科技的突飞猛进,经济的全球化,广泛的移民潮,多元文化的发展与邦国概念的模糊化。这些潮流让我们了解到,只有经由学习了解文化间的差异与发展一组有效的沟通技巧,人类才有可能和谐与成功地在当今这个全球化的社会共生共存。

本章紧接着提纲挈领地描述跨文化交际学发展的历史。从 1950 年代开始的草创期,1960 年代的基础期,1970 年代的巩固期,一直到 1980 年代之后的开花期。每一阶段皆以开创学者、重要著作与主要事件为经纬,加以分析讨论。从这段简短的历史,我们可以看出半世纪来跨文化交际学,已逐渐发展出其特有的理论与实用基础。

在理论方面,跨文化交际学侧重在不同文化与种族之间,有目的或意识性的沟通活动。在实用方面,跨文化交际学的知识,给大量运用在文化或种族间的训练活动,以协助来自不同文化或种族的人们,能在学校、政府机关、商业、社交或其他场合,彼此相安无事地相处。不过,跨文化交际学发展的历史,也显示了理论与研究方法上缺乏多元取向的缺点。跨文化交际学理论的建立,至今仍然以西方文化的价值观为主导,忽略了不同文化可能带来的贡献。文献链接 1-2 与 1-3 对此有所批判,并从亚洲文化与佛教的角度提出了一个新的研究方向。

研究方法则一直操纵在以实证主义为基础的量化研究上。虽然 90 年代之后,质化研究方法已开始建立据点,试图减缓量化研究独霸的现象,但至今观之,要达到平衡的阶段,仍有一段很长的路要走。本书作者坚持主张,跨文化交际学的研究,在理论与方法上必须和文化多元性的本质一样,具有多样化的特色,并进一步培养包容性,如此整个领域才会有健全的发展。

最后,因不同文化价值对同一事件可能带来不同的认定与评估,本章特别强调跨文化交际过程,遵守伦理道德规范的重要性。惟有互动双方共同恪守相互性、不妄加臆断、诚实与尊重等伦理原则,在行为上依循志愿性的参与、尊重个别性、免于受害的权力、隐私权的保护与避免强加个人的偏见等准则,人类才有办法成就跨文化沟通,并进而建立一个和平共生共存的全球化社会。

文献链接 1-2

作者:Yoshitaka Miike(三池贤孝)(译者-尹倩)

题目:Theoring Culture and Communication in the Asian Context:An Assumptive Foundation(亚洲角度的文化与沟通的理论化:一个前提性基础

出处:*Intercultural Communication Studies*,11,1-21,2002

摘要:二十一世纪前的传播研究一直以欧美的文化为主导,时到二十一世纪,传播学需求一个可以对应地方及全球化的多样化的世界观或概念模式。基于此,本文试着发展一个以亚洲文化为主的传播观。亚洲传播学理论有三个基本前提:关系性、循环性及和谐性。这三个前提指引出人类传播学的三项核心信仰:(一)传播存在于跨越时空的多种相关性背景的环境中。(二)传播存在各种环境中既是主动也是被动的。(三)相互适应是达到和谐传播的关键。为达到建立亚洲文化的传播模式,传播学者应从事与思考三件事情。从事的三件事情为:1.充分利用亚洲语言及本土文献,把传播环境设想为跨越时空的多重关系系统。2.探索亚洲语言中本土性的概念以加深对亚洲传播复杂性的了解,并对亚洲传播者的主动与被动性的正确评价。3.加强对亚洲丰富历史的理解,以便获取更多导向和谐传播的认知。该思考的三件事情为:1.如何将亚洲著名哲学家的思想智慧,与人们日常生活的观念联系起来。2.如何将理论付诸于实践的检验。3.如何阐述亚洲的理论以使其具有全球性的关联,并扩大其传播研究的理论领域。

文献链接 1-3

作者:Satoshi Ishii(石井敏)(译者-尹倩)

题目:An Emerging Rationale for Triworld Communication Studies from Buddhist Perspectives(新兴的佛学观三界传播研究理论根据)

(下一页)

（续前）

出处：*Human Communication Studies*，4，1－10，2001
摘要：现代传播学者、教育家以及从事实务者,急需认识到后现代学术研究世界观
　　　或概念模式失落的问题与探索新的非西方,尤其是以东方或亚洲为观点的
　　　概念模式的需要。在这种概念模式转变的环境下,本论文的讨论分成三个
　　　部分:(一)批判与重思概念遗失的现象。(二)通过跨世界观的比较,探讨新
　　　概念模式的宗教与哲学的可能性。(三)假设性地提议以佛教为观点的三界
　　　或三元传播研究。作者首先将概念模式界定为"指引理论发展和研究方向
　　　的一组包容性的前提、假设、及方法"。接着检讨现代西方观念在传播学研
　　　究中的主导地位与其传统性的弱点。这些弱点表现在:第一,曾经处于主导
　　　地位的西方理论概念模式的失落;第二,特别是东方学者,对于以个人主义
　　　为基础的西方研究方法的全球应用的怀疑与批判。在这种情况下,当今的
　　　传播学者急需提出新的非西方的概念模式。作者接着介绍佛教三界传播的
　　　先决条件:一神论与多神论的世界观。世界观本质上如宗教性的本体论与
　　　认识论,协助人们重新思考,确认人类在宇宙的地位,及其与超自然体(如
　　　佛、上帝、神、精灵等)和自然物(如动物、植物、山川等)的真实或虚幻的关
　　　系。在一神论世界观中,全能的神界永远最上,人类世界居中,自然物界处
　　　于最下。这三界间的等级制度乃是事先注定,不可变更。多神论世界观则
　　　认为,三界间的真实或虚幻的关系,是可以因环境的需求而加以改变的。这
　　　些比较性的世界观,尤其多神论,对思考三界传播研究具有重大意义。最
　　　后,作者批判了西方传播研究的四个传统立足点:(一)以白人为中心的思
　　　想。(二)笛卡尔的主导地位。(三)个人主义的价值观。(四)言说者中心论
　　　与说服倾向。作者建议把大乘佛教缘起思想为基础的认识论和本体论,引
　　　入未来的传播研究。本文作者紧接着提出以佛教为基点的三界传播模式。
　　　此模式包含了超自然界、人界与自然界三个世界的传播行为、事件及各种可
　　　能现象,并进一步暗示了创造新的传播研究观念模式的可能性,也就是不仅
　　　把人与人之间的人文传播,而且把人与超自然之间的精神传播和人与自然
　　　之间的生态传播纳入传播学研究的范畴。

第二章　沟通(交际)与文化

> 我们相信,要深知跨文化交际的内涵,我们不仅必须先对人际间沟通有所认识,而且对文化的各个面向,也得有基本的了解。
>
> ——Condon & Yousef, 1975

文化(culture)与交际/传播/沟通(communication)是两个相互影响和相互依存(interdependence)的概念。这两个概念的互动,在不同的情况里,产生了不同的思想与行为形态。文化不仅制约我们对事实的认知,而且同时主导我们的语言操作与行为举止的形式。在什么情况下,使用什么样的语言和如何使用该语言,无一不受到文化的规范。

当然,不仅文化塑造了人类沟通的形态,沟通也相对地影响文化本身的结构。文化与沟通就如同连理枝,关系紧密,缺一不可。因此,为了研究跨文化沟通学,我们首先必须了解文化与沟通两个概念的基本意义。本章分三个部分来加以分析:(1)沟通的本质与模式,(2)文化的本质与特征,(3)跨文化交际/跨文化传播的意义与特征。

第一节　沟通(交际)的本质与模式

虽然在西方沟通或传播学的研究,可以追溯到两千多年前亚里士多德(Aristotle)的《修辞学》(*Rhetoric*)一书,但早期的研究,一直把人类沟通当作是一个机械性(mechanistic)的讯息传递过程。这种机械性的模式,把人类的沟通视为一种单向性的运动,人只是一种被动性接收讯息的传递与冲击的生物。

直到二十世纪中叶,学者才开始意识到,人类的沟通行为与个人的意图、意向与目的有很大的关系。换句话说,人类绝不是由外在因素来决定其沟通行为,而是很有自主性,能积极参与沟通过程来决定自己行动的生物。建立在这个认识上,以下就先来探讨沟通的定义、沟通的特征、沟通的要素与沟通的模式。

沟通的定义

在文献上,沟通(communication)至少有一百多个定义(Dance & Larson, 1972)。试着给沟通下一个放诸四海皆准的定义,根本是不可能之事,因为在不同情境下,沟通这个词语的使用本身就具有多样性。为了本书的目的,在此把沟通定义为"双方经由交换符号,来建立一个互依互赖关系的相互影响过程"。

经由参与这种符号交换的过程,人类乃开始形成 Thayer(1987)所谓的"沟通实境"(communication reality)。在这个沟通实境里,不同的思想、信仰、喜恶、理想,都可赋予公开的讨论,而且各分子,皆能经由符号的使用,再造一个自我或定义自己要当何方人物。也就是说,这个沟通实境,能协助我们学习一组解释宇宙世界的特殊方法,并进而共同组成一个社会。

沟通的特征

从以上沟通的定义，我们可以演绎出四项沟通的特征：整体性、互动性、持续性与不可逆转性。

整体性（Holistic）

人类沟通的整体性（holistic）特征，表现在互动双方的依存性（interdependence）。依存性把双方连结成一个系统，在这个系统里，彼此的了解（understanding）乃是建立在双方愿意互换讯息的基础上。这说明了沟通本身，是一个让互动双方能够保有自我认同（self-identity）与个人特质的关系网（relational network）。因此，要了解沟通这个关系网，首先对互动者必须有所认识。

沟通的整体性，与《易经》演化出来的太极图的原理很类似。太极乃是阴阳相辅相生又相克的关系所形成的一个负阴抱阳的状态。所谓孤阳不生，孤阴不长，即显示了双方沟通互动与相互依赖的重要性。由此延伸，我们得知沟通是一种社交实境（social reality）。如同任何社会现象的存在，必须经由参与者共同承认才算存在一样，沟通这个现象的存在，也是完全建立在互动双方同意的基础上，所产生的一种实境。

人类沟通这种共创性的本质，表现在互动层次，就是在同一个文化内，双方比较能够在语言与非语言行为上，取得共同分享的意义。当然，相同的语言或非语言讯息，在不同的情境下会产生不同的意义，这使得跨文化沟通（intercultural communication）比同文化内沟通（intracultural communication）来得困难。例如，在西方社会，随时可听到"我爱你"的呼声到处飞扬，对西方人而言，这种公开表达内心情意的方法，乃是司空见惯且极正常之事。但在东方社会，老是把"我爱你"挂在嘴里的人，恐怕会被认为头脑出了问题。

互动性（Interactional Nature）

人类沟通的互动性（interactional nature），意谓着符号交换的过程发生在两个对象之间。也就是说，沟通存在于符号传送者（sender）与符号接收者（receiver）两个对象之间持续互动的脉络里。这两个对象互动的本质，引发出不少值得讨论或争论的问题。

例如，自己能不能与自己沟通呢？从心理学的角度，尤其是弗洛伊德（Freud）的理论，当然不成问题。不过，如果符号的交换必须发生在两个对象之间，一个人怎么可能分化为两个对象呢？可以的，弗洛伊德的理论，把这个我分割成以得（id）、自我（ego）与超我（superego）三个类型。这三个我常常在夜深人静，床上或灯下独守的时候发生天人之战，特别是以本能冲动为满足的以得，会和以良知与理想为基础的自我与超我拼斗。这种自我性的互动称为自我沟通（Interpersonal Communication），人数虽然只有一个，但却包涵内心不同对象间的对话。

另外，人与动物之间有没有沟通存在呢？把猫狗龟兔等动物当成宠物的人，一定会认为人与动物之间当然能够彼此沟通，因为这些宠物不仅能听懂一些指示，而且能博得主人欢心或改变主人心情。

《列子》书中就有这么一则故事：有一个住在海边的人很喜欢海鸥。这个人每天早晨都跑到海边和海鸥游玩嬉戏，日子久了，飞来的海鸥愈来愈多，一共有数百只之多。有一天，这个人的父亲突然对他说道:"儿子呀,听说每天早晨海鸥都来和你嬉戏,明晨你就抓一只回来给老爸玩玩吧。"结果这个人第二天早晨到了海边,发觉所有的海鸥好像有了心电感应,只在天空飞翔,无论如何都不肯下来和他嬉戏。

另外,近年来科学家研究的人与宠物之间的关系亦可佐证之。研究发现,留在家里的狗儿,在主人回家路上,通常距离家里只剩下一两里远的时候,就开始表现出兴奋或毛躁不安的现象,显然已经知道主人已经快到家了。还有,古时候也有所谓"降龙伏虎"以及与虎豹同游的修道之士。这种人与动物之间感应的现象算不算是沟通呢?

若是人与神鬼等超自然现象沟通的记载就更不胜枚举了。几千年来,不同民族间实行的祭天、祷祖、祈福、求雨等活动,皆与感应或沟通之理息息相关。摩西获取十诫训义的故事,观世音或妈祖显灵的记载,这些经由虔诚祷告而与神感应沟通的例子,在宗教上比比皆是。

至于中国人临死前或死后托梦之事;道士在丧家作法,经由如竹筒等工具,让生者与死者互通信息;美国境内苏族印第安人(Sioux Indians)食用一种仙人掌汁(peyote)之后,与在天祖先沟通以寻求生活之道与生命延续之法;佛教密宗修习本尊之法,临终前与本尊之佛、菩萨会通以解脱轮回之苦;耶稣基督或先知所显现之救人济世之种种奇迹等,都显示了人与超自然感应与沟通的现象。但此等现象真能符合沟通的定义吗? 还是只是信则有,不信则无,或只是一种自我心理暗示的作用呢? 学者对这些问题尚无法达到共同的看法,只赖个人依其生活经验与文化的影响各自自圆其说了。

持续不辍性(On-going, Endless)

人类沟通是一个持续不辍的过程(on-going, endless process)。这项特征表现了沟通的动态性(dynamic),直指人类沟通的行为乃是两个互动对象你来我往,永无止息的相互影响活动。这个经由语言与非语言符号交感过程的动态性,看似杂乱无章,其实它是一个很有秩序(orderly)的变化过程。例如,听两个人使用俄语交谈,如果我们不懂俄语,一定会觉得他们语无伦次,像外星人。不过,如果我们知晓俄语,听起来就会觉得容易入耳,毫无浑沌混乱的现象。

人类沟通的持续性,同时表现出发展性(developmental)的特色。好像日月的更迭与潮汐的涨落(ebb and flow),井然有序地在互动的双方,一步一步开发可以共同分享的符号意义,从陌生人的阶段,发展到相知,朋友,甚至知交,情人或夫妻。人类社区、部落、社会、国家等大小组织体,也都经由沟通的过程而形成。

人类沟通这种持续有序的动态变化(dynamic change)过程,可借《易经》每一卦六爻的演进变化来加以解释。《易经》认为,宇宙内万事万物皆以变化为准则,能够随缘应变或以变论变,才能顺遂畅通,不至于拘泥僵化。宇宙万物的变化以六爻的六度升降演变为原则。

以人类沟通为例,初爻为根本,代表双方互动的开始,也是变化的第一个阶段。二爻为发芽,代表沟通双方认识的成形期,这是变化的第二阶段。三爻为成干,代表互动双方相知具体期,这是变化的第三阶段。四爻为枝叶,代表互动双方友谊与感情的成长期,这是变化的第四阶段。五爻为开花,代表互动双方友谊与感情已演进到壮硕期,这是变化的第五阶段。最后,六爻为结果,代表双方的互动已达到收获期,此时也代表着事物变化的完成与转变期。

这和《中庸》讲的达到至诚之境的六段变化,也有着相似之处。《中庸》讲"诚则形,形则著,著则明,明则动,动则变,变则化。"形、著、明、动、变、化的六个变化阶段,也同样可以用来阐释人类沟通的持续有序的动态发展过程。

不可逆转性(Irreversibility)

最后,人类沟通具有不可逆转性(irreversibility)。不可逆转性意指在沟通的过程,一旦把语言或非语言符号表征投送出去,这个符号表征就如同泼出去的水,无法再收回。唯一能做的,只有输送出另一组符号表征来修正(modify)先前的说法。从物理学的角度,任何言行举动,都成了不同的波动,永远停留在时空的范畴里。例如,在沟通的时候讲了不该讲的话,或做了不该做的举止,我们所能做的只是向对方说对不起,解释说那不是你的意思,然后重新送出适当得体的讯息。我们不可能说,我刚才讲的不算,让我将它收回,好像该档事从未发生过似的。覆水难收,在沟通上,弥补是唯一可行之道。

从不可逆转性,也可看出人类沟通的无法重复性(unrepeatability)。由于沟通是一个持续变化发展的过程,讯息的相互传递在时间上,是无法停滞不前的。纵使我们在同一空间下,可以连续对心爱的他说百次"我爱你",但这些讯息是无法在同一时间递送出去的。这和西哲讲的"你是无法在同一条河流立足两次的"和孔夫子望着河流慨叹"逝者如斯,不舍昼夜"的道理很类似。人类沟通就像奔流的河水,一去不复返,不可能有再度完全复制的机会。

沟通的不可逆转和无法重复性,启示了我们讯息的正确性与诚意性,在达到一个成功或满意结果的沟通所扮演的重要角色。这在跨文化沟通里,因互动双方的文化价值与信仰的差异,更容易产生误解与冲突的情况下,更具有重要性。不但如此,对此特色的了解,亦有助于避免违反跨文化沟通的伦理道德原则。

总之,人类沟通不管在任何文化,同时具有整体性、互动性、持续性与不可逆转取代和无法重复性的特色。若从中华文化角度来审察人类沟通的这些特征,我们可进一步认为:

第一,如同宇宙是一个持续变化的大整体,人类沟通也永远是一个变化转换(transformation)的过程。

第二,宇宙的持续变化乃是呈环形(cyclic,spiral)前进的过程,人类沟通也是像日月的更迭与潮汐的涨落,依照起、兴、盛、衰、亡、起……的循环顺序,无终止地运行着。

第三,宇宙的运动转换既是无止息的过程,人类经由沟通彼此建立的关系,也是永无止境的(Chen,2001)。

在沟通这个无止息的环形转换过程中,人扮演着最主要的角色。这个过程显现了在一个交互依赖的关系网里,人类的尊严与价值经由沟通而突显出来。

沟通的要素

从前面沟通的定义,我们也可以发现,一个完整的沟通过程包含了九项要素:传送者、译码、讯息、通道、接收者、解码、回馈、环境以及噪音。

"传送者"(sender)可以是任何人、事、物,但主要还是以人为主。在沟通的过程,讯息传送者指有那股与他人分享心中事之欲望的人,因此又叫做讯息的"来源"(source)。不论国籍、文化、男女老幼,思欲与人聊天交换意见或分享心事,乃是人类之为人类的必要条件。人类这种与他人沟通的需求,不仅是为了建立关系,更是在自我认同的形成、身心健康的保持与获取想要之物方面所不可或缺。难怪学沟通的人,无不知"人不能不沟通"(We cannot not communicate.)这句名言。讯息传送者若是来自不同文化背景,则构成了跨文化沟通的基本架构。

"制码"(encoding)指传送者输出讯息前,心内运思要说些什么的过程,也就是制造符号(creating symbol)的内在动作。当你看到一位多年没见的朋友,兴高采烈边挥手边叫道:"嗨,老王,好久不见了,你风采依旧哩!"此语一出,就是所谓的"讯息"(message)。因此,讯息可以定义为译码过程的外显。但在这个讯息发出前,在传送者的心中,必须经过一段可长可短的过程,决定要送出什么符号,这就叫做"制码"。人类沟通最基本的符号当然是语言了,而且,不管是口语(verbal)或非口语(nonverbal)的讯息,不同的文化系统通常都有一组必须遵守的使用规则。

讯息的传递必须有媒介的载运,才可能输送出去。这个输送讯息的媒介称做"通道"(channel)。或经由嘴巴发声,或以书信传情,或用伊媚儿(email)代言等,皆显示了不同的讯息传递媒介。由媒介载运的讯息,像出了膛的子弹,一定有个射击的鹄的。讯息命中的对象就是"接收者"(receiver),又叫做"目标"(target)或"阅听人"(audience)。

阅听人当然不会像早期传播研究的子弹理论(bullet theory),被认为只是一个枪靶,静止不动地在原地接受射击。正常情况之下,阅听人收到传送者发出的讯息之后,通常内心会有所反应(response),然后决定回送讯息给传送者。这个回复讯息的过程称为"回馈"(feedback)。有了回馈,人类的沟通才能显现出双向、持续与永无止息的动态特性。

如同传送者发出讯息之前,必须经由制码的内在过程,阅听人在回馈讯息之前,也必须经由内在运作的过程来达成任务。这是解释传送者讯息并赋与意义的过程,也叫做"解码"(decoding)。影响赋与符号意义的因素很多,诸如生活经验、宗教信仰、性别年龄、社会角色与文化的差异。其中又以文化差异的影响最为显著。阅听人完成解码工作,决定回馈讯息给传送者的同时,也进行着制造符号或制码的工作,如此才有所谓的回馈。由此可以看出,在沟通的过程,阅听人同时扮演着传送者的角色,传送者也同时扮演着阅听人的角色。

沟通当然必须发生在某种"环境"(environment)之下。例如,物理环境(physical environment)指在某个地方,或灯光明亮或暗淡下的互动。社会情境(social context)也是一种沟通环境。从社会情境可以看出沟通双方之间的关系,如父子、师生、官民、朋友、仇敌或来自不同文化等。

最后是"噪音"(noise),指任何可能阻碍沟通进行的因素。人类沟通不可能在真空的情况下发生,因此障碍重重。影响沟通准确性的因素不胜枚举,荦荦大者包括物理、生理与心理三项噪音。

物理噪音来自物理环境的装置摆设,如空间太大,造成后排的阅听人听不清楚;室内温度太高,使得互动者毛躁不安;桌椅摆设凌乱,叫人感到心烦皆是。

生理噪音来自互动者身体的状况,如头疼、胃痛、近视、重听、感冒、疲倦等,都很容易影响沟通的品质。

心理噪音则来自内心所思所想,如有些人喜欢膨胀自己,说话夸大不实,或自以为是,喜欢藐视别人的论点,或以谦虚为美德,凡事过度小心翼翼,不肯抒发意见等,都容易产生沟通上的误解。当然,不同的文化价值信仰、认知系统、思考型态、语言表达方式等,也都是人类沟通过程中产生的噪音,阻碍相互了解的因素。

以上九个沟通的要素,具有其普遍性的意义。不论文化、社会、宗教或任何其他差异,只要是人与人之间的沟通,这九个要素是必然存在的。

沟通的模式

从沟通的定义、特征与要素，可以看出沟通本身其实是一个很复杂的概念。为了有助于理解和学习复杂的概念，用一个扼要简明的模式来表达，可说是最好的方法之一。用以了解沟通的模式很多，本章提供两个以资参考。

图2-1是最详细的模式，彰显了沟通的所有要素，并清清楚楚地表现出沟通九个要素的位置与相互的关系。其中"制码"与"来源"或"传送者"，"解码"与"目标"或"阅听人"放置在同一个椭圆内，表示"译码"与"解码"是"传送者"与"阅听人"心内制造符号与解释讯息的过程。下方的两个较小的椭圆，标明了"阅听人"同时扮演着"接收者"和"接收者"同时扮演着"阅听人"角色的现象。整个方形则代表着"环境"，～～～～～则表示沟通过程中产生的"噪音"。

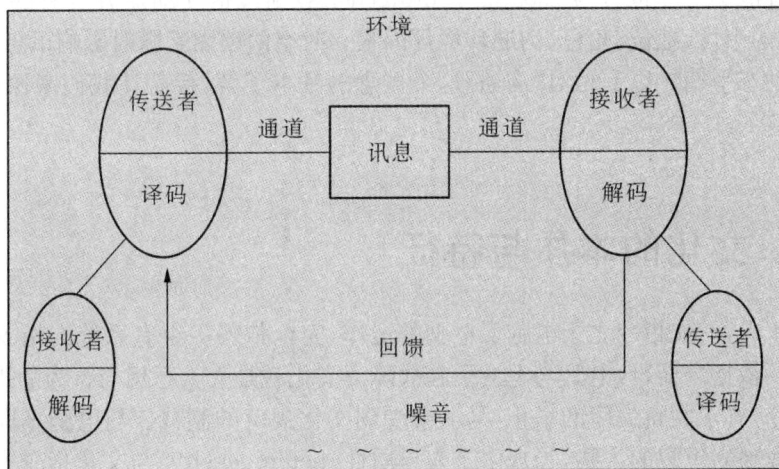

图2-1 沟通模式一

图2-2是我从《易经》"一阴一阳之谓道"（系辞上传第五章）与"是故易有太极，是生两

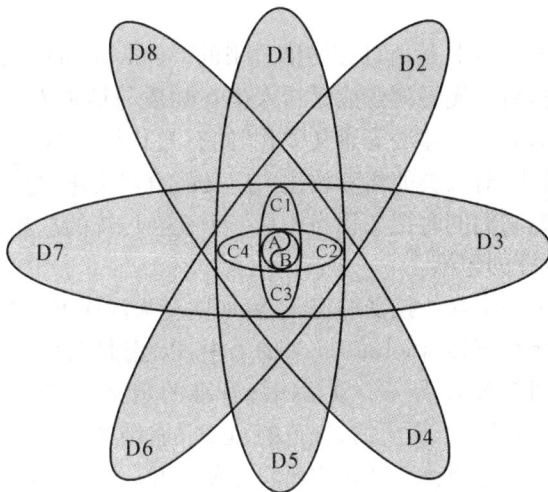

图2-2 《易经》沟通模式

仪,两仪生四象,四象生八卦"(系辞上传第十一章)的思想推演出来的(王寒生,1957;朱熹,1974)。因此,这个模式具有中华文化的特色,与文献上大部分由西方学者发展出的沟通模式有所不同。这个模式特别注重互动双方相辅、相生与相克的整体性与动态性关系。图中 A 和 B 代表讯息传送者与阅听人。两个合成一太极,就是上述"孤阳不生,孤阴不长"的依存关系。C1 到 C4,代表阴阳或传送者与阅听人的持续互动,所产生的结果。D1 到 D8,则代表 A 和 B 永无止息的创造过程。从这个模式可以看出,人类沟通就是"生生之谓易"的写照(Chen,2009)。

还有,依照这个模式,讯息传送者与阅听人,经由相辅、相生、与相克的互动过程,以达到自我与整体目标的无休止转换与再生的运动,必须受制时空两项因素的影响。从时间变项(temporal contingencies)而言,互动双方必须知道在适当的时间表现出互动经营(interaction managment)的能力。也就是知道何时输出讯息,公平分享互动时间与知道何时停止互动等能力。空间变项(spatial contingencies)则包括互动双方具有的静止性的属性,包括个人的个性、地位、角色、沟通环境等因素。时空两项因素随时影响讯息传送者与阅听人互动的动态平衡。以上是对"沟通"这个概念的基本了解,接着让我们来探讨"文化"这个概念。

第二节 文化的本质与特征

文化之于人,就如指令之于电脑。电脑的运作,完全依赖一组有系统的指令,一个口令一个动作。不依指令而行,电脑马上会引起故障。文化就是人类思想与行为的指令,团体分子若不听指令,有了脱轨失序的举止,马上会受到文化规范的制裁。与电脑不同的是,人类毕竟是有自我独立思想的生物,当众多个人异质性(heterogeneity)与文化指令产生歧异时,会反过来突破文化的规范,进而修正或发展出一组共同遵守的指令。但什么是文化呢? 本节就来探讨文化的意义、功能与特征。

文化的定义

中文"文化"(culture)一词,是由日文转借过来的。Culture 的拉丁字源为 cultura,原义指对农作物的栽培养育,后来慢慢演变成泛指人类在物质与精神方面成就的总和。"文"在中文有文字、文学、礼乐、制度与律法等意义;"化"则有教化培育之义。合在一起,"文化"意谓着经由文学艺术与礼法,对人类的培养教化。广义而言,"文化"与 culture 的意义,在中西方似乎是相通的。例如,它们同时把文化当作是一个社会传统的总和,而且是一个人要成为该社会一分子所必须承背的包袱。

不过,要为"文化"下一个众所接受的定义,就如同要为沟通下一个毫无争议的定义一样是不可能的。从 Krober & Kluckhohn(1963)的书中,以超过四百页的篇幅讨论"文化"这个概念的本质与意义,就可知要寻求一个放诸四海皆准的定义,不啻是缘木求鱼之事。虽然 Krober & Kluckhohn 从描述的、历史的、规范的、心理的、结构的和衍生的几个范畴,罗列了一百五十几个不同定义,为了研读跨文化沟通学方便起见,本书把文化定义为"指导个人行为,与引导个人成为团体一分子的一组共同分享的符号系统(shared symbol system)"。

这个定义的特色是把文化与沟通的关系,紧密地结合起来。把诸如信仰、态度、规范、思想、行为等文化要素,视为一组可以传递与谈判修正的符号系统,不但赋予文化一个动态性的意义,更帮助我们了解到,文化必须经由沟通的载运,才能延续其生命;而且,沟通的本质与形态乃是文化所塑造,也就是说,不同文化势必产生不同的沟通系统。由此可见,文化和沟通有着一体两面的不可分离的关系。这个关系,从本书第三章开始,即清晰可见。

除了文化,有几个与文化沟通学研究有关,并且容易和文化混淆的概念值得一提。第一是国家(nation)。国家是一个具有主权、土地与人民的政治实体。一个国家通常包含了多种文化,如中国最少有五十几个民族文化,美国的文化多元性(cultural diversity)就更不用说了。如今,在地球上似乎已找不到一个单文化的国家。

另外,一个文化也可能产生不同国家。例如,美国建国之初,即以盎格鲁撒克逊(Anglo-Saxon—指英国人)文化为主体。中华文化对新加坡影响的深重也是一例。研究跨文化沟通常见的缺点之一,就是混淆了国家与文化两个概念。例如,很多研究比较美国与中国沟通形态的异同,通常把盎格鲁撒克逊文化,当作是"美国文化",把汉人文化当作是"中国文化",而忽略了中美两国都是多文化的国家。这种研究,其实只是比较中美两国国内主要的文化团体而已。

二十世纪中叶,文化人类学(Cultural Anthropology)领域相当流行的民族性或国民性(national character)的研究,就是属于此类。其中又以 Ruth Benedict(1946)的《菊花与剑:日本的文化形态》一书,最具代表性。这种研究容易过度概括化(generalization),忽略一个国家内文化的多元与复杂性(complexity),我们学习时不能不察。

另一个概念是次文化(subculture)。一个大社会团体内可明显区分的小团体,皆可叫做次文化。有些学者把次文化与次团体(subgroup)互用。从民族文化的角度,次文化乃是因应主流文化(dominant culture)而产生的。在一个国家内,主流文化就是所谓的多数团体(the majority group),如中国的汉族,次文化则是少数团体(the minority group),如中国的满、蒙、藏与其他四、五十个族裔。

二十世纪末叶,因族裔认同意识的高涨,平等成了各族裔追求的目标,于是以上所用的次文化、次团体、主流文化、多数团体与少数团体等具有不平等涵义的用语,在政治正确(political correctness)的压力下,全部用"共文化"(co-culture)来表示。另外,有关文化的用法,也因时代的变迁而起了变化。例如,性别、年龄、消费、组织、残障、同性恋等社会族群,皆可以次文化或共文化称之。学习跨文化沟通学,对这些可能造成混淆的用语,有必要加以厘清。

文化的功能

除了扮演着支配人类思想行为的软体角色之外,从沟通的角度,文化对人类与社会具有其他特殊性的功能。广义而言,文化提供人类社会用以维持自身系统的三大要素:结构(structure)、稳定(stability)与安全(safety)。

例如,从宏观的角度,传统的中华文化,给中国封建社会带来了一个超稳定的结构。这个社会赋予华夏子民一个安全的生活环境,历经几千年而不辍。途中虽天灾人祸不断,但都不足以动摇整个社会的根本。这种殷海光(1969)所谓的"天朝型模的世界观",把传统的中国建立成一个自给自足的系统,一切不假外求,而且自认一切优于其他社会。一直到与西方文化正面相逢之后,才开始产生巨变。

从微观的角度来看,中国社会筑基在仁、义、理为经线与时、位、机为纬线所编织成的场域,而纵横驰骋在这场域的三个要素就是关系、面子与权力(Chen,2001)。也就是说,传统中国社会的结构、稳定与安全性,乃是由仁、义、理、时、位、机、关系、面子与权力九个文化要素来支撑的。这种分析或有失过简的缺点,但不失为了解文化功能的方法之一。

从生活层次来看,一个社会的风俗习惯,也明显地反映了文化的功能。例如,至今仍然存在的"媒人",在引导青年男女建立关系的过程中占着很重要的角色。这种风俗习惯在很多社会都存在。

另外,像嫁妆的实行,在西方叫做 dowry,但在非洲祖鲁(Zulu)与叟叟(Sotho)两族,则叫萝卜拉(Lobola)。萝卜拉不像是我国的嫁妆,通常以金银财宝或汽车洋房为主,而是结婚时,由男方以十只母牛给予女方父母,以迎娶新娘。在原始的农业部落,牛的价值与地位,恐怕可以与现代社会的汽车相互比拟。嫁妆的实行,不仅是社会风俗的仪式结构,更给整个社会带来稳定性与经济上的安全感。

这种风俗习惯如果突然产生变化,动乱失序紧接而至,整个社会系统在短时间内很可能造成崩溃。其他诸如妇女在传统日本、中国、印度等国家,只有依赖男人才能生存的文化规范,都可用来说明文化的功能。

狭义而言,文化的功能,在于提供社会成员一个施展物理、心理与语言作用的情境(Borden,1991)。

物理情境(physical context)指一群人日常生活的环境,如容纳整个沟通过程的环境,就是文化制造出来的。在这个物理环境里,具有相同价值与信仰系统的人们,可以舒适地交换意见。

心理情境(psychological context)指精神与心灵活动的领域,包括信仰活动与学习行为的运作。每个民族或文化,都会产生一组特殊的精神层次方面的精华。

最后是语言情境(linguistic context)。如前所述,语言是人类沟通最主要的媒介,没有语言这个符号的表征,人类社会的一切活动与成就根本无法进行。

这三种文化情境,反映了文化结构性、稳定性与安全性的重要,缺乏文化广义功能的护卫,文化情境无法延续。再仔细观察文化的这些狭义功能,我们可以看出文化与沟通两国概念的关系,其实就像连理枝一样相依,不可分离。

文化的特征

综合以上文化的定义与功能的讨论,我们可以归纳出文化的特征。以下就来讨论其中四个最基本的特色:经由学习获取的、我族主义、整体性以及动态性。

文化是经由学习获取的(Culture Is Learned)

文化既然是一组共同分享的符号系统,人类就不可能与生俱有,而必须经由学习(learn)的过程来求得。不管是器物方面,如使用刀叉筷子或开车筏船等;人事方面,如洒扫应对或经营管理等;精神方面,如礼天拜神或禅坐培灵等,皆得经由学习来获得。

社化(socialization)是人类社会学习文化的最基本管道。人类社化的过程由家庭的生活开始,从家庭成员日常的互动,刚出生的婴儿,有意识与无意识地一步一步点点滴滴地接受、整合、强化与共创家庭和整个文化需求的符号系统。慢慢长大后,进入学校的教育系统,对自己文化开始有了更广泛的认识。除此之外,其他学习的管道,包括朋友、同侪、庙宇、教会、阅读等,都是文化成长与传递所必经之路。

二十世纪之后，由于科技的发达所带来的传播媒体，更是现代人获取、改变或转化文化所不可或缺的管道。这个学习文化，已成为一个特定团体或社会所能接受的分子的过程，一般称之为"涵化"（enculturation）。

我族中心主义（Ethnocentrism）

经由学习或涵化过程，一个人慢慢地认知、拥抱与传承自己团体或族裔的文化。由于文化提供了我们一个悠游自如的环境，逐渐地我们会认为自己的文化是特殊与优越的。这种紧紧依靠着自己的文化，并认为自己的文化比其他文化优越的心态叫做"我族中心主义"（ethnocentrism）。这是文化的第二个特征。

我族中心主义是文化生存的保障，因为一个文化若教导子民其自身是劣等的，而且毫无引以为荣的特色，那么这个文化势必失去其存在的动力而在短时间内衰亡。问题在于，过度膨胀的我族中心主义信念，往往成了跨文化沟通的障碍。在以多元文化为基础的全球化社会，我族中心主义者，常因文化优越感（cultural superiority）的作祟，认为多元文化（multiculturalism）是引起族群不安的因素，因此试着以自己的文化，作为事情判定的标准，并且忽略或刻意摒除多元文化可能带来的利益。

我族中心主义很容易发展成比较严重的"褊狭主义"（parochialism）。褊狭主义者，不但像我族中心主义者一样，认为自己的文化是最好的文化，而且认为自己的文化是解决任何问题的唯一可行之法。褊狭主义根本不认为多元文化的现象会导致社会的不安，只要有像万灵药的自己的文化存在，一切问题将迎刃而解。这种与他族文化毫无商讨余地的褊狭主义心态，乃跨文化沟通之瘤，是不同文化人们之间冲突的根源。

整体性（Holistic）

文化的第三个特征是它的整体性（holistic）。前面曾提到，文化是一个社会传统的总和，这个传统的总和，代表着一个连结大大小小文化系统的整体性系统。

例如，从系统的角度，文化可区分为亲属、教育、经济、政治、宗教、社团、医疗与娱乐等系统。再更仔细划分，文化可包含礼仪、风俗、信仰、价值、婚丧喜庆、知识、神话、社会组织、法律、思想形态、文学艺术、道德观、理想、行为准则等不胜枚举的项目（Kohls, 1984）。

这些项目告诉了我们，文化就像是我们赖以为生的空气，无所不在（pervasive）。但是，文化虽然涵盖如此庞杂数不清的要素，这些要素并不是各自独立的。它们之间有一条线连接着，不仅节节相扣，而且彼此影响。换句话说，任何一个文化的要素或系统有了变动，其他部分也会跟着变动，这种牵一发动全局的现象，显示了文化的整体性特征。

动态性（dyanmic）

动态性（dyanmic）是文化的第四个特征。文化和人一样，有生命的周期（life cycle），人需要以活动与运动，来保持身体的健康和延长生命。文化一样须要保持适当的动态性，以免于腐化与灭亡。当然，过度或突然性的大变动也同样会导致人或文化的衰亡。促使文化不断更新改变或动态性的机制，主要有三个：新的发明（invention）、灾难（calamity）与文化的散布（diffusion）。

新的发明（invention）

对人类社会或文化影响最为深远的，莫过于科技的新产品。例如，蒸汽机与印刷术的发明，直接助长了人类社会的变迁。尤其到了十九世纪，西方社会的工业化、都市化与教育普及等巨大潮流,都与新的发明有关。从传播学的角度而言,工业化的结果使印刷术在速度与品质方面,更进一步的改善;都市化则因工业化需求密集生产,人口于是渐渐的集中,生活方式也跟着改变;至于教育的普及,不仅是因为工业化与都市化过程所需,它更促进了科技的发达,而且大大地增加了传播媒介的数量。这些因科技的新发明,在人类社会形成的潮流,把西方世界从农业社会转化成现代化社会,使整个西方文化的内涵变得更加的多彩多姿,展现出无比的动态性。

到了二十世纪,特别是传播与交通科技的新发明,更是把人类社会带入了一个崭新的境界。如第一章所述,传播与交通科技的突飞猛进,到了二十世纪末叶,已把人类的各个角落连成一体,它们给人类文化带来的变迁,实际远远地超过了过去五千年来的总和。这种变迁使整个地球逐渐变成了一个小村庄,强烈地要求文化与文化之间的全球依存性(global interdependence)。这种变迁,也使旧的信仰、价值观与生活形态完全改观,造成许多社会或部落失去了提供群体结构、稳定与安全等功能,因而产生了文化危机(cultural crisis)。

灾难(Calamity)

人类社会的灾难有天然与人为两种。天然的灾害(natural calamity)可能是人为不当所导致,如环境污染在资源方面所形成的损失与山地水土保持不力,在台风暴雨时所带来的灾难,但却是人类难以控制的。意大利庞贝城,因火山爆发与地震,一夕之间从地球上消失;黑死病的降临,短时间之内使欧洲人口死了一大部分,文化的命脉也差点断挫。

人为的灾害(man-made calamity)以战争最为惨烈。从早期人类社会,为求改善生存环境而彼此争斗,导致氏族部落遭到毁灭的记载,到二十世纪两次世界大战,给不同国家社会所带来的灾难,都使文化产生巨大的变迁。其他如美国建国之初,对当地印第安人的屠杀灭族,几乎使印地安人与其文化消失殆尽。从鸦片战争开始,列强对中国的侵略,引起了中国人对文化的自省,引发了戊戌变法与五四运动等政治文化运动,使得中国文化产生了重大的变革。

这些由天然与人为引起的灾害,除了对器物、文学、艺术、音乐与舞蹈等所谓的"客观文化"(objective culture)层次产生结构性的影响之外,也同时直接冲击了包括个人内在思想、信仰与心理运作方式等所谓的"主观文化"(subjective culture)部分(Bennet,1998)。

散布(Diffusion)

文化的散布或传播(cultural diffusion)意指文化移动的现象,它通常分两路而行。一是同文化内代代之间(intergeneration)的传承。文化其实就像一个包裹,可以由东往西或由上往下传递。经由口述、文字与身教等方法,代间的传承使文化能够持续千秋万世,一代一代地延续下去。中华文化五千年的历史,没有代间戮力的传承,恐怕早就已经断了线。

文化散布的第二个方法是文化与文化之间的移动。早期的商人、传教士,经由舟车跋涉,到不同地方做生意或传教时,已经把他们的文化同时带入了另外一个文化范畴。如今拜交通与传播科技之赐,在日本、韩国、台湾或其他许多地方,随时随地可以听到迈克尔·杰克逊、麦当娜、布兰妮等美国名歌星的歌,随时随地可以看到吃到麦当劳的汉堡包与肯德基炸鸡块。

至于60年代美国年轻人沉迷于禅学,欧洲几十年来的《易经》与《道德经》(或《老子》)热和当今西方社会对针灸、气功、瑜珈术、草药疗法等的兴趣,都说明了文化彼此渗透(penetration)的现象。

文化彼此渗透散布的过程,常常会有不均衡的情况发生。尤其是工业先进国家,恃其庞大的国力与发达的科技基础,在资讯散布的过程中,呈现了一面倒或单向的流动。结果造成发展中与未开发国家,只有毫无抗拒能力地接受来自已开发国家的资讯。久而久之,强势的已开发国家的文化,一步一步地腐蚀了弱势国家的文化,形成了本土文化消失的危机。传播领域研究的文化侵略(cultural imperialism)就是针对这个现象而发的。

第三节　跨文化沟通的意义与特征

了解了沟通与文化两个概念之后,我们马上会问道:那么什么叫做跨文化交际或沟通呢? 在第一章我们曾经提到,把沟通与文化合在一起,就叫做跨文化沟通。在此,让我们更进一步来讨论跨文化沟通的意义。

从图 2-2《易经》沟通模式来看,如果图中的 A(讯息传送者)与 B(讯息接收者)来自不同的文化,这种彼此间的互动即称为"跨文化沟通"。这个广泛的定义,包括了第一章讨论的 Rich 和 Gudykunst 主张的跨文化沟通学的领域。虽然 Gudykunst 的分类,把跨文化沟通学的研究,延伸到不同文化间大众媒体的互动与影响,本书则完全侧重在不同文化之间,人与人互动过程的解说。

除了 Rich 和 Gudykunst 等西方学者,试着厘定跨文化沟通学的研究内涵之外,北京大学关世杰(1995)教授也提出,依据互动双方的意向,跨文化沟通可能形成三个不同的形态:以自我为中心的对话(self-centered dialogue),支配式的对话(dominant dialogue)以及平等的对话(equal dialogue)。这种分类以实际互动为观察基点,而且偏向于从权力(power)的面向来加以分析。

以自我为中心的跨文化沟通,乃是我族中心主义(ethnocentrism)过度膨胀的结果。图 2-2 中的 A 和 B,皆也以自己的文化为傲,在沟通的过程中,完全以自己文化的标准,来衡量对方的一举一动。这种双方没有交点的跨文化沟通,在于沟通者对互动对方文化的无知与缺乏试着去了解不同文化的宽阔心态。这种互动常常是双方误解与冲突的始作俑者。

支配性的跨文化沟通,发生在 A 对 B 或 B 对 A 的文化背景了如指掌,然后以此为手段来操纵对方,以达到自己的目的。这种支配性的沟通,不仅发生在人际间沟通(interpersonal communication)的过程,在其他沟通层次,如组织间沟通(organizational communication)与国际间传播(international communication),亦屡见不鲜。19 世纪之后,西方列强殖民其他国家与文化帝国主义的兴盛,就是这种支配性沟通的典型。同一国度内,男人沙文主义(male chauvinism)对女性的宰制与多数族裔对少数民族的欺压,亦未曾不是一种支配性的跨文化沟通。

最后,平等性的对话,是跨文化沟通所追求的理想目标。平等性的跨文化沟通,要求互动双方彼此了解对方的文化异同,并进一步以一颗虔诚的心相互尊重,甚至接收对方在思想行为上的差异。这种立于平等的地位,相互了解、尊重与接受文化的差异,必须建立在情感(affective)、认知(cognitive)与行为(behavioral)能力的培养之上。情感的能力与个人属性(personal attributes)有关,认知的能力侧重在对文化知识的理解(cultural awareness),行为的能力则代表着沟通技巧(communication skills)的习得。归纳起来,就是所谓的跨文化沟通能力(intercultural communication competence)。本书从下一章开始,即沿着这个方向加以论述。

跨文化沟通的特征

科技发达所带来的全球化潮流,已使跨文化沟通成为人类当今生活的常态。换句话说,跨文化的沟通是人类未来命运的印记,是人类无可逃脱的经验。从以上的描述,我们已经知道跨文化沟通的意义与内涵,那么跨文化沟通的特征是什么呢？跨文化沟通既然是结合了沟通与文化两个概念,必然也显现了沟通与文化两个概念,诸如互动性、持续性、整体性与动态性等特色。但除此之外,跨文化沟通同时具备了异质性高与冲突性大两项特有的属性。

异质性(Idiosycracy)

比起同文化内的沟通(intracultural communication),跨文化沟通的异质性(idiosycracy)高出甚多。文化对团体分子,在认知、信仰、态度、价值观等系统的影响,直接塑造了一组特殊的沟通形态。来自不同文化的人们互动时,最明显的差异,乃在于无法共享符号系统(shared symbol system),甚至赋予相同符号不同的意义。这种异质性是跨文化沟通的最大障碍。文献链接2-1提出了文化异质性在沟通过程可能带来的阻碍。

文献链接 2-1

作者：Laray M. Barna
题目：Stumbling Blocks in Intercultural Communication(跨文化沟通的障碍)
出处：In L. A. Samovar & R. E. Porter (1997) (Eds.), *Intercultural Communication*: *A reader* (pp.370-378). Belmont, CA: Wadsworth.
摘要：为什么与来自不同文化的人们沟通充满着挫折与误解呢？作者在这篇论文中,提出了文化异质性所衍生出来的六项跨文化沟通的障碍与困难:1.同质化的假设(assumption of similarities)——人们有种错误认知的倾向,误以为同是身为人类,相似处必多,因此彼此了解并非难事。2.语言差异(language differences)——不同语言在词汇、句法与习语等方面的规则与用法,使得跨文化沟通变得更加困难。3.非语言的误译(nonverbal misinterpretations)——不管是身体语言、声音腔调、时间与空间的运用、对色香味的视觉、嗅觉、触觉等感官的反应,文化也赋予了不同的意义与认知。这种异质性是跨文化沟通的主要障碍之一。4.先见与刻板印象(preconceptions and stereotypes)——先见与刻板印象把一群人过度简单与刻板化,因此在解释对方思想或行为时,往往因为这种先见不明的认知现象产生了误解。5.判断的倾向(tendency to evaluate)——未经仔细观察或思考,即急于对所闻所见,从自己的思考架构或文化观点提出评判。这种作为所可能带来的负面结果可想而知。6.高度焦虑(high anxiety)——对沟通感到焦虑或压力时,往往无法正确地审视文化间的差异,而造成不必要的误解。

由于文化的动态与相互影响性,不同文化之间的差异也相对地有了差别。这种差异可用图2-3与图2-4来表现。图2-3代表来自不同文化的甲与乙,完全没有共享的符号系统,因此双方代表的圆,没有重叠的部分。从沟通的角度来看,甲与乙之间没有相互了解的工具可资运用,因此沟通不可能发生。这个完全没有符号重叠,对同是身为人类的互动,当然是相当极端的例子。一般而言,甲与乙两个圆圈,通常或多或少,会有重叠的部分,只在于大小的区别而已。

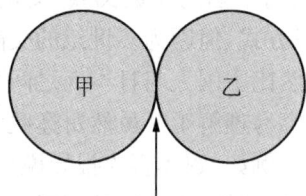

图2-3 跨文化沟通共享系统一   图2-4 跨文化沟通共享系统二

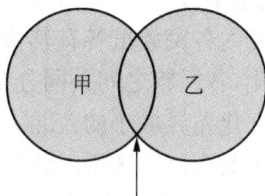

图2-4的线条部分,即是双方重叠的共享系统。重叠的部分依甲乙双方文化的差异程度而有不同程度的伸缩。譬如,美国人与英国人之间和美国人与印度人之间,所形成的重叠部分大小自是不同。前者的范围比后者会大得多,这也意谓着美国人与英国人之间的沟通比美国人与印度人之间的沟通容易多了。佛教徒与道教徒和佛教徒与基督教徒之间的沟通也呈现相同的模式。

另外一种表示文化异质性的方法是,把文化的差异视为一条连续的直线。线的一端代表差异小,另一端代表差异大。在这个连续的线上,不同的文化因差异的程度可以安置在线上的不同点。图2-5即是一例。

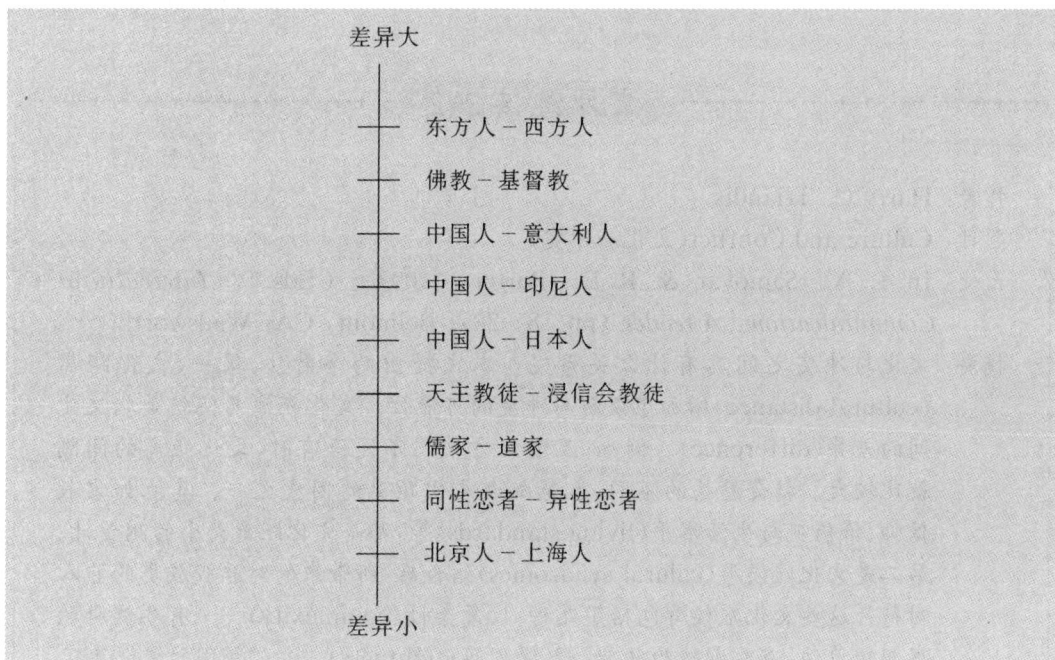

差异大

—— 东方人-西方人

—— 佛教-基督教

—— 中国人-意大利人

—— 中国人-印尼人

—— 中国人-日本人

—— 天主教徒-浸信会教徒

—— 儒家-道家

—— 同性恋者-异性恋者

—— 北京人-上海人

差异小

图2-5 文化或共文化间的差异程度比较

图中显示,东方人与西方人的文化差距最大。这可以用一个在杭州市政府的一个职员与美国俄克拉何马州(Oklahoma)爱尼得(Enid)市市政府内的一个雇员的沟通为例,这两个人虽然同在公家机关做事,但无论是外表长相、宗教信仰、语言、认知态度、饮食习惯、社会风俗、哲学思考、教育系统等各方面,都有极大的差异。因此比起其他的项目,他们算是文化异质性最大的一组。

靠连续线中间的中国人与日本人的差异,因地缘、文化与历史的关联,比起中国人与美国人之间,当然是小得多。不过,比起中国境内的汉人与中国的少数民族,文化的差异则又大得多。中国境内各民族虽各有其特殊的生活与思考方式,但因为多世纪的交融,结合成了一个大中华文化,各民族之间共同分享的符号系统当然比中国人与日本人之间来得丰富。

至于图中文化差异最小的台北人与高雄人,就更容易理解了。虽然每逢政治季节,台北和高雄两个城市的市民对选举的认知会有很大的落差,例如,媒体喜欢报导说高雄人比较具有阿莎力的本土性格,台北人则因教育程度较高,比较有理性,行事比较深思熟虑,但其实在日常生活里,台北人与高雄人在一起,几乎是不容易分辨出差别的。

这些例子,表明了来自不同文化的人们,虽然或多或少会有相似之处,但差异或异质性乃是跨文化沟通的主轴。这从跨文化沟通学的研究,大部分侧重在文化的差异与这种差异可能给沟通带来的影响可看出端倪。

冲突性(Conflict)

文化的异质性在沟通的过程中,主要的表征在于共同分享的符号系统的萎缩,没有足够的共同符号可资使用,彼此误解(misunderstanding)的几率必然增高,误解的产生意味着冲突的可能发生。因此,冲突性(conflict)大就成了跨文化沟通的第二个特色。文献链接 2-2 讨论了文化与冲突的关系。

文献链接 2-2

作者:Harry C. Triandis

题目:Culture and Conflict(文化与冲突)

出处:In L. A. Samovar & R. E. Porter (2003) (Eds.), *Intercultural Communication: A reader* (pp. 18-28). Belmont, CA: Wadsworth.

摘要:文化与冲突之间具有什么关系呢? 本文提出两个看法:第一,文化距离(cultural distance)增加了误解与冲突的可能性。文化距离其实就是指文化间的差异(difference)。例如,互动双方使用不同语言时,文化距离的间隔就比较大。社会结构的不同,也是加大文化距离的因素之一。其他如宗教信仰、价值观与生活水平(living standards)等,都是文化距离大小的测量计。第二是文化症候群(culural syndromes)结合后,所带来的对非我族类的非人对待。这些文化症候群包括了九种:1.复杂性(complexity)——有些族群的思想较单纯,有些则较为复杂。2.紧固性(tightness)——较紧固的文化具有

(下一页)

(续前)

各种繁文缛节,以规范成员的举止行为。较松散性的文化则反之。3.个人主义与集体主义(individualism and collectivism)——个人主义文化的复杂性高,紧固性低;集体主义文化的复杂性低,紧固性高。4.垂直与水平文化(vertical and horizontal cultures)——垂直文化讲求层级的社会结构,水平文化则重视平等。5.主动与被动文化(active-passive cultures)——主动文化试图改变环境以满足己需,被动文化则试图改变自己以适应环境。6.普世主义与特殊主义(universalism-particularism)——普世主义文化以一组通则来对待他人,特殊主义文化则以对方的身份对待那人。7.扩散与特殊(diffuse-specific)——扩散性文化以整体性(holistic)方法对待环境,特殊性文化试图区分各种面向。8.工具性与表现性(instrumental-expressive)——工具性文化较具功利色彩,表现性文化较重视人际关系的建立。9.情感表现或压抑(emotional expression or suppression)——个人主义文化比较善于表达情感,集体主义文化则倾向于压抑情感的宣泄。10.在社会认知中对不同属性的重视——不同文化在冲突过程中,给予诸如族裔背景、职业、能力等属性不同的重视。例如,个人主义文化对自己争取到的属性较重视,集体主义文化则较重视传承下来的属性。

这种冲突可以从文明与文明之间,延伸到国与国之间,组织与组织之间,团体与团体之间和个人与个人之间。文明与文明之间的冲突,由 Huntington(1997)的分析可以看出。Huntington 认为当今世界的动乱,既不是经济问题所引发,也不是意识形态所导致,而是文化间的差异所形成的。他预测基督教（Christianity）、伊斯兰教（Islam）与儒教(Confucianism)的世界三大文明的互动,将是人类维持社会稳定的基石。不过,基督教与伊斯兰教之间的角力与冲突,势必日趋明显,并给这个世界带来动荡与不安。

中东伊斯兰教国家多年来与西方国家的冲突,似乎可以印证 Huntington 的说法。去年九月十一日,伊斯兰教激烈分子劫机炸毁纽约世贸大楼与攻击华盛顿国防部五角大厦,以及美国紧跟着日夜轰炸阿富汗,企图捕捉宾拉登的战争之举,有些学者认为,这是伊斯兰教与西方基督教社会因文化的差异所引起的冲突。其他在组织与组织之间,团体与团体之间和个人与个人之间的冲突例子,实在是不胜枚举,本书第八章对文化间的冲突将有详细的述说。

当然,跨文化沟通的异质性与可能带来的冲突,并不表示人类前途的暗淡与失序。在无法阻挡的全球化潮流的冲击下,跨文化沟通提供了人们唯一能够互动与对话的管道。只有经由适当的跨文化沟通,来自不同文化的人们才得以自由地陈述表达各种思想、论点、信仰、喜怒、善恶,并进一步共同建立一个自主自觉的认同身份和一个整体性的全球性人类社会环境。

换言之,跨文化沟通的知识与技巧,有助于人类共同参与新世纪的全球化社会,并且防止任何一个国家、社会或族裔,利用无知、剥削或其他因文化上的差异所衍生的权势来排拒各群体之间的平等身份。这也正是我们学习跨文化交际的目的。

结论

本章探讨跨文化沟通两个基本的概念:文化与沟通,并进一步阐释跨文化沟通的意义与特色。文化与沟通如同连理枝,相生相成,关系非常紧密。

本章第一节解释了沟通的定义、沟通的特征、沟通的要素与沟通的模式。首先,经由"沟通实境"这个概念,把沟通定义为"双方经由交换符号来建立一个互依互赖关系的相互影响过程。"从沟通的定义,作者演绎出四项沟通的特征:整体性、互动性、持续性与不可取代性。沟通的整体性表现在互动双方的相互依存,沟通的互动性意谓着符号交换的过程发生在两个对象之间,沟通的动态性表现在本身持续不辍的互动过程,最后,沟通如奔驰的河流,具有不可逆转性和无法重复性。

沟通的要素有九个:传送者、制码、讯息、通道、接收者、解码、回馈、环境与噪音。每个要素都有其特殊的意义与功能,缺少任何一个要素,沟通就无法成立。建立在这九个要素之上,本章提供了两个沟通模式。第一个模式详细地涵盖了所有九个要素,第二个则以《易经》"一阴一阳之谓道"与"是故易有太极,是生两仪,两仪生四象,四象生八卦"的思想,发展出一个特别注重互动双方相辅、相生与相克的整体性与动态性关系的沟通模式。

第二节陈述了文化的意义、功能与特征。为了把文化与沟通的关系结合起来,本章把文化定义为:"指导个人行为,与引导个人成为团体一分子的一组共同分享的符号系统"。除此之外,作者也厘清了文化、国家、次文化或共文化之间的差别。文化具有广义与狭义的功能。广义而言,文化提供人类社会用以维持自身系统的三大要素:结构、稳定与安全。狭义的功能,在于提供社会成员一个施展物理、心理与语言作用的情境。

文化的特征则有四项:文化是经由学习获取的,我族主义,整体性与动态性。第一,文化既然是一组共同分享的符号系统,人类就得经由学习的过程来获取。第二,为了文化生命的延续,文化具有"我族中心主义"的文化优越感。第三,文化的整体性连结大大小小的文化系统。第四,文化的动态性乃因新的发明、灾难与文化的散布三项机制的随时冲击而产生。

最后,作者进一步延伸了第一章探讨的跨文化沟通的意义并解释了三个不同型态的跨文化沟通:以自我为中心的对话、支配式的对话与平等的对话。跨文化沟通特别具有的异质性高与冲突性大两项特有的属性,在此也有了详细的解说。

第三章　文化认知

这是我在美国生活的插曲之一。为什么我的美国白人学生一见到鸡脚、鸡头或鸡内脏,就大惊小怪,摆出一副捧心欲呕的样子呢? 这倒不是他们自认清高,故意在众人眼前消遣或羞辱我一番。文化认知系统的差异所导致之误会也。美国人的饮食习惯与我们不同,他们不吃鸡的头脚内脏,只偏好鸡胸肉。我们华人则觉得鸡胸肉的质地老而粗糙,比不上翅膀与头脚内脏的美味。美国人可能因此讥笑华人的吃法恶心,华人则认为美国人实在不知饮食之道。

文化为什么会造成人们这么不同的认知系统呢? 本章就以此为题,分五部分来探讨文化认知(cultural perception)这个概念:(1)认知的本质与过程,(2)影响认知的因素,(3)文化与认知的关系,(4)刻板印象与偏见,(5)媒体与认知的发展。

第一节　认知的本质与过程

人类的认知(perception),乃是经由五官与外界事事物物的接触而产生的一种反应。眼睛所见,耳朵所听,肌肤所触,舌头所觉,鼻子所闻,瞬间即形成变化无穷的感知形态。然后,我们随即会赋予这些感知形态不同的意义。虽然这些感知形态,常常因为个人期待的影响而不见得完全是正确的;或是因文化的影响而给与相同的感知不一样的意义,人类的沟通行为,却完全受制于我们的认知系统。

由此可见,沟通过程,尤其是不同文化间,因认知系统的差异所产生的误解实是司空见惯之事。那么,什么是认知的定义、认知的过程与认知的特性呢?

认知的定义

我们可以把认知广泛地定义为"个人对来自外在世界的刺激的选择、评估与组织的内在过程"。它也就是人类把感官所接触的外来刺激化为一组有意义的经验（meaningful experience）的过程。如果一个人对一切所闻所见都觉得没有意义，精神必然错乱，无法好好的生存下去。

同样的，在同一个文化或社会里，一个人若和其他分子的认知格格不入，不仅会活的很辛苦，而且很可能会受到社会的排斥或制裁。例如，在阿拉伯因伊斯兰教信仰的关系，女性是被认为没有社会地位的，她们不仅出门必须面纱遮脸，衣袍裹身，也不准开车，连要办本护照，都先得有家内男子允许函，才能办理。上次美国与伊拉克的波斯湾战争，阿拉伯报纸大声挞伐美国女官兵在阿拉伯境内的穿着既不包脸，也不蔽手脚的大逆不道，就是一个例子。

其他如泰国人，以朋友数量的多寡，来衡量一个人的社会地位；但埃塞俄比亚（Ethiopia）人却认为一个人的地位是世代相传的，这些都显示了人类认知系统的复杂性。迷你个案 3-1，表现了文化认知的差异可能带来的误解。

迷你个案 3-1:约会

　　为了让后代受更好的教育，哈珊把他的女儿海姬从印度送往美国深造。临行前，父亲叮咛女儿要用功读书，不可擅自与男生约会，待毕业后得马上回国，履行父母为她安排的婚姻。读书期间，海姬遇上了班上一个善良的美国同学麦可。两人很谈得来，常常一起做功课，麦可也时常帮助海姬适应美国的文化与生活方式。由于这么投缘，不到两个月，两人就开始约会。哈珊得知女儿与美国朋友约会，深为震怒，立即勒令海姬束装返国。问题：为什么哈珊会如此怒不可遏呢?* 作者-Brooke Strydesky, University of Rhode Island.

认知的过程

人类感受外界环境刺激（external stimuli），然后经由神经系统传递到脑部的认知过程，虽然最后所赋予的意义因不同因素的影响，结果会有所差异，它基本上是具有普遍性的（universal）。从前面的定义，我们可以发现，认知的过程虽然可以分为选择、组织与解释三个阶段，但是在实际的运作上，这三个阶段并不是各自独立，而是一个紧接一个前进的。因为认知的过程瞬息万变，不可能将这三个阶段截然划分开来，因此，把认知做阶段性的区分，一般只是为了学习的方便。以下就来探讨这三个阶段。

选择（Selection）

选择（selection）是认知过程的第一阶段。外界环境的刺激无限，人的眼、耳、鼻、舌、身等感官的功能却很有限。眼所见只有数景,耳所听不过百尺,鼻所闻区区几味,舌所尝少少几道,身所触仅能数觉,因此,我们不可能同时感知到存在于周遭的一切,而只能选择性地感知很小的部分。

例如,同学们每天进入教室的时候,是否注意到呈现在教室里的林林总总之物呢?这显然是不可能的。你眼睛可能只看到坐在角落的二毛,而忽略了其他在场的同学,因为二毛是你的所爱。你可能只听到阿美娇滴的声音,而教室内喧天震耳的嘈杂声对你却似乎完全不存在,原来阿美是你的死党。这两个例子可以说明人类官能的有限性,也说明了人类认知是一种包括有意识与无意识的选择过程。

再仔细分析,选择性的认知又可分为三个步骤。首先是选择性接触(selective exposure)。我们总是有选择性地把自己展现在特定的信息或某种情况,而刻意地避免其他。例如,当人肚子饿的时候,走在街道特别会注意到与止饥止馋有关的食物招牌;阅读书报的时候,眼睛也特别容易受到那些食物广告的吸引。已经开了十五年的老爷车已是病入膏肓,上不了路了,只好硬下心肠,准备买辆新的。很自然地,每天报纸一到,马上把自己暴露在车子出售栏之前。

紧接着选择性接触之后是选择性专注(selective attention)。肚子饿的时候,会有选择性地把自己暴露于某种特定的信息之下,但进一步则是专注于某些特别的部分。例如,美国的孩子所专注的食物,一定是麦当劳式的汉堡包、热狗或炸薯条等快餐型又油腻的食品。若是来自中国山东的老乡,所专注的食物信息,恐非馒头或牛肉面莫数。如果是一个虔诚的佛教徒,当然不会去专注到肉类食品的信息了。

最后是选择性保留(selective retention)。认知活动虽然是一种选择性的过程,但是人类的感官几乎每分每秒都在运作着。也就是说,人类随时被不同的信息包围或轰炸着。人的记忆既是有限,对经历过的感知的记忆,当然也是有限。我们只能选择性地在脑海里保留部分的经验。研究显示,大部分感知过的信息,通常遭到我们遗弃。而停留在脑海里的那小部分,大致上是属于较愉快、和自我形象相吻合、能够均衡感知或来日可能用上的信息。

组织(Organization)

组织(organization)是认知过程的第二个阶段。外界现象的林林总总,既庞杂又紊乱,毫无秩序可言。当人类经由感官有选择性地认知不同对象之后,立刻会把认知的对象组织成便于理解的类别。

例如,一谈到人类,我们可能把它归类为以国籍划分的中国人、印度人、伊朗人、保加利亚人或丹麦人;或以年纪归类为老年人、壮年人、青年人、少年人或婴儿;或以教育背景归类为博士、硕士、学士、高中高职、国初中或小学等;或以职业归类为士、农、工、商等行列。若小孩或有种族歧视者,则会以肤色出发,把人归类为白种人、黄种人、黑种人等。这种把认知对象归纳成不同颜色、尺寸、形状等框框的过程,虽常常因为过于简化而有所偏颇,但对人类处理庞大无章的外在刺激,却有很大的帮助。

解释(Interpretation)

认知过程的最后一个阶段是解释(interpretation)。把外在世界的刺激归纳成不同类别之后,接着是赋予这些感知对象不同的意义(meaning)。例如,当我们经由感知,把"图书馆"这个概念归纳为充满着书籍的一栋建筑物后,接下来就是认定这栋建筑物的作用,乃在于协助使用者,解决知识上问题的场所,而不会把图书馆认为是一个约会或嗑瓜子聊天的地方。

解释的过程显示了认知不是一个孤立(isolation)的现象,而是经由意义的给予,与其他事件或概念产生了联系的关系。当美国前总统尼克松访问中国大陆的时候,听说国宴上的一道活吃鲤鱼,把他惊吓得当场手足无措,不知怎么办才好。从中国人的角度,活吃鲤鱼可说是烹饪术的高度发挥,非有超人技术不可得。可是从美国人的观点,举箸之前,眼睁睁看到餐桌上那条肉身已熟,但两个鱼眼珠还对着你转来转去,不恶心冒冷汗,也会在心里诅咒这真是野蛮人的吃法。同是一条鲤鱼,看在两人的眼里,所解释出来的意义,可以是天壤之别。这种解释上的差异,对跨文化沟通有着巨大的影响。

认知的特性

从人类认知过程的三个阶段,我们可以发现三项特色:结构性、稳定性与意义性。

结构性(Structure)

首先是认知的结构性(structure)。只要闭上眼睛,想想电脑是什么,我们马上会经历到一组结构性或组织性的影像。认知的结构性主要是来自认知过程的第二个阶段,也就是组织的过程。这种结构性的特质,只要认知存在,它就存在,不管是对社会、心理、生理或物理事件的认知。

稳定性(Stability)

第二是稳定性(stability)。人类的认知一结构化之后,普遍地具有持久不变(endurance)的特质。这点可以以人的身高来说明。例如,身旁的男朋友身高六尺,当他站在百尺外时,虽然看起来只有几寸高,但是因先前你已建立起他六尺高度的认知,因此不管他站在多远,看起来多小,你决不会以为他只身高几寸,而是无疑的六尺。

其他如民间的风俗信仰,像中国社会以十二生肖来裁决青年男女婚姻的适当与否;以风水信仰来决定阴宅阳宅的建立与格局;以"嫁鸡随鸡,嫁狗随狗"的观念来规范女性的从属地位等风俗,成为认知系统之后,就变得根深蒂固,主导了华人一两千年来的思想与行为。认知系统的稳定性,因习以为常而牢不可破,在沟通的过程常造成相互了解的障碍。

意义性(Meaning)

第三是意义性(meaning)。如前所述,在认知过程的最后阶段,认知者势必对认知的对象加以解释,给予一组合乎自己或团体可以接受的意义。有了意义之后,人类的思想与行为才能合理化(justification),个人与族群的生命才能顺利地延伸发展。

例如,对神祇的膜拜,意义在于祈求上帝的赐福与保佑,使人能够心灵平稳,事业发达,国泰民安。接受教育的意义,在于读书识字,培养平衡的身心,为己立命,光耀家门,治国利民。读这本教科书的目的或意义,则在于取得学位,或是充实自己跨文化沟通的知识与技巧,以便毕业后,能在全球化社会里更具竞争力,找到一份好工作,快乐过一生等,都说明了认知意义性的不可或缺。

影响人们解释认知对象的因素不胜枚举。例如,过去的经验(past experience)会影响到我们如何解释认知的对象,"一朝被蛇咬,十年怕井绳"的例子即是。对人性假设(assumption of human nature)是另一个因素,认为人性本善或人性本恶,对人类行为的解释有很大的差异。自我的期待(self expectation)也是一个因素,一旦期待教这门课的老师是个好好先生,定会认为这门课很容易过关。

个人的心情(personal mood)也会影响认知,如心情愉快时,觉得身旁的人都很可爱,反之亦然。个人的教育或训练背景(educational and training background),当然也带来对认知不同的解释,一个大学毕业生与一个没进过学校的人,或主修哲学与财务的学生,不仅对事情的看法会有不同,举止行为也会产生差异。

以这些特色为基础,Singer(1998)曾提出了人类认知系统的几个论证前提(premises):

1. 一个人的行为形态,乃建立在该人对外在世界的认知。其中大部分是经由学习(learning)得来的。

2. 因生物性与经验上的差异,没有两个人的认知会有雷同的现象。

3. 两人之间生物性(biological)与经验上的差异愈大,认知的系统差异就愈大;反之亦然。

4. 认知团体(perceptual group)可定义为对外在世界认知相近的一群人。

5. 认同团体(identity group)指对外在世界认知相近,而且相互确认(recognize)与分享类似认知的一群人。

6. 认知同质性高的人在一起,彼此比较容易沟通,彼此沟通的几率相对提高,以及比较容易形成认同团体。

7. 轻松悠闲的沟通有助于提升认知的同质性,因此同时有强化认同团体的作用。

8. 共同享有多种认知团体的人,比较容易形成高度的认同团体。

9. 文化可以定义为:一个认同团体所接受或期待的一组认知、价值、态度与行为的形态。

10. 既然认知相近,沟通就变得容易,我族(we)的意识因此也相对地增强。这同时清楚地划分了我族与非我族类(they)的界限。

11. 人不免同时属于不同的认知与认同团体,但涉入程度有所不同,而且会有意识或无意识地加以区分等级。

12. 由于环境与生物性的因素随时在变,人的认知、态度与价值观也随时在变。对认知与认同团体的参与与评比,当然也随时跟着改变。(pp.98-100)

第二节　影响认知的因素

除了上述影响人们对认知对象解释的因素之外,我们可以把各种影响认知的因素归纳为四大类别:生理因素、社会角色、自我观念与文化影响。由于文化的影响渗透到其他三项因素,在此先讨论这三项因素,文化与认知的关系则留到下一部分再仔细探讨。

生理因素(Physiological Factors)

首先是生理因素(physiological factors)对认知的影响。生理因素包含所有与肉体有关的成分。这些成分不仅构成人类这个臭皮囊,而且与人怎么看待周遭的世界观息息相关。几个对认知有直接影响的包括了味觉、气味、听觉、视觉、年纪、身材、健康以及生理周期。

味觉（Taste）

人的舌头对味道的取舍，因人、因地、因文化而有所分别。闽南人有句俗话说"有人爱吃苦瓜，有人爱吃菜瓜"。有人见肉心喜，有人闻鱼腥就吐；有人餐餐热狗，有人没有春卷日子过不下去；有人习于食用生菜沙拉（salad），有人非熟食不碰。

这种味觉（taste）上的差异，往往与认知有关。例如，有人说因为北方人喜欢吃辣椒，所以他们的个性比南方人暴烈。嗜好春卷与炒饭的华人，喜欢说美国人的热狗或汉堡速食不合人类胃口与饮食健康之道，真是有点老王卖瓜说瓜甜的主观认知。

气味（Odor）

对嗅觉上的气味（odor）的取舍，也可分辨出个人认知上的差异。我们可以断定"入芝兰之室，久而不闻其香"和"海边有逐臭之夫"之类的人与既闻其香又不逐臭之士，对事情的看法必然有所不同。另外，听说从香水品牌味道的选择与喜好，也可以看出一个人的个性。

至于说亚洲人因为水果蔬菜吃得多，因此体味比西方人轻得多，而且比较爱好和平的说法，虽然稍嫌夸张与缺乏证据，但却点出体味、饮食与性格似乎是有关联的。传播学教科书上，通常会讨论到嗅觉沟通（olfactory communication），正是建立在这个基础上。

听觉（Hearing）和视觉（Vision）

听觉（hearing）和视觉（vision）对人的认知影响颇为明显。例如，失聪或失明的人，因为耳目失灵，其他的官能相对的就显得特别发达。禅坐与祈祷，深入或专注到某种程度，会有如千里眼或顺风耳等眼通目通的现象发生。这些失聪、失明、眼通与目通的人，能经历一般人所不能经历之事，对外在世界各种刺激，很自然的会有不一样的看法与反应。

年纪（Age）

年纪（age）的差异与认知的差异成正比，年龄差别愈大，认知也就更加的不同。年轻人比较激进，老年人比较保守；年轻人阅历浅，嘴边无毛，办事不劳；年纪大，意味着经验老到，行事圆滑，但缺乏冲劲。在东方社会，老年人被视为经验与权力的汇集所，因此"尊老"就成了很主要的价值信仰之一。正如俗话说，"家有一老，如获一宝"以及"吃的盐比你吃的米多"。

再看看社会上高层领导人物的高龄现象，或如政治上的党国大老的影响力，都可以看出年龄差异所形成的不同的思想与行为。在西方社会，老年人则比较不受重视，年轻就是本钱，有干劲，有专业知识，只要能把事情办好，年纪轻轻就爬到社会的高层地位，是司空见惯之事。美国在60年代反战与人权运动，进行得如火如荼的时候，社会上流行着"不要相信那些过了三十岁的人"的口号，足见年龄的差异所带来的各种不同的观点。

身材（Physical Appearance）

身材指一个人的外表体态（physical appearance）。人们第一次见面时，第一印象（first impression）几乎完全建立在对对方外表长相的看法。长的高，虎背熊腰，脸蛋美，柳身蛇腰，丹眉凤眼，环肥燕瘦，沉鱼落雁之姿等人们趋之若鹜的审美观点，都与长相有关。这由当今社会，尤其是年轻人对政治与电影里的帅哥美女为之抓狂的现象，可见一斑。

从面相学与体态学的角度，可得的资料更形丰富（钟进添，1964）。例如，中国古名相家袁天罡的相眼五法,指出了眼形与个性的关系:醉眼者是酒色破财之流,睡眼者是贫贱孤苦之流,惊眼者是胆弱夭折之流,病眼者是疾病退败之流,淫眼者是奸邪淫盗之流。

至于鼻子,古相书上有所谓的"狮子鼻",高鼻梁、凸出而长、鼻孔深,这种人好动、好胜、好辩、活泼进取,常是成功的政治或外交家。"伏犀鼻"者,鼻子直又长,细而凸出,属于艺术家型,个性内向温柔,爱美且富于理想。"狗鼻"者,鼻子凹入,好像没有鼻梁似的,这种人较懒惰,能力欠佳,没有果断力。"鲫鱼鼻"者,鼻梁露骨,鼻子向上翻,属乐天派,喜吃喝嫖赌,好问东问西。"鹰鼻"者,鼻尖下垂如钩,属贪婪型,为人悭吝,自私自利,好诈狡猾。

嘴唇有"口大唇薄,主贪淫好食","口如露齿,己有事而难遮","唇薄齿疏,言行相违","齿疏唇反,必是善谤之人","口阔如拳,出将入相"等说法。

以整个脸形而言,"正方形"者,多为运动家或实行家,生性活泼,爱冒险,精力充沛,但不善思考,不喜欢阅读,智力较不出色。"长方形"者,多为外交家或推销员,喜欢交际,和气友善,机警与擅于外交手腕,但较缺乏魄力,也不善理财。"圆满形"者,多为工商业富豪或巨子,为人八面玲珑,乐观可亲,擅长行政与管理,但较好吃贪睡,好逸恶劳。"三角形"者,多为思想家、文学家或教育家,喜爱读书深思,智力好,智谋多,但体质较软弱,缺乏活力。其他还有"凸出形"、"凹入形"、"平直形"等具有不同特色的类型。

至于人的体型,也可看出个性的不同。如体型肥胖的人,个性乐观,讲究享受,度量宽宏。体型强大的人,个性也强,较专断妄动,有进取心,好冒险与运动,但受打击时,精神容易崩溃。体型修长的人,则聪明敏感,但多愁善感,心胸较狭隘,容易消极悲观。这些依外表体态,来判断一个人的个性或行为,存在于每一个文化之中。虽然不同文化解释会有差异,而且每种判断不见得有科学的根据,但由此可以看出身材与认知或沟通之间的紧密关系。

健康(Health)与生理周期(Physical Cycle)

最后是身体健康(health)状况与生理周期(physical cycle)。人在身体状况不对时,如感冒、胃疼、生病等,通常情绪会跟着受到影响,看事情的角度也会不同,而且容易消极悲观,脾气变得暴躁易怒。

生理周期以女性较为明显,尤其是月事到来的那个星期,很多女士的生活会受到影响,情绪变得不稳,对事情的认知也会发生变化。医学上也发现,男人也有所谓的心理周期(psychological cycle)。周期的长短依人而定,有的几星期就出现,有的几个月才来。这种周期对一些男人的心理冲击相当大,除了观点与情绪有异外,有些暴力事情的发生,听说都是在心理周期间发生。

社会角色(Social Roles)

不管在什么社会,人一出生之后,就开始学习扮演文化所赋予的不同角色(role)。是父母眼中的宝贝儿,是兄、弟、姊或妹,是甥或侄;长大后,是父或母,是伯、叔、婶、姑或姨,又是老师、乡长、消防队员、道士或经理等。这些一个人必须同时扮演的不同社会角色,对整个社会功能的稳定与有效运作,有着重大的影响。

但是,由于每个角色各有其特殊的责任与期待,身处不同角色时,产生了不同的认知过程乃是正常之事。这种因不同的社会角色(social role)所带来的不同认知,在沟通的过程中很容易引起误解。尤其是来自不同文化的人们,因为文化赋予各种角色不同的意义与义务,沟通起来更是不容易。对沟通影响最大的社会角色有两种:性别与职业。

性别角色(Sex Role)

书报杂志常常可以读到"男人与女人的战争"的描述,这倒不是说,男人与女人真的是来自两个不同的星球或真的有不共戴天之仇,彼此水火不相容,而是在说明,男人与女人对事事物物的认知有明显的差异。不管从生理方面,把性别分为男人(male)与女人(female)两种,或从心理方面,把性别分为男性化(masculinity)、女性化(femininity)或雌雄同体(androgyne)三种,他们之间的思想与举止行为,都会有所不同。

男女的差别,先天基因或有不同,但受到文化的影响是不容置疑的。大部分人类的传统文化,教导女性扮演温柔婉约的角色,以相夫教子为业,男性则必须刚毅坚强,打脱牙和血吞。例如,传统中国的环肥燕瘦,裹小脚,"嫁鸡随鸡,嫁狗随狗";日本男人用低沉雄浑的音色,来显示男人的权威;以及北欧国家男人的温柔化倾向等文化期待,都说明了男女之间的差异。

在沟通方面,很多研究也证明了男女之间的不同。例如,Wood(1994)发现,与男人相比,女人交谈的目的,较倾向于建立与维持和对方的关系,男人则倾向于经由交谈,来完成当时该做的事情。交谈时,男人比女人使用更多的脏话;在一大群人里,男人话比女人多,在小团体里,则女人话多;男人与人交心,在于信任对方,女人则因为喜欢对方。

感情表达方面,女人较容易表现恐惧、悲伤、孤独与赧颜等情绪化的感情,男人则对自己的优点或正面情绪的表达,较大言不惭。在面对冲突的时候,男女也有差别。从小时候开始,男性就比女性显得更具侵略性(aggressive)、强索性(demanding)与竞争性(competitive);女生则比较合作(cooperative),讲话的语气比较温和,也比较顾虑到对方的感受(deKlerk,V.,1991;Floyd & Morman,1997;Mulac,Wiemann,Widenmann,& Gibson,1988;Tannen,1989)。

虽然近代妇女所扮演的社会角色已大有改变,如提倡"妇女能撑半边天"与女性主义(feminism)的高声疾呼,对女性的解放和权益的争取有了很大的贡献,使男女的地位渐趋平等,不过男女两性的平等,并不意味着彼此间的思想行为会变得一致或相近。也就是说,性别的差异对认知系统的影响,可能是永远存在的。

例如,菲律宾前总统阿奎诺夫人,在任职 20 个月时,曾经很感慨地说,身为一个女总统,必须面对好多男主管不需面对的事,其中之一就是在应付国内政变时,需不需要化妆的问题。她又说,如果她是一位男总统,出面前只要把衣服穿好与把头发梳好就得了。可是一个女总统还得担心,是不是上好了妆。可见男女之间的差别,恐怕很难拉近。

职业角色(Occupational Role)

"公说公有理,婆说婆有理。"大概是把一群不同职业的人安排在一起讨论事情的最佳写照。职业对一个人的观点影响大矣。如果有一天,一个老和尚,一个扒手,一个教哲学的教授和一个公司经理,正好在大卖场不期而遇,试着想想看他们能彼此学到什么?

首先,除了必须时常看守着自己的荷包之外,他们一定可以学到职业对认知的冲击。因为个人有个人的脑袋与心思,老和尚满怀慈悲,修菩萨道,行菩萨行,既不杀生,不偷盗,也不邪淫,看到大卖场架子上的鸡鸭鱼肉,一定大呼阿弥陀佛,善哉,善哉!

再来是那个扒手,满脑子一定在想,如何把自己的快乐建立在别人的痛苦之上,一逮到机会,不管你是老和尚或大学名教授,魔手往口袋内搜刮,冀求日进百金。

教哲学的名教授,定是在苦思,当和尚或牧师的意义在哪里? 如果人人都受了洗,信了教或都做和尚尼姑去了,这个五光十色的堕落社会,是否会变得好些?

最后,那个公司经理,可能一面嘲弄着不食人间烟火的老和尚与食古不化的哲学教授,一面脑子打着转,思考着这么大的大卖场,要怎么经营,才能财源滚滚来。

这个例子,已足够把职业对人类认知的影响,说得清清楚楚了。

自我观念(Self-Concept)

自我观念(self-concept)指一个人对自己的认知。人一出生后,就逐渐经由周遭人物的看法与对待,建立起一组相当稳定的对自己的看法,这种认定自己是这类或那类人的看法,虽然既主观(subjective),又常常不正确(inaccurate),但却是很不容易改变的,而且主导我们对外在刺激的观点。

自尊(self-esteem)是自我观念的中心要素。很多有关自尊研究的发现,都已成了普通常识。例如,自尊心高与自尊心低的人有下列几项明显的差别(Foote & Cottrell,1955;Hamachek,1982):

1. 自尊心高的人较会把别人当好人看待;自尊心低的人较容易拒绝他人。

2. 自尊心高的人总是期待别人会接受他;自尊心低的人则总是期待别人会拒绝他。

3. 自尊心高的人在别人的面前表现得比较好;自尊心低的人在别人的面前表现得比较差。

4. 自尊心高的人比较不会在意别人的看法;自尊心低的人对别人负面的看法比较敏感。

5. 自尊心高的人与职位或能力高于他的人在一起,不会觉得不对劲;自尊心低的人则会感受到受排挤的压力。

6. 自尊心高的人在受到不公平对待时会防卫自己;自尊心低的人则有逃避的倾向。

如同生理因素与社会角色,自我观念的形成也是受制于文化的影响。例如,大部分的日本人就是再有钱,也会自称是小康,而且每一个人似乎都只有一个共同的目标。这并不是因为日本人虚伪不实,而是日本的集体文化(collectivistic culture)信念教导他们不能凸出自我,个人只是团队的一分子。

西方人则信仰"会叫的轮子有油吃"(The squeaky wheel gets the grease.),并时常批判东方人缺乏主见(assertiveness),可是他们不知,有主见乃是西方个人主义(individualism)之文化价值的产物。儒家文化笼罩的国家,则以谦虚为美德,信仰"枪打出头鸟"与"凸出的钉子该给锤回去"(The nail that stands up gets hammered down.)的自制与内敛的功夫。

在日本,主见过强被认为是不够成熟或自私的象征(Fukumura,1995);拉丁美洲人也有教导人们贬抑个人野心,注重谦卑与克己的一组传统的信念(Sosa,1998);至于在墨西哥,一个下属若顶撞上司,会被认为是头壳坏掉或变天了。

文化对自我观念,特别是有无主见的影响,可从几个方面看出(Chung,2000):

1. 对位高权重的确认。东方人习惯于以口语或肢体语言,对有社会地位或年高德劭的人表达尊敬之意。如美国、加拿大、新西兰、奥地利与以色列等国家,则对层级的观念较为淡薄,以为东方人对上司鞠躬过度,点头过多与微笑频繁的举动,是缺乏自信,震慑于权威的表现。

2. 对礼尚往来的期待。儒家社会期待下属对上司的忠诚,也期待上司必须以保护属下的福利做为回报,以确保整个群体的利益。西方个人主义的社会,则以个人利益为主,投桃报李的做法,是个人缺乏自主的表现。

3. 关系建立时间的长短。东方人花较长的时间建立关系。关系建立后,彼此间就大事化小,小事化无,尤其会避免彼此的冲突,有了冲突,也较会采取畏缩逃避的处理方法。西方人不论对熟人或生人,处理事情较直截了当,视东方人讲关系,套交情,回避事情的作风是没有自信与缺乏自尊的反映。

4. 面了意识。东方人顾面子,让人家丢脸不仅伤人自尊,对自己也是很没面子之事。因此不善于拒绝别人的请求或表达不同的意见。很多在外国厂商工作的人,常因此被认为是懦弱与不会发声的怪物。

5. 社交成规。东西方社会社交互动的规则有所不同。东方人对陌生人或上司,不可直呼其名,只能道姓,通常还加上对方的头衔;在会议上,发表意见时用辞遣字很谨慎,提出批判时,也慎选发言时间等。这种战战兢兢的互动方式,在有话直说的西方人眼中,不外乎是没有主见的做法。

文献链接 3-1 提供了 Chung 研究文化对主见观念影响的全文摘要。除了自我观念,文化对认知系统的影响是全面的。以下就更进一步来讨论。

文献链接 3-1

作者:Jesnsen Chung(钟振升)

题目:The Challenge of Diversity in Global Organizations(全球化组织内多元化的挑战)

出处:In G.M. Chen & W.J. Starosta (2000)(Eds.), *Communication and Global Socity* (pp.73 - 89). New York:Peter Lang.

摘要:全球化社会的重要现象之一是"全球地方化"(glocalization)的矛盾。全球化组织也有这个矛盾:既需整合,也需分化。从文化的角度来说,就是同质化与异质化的"辩证紧张"(dialectic tension)。这就是为什么跨国公司难以使各种不同文化融合的原因。那么,全球化组织怎样面对这个矛盾呢? 本研究针对主流和非主流文化的一个冲突点,亦即"果敢"(assertiveness)这个问题,来加以探讨。"果敢"指人际关系中挺身捍卫自己的权利,而又能尊重他人权利的一种沟通能力,也就是礼貌抗争的能力。在美国主流价值系统中,果敢的观念引导白人的行为,但是一些亚裔及拉丁裔的价值观却反其道而行。所以亚裔及拉丁裔都远不如白人果敢。本研究试着从文化的角度,来探讨文化对果敢表现的差异,并希望借此挑战纯由心理角度来解释果敢差异的说法。本研究访问了二十九位年龄在 25—50 岁(二十一位男性,八

(下一页)

（续前）

位女性），并且在美国矽谷全球化组织中工作的台裔高科技工程师。过程中，也举办了两次座谈会。结果发现了十项可以解释他们为什么被认为不果敢的原因：（1）角色认知（role acknowledgement）的差异，（2）礼尚往来（reciprocity）的观念，（3）关系的深浅，（4）面子的重视，（5）挺身面对问题的方式（confrontation style），（6）沉默寡言（reticence），（7）时空环境（physical context）的重视，（8）语言的障碍，（9）对社会规则的熟悉度，以及（10）表现谦卑。本研究的结果，不仅可以印证 Chen & Starosta 所倡的全球化沟通模式的三个基本面向：情感的文化敏觉度（intercultural sensitivity），知性的文化认知（intercultural awareness）与行为的文化沟通灵巧度（intercultural adroitness）。更重要的是，这十项发现都属于文化而非心理因素。可见果敢的原因必须从文化影响的角度来研究，才不致产生偏颇的现象。

第三节　文化与认知的关系

文化与认知的关系，可以从 Bagby（1957）的一项研究看出端倪。Bagby 要求一组分别来自美国与墨西哥的参与者观看十组图片。每组图片同时包含了美墨两国文化的影像，如代表美国文化的棒球赛与墨西哥的斗牛赛。结果发现参与实验的美国人，大致上只看到与他们文化有关的棒球赛部分，墨西哥人也一样只看到与墨西哥文化有关的斗牛赛图片。这个研究显示了人类的认知很大程度受到文化的制约。文化不仅提供了解释认知的基础，而且引导我们选择与归纳认知的对象。

文化对认知的影响，特别反映在所谓归因（attribution）的过程。归因意指我们解释别人行为意义的过程，归因的过程建立在过去的生活经验。过去生活经验的累积，当然来自学习文化的过程。因此，不同文化产生不同的认知系统乃是理所当然之事。文献链接 3-2 比较与分析了文化因素对美国人与日本人决策过程的认知的影响。以下就让我们来列举文化在日常生活里对认知影响的一些比较有趣的例子。

饮食（Foods）

饮食方面，除了前面引用的例子之外，我二十年前刚到美国求学的时候，一个国际学生组织把我安排到亚特兰大城与一位美国教授同住两个星期。刚到时，年事已高的女主人把我当贵宾接待，亲自下厨烹煮拿手好菜招待我这位来自地球另一端的稀客。在煮汤时，当我看到她把巨大的蚵（oyster）丢入待滚的牛奶，然后撒入黑胡椒，再加上一匙牛油时，心里不禁开始发毛，胃也波涛汹涌起来，不知待会儿要怎么下咽。因为在台湾活二十几年，从来没有见过这种调配的煮法。当时基于礼貌，不得不憋着气，硬将女主人的美意往肚里吞，还好自己担心会拉肚子的事并没有发生。

文献链接 3-2

作者：Teruyuki Kume

题目：Managerial Attitudes Toward Decision-Making：North America and Japan（决策的经营态度：北美与日本之比较）

出处：*International and Intercultural Communication Annual*，9，231 - 251，1985.

摘要：本文从决策的六种功能，测试与分析了美国人与日本人因文化因素的影响，在决策过程所产生的不同形态。结果发现了以下的差异：1.决策的中心（locus of decision）——美国人因个人主义、独立性与对事情操控（control of events）之文化因素的影响，决策的中心集中在个人，也就是领导人具有做决策的独大权力。日本人因集体主义、互依互赖（interdependence）与团体取向之文化因素的影响，决策的中心在于整个团体，领导人只是扮演促进讨论与分担责任的角色。2.出点子与协调（initiation and coordination）——美国人因权力、竞争、自恃（self-reliance）与重视行动之文化因素的影响，决策时倾向与采用专家之言或上情下达（top down），较少讨论。日本人因屈从（subservience）、合作与和谐之文化因素的影响，决策时事先多方征询，强调下情上达（bottom up）。3.时间取向（temporal orientation）——美国人因未来取向、线性思考（linear thinking）、急迫感（sense of urgency）与个人主义之文化因素的影响，决策时善于计划未来，速度快，但实行的脚步慢。日本人因现在取向、环形思考（circular thinking）、逐步计划与忠于团体之文化因素的影响，决策时善于应对环境的变化，速度缓慢，但实行的脚步快。4.达成决策的方法（mode of reaching decision）——美国人因多选择（choice among alternatives）与平等表达意见之文化因素的影响，采用决策方法包括个人，多数决策（majority decision）与分裂决策（split decision）。日本人因合模性（conformity）与采纳现有选择（acceptance of a given option）之文化因素的影响，决策的方法是一致决策（consensus）的。标准建立在直观（intuition）与团体和谐的基础上。5.决策标准（decision criterion）——美国人因重分析（analytical）与物质主义（materialistic）之文化因素的影响，决策的标准建立在理性（ration）与实用经验主义（practical empiricism）为主。日本人因重整体性（holistic）与心灵特质（spiritual commitment）之文化因素的影响，决策的标准建立在直观（intuition）与团体和谐的基础上。6.沟通形态（communication style）——美国人因重视认知（cognitive）与分化（dichotomy）之文化因素的影响，决策时的沟通型态，通常采用直接（direct）与对抗（confrontation）的方式。日本人因重视情感（affective）与随机感知（feeling around）之文化因素的影响，决策时的沟通形态，通常采用间接（indirect）与同意（agreement）的方式。

另外,几年前有一位修我跨文化交际学的中年美国人,上课时分享了他谈生意的经验。有一次公司派他到日本去洽谈一桩生意,他的日本客户为了尽地主之谊,特别招待他一道鱼内脏以表欢迎之意,害他看了大惊失色,不知如何是好。虽然为了生意,最后还是捏着鼻子把东西吞下去,但日后却夜夜噩梦,老是看到那些鱼内脏来向他抗议。

若是印度教徒,则把牛看做是神圣的动物,绝对禁食。因此,在印度看到牛只满街跑,一点也不足为奇。禁食猪肉的,则是伊斯兰教徒与犹太人,他们认为猪肉是不干净的东西。就连对酒的喜好也有所不同,例如,日本人偏好烧酒(Sake),韩国人的马兹卡利,英伦三岛的威士忌(Whisky & Scotch),美国用玉蜀黍酿成的波旁(Bourbon)威士忌,荷兰的琴酒(Gin),墨西哥的踏去了(Tequila)蒸馏酒,还有中国人爱好的绍兴酒。至于台湾加入世贸组织(World Trade Organization,WTO)之前,对米酒疯狂抢购的情形,可以看出台湾人溺爱米酒已经到了抓狂的地步。

中国人烹饪技术世界一流,中国菜遍布世界各个角落。但西方人开玩笑说,尽量吃中国菜,不过千万不要问菜的内容是什么。这算是聪明的想法,因为中国人吃的东西无所不有。尤其有人开玩笑说,两只脚的东西除了人,四只脚的东西除了桌子之外,广东人什么都吃。是太夸张了,但足以表现东西方人对饮食的不同认知。中国食物与烹饪的奥妙,在1987年10月5日,美国新闻周刊(Time)的一小段描述里表露无遗。我姑且照录,并稍加翻译一下:

In the quest for good food in China, the most useful quality may be a spirit of adventure. Many foods considered delicacies by the Chinese cause Westerner to shudder. Among such exotica are snake, sea slug, turtle, bird's nests formed of swallows' silva, dried jellyfish and webs of duck feet. Though a bit startling to the eye, thick, dark, firmly gelatinous sea slugs are delicious cooked in a velvety, dark sauce that is mellow with wine and fragrant with star anise. This is a sauce that would make even paper towels palatable.

(在中国寻求美食,可说是一项心灵冒险之旅。中国的好多珍肴足让西方人双肩发冷。诸多奇珍异食中,有蛇肉,海参,鳖龟,燕巢,海蜇皮和鸭掌。虽然看来惊人眼目,经由八角与美酒调成的滑溜味料腌浸过的粗黑、厚实、又黏稠的海参,出炉后顿成一道色香味俱全的佳肴。这种调味料恐怕都可以把餐巾纸变得秀色可餐。)

饮食的习惯各文化间也大有不同。例如,日本人和美国人吃饭时,认为把食物均分于各人盘子食用比较卫生;华人或韩国人则注重全体的和谐,大碗盘盛出桌面后,大家一起享用,不用硬分你我。非洲与中东地区,食器也都属公用。中国与日本用餐时使用筷子,洋人用刀叉,非洲、中东、印度与中南美的住民用手取食;伊斯兰教和印度教信徒则认为左手不干净,因此只能用右手抓取食物。另外,东亚人吃面喝汤时呼噜作响或打嗝不仅正常,也是对食物做得好的一种赞美之意;但西方人则认为,喝汤发出嘈杂声是很不礼貌的动作。

颜色(Colors)

颜色方面。我在课堂里要求美国学生写下他们对各种颜色所代表的意义。结果如下:

红色:代表生气、流行、煽情、爱情与性爱。
黑色:代表死亡、邪恶、哀伤与性感。
黄色:代表小心、快乐、阳光与温暖。

绿色:代表嫉妒、贪婪与金钱。
紫色:代表女性化、羞怯、柔软与甜蜜。
白色:代表喜事、天真、无邪与和平。

这些套在每种颜色的意义,对其他文化来说,很多是行不通的。例如,对中国人、韩国人与日本人,红色乃喜气、幸福与繁华的表征。听说上世纪 70 年代有一个日本人,在纽约市区开了一家寿司店,店内的装潢摆设,全部以东洋习俗代表喜气的红色为主调。结果生意蒸蒸日上,大为成功。他于是把赚来的钱,到加州柏克莱镇开了另一家一模一样的店,结果门可罗雀,大亏一场,只好关门大吉。

为什么会有这样大的差异呢?原来纽约市是一个国际大都会,人种复杂,来自东方的人也不少,对红色具有类似好感的人不在少数。加州柏克莱则传统白人居多,民风保守,对红色的感知与东方人不同,加上 70 年代美国社会恐共、反共气氛嚣张,一看到赤红色,就认为是企图发动革命的共产主义的代表而大起反感。

黑色通常用在丧礼场所。但在加勒比海(Caribbean)和非洲地区,却深受欢迎,而且常用作衣料的底色。据说正因为如此,当地交通事故的主因之一,竟然是黑人穿黑色衣服在夜间行走,不容易看清楚而发生的意外。

黄色在中国是帝王的颜色,如黄袍加身意味着登基为王。鹅黄色在印度也是受到尊敬的颜色,但对犹太人却象征侮辱,原来在中世纪的时候,犹太人曾经被迫在胸前悬挂黄色标志,以示区别的一段屈辱的经历。这和欧洲一般把黄色视为“轻视”的意思或许有关。

最后,绿色对伊斯兰教是圣洁与庄严的颜色,因此伊斯兰教国家的国旗与清真寺的壁砖常饰以绿色。中国人对绿色则颇有戒心,男人若戴了绿帽,意味着太太不贞,其来源据说是因为古代曾有制度,规定“役使亲族中的女性为娼之男应覆以绿帽”的缘故。这和英美两国,一到圣派萃拉克(St. Patrick)纪念日庆祝游行,满街绿色飘扬的景观,实不能同日而语。

社交问候(Social Greetings)

社交问候方面,各文化的偏好也大为不同。例如,从东欧到中东,见面时男士相互拥吻问候的情况甚为普遍。有些日本男人到东欧国家做生意,下飞机时冷不防被接机的人在脸上猛烈亲吻一番,以示欢迎之意而当场吓呆的事时有所闻。在日本、印度与东南亚,深深一鞠躬和西洋人握手的功能一样。听说有一个日本人到美国洽谈生意,在机场与客户初次见面时,一个九十度鞠躬,一个伸手待握,结果一个重重的巴掌打在对方的脸上。生意就此告吹了。

握手也有不同的握法。西方人通常急速而强劲一握;阿拉伯人只轻柔地张合一下;韩国人伸出右手一握的同时,会微微弯腰,同时把左手贴放在右胸之前;东非等地史瓦希里(Swahili)语系的人,在握手后,相互以大拇指勾一下,手掌翻转一番,再以普通方式握一下手;波兰人和罗马尼亚人则选择在对方的手背轻轻吻一下。

还有其他问候方式,玻利尼西亚人(Polynesian)关系亲密时,互相磨蹭鼻尖一番。几年前,美国总统克林顿到该处访问,报纸就登着他和该族首领磨蹭鼻尖说哈啰的照片。当时克林顿满脸笑嘻嘻的,只是不知道他心里想着什么就是了。东加(Tonga)王国的人见面礼,是一面说“马洛宽磊磊”,一面把眼球往上挑;坦桑尼亚(Tanzania)的动卫族人彼此问候时,弯着腰拍手约十来次;中国人若着长袍马褂,则习惯拱手弯腰,彼此问候。

论及打招呼,美国人和挪威人不管认不认识对方,在街上行走,只要视线一接触,就会主动打声招呼。英国人和瑞典人似乎比较孤傲,就是彼此认识,也不见得会打招呼,不过打招呼时,一定目视对方,以示尊重。日本人则尽量避免眼光的碰触,因为担心遇到恶意的眼光,会受到诅咒,招致灾难。在南欧、中南美与中东地区,人们也都避免眼光直接与对方接触。在美国,白人打招呼时,通常是迅速看对方一眼就把视线移开,被问候的人,则必须继续保持看着对方以表示礼貌之意;美国黑人则正好相反,打招呼的人目视对方,被问候的人则避免眼光的接触。

打招呼的用语也因文化不同而产生差异。例如,英国人不管天气多恶劣,"早安"(good morning)随时进出;美国人较不正式,除了"早安","How are you?","How's going?","How are you doing?","What's up"等招呼语,随时可闻。日本人喜欢用"天气很好"做招呼语,这在长年天气好得不得了的中东地区,听起来一定会觉得很奇怪。蒙古人的习惯,必须从"你父亲好吧"问起,然后接着母亲与兄弟姊妹逐一问候一番才算数。我犹记得年轻时,在乡下打招呼的惯用语是"呷饱未(吃饱了没)?"小农社会,看天吃饭不容易,知道对方没饿肚子,当是喜事一桩。

价值取向(Value Orienations)

文化表现在价值取向方面,对认知的影响更是重大。例如,华人传统忠孝节义和敬老尊贤的观念在西方人眼里,可能是腐朽不可理解之事;天人合一和阴阳一体的思想可能是自欺欺人,软弱无能之表现。反过来说,西方人的个人主义和与天争胜的作风,在东方人的眼里很可能是自私自利,目中无人,与好狠斗勇的表现。我曾经在课堂里,试着对那些碧眼金发的大学生讲述中国二十四孝与桃园三结义等故事,发觉那些碧眼睛眨得像大清晨的星星,我立即知道这堂课是白上了。下一章对文化价值取向的差异会有详细的解说。

宗教信仰(Religious Beliefs)

最后,以宗教信仰建立起一套认知系统,进而演变到偏见仇恨,彼此互斗残杀的例子也比比皆是。有神或无神,一神或多神,真神或假神,拜或不拜,烧香或不烧香,上天堂或下地狱,有罪或无罪,祷告或念咒,通灵或不通灵,杀生或不杀生,吃素或吃荤,缘起或神造,自主或救恩,轮回或永生,本真或原罪等叫人不知所措的问题,随时给人带来至大的困扰。看看中东、印度、巴基斯坦、阿富汗、北爱尔兰、印尼、巴尔干半岛等区域几年来的不幸冲突,就不难了解宗教信仰经由认知系统的建立,对人类思想行为所带来的威力。

其他影响

文化除了对饮食、颜色与社交问候的认知产生不同的影响之外,对家庭、婚姻、道德、姓名、幸福、艺术等,也都留下不同的印记。文化与认知的紧密关系,更不乏实证研究的支持。例如,Nevill & Perrotta(1985)发现,澳洲人、葡萄牙人和美国人对工作与家庭的认知有所不同。澳洲人参与工作的热情最高,但对工作的承诺度最低;葡萄牙人参与工作的热情最低;美国人的家庭承诺度最高,但对工作的价值观,期待并不高。

Bernan,Murphy-Bernan,& Singh(1985)的研究也发现,印度人认为公司红利分发的主要对象,应该是那些最需要帮忙的员工;美国人则认为应该分发给那些最卖力的雇员。另一项研究询问日本和美国母亲,如果自己的孩子没有把该缴回的单子交到学校,谁应该负起责任?结果发现大部分日本母亲认为是自己的过失,美国妈妈则认为学校应该负责(Kurachi,1984)。

第四节　刻板印象

如前所述,认知系统的发展,建立在生理因素、社会角色、自我观念与文化等影响之上。这些影响显示了人类的认知其实是一个相当主观与常有偏颇或错误的现象。换句话说,人类认知的主观与局部性很容易发展成所谓的刻板印象(stereotype,也译作定型观念)与偏见(prejudice)。这两项偏颇,常常给跨文化沟通带来很多负面的冲击。这一节先讨论刻板印象。

刻板印象(Stereotype)

刻板印象(stereotype)是指对一群人过度简单(oversimplified)、过度概括(overgeneralized)或夸张(exaggerated)化的看法。刻板印象的特色有三:以人们最明显的特征加以归类,以一组特征涵括全体与以同一种方法对待整群人(Chen & Starosta,1988)。

以最明显的特征加以归类

人类印象的发展,通常来自我们对事物的第一次感知,尤其是眼睛所见最明显的特征(the most obvious characteristics)。例如,看到两个人吵架,我们会认定错的一定是先出手打人的那个,因为是我们亲眼看到的。可是在当时,我们很难得会去思考为什么那个人会先出手打人,说不定他已给对方无礼侮辱到无法忍受的地步才动手的。这种以最明显特征加以归类的现象很容易在人们首次踏足一个新文化的时候产生。例如,我曾经非正式地询问一些刚到达美国不久的台湾留学生对美国的观感,部分共同的答案如下:

- 美国学生在课堂很喜欢提问题。
- 美国人午餐吃得很随便。
- 美国人讲话很直接。
- 美国对空间的使用很浪费。
- 美国的购物区(shopping mall)很大。
- 美国人很开放。
- 美国人乐于助人。
- 美国人工作很认真。
- 美国人很有礼貌。

这种刻板印象都是以美国人最明显的特征加以归类的例子。虽然部分属实,但却有过度概括之嫌。

以一组特征涵括全体

刻板印象来自以一组特征涵括全体,这是以偏概全的谬误。我们常听到美国人喜欢热狗,或在西部影片看到美国人穿马靴,于是就认为所有美国人都喜欢吃热狗与穿马靴,就好像有些外国人一听到中国人,就想到春卷与中国功夫一样。常常有美国学生,以为我的中国功夫能够媲美李小龙,从没料到我只是一个会笔功的文弱书生。

另外,亚洲人的数理头脑很了得,到美国大学来读书,大部分也都进入理工学系。很多美国人也就理所当然地把校园内的亚洲学生都视为理工科学生。我们传播系偶尔来了几个亚洲学生,常常受到学校职员这种的误会。有一次一个来自新加坡的华裔学生,愤愤不平对我抱怨说,她到注册组办手续的时候,因为学期平均成绩几乎满分,办事的中年太太竟然一直说她一定是数学系的学生,她一再向那职员说明她是主修演辩传播(Speech Communication)的,对方竟然不相信她!可见以偏概全形成的刻板印象很难纠正过来。

以同一种方法对待整群人

刻板印象起因于用同一种方法对待整群人。"因为……所以……"是这种刻板印象最典型的例子。"因为你是中国人,所以你很聪明"就是用同一种论述来对待所有中国人。这和以偏概全的缺失很类似,以下是一些常见的用同一种方法对待美国人的刻板印象:

- 你们美国人很有钱。
- 你们美国人好喧闹。
- 你们美国人喜欢夸张。
- 你们美国人很饶舌。
- 你们美国人开大车。
- 你们美国人很外向。
- 你们美国人对性很开放。
- 你们美国人不太照顾老年人。
- 你们美国人没有孝顺的观念。
- 你们美国人的人际关系很浅薄。
- 你们美国人只向钱看齐。
- 你们美国人很个人主义。

刻板印象与信仰

刻板印象和人类的信仰(belief)系统有着密切的关系。当我们感知甲和乙之间有着某种关系的时候,我们就有了看法或信仰。例如,我们认为中国结不仅美观,而且还有避邪的作用;星期五又逢十三日,美国人称之为黑色的星期五,是不吉利的日子;日本人在晚上不杀蜘蛛,因为夜里的蜘蛛是人类母亲的化身;佛教深信轮回转世;基督教谈天堂地狱;船上食鱼,不可翻转鱼身,因为这样会使船颠覆等等,都是长久以来,人类对周遭事物表现出的看法或信仰。以下就来谈谈信仰。

信仰

依可能性的程度,信仰可分为三种:经验性信仰、资讯性信仰与推测性信仰(Klopf,1998)。

经验性信仰(Experiential Belifs)

经验性信仰(experiential belifs)来自吾人亲身的经历。碰了火遭到烧伤之后,一定会相信火是灼热碰不得的;试开了凯迪拉克与国产车,大概没有人会说凯迪拉克的品质比较差;吃了臭豆腐,才相信原来它只是闻着臭,入口却是香得很。

经由自己经验而产生的信仰,我们通常会认为它的可能性很高。不过,因环境或年龄的关系,我们会忽略掉很多自小就习以为然的事物的变化。例如,因为小时候每到圣诞节,就会收到圣诞老人的礼物,因此从来不会怀疑到底是不是真的有圣诞老人这号人物。由此可知,经验性信仰的正确性并不是完全可靠的。

资讯性信仰(Informational Beliefs)

资讯性信仰(informational beliefs)来自身外,特别是从所谓的权威(authority)来源。小孩喜欢引用爱因斯坦说,我爷爷或爸爸说,来壮大自己的声势,因为我们对这些权威人士所说的话深信不疑。商业广告,只要是乔丹穿的球鞋,一定大有卖场;伊丽莎白·泰勒用的香水,一定特别香;或者媒体新闻只要说消息是来自某某权威人士,观众就会信以为真。

资讯性信仰既然来自二手消息,其可能性与正确性比经验性的信仰低得多。其他如我们到某个国家度假旅行之前,在书报杂志所收集有关该国家的资料,都是资讯性信仰的来源。

推测性信仰(Inferential Beliefs)

推测性信仰(inferential beliefs)既不是来自自身的经验,也不是来自外在的权威消息,而是从我们的认知过程推论出来的。我们看到某种东西或听到某种事件,就会开始加以臆测或推论,然后得出一个结论。例如,在旧金山街道看到一个黄皮肤的东方人,从他的穿着与言行举止判断,一定是来自中国台湾地区或大陆的华人。趋前一问,竟然连台语或普通话都听不懂。原来是韩国人或ABC(American Born Chinese—在美国出生的华裔)。足见推测性信仰最不可靠。

刻板印象就是建立在这些信仰之上。它只是存在心里头的一种信仰,尚未演进到态度(attitude)的地步。信仰变成态度之后,就会直接影响与支配人们的行为(behavior)。

刻板印象与事实的扭曲

由此可见,刻板印象可能是基于事实的一种陈述,但是因为过度的简化与夸张,结果往往扭曲(distort)了原本的情状,而且大部分变成负面性的印象。当人们开始建立刻板印象的时候,通常会有意识或无意识地不顾或模糊了一个团体内,个人与个人之间的差异或特征。也就是把整个群体,笼笼统统地纠成一团,不加区别分子间的特色。

刻板印象虽然有助于我们对世界的理解,但其对事实的扭曲又常常形成跨文化沟通的障碍。导致刻板印象对事实的扭曲,主要的因素有三(Wade & Tavris,1999):过度强调群间差异,低估群内差异以及选择性的认知。

过度强调群间差异(Accentuation of Differences)

刻板印象对事实扭曲的第一个现象,是过度强调两者或团体之间的差异。以"他(们)与我(们)不一样"为出发点,忽视了彼此间的共同特征,强调双方差异的同时,把他(们)塑造成一个稀奇古怪,甚至是危险的对象。例如,对国会议员、立法委员或民意代表的刻板印象,包括有智慧、有道德、为民服务、诚实清廉等。

这种印象把他们与我们或一般老百姓之间,隔出一道不同的痕沟,以为他们一切都比我们好。可是从报章杂志,可以看到他们与我们其实都是人,差异并不大,而且有时候他们比我们更糟糕,像是官商勾结、放高利贷、鱼肉百姓、滥用职权、吃喝嫖赌等不肖之举。

又如西方人一向把中国看成是一个神秘的国度,认为华夏子孙宛如海底针,既摸不着,更理解不来。长久来对华人这种莫测高深的形象建立之后,也就习以为常,认为华人与他们毫无相似之处。结果对中国与华人的刻板印象,仍一直停留在陈查理、李小龙、成龙与"卧虎藏龙"这些银幕廉价特产所塑造出来的形象。可惜的是,这些商品霓虹灯映照出来的影像,除了把中国与华人刻板化、扭曲化与神秘化之外,实在一无是处。

低估群内差异(Underestimation of Differences)

刻板印象既过度强调两者或团体之间的差异,也同时低估了群体内的差异。刻板印象常叫人感觉到群体内的分子似乎都是一样的。说美国人怎样怎样的时候,让人以为所有美国人都是从西欧来的白人。其实美国境内的非裔美人(African Americans,指黑人)与西裔美人(Hispanic Americans)就占了将近总人口的1/4。加上亚裔和其他族裔的美国人,美国根本是一个多种族(multiethnic),多文化(multicultural)的国家,而不是只有白人而已。

中国也是一样。谈到中国,似乎以为中国只有汉文化似的,没想到中国除了汉人外,还有五十五个少数民族。

选择性的认知(Selective Perception)

如前所述,我们常常有选择性地接触那些与我们的刻板印象相符合的对象,而刻意避免那些与刻板印象相矛盾的部分。如果对华人的刻板印象是聪明、诚实与勤奋,哪天看到一群黄面孔的人,在纽约街头乞讨或偷东西,你心里很可能会认为,那些一定不是华人,或许是来自日本或韩国。这种选择性的认知,使刻板印象更行刻板僵化,严重扭曲了事实,给跨文化沟通带来很大的障碍。

刻板印象的多样性

刻板印象是一个复杂与多样性的概念,它的变化至少具有四个层面(dimensions):方向、强度、正确性与内涵。

方向(Direction)

刻板印象因变化的方向(direction)而有别。方向可以是正面(positive)或负面(negative)的,喜欢(favorable)或不喜欢(unfavorable)的。例如,前面所举有关美国人的刻板印象,有的说美国人诚实、友善、工作认真又乐于助人等,是属于正面或叫人喜欢的刻板印象。说美国人不尊老敬贤、没有孝顺的观念以及只向钱看齐,则属于负面或叫人不喜欢的刻板印象。

强度(Intensity)

刻板印象的程度也有强弱(intensity)的差别。强弱的程度通常以"很⋯⋯"或"有一点⋯⋯"等来表达。说日本人很矮或有一点矮,或美国黑人很懒惰或有一点懒惰的刻板印象,在强弱程度上不一样,对沟通的冲击也有所不同。

正确性(Accuracy)

一般人对刻板印象有种误解,以为所有刻板印象都是不正确的。其实不然,有些刻板印象可能完全不是事实,有些可能半真半假,但有些则可能只有几分失实或正确的。例如,在美国,有些生活闭塞的人,一提到华人,竟仍然以为他们不是开洗衣店,就是开餐馆的 Chinamen,这种完全不是事实的刻板印象,真是错的可笑。

再如,一提到山东人,我们立刻会联想到"山东大汉",以为山东人一定魁梧粗壮。北方人体型较高大没错,但不是每一个吃馒头啃大蒜的山东人,都有傲人的身材或高度。我就碰到过几个身长不及五尺二的山东细汉,更遇见过好多娇小玲珑的山东出生的女同胞。这些例子说明了刻板印象的虚虚实实。

内涵(Content)

刻板印象的内涵(content)千变万化。所有归因(attribute)任何群体的任何属性,都是属于刻板印象的内涵。当然,并非所有人对同一团体会持有相同的刻板印象。随着个人的成长背景与经验,有的人会觉得美国黑人既懒惰、迷信、剽悍又无所事事;对美国黑人有所了解的人,则会发觉,其实他们很有动感,很有音乐细胞,很有宗教信仰,而且运动机能超过其他族裔甚多。这些用来形容一群人的词语,都是刻板印象的内涵。

最后,从两项研究可以印证刻板印象的多样性。第一项是关于夏威夷居民对不同族裔的看法(McDermott,Tseng,& Maretzki,1980):

> 中国人:节俭、剽悍、勤劳、冷漠、自制、压抑感情、开洗衣店、开餐馆、思考颠倒、东方犹太人。
>
> 日本人:团队取向、爱清洁、自制、层级观念、固执、排外、缺乏创意、没表情、勤劳、不愿发表意见。
>
> 韩国人:暴躁、喧闹、吹毛求疵、高傲、固执、勤奋、坚毅、搞派系。
>
> 菲律宾人:敏感、可亲、有礼貌、易怒、家庭取向、爱帮忙人、勤奋、层级观念。
>
> 白种人:独立的、有成就、自信、喧哗、缺乏敏感性、老大作风、直言、名誉与权力取向、夸大、独断。

第二项是比较对黑人与犹太人的刻板印象(Karlin,Waters,& Coffman,1969;黄葳威,1999):

> 黑人:迷信的(superstitious)、懒惰的(lazy)、乐天无忧的(happy-go-lucky)、无知的(ignorant)、有节律感的(musical)、爱夸饰的(ostentious)、笃信宗教的(religious)、愚蠢的(stupid)、肮脏的(dirty)、幼稚的(naive)、邋遢的(slovenly)、不可靠的(unreliable)、好逸的(pleasure loving)、敏感的(sensitive)、好群的(gregarious)、多话的(talkative)、模仿的(imitative)。
>
> 犹太人:精明的(shrewd)、图利的(mercenary)、勤勉的(industrious)、贪婪的(grasping)、聪明的(intelligent)、雄心的(ambitious)、狡猾的(sly)、忠于家族的(loyal to family ties)、坚毅(persistent)、多话的(talkative)、积极的(aggressive)、笃信宗教的(religious)、重物质的(materialistic)、现实的(practical)。

第五节　偏见

经由认知发展到刻板印象，很自然会继续发展成偏见（prejudice）。偏见已不仅是停留在看法或信仰的阶段上，它已进入了态度（attitude）的范畴。信仰必须发展成态度，才会直接引导人们有所行动，亦即做出行为（behavior），直接影响沟通的过程与品质。因此，在探讨偏见之前，让我们先谈谈态度这个概念。

态度（Attitude）

态度（attitude）指我们对人、事、物做出正面或负面回应的倾向（tendency）。这种倾向是经由学习过程得来的。它是一组信仰凝结成一个焦点（focus），然后引导我们的行为，往这个焦点方向移动的倾向。换句话说，态度是信仰凝聚后，变成了人类行为的先声（Schneider，1988）。

例如，我们可以由经验、资讯与推测的过程，相信美国人生性乐观、外向、友善、勤劳、富有、自信、慷慨（Kohls，1996），然后对美国人建立起友好的态度。有了友好的态度之后，接着在行为上，我们于是决定要与美国人交朋友或邀请美国人到家里来吃饭。我们也可能相信美国人粗鲁、爱吹嘘、无知、浪费、不顾权威、物质主义、乱性，然后建立起对美国人不友善的态度。这种态度可能导致我们见到美国人就头痛，而一生拒绝与他们为伍。

Kohls（1996）也列出了十条反映出美国人优越感的态度，这些态度常常在国际间互相接触的时候显现出来：

1. 登陆月球证明了美国科学技术优于他国。
2. 移居美国的人，应该放弃他们原有的生活方式，并尽速融入美国社会。
3. 亚洲人的许多作风相当落后。
4. 世界上大部分人口都还相当的落后，因为他们从未试着开发自己的国家。
5. 英语应该成为世界语。
6. 越南和东亚人不重视生命的价值。
7. 美国人很慷慨地教导别人如何把事情做对。
8. 少数人须要服从多数人的价值观与风俗习惯。
9. 如果每一个人都能够按照美国人的作法，这个世界一定会变得更好。
10. 原始部落的人们，根本就还未达到文明的较高层次。（pp.14-15）

偏见（Prejudice）

偏见（prejudice）以态度为基础，是我们对一群人产生错误的信仰或看法所累积而成的僵化态度。虽然偏见与刻板印象都同时发生，偏见的错误性与对沟通的伤害性比刻板印象来得严重。Van Dijk（1987）认为偏见有以下四种特征：

1. 偏见是人的一种态度。它是我们对一群人过度概括化的评估或判断。偏见主要来自个人的生活经验、社交互动与媒体的影响。
2. 偏见是针对一群人的态度。通常是与自己族群分子（in-group members）互动后建立起来的,然后以此为标准,衡量或描述非我族群(out-group members)。

3. 偏见对自我族群提供了社交性的功能(social functions)。它是自我族群用来巩固或支撑权力与霸业的工具。

4. 偏见是一种负面性的评断(negative evaluations)。在争取资源的分享与同族群分子生活受到威胁或挑战时,人们常会使用偏见丑化对方,以达到自己的目的。

最后,偏见建立在所谓的"认知模式"(cognitive models)上。"认知模式"指我们在赋予感知对象意义时,只是依照先前既定的知识或态度,建构一个自己满意的模式。这个模式不免充满着偏颇的成见(biases)。认知模式主要包括负面解释、折扣、基本归因谬误、夸大与对立化五种(Calloway-Thomas,Cooper,& Blake,1999)。

负面解释(negative interpretation)指所有来自非我族群的都是错的。折扣(discounting)指摒除与我们先见基模(schema)不符的信息。基本归因谬误(fundamental attribution error)指把别人的负面行为,解释为是个性(personality)而不是情境(situational)的问题。夸大(exaggeration)就是小事变大事,把非我族类的缺点添油加醋,扩大打击。至于对立化(polarization),则是吹毛求疵,刻意注重族群间鸡毛蒜皮之差异的倾向。

偏见的多样性

偏见和刻板印象一样,具有多样性的特色。它的变化也具有方向、强度、正确性与内涵四个面向。其中以强度(intensity)最值得注意。偏见的强度依程度可以分为五种:诅咒、规避、歧视、人身攻击与灭族(Chen & Starosta,1998)。

诅咒(Antilocution/ Verbal Abuse)

人类表现偏见的第一步是动口不动手。在语言上针对特殊的对象加以嘲讽、指责或轻蔑。这种给予特殊族群口头上的负面评断,无论在任何社会都是相当的普遍。

其他例子多得不胜枚举。把中国人叫做"清客"(Chink),波兰人"泼辣客"(Pollack),日本人"假屁客"(Jap),爱尔兰人"米锞"(Mick),黑人"泥垢猡"(Negros)或"滚"(Coon)。或叫意大利、西班牙与葡萄牙人"大过"(Dago),或扭曲匈奴人(Hun)的意义来形容掠夺者,或叫白人 Whitey(类似"洋鬼子")、叫原住民"番仔"或"山地人",称女人"死瓜"(squaw),称人 commie(共匪)、yo-yo(傻蛋)或 egghead(蛋头)等,都是轻蔑、调侃或谩骂的诅咒语。

在 1990—1991 美国与伊拉克波斯湾战争期间,一些美国人把境内的阿拉伯裔美国人叫做"吮沙者"(sandsucker)、"毛巾头"(towelhead)、"沙泥垢猡"(sand negro)、"骑骆驼者"(camel jockey)、"烂头"(raghead)。另外,美国白人以前喜欢说"死印第安人才是好印第安人"(Dead Indians are good Indians)来羞辱美洲的原住民。美洲印第安人几乎给白人灭族灭种,又在口头上横加不公平的对待,代表了人类因偏见所带来的丑恶的一面。

规避(Avoid)

规避不只是心理上,因为语言系统、宗教信仰或行为形态的差异,对某一群人的排斥,而且是在行动上避免与他们接触。例如,叫爱尔兰的天主教徒与新教徒,在一起工作或用餐,简直是不可思议的事。这两个族群,因宗教信仰的不同,几个世纪来的冲突,已埋下了不共戴天之仇的种子。两边的人一碰头,常有大干一场的悲剧发生。因此,能彼此不用碰头,就用不着碰头。

歧视（Discrimination）

由口头攻击到人身规避，偏见若继续沉沦下去，就会变成歧视（discrimination）。歧视指在行为上，以不平等的方法对待另一群人，包括就业机会、住宅区、政治权利、教育机会、休闲设施、医疗服务、出入教会等。归纳起来，歧视包括族群歧视（ethnic discrimination）、制度歧视（institutional discrimination）与累计歧视（total discrimination）三种（黄葳威，1999）。族群歧视展现在一个族群个体因种族主义的作祟，反对其他族群个体的表现；制度歧视指族群或个人的权利，因社会习俗与法律的限制，而受到剥夺的现象；累计歧视则泛指在教育、就业等市场受到不平等的待遇。

例如，美国与南非以前的种族隔离（segregation）政策是最好的例子。南非直到十余年前，才取消了种族隔离政策。美国黑人到上世纪 60 年代末，才取得投票权。之前，黑人在美国社会，不能与白人同乘公共汽车，不能进同一间餐馆，不能上同一所学校，不能住在同一个社区。所有白人享有的权益，黑人甭想。

就是亚洲人在美国，也不免受到白人的歧视。能在美国公司升到经理级的亚洲人，实在是凤毛麟角。女性在不同国家的工商业或政治界，更是受到同工不同酬或缺乏领导能力的歧视。这种在工商业界，对少数民族与女性的歧视叫做"天花板效应"（ceiling effect）。少数民族或女性想要升迁到主管级的职位，随时会发现有一块"玻璃天花板"（glass ceiling）挡住去路，玻璃看得穿，但是过不去。

虽然这种歧视的情况日有改进，但距离完全平等的理想，仍然遥不可及。美国劳工局在 1990 年对财富榜五百强公司所做的调查发现，在 147 199 个的雇员中，女性占了 37.2%，少数民族占了 15.5%。但是当上经理的女性，只有 16.9%，少数民族则只有 6%。当上主管级的女性更只有 6.6%，而少数民族只有 2.6%。这些不成比例的现象，说明了歧视的严重性。

人身攻击（Physical Attack）

歧视的下一步是对偏见的对象行使肢体暴力（physical attack）。肢体的暴力包括拳头相向、帮派互斗、乡里械斗、暴乱、掳掠、凌迟等形式，目的在伤害或杀戮非我族类。

中国历史上的党争与宫廷内的外戚、内亲之相残，常有惨不忍睹的肢体暴力。美国三 K 党（Ku Klux Klan）对黑人惨无人道的凌迟，与在移入白人住宅区的黑人家庭的院子，焚烧十字架，并进而肢体侵犯或枪杀的事件时有所闻。德国的新纳粹党羽（neo-Nazi）对外来移民的攻击也不为人后。若是台湾黑道弟兄姊妹的绑架撕票，火拼狙击；白色恐怖时期滥捕刑戮等，都反映了对不同群体的偏见所引发的肢体攻击。

Allport（1954）认为群众肢体暴力或暴动的产生与发展，通常历经五个阶段：

1. 认定了他族人是我们社会或其他问题的导火线，然后开始在语言和口头上，给该族人贴上如前面所谈的负面或侮辱性的标签（label）。

2. 若情况继续恶化，口头上开始踩蹋对方，并且归罪对方引起我们的问题，歧视现象于是发生。

3. 接着，困顿，如经济衰退、选举失败与阶级互斗，带来了压力与压迫感。

4. 为了解除这种压迫感，我族人开始组织起来或加入已存在的组织，准备征讨与攻击对方。

5. 经由参与大大小小的事件,借机火上加油,扩大事端,群众暴力于是一触即发,肢体伤害乃不可避免。

这种组织性的暴力制定化之后,很容易落入大规模的灭族行动。

灭族（Extermination）

灭族（extermination/mass killing/genocide）的现象,可说是人世间最严重且最惨绝人寰的行动。灭族的行动已不止停留在口头上的侮辱言辞,机会上的歧视或个别性的人身攻击,而是进一步利用制定性的权力,企图有组织、有系统地消灭整个族群。

最明显的例子是以希特勒为首的政权,认定犹太人的血统不纯,为了不让犹太人污染日耳曼民族的正统,必须全部加以清除。结果是近六百万的犹太人惨遭不同的手段杀害。

另外,白人登陆北美洲之后,为了领土的扩张,大部分的印第安族几乎差点给全部灭掉。西方帝国主义扩展时期,把非洲人当做奴隶到处拍卖,据说死于奴隶过程的黑人,总人数可能超过给希特勒害死的犹太人。近年来非洲境内的一些国家,因宗教或其他因素产生的内乱,部落与部落或族裔与族裔之间的冲突迫害,加上天灾,动辄几十万或上百万人口不是流离失散,就是惨遭杀害,都是偏见最极端表现的例子。

第六节 媒体与认知的发展

人类认知系统的发展,从选择、组织到赋予意义的过程,再经由过度的简化与概括,形成建立在信仰的刻板印象与建立在态度的偏见,除了受到个人经验、需求、动机、关系网、文化教养等因素的影响之外,大众传播媒介（mass media）的影响亦不可忽视（Chen,2007；Flew,2002）。

书籍、报纸、杂志、影片、收音机、电视、电脑等传播媒体,利用文字、图片、影像等符号,塑造出不同的表征,然后持续地轰炸人类的感官。虽然人们可能借着自己的一组"图式"（schema,也译为基模）,来处理所见所闻的资讯,只选择性地接受与保留与自己的图式配合的资讯,而忽略其他无关于己的部分（Graber,1988）,但是不同的研究也发现,愈来愈多的媒体讯息,尤其是广告,运用"潜意识认知"（subliminal perception）的方法,在讯息的背后隐藏着不同的暗示,让阅听人接触讯息时,无法感知受到刺激的影响（张慧元,1998；罗世宏,2000；Key,1972；Pratkanis & Greenwald,1988）。换句话说,大众媒体对人们认知系统的发展或形成刻板印象与偏见,有其不可忽视的一面。

Dodd（1997）归结大众媒体直接或间接对人们的影响如下:

1. 大众媒体借着制造人们对一个事件或观念的兴趣,提供了理解（awareness）的功能。例如,"艳照门"事件两岸三地的媒体多有报导。

2. 大众媒体的主流派,习于塑造出一组议题（agenda）,经由广播或出版,议题不自觉地变成阅听人的讨论方向。例如,大部分主流媒体把明星的私生活事件定为"绯闻",阅听人也给拉着鼻子,朝着这些方向议论纷纷。

3. 大众媒体制造一个推动改变（acceleration for change）的环境。"华南虎"事件的报导,几乎世界各个角落的华人也趋之若鹜。这种海内外共同关心与好奇的现象,可能逼得官方不得不从速调查。

4. 大众媒体常常与人际间的消息来源（interpersonal sources）合一，以强化其影响效果。"超级女生"相关新闻，除了经由媒体的传递之外，也借着朋友与朋友之间的耳语私谈，或者经由网络或亲自传递现场的视频等，使媒体对阅听人的影响程度大为增强。

5. 大众媒体可能引发谣言（stimulate rumors），塑造不实的形象。韩国前总统卢武铉涉嫌受贿事件的报导过程，常常有媒体越过界，对当事人未审先判，甚至为了销路，刻意制造不实的谣言，而对当事人造成不必要的伤害。

6. 大众媒体可能执着（obsess）于某些要点，使阅听人建立不正确的印象。

7. 大众媒体可能导致阅听人模仿（imitate）报导内容的情节。媒体对阅听人行为的影响，如暴力电视节目，已有很多研究发现可能使年轻的阅听人发展出暴力行为的倾向。

从这些影响，我们可以看出媒体对人们认知系统的冲击，进而形成不同的信念、态度或刻板印象与偏见，并可能导致行为的改变。

结论

本章探讨认知在跨文化交际的过程所扮演的角色。第一节讨论了认知的本质与过程。认知乃是"个人对来自外在世界刺激的选择、评估与组织的内在过程"。这个过程包括了选择、组织与解释三个阶段，并具有结构性、稳定性与意义性三项特色。

第二节列举了影响认知的因素，包括生理因素、社会角色、自我观念与文化影响四大类别。这一节着重在前三项因素的解说。第三节则特别讨论认知与文化之间的关系。文化对认知的影响，乃是经由我们解释别人行为意义的归因过程。本节从文化的五个面向，包括饮食、颜色、社交问候、价值取向与宗教信仰，说明了文化可能给认知带来的影响。

第四节讨论刻板印象。刻板印象是指对一群人过度简单、概括与夸张化的看法。它具有以人们最明显的特征加以归类，以一组特征概括全体与用同一种方法对待整群人的三项特色。刻板印象建立在人们信仰的基础上。信仰依可能性的程度，可分为经验性信仰、资讯性信仰与推测性信仰三种。刻板印象常常会有对事实扭曲的现象，主要的原因在于刻板印象过度强调群间差异，低估群内差异与选择性的认知。另外，刻板印象是一个复杂与多样性的概念，它的变化至少具有方向、强度、正确性与内涵四个层面。

第五节探讨偏见。偏见是认知发展到刻板印象后，更进一步形成的错误信仰。偏见建立在态度的基础上，态度直接引导人们行动。偏见不仅是人们的一种态度，而且是针对一群人的态度。偏见对自我族群提供了社交性的功能，并建立在既定的认知模式上，但它属于一种负面性的评断。偏见和刻板印象一样，具有多样性的特色。以强度而言，偏见可以分为五种：诅咒、规避、歧视、人身攻击与灭族。

最后，大众媒体对人们认知系统的影响不可不察。由提供阅听人理解的功能开始，大众媒体习于塑造出一组议题来引导阅听人的讨论方向，并可能制造一个推动各种改变的环境。大众媒体更与人际间的管道配合，以强化其影响与说服的效果。有时大众媒体也可能引发谣言，塑造不实的当事人形象。但是大众媒体最大的影响，莫非是使阅听人改变信念、态度或刻板印象与偏见，然后依样画葫芦，付诸行动，导致不良的后果。

吾们倘把中华文化加以检讨,而描绘出他们的民族德性,则可以举出下列种种特征:(一)为稳健,(二)为淳朴,(三)为爱好自然,(四)为忍耐,(五)为无可无不可,(六)为狡猾俏皮,(七)为生殖力高,(八)为勤勉,(九)为俭约,(十)为爱好家庭生活,(十一)为和平,(十二)为知足,(十三)为幽默,(十四)为保守,(十五)为好色。

上面这段引言,是幽默大师林语堂博士(1981,p.40)在他的名著《吾国与吾民》里的陈述。姑且不论我们是否完全同意中国人生性好色的描述,这十五条对中国人民族德性的精彩描绘,其实就是代表着中国人的文化价值观。

中国人具有这些文化价值(cultural value),其他如美国人是不是也具有相同的价值观呢? 这些文化价值与沟通又存在着什么关系呢? 本章分五部分,针对文化价值这个概念做一个详细的探讨:(1)文化价值的本质,(2)文化价值与沟通,(3)文化价值取向,(4)文化价值取向的模式以及(5)文化价值取向模式的应用与局限性。

第一节　文化价值的本质

了解文化价值,乃是了解一个人在某种情况下,表现出某种行为的基础。价值本身并无法从感官的运作直接获取,而必须经由观察行为的过程,才能推敲(infer)或归纳出一个人或群体的价值系统。换句话说,价值源自我们的信仰系统。

一个文化或社会信仰系统的中心,具有普遍或恒久性的部分,通常称之为"世界观"(Worldview),这个世界观是一个文化价值系统建立的所在。因此,讨论文化价值的本质之前,须要先了解什么是信仰与世界观。第三章已谈过了信仰,这里就来讨论世界观。

世界观(WorldView)

作为人类信仰系统的核心,世界观提供一个了解人们在同一个文化内认知、言谈、与思想的架构。它是人们对宇宙的本质与宇宙对整个人类环境影响的信仰系统(Dodd,1997)。世界观反映了一个文化如何处理有关超自然(the supernatural)、自然、人类本身与动植物界的本质(ontological)问题。经由对这些对象提出它们是什么、为什么与如何这样或那样的一套稳定的看法,世界观有助于人类对这个大环境的适应与生存(Klopf,1998)。因此,世界观具有橱窗的作用,经由它,人们可以容易地透视文化之间的差异。

例如,比较东西方文化,我们马上理解到东方,尤其是东亚,深受儒家(Confucianism)、道家(Taoism)与佛教(Buddhism)思想的影响;而西方,特别是西欧国家,则广受希腊

(Greek)与犹太—基督教(Judeo-Christian)传统的左右。这种影响自然形成双方世界观的互异。以宇宙的本体论和人类沟通之关系的看法来比较,东方在儒道释三种思潮洗礼之下,把宇宙看做是一个阴阳两股势力,交互运动所产生的变动不息的现象(Chen,1987;Wilhem,1979;劳思光,1991)。从宇宙与人类沟通现象角度来看,这种思想在中国产生了三项本体论要点(Chai & Chai,1969;Chen,2002;刘长林,1990,1992):

1. 宇宙是一个变动不居的大整体,人类沟通因此也是一个动态性的改变与转化的过程。

2. 宇宙的变化是一种环形的运动,人类沟通也随着宇宙的轨道运动,像日夜的更迭与潮汐的涨落一样变化着。

3. 宇宙的变化是一个无休止的过程,人类沟通也是一个永远没有完成的过程。

中国这种天人合一的思想,提升了人在宇宙间崇高的地位,并使天、地、人之间的和谐关系成为中国人主要的价值观念。

西方人则把天与人看成是两个分割对立的客体(傅伟勋,1989),与东方人有三项重要的区别(Chen,1993):

1. 西方人把和谐当作人类沟通的一种手段而非目的,因此人类间的冲突乃是常态;东方人则把和谐当作人类沟通的目的,因此尽量避免发生冲突。

2. 西方人把沟通能力当作是一种控制对方的力量;东方人则把沟通能力看成是双方经由互依与合作的互动来达到相互适应的过程。

3. 西方人因此不认为与互动对方的互助合作是一种道德性的义务;东方人则认为以诚心相待,不以技巧计策以达到目的才是人类沟通的要务。

Gilgen & Cho(1979)更做了一项详细的研究,比列了东西方世界观的差异:

1. 东方人信仰天人合一;西方人信仰天人隔离。

2. 东方人信仰精神与物质一体;西方人信仰人涵括心、体、灵。

3. 东方人信仰心与体合一;西方人信仰上帝主宰人类。

4. 东方人认为人与自然和谐一体;西方人认为人类生存之道在于征服自然。

5. 东方人认为人类同出一源不用分你我;西方人认为人必须有理性与分析性的思考。

6. 东方人认为科学与科技只是制造进步的假象;西方人认为科学与科技提升人类生活品质。

7. 东方人认为经由冥思禅坐可以与宇宙合一;西方人认为行动与竞争才是正途。

文化价值(Cultural Values)

价值(value)指人们的信仰与世界观的评价面(evaluative aspect)。当我们对信仰提出好或坏、对或错、有用或没用、美或丑、满意或不满意、爽或不爽等判断的时候,价值立即产生。价值必须经由学习的过程获得,因此,每一个文化都会发展出一组不同的价值系统(value system)。

文化价值(cultural value)教我们什么时候死可以重于泰山,什么时候可以轻如鸿毛;什么值得保护,什么不值一顾;什么值得惧怕,什么不用畏惧。也就是说,文化价值系统是评估一群人行为的理想或标准。它代表一组经由学习获得的法则(rules),这些法则是用来解决文化所碰到的问题与如何做决策(making decision)的依归。

Albert(1968)把文化价值定义为一组代表人们所期待或希望,所求或所禁的法则。她认为文化价值不是实际行为的报告,而是对举止行为的一组评判的法则。如前所述,价值不是感官可以直接看到、闻到或摸到的,而必须从观察实际生活,包括语言的使用、育婴、社交行为、神话故事、法律等方面,才能归纳出来。

例如,不拘礼节(informality)是美国人主要的文化价值之一。如何知道美国人比较不拘礼节呢?从生活行为的各方面可以观察到(Condon & Yousef,1975)。在口语上,常听到美国人在家里对客人说,"请便"(Make yourself at home)。在穿着上,随时可以看到美国人穿着牛仔裤到处跑,甚至出现在正式的宴席上。在工作方面,也不常看到美国人穿着公司的制服或佩戴着有公司标志的别针等饰物;连使用名片的习惯,也远不如其他国家。在称呼上,则更无长幼大小之分。百姓对一国之尊的总统,学生对老师,甚至儿女对父母,皆可称名道姓。从这些行为,我们可以观察到,比起像德国、日本或中国,美国实在是一个很不喜欢繁文缛节的文化。

文化价值的种类

文化价值和刻板印象或偏见一样,具有复杂与多样化的特性。它的变化也有方向、强度与内涵各种面向。

文化价值的方向可以是正面、负面或是中性的。例如,男女平等的价值信仰,对美国人而言,是一种正面的价值,反之则是负面的。"大事化小,小事化无"是中国人传统的正面价值观;"好狠斗勇"则受到批判轻视,属于负面的价值信仰。

文化价值信仰的强弱,可用对国家与领袖的效忠与对父母的尽孝为例。忠孝是中国传统上非常坚固强烈的价值观。对美国人而言,忠孝的观念却起不了作用,但是对平等、自由与人权的重视,却不输中国人对忠孝的信奉。

Rokeach(1968)把文化价值归纳为两类。第一是工具性(instrumental)价值,包括道德与能力两个领域。道德性价值与沟通行为有直接的关系;能力的价值关系个人的性格。第二是终极性(terminal)价值,处理关于生存与生命存在与目的等问题。包括个人价值与社会价值两个领域。Rokeach分别举了十九项工具性与终极性价值:

1. 工具性价值:

雄心的(ambitious)。

宽怀的(broad-minded)。

有能的(capable)。

快活的(cheerful)。

洁净的(clean)。

勇敢的(courageous)。

宽容的(forgiving)。

有用的(helpful)。

诚实的(honest)。

富于想像的(imaginative)。

独立的(independent)。

理智的(intellectual)。

逻辑的(logical)。

钟情的(loving)。

依顺的(obedient)。

有礼貌的(polite)。

负责的(responsible)。

自制的(self-controlled)。

2. 终极性价值：

舒适的生活(comfortable life)。

刺激的生活(exciting life)。

成就感(sense of accomplishment)。

和平的世界(world of peace)。

平等(equality)。

家庭的安全(family security)。

自由(freedom)。

快乐(happiness)。

内心的和谐(inner harmony)。

成熟的爱(mature love)。

国家安全(national security)。

享乐(pleasure)。

救赎(salvation)。

自尊(self-respect)。

社会的认同(social recognition)。

纯真的友谊(true friendship)。

智慧(wisdom)。

美丽的世界(world of beauty)。

文化价值的比较

不少研究试图发现不同文化的价值观,或比较不同文化间价值观的差异。这些研究,对了解一个文化有很大的帮助。例如,Klophf & Park(1994)发现美国人最重视的 12 种价值信仰是:

个人主义(individualism)。

自由(freedom)。

平等(equality)。

民主(democracy)。

人道主义(humanitarianism)。

进步(progress)。

行动(action)。

成就(achievement)。

实际性(practicality)。

重时间(time)。

不拘礼节(informality)。

道德感(morality)。

这些价值观,很清晰地画出了一幅美国人行为的图案。

另一项研究(Chinese Culture Connection，1987)罗列了中国人的基本价值观：

孝顺(filial piety)。

容忍他人(tolerance of others)。

谦逊(humility)。

重礼仪(obervation of rites and social rituals)。

仁慈(kindness，compassion，forgiveness)。

中庸(moderation，following the middle way)。

正义感(sense of righteousness)。

人道威权(benevolent authority)。

个人稳健(personal steadiness and stability)。

爱国主义(patriotism)。

自洁(keeping oneself disterested and pure)。

耐性(patience)。

文化优越感(sense of cultural superiority)。

适应性(adaptability)。

谨慎(prdudenc，carefulness)。

耻感(sense of shame)。

安分守己(contentedness with one's positioin in life)。

深交性(close，intimate friendship)。

寡欲(having few desires)。

财富(weath)。

勤劳(industry，working hard)。

与人和谐(harmony with others)。

对上忠诚(loyalty to superiors)。

礼尚往来(reciprocation of social interaction)。

重知识(knowledge，education)。

与人共力(solidarity with others)。

修己(self-cultivation)。

层级划分(ordering relationships by status)。

不好竞争(noncompetitiveness)。

抗腐败(resistence to corruption)。

诚敬(sincerity)。

节俭(thrift)。

坚毅(persistence，perseverance)。

因果报应(repayment of both the good and the evil that others cause you)。

可信(trustworthiness)。

有礼(courtesy)。

保守(being conservative)。

护面子(protecting face)。

女性贞节(chastity in women)。

尊敬传统(respect for tradition)。

与林语堂所列的15项价值观一样,这个研究发现的40项,有部分似乎已经无法代表当代中国人的价值观,但基本上,这些价值观可以帮助我们了解中国人的思想行为。若与前面所列的美国人的价值观相互比较,更可以明显地看出中美之间的差异。

另外,不少学者在同一个研究中,比较不同文化之间价值观的差异。例如,一项研究(Thomas,Park,& Ishii,1993)日本人、韩国人与美国人的价值观,发现这三个文化,除了对自由(freedom)这个价值观的重视有共识之外,几乎没有其他相似的地方。此研究也发现美国人特别重视个体性(individuality)、民主、平等与诚实,日本人特别注重工作(work),韩国人则很重视工作、成就感、诚实、尊敬父母与他人福利。

Rokeach(1968)的研究,发现美国男女之间的价值观也略有不同。在工具性价值方面,男女皆以诚实为最上策,女性第二选择是宽容,男性则是雄心。第三个选择同样是责任感。在终极性价值观方面,和平、家庭的安全与自由同为男女前三个选择,救赎为女性第四个选择,男性则是舒适的生活。快乐与自尊为双方下一个选择,剩下的终极价值,男女之间的选择则存在着明显的差异。

最后,低阶级与中产阶级之间的价值观也有差别。例如,Daniel(1985)的研究显示,穷人痛恨权威(authority),中产阶级却喜欢。穷人认为教育是一项无法跨越的障碍,中产阶级视教育为获取较好生活的保障。宗教对穷人是感情宣泄的管道,对中产阶级而言,隶属于某一个教会,是一种社会接受(social acceptance)的指标。另外,性(sex)是穷人生活里的自由享乐,对中产阶级则是感情与关系的黏剂。

第二节　文化价值与沟通

了解人们的行为之前,必须先了解他们的文化价值系统,乃是毋庸置疑之事。虽然价值观随着文化的改变而改变,寻求一组稳定的文化价值系统,如前所言,并非难事。根据Sitaram & Haapanen(1979)的看法,价值观与沟通行为有两种彼此依存的关系:(一)价值观必须经由符号行为来传递,(二)沟通行为受制于人们的价值观。迷你个案4-1显示了文化价值与沟通的关系。

价值观与符号行为

沟通过程中人们使用的符号语言或行为,虽然可能只是反映自己内在的动机或可能受到当时沟通情境的牵制,基本上,人类的言语与行动,乃是反映深植于内心经由社化过程习得的价值系统的主要管道。

文化的价值观通常表现在语言与非语言的沟通行为。语言的表达用来强调个人或团体

迷你个案 4-1:误会

　　大学开学的第一天,美国女学生安娜认识了来自日本的室友三喜洋子。一见面,安娜就迫不及待地介绍了自己,并且开始滔滔不绝地打开话匣子,对三喜洋子述说自己的家乡与家庭。然后问了三喜洋子类似的问题,三喜洋子低着头回答了安娜的问题,而且整个谈话的过程,似乎从未抬起头来正视过安娜。之后,与另外一个朋友见面的时候,安娜抱怨说,她的日本室友有点不礼貌,而且似乎无意与她为友。问题:为什么安娜会有这种想法呢?* 作者-Catherine Pagano, University of Rhode Island.

信仰的特殊价值观的重要性。非语言的表达则借助各种社会仪式(social rituals)来传递价值信仰。

语言表达与价值观

语言表达包括俗语、谚语、谜语、民间故事、传说与诗词等。

俗语/谚语

俗语或谚语是以语言表达出特殊的价值观的最好例子。先谈中国人的俗谚(高莫野,1967;Smith,1965)。例如,"养儿防备老,种树图阴凉","孩儿不离娘,瓜儿不离秧","不孝有三,无后为大","一儿一女一枝花,多儿多女多冤家","父母在,不远游","天下没有不是的父母","他养我小,我养他老","羊有跪乳之恩,鸦有反哺之义"等,都在凸显中国人孝顺的价值观。"人高惹祸,树高招风","天外有天,人外有人","能人背后有能人","三人行,必有我师"等,则凸显了谦卑的价值观。其他还有:

"人情留一线,久后好相见",凸显重恩与和谐。
"好汉打脱牙和血吞",凸显容忍。
"大事化小,小事化无",凸显不好竞争。
"忠臣不侍二主,烈女不嫁二夫",凸显忠诚。
"路见不平,拔刀相助",凸显正义感。
"礼仪三千,威仪三千",凸显重礼仪。
"不是不报,日子未到",凸显因果报应。
"不听老人言,吃亏在眼前",凸显敬老。
"大丈夫能屈能伸",凸显适应性。
"不吃苦中苦,难为人上人",凸显坚毅。
"十年寒窗无人问,一举成名天下知",凸显坚毅与耐性。
"打狗看主面"与"打肿脸充胖子",凸显爱面子。
"吃人一口,报人一斗",凸显重恩与回报。
"活到老,学到老",凸显重知识与教育。
"酒逢知己千杯少,话不投机半句多",凸显重友谊。
西方的俗语与谚语也很多,以北美洲为例,Kohls(1996,pp.39-40)列出了二十条反映美国人与加拿大人价值观的俗语与谚语：

"洁净近神"(Cleanliness is next to godliness)，反映清洁观。

"省一分赚一分"(A penny saved is a penny earned)，反映节俭。

"时间就是金钱"(Time is money)，反映重视时间。

"覆水难收"(Don't cry over split milk)，反映重实际。

"不浪费，不欲求"(Waste not; want not)，反映俭约。

"早睡早起带来健康、财富与智慧"(Early to bed, early to rise, makes a man healthy, wealthy, and wise)，反映勤劳。

"天助自助者"(God helps those who help themselves)，反映进取与创意。

"论过程不论输赢"(It's not whether you win or lose, but how you play the game)，反映运动家精神。

"家房即古堡"(A man's home is his castle)，反映重隐私与个人财产。

"勤能补拙"(No rest for the wicked or weary)，反映勤劳或罪恶感。

"自作自受"(You've made your bed, now lie in it)，反映责任或报复。

"孵出之前不数鸡"(Don't count your chickens before they hatch)，反映重实际。

"一鸟在手胜过两鸟在林"(A bird in the hand is worth two in the bush)，反映重实际。

"会叫的轮子有油吃"(The squeaky wheel gets the grease)，反映积极或进取。

"强权出正义"(Might makes right)，反映弱肉强食。

"条条大道通罗马"(There's more than one way to skin a cat)，反映创意或决心。

"即时针，免心焚"(A stitch in time saves nine)，反映即时行动。

"会发亮的不见得都是黄金"(All that glitters is not gold)，反映谨慎。

"人要衣穿，佛要金装"(Clothes make the man)，反映重视外表。

"初试不成就再试"(If at first you don't succeed, try, try again)，反映坚毅或勤奋。

"安顿好今日，明日自会没事"(Take care of today and tomorrow will take care of itself)，反映未雨绸缪。

"乐时众乐，忧时己忧"(Laugh and the world laughs with you; weep and you weep alone)，反映持正面的态度。

谜语与民间故事或传说

除了俗语与谚语之外，经由语言的其他方式来表达文化价值观的，还有谜语、民间故事或传说等。例如，"此字十画，无横无直，你若不识，丧尽良知"，这个谜语的谜底是"爹"，反映了孝敬父母的重要性。"徐州失去大半，十万大军奋战，四面八方求援，孔明一心扶汉"，这个谜语的谜底是"德"，凸显了尽忠的重要性。

民间故事或传说的例子很多。例如，台湾家喻户晓的《林投姊》传说如下(吴瀛涛，1970，页365)：

台南火车站一带，古时候传闻一件怪事。据说，当时有一个女人，和泉州来的一位商人结婚；婚后不久，这位商人竟然骗了妻子的积蓄，说要到故乡祭祖及经商，马上就要回来。可是他一去不回头，后来这位守节的太太才知道是受骗了，竟在林投树林里怨愤吊死。她虽然死了，冤魂却不散，鬼魂每日出现，有时会用纸钱买粽子吃，有时竟会跟行人说起话来。大家都叫她林投姊，非常害怕，没有人敢走过那一带地方。到后来，地方士绅为祭其灵，盖了一座小庙,至此林投姊的幽魂才不再出现。

这则民间传说故事,表达传统上贞节观念的可贵。

诗词

在诗词方面,更不胜枚举。如大家能朗朗上口的孟郊的《游子吟》,吟出了孝道的重要与难报:

慈母手中线,

游子身上衣,

临行密密缝,

意恐迟迟归。

谁言寸草心,

报得三春晖。

韦庄的词《女冠子》,字面上则刻划了中国人在感情表达上的含蓄性:

四月十七,

正是去年今日:

别君时。

忍泪佯低面,

含羞半敛眉。

不知魂已断,

空有梦相随;

除却天边月,

没人知。

非语言表达与价值观

文化价值经由非语言管道来显现,主要有宗教或社交仪式与艺术两种。社交仪式,如中国与日本人逢年过节或朋友同事互动交往时,彼此送礼的习俗,反映了中日两国文化重视礼尚往来、慷慨与珍惜友谊的价值观。

宗教/社交仪式

宗教仪式方面,以中国人为例,不论是对自然、动物或植物的崇拜,都明显地反映了中国人轻超越重现世的实际价值观(韦政通,1981)。祖先崇拜的复杂与多样化,除了表达个人对祖先当有的诚敬之心外,更反映了感恩与尽孝两项中国人主要的文化价值观。孝的观念,有时还推展到忠君与其他的领域。例如,《祭统》一书提出,通过祖先崇拜的仪式,必须达到所谓的"十伦":

1. 见事鬼神之道。

2. 见君臣之义。

3. 见父子之伦。

4. 见贵贱之等。

5. 见亲疏之杀。

6. 见爵赏之施。

7. 见夫妇之别。

8. 见政事之均。

9. 见长幼之序。

10. 见上下之际。

婚丧喜庆的仪式,也以宗教崇拜的仪式为基础,表现了中国人大家族主义和孝道的理想。例如。在台湾,以前为了对祖先尽孝道,人们认为家族性的祭祀是不可以断绝的,因而担任祭祀的子孙人数愈多愈好。所以男女一旦结了婚,为了能够就生儿子,有向授子女神——注生娘娘许愿的风俗。因而凡是规模稍微大一点的神庙的后殿、偏殿,多半都要供奉注生娘娘。(林衡道,1966,页125)

结婚整个过程的仪式,也是庄严慎重,中规中矩,反映了中国人的价值观。例如,传统的结婚过程得经过八道程序与仪式(郑国治,1989):

1. 闻名——即配生辰八字;

2. 定盟——即送聘金的订婚仪式;

3. 纳采——即烧香奉告祖先神明之完聘仪式;

4. 请期——请择日师选择双方赞许的良辰吉日;

5. 纳币——即男女双方送礼,并由男方通知女方结婚日期;

6. 亲迎——即迎娶新娘之仪式;

7. 贺礼——接男女双方的亲戚朋友的贺礼;

8. 回娘家——即婚后第三天,新郎与新娘回访女方父母。

丧事的处理更是把儒家"生事之以礼,死葬之以礼,祭之以礼,孝子之事亲也有三道焉:生则养,没则丧,丧毕则祭;养则观其顺也,丧则观其哀也,祭则观其敬也"的价值观,表现得淋漓尽致(郑国治,1989):

1. 搬床——即把将死的家人搬到厅里让他断气。

2. 套衣——即给死人穿上寿衣。

3. 沐浴——即给死人洗身体。

4. 接棺——即孝男与丧家晚辈以跪爬的方式迎棺。

5. 孝服——即以不同质料颜色区分亲疏辈分的丧服。

6. 入殓——即把尸体放入棺木。

7. 封钉——即钉上钉子以封上棺木。

8. 告别式——即请道士主持,经由拈香、鞠躬、吊词、奏乐等告别仪式。

9. 葬式——即下葬时丢钱、烧香、烧银纸、跪拜等仪式。

10. 做功德——即做七七四十九天的七旬仪式,用死者之名施功德,以为之赎罪。

11. 做忌——即对死者周年的祭祀。

这些仪式从以基督教文化为主的西方社会看来一定不可思议。圣经虽也讲孝道,但对过世的人,只重视追思纪念,而不以鬼神加以崇拜。

艺术

艺术包括绘画、舞蹈、音乐、雕刻与建筑等项目。经由审美观念的发挥,艺术最能表现一个民族的精神、心灵、性格与文化的特征。例如,中国的艺术美学,深受阴阳五行的影响,表现出虚实、表里、动静、形神的有情宇宙观,强调人与自然和融相调谐的关系。

李泽厚与刘纲纪(1983)认为,中华民族对伦理道德的重视,使艺术的表现具有六项特色:高度强调美与善的统一,强调情与理的统一,强调认知与直觉的统一,强调人与自然的统一,富于古代人道主义的精神与以审美境界为人生的最高境界。例如,高度强调美与善的统一,就是把艺术的表现与人高尚的道德情操与精神品质结合起来,排除低级的官能享受。

孔子讲的"据于德,依于仁,游于艺";孟子的"充实之谓美,充实而有光辉之谓大,大而化之谓圣";与张心斋(1973)的"梅令人高,兰令人幽,菊令人野,莲令人淡,春海棠令人艳,牡丹令人豪,蕉与竹令人韵,秋海棠令人媚,松令人逸,桐令人清,柳令人感",都说明了美和善的互通、互惠与相互结合的特性。这种特性也同时显现了其他五种特色。

仪式与艺术

非语言管道结合了宗教或社交仪式与艺术,而显现文化价值的例子也很多。从中华文化的角度来看,风水的信仰与实践是最好的例子。

风水代表了华人处理人类与大自然之间关系的传统世界观。风水术原称堪舆,本来只是一种单纯的相地术,就观察自然之理和宇宙运行对众生与环境的影响,以选择适合吾人生产与生活定居之所。经过长时间的发展,风水术学逐渐吸收了中国深厚的哲学和文化而成为一门学术,并且影响了华夏民族生活的每一个面向。

从哲学的角度,风水学建立在,而且融合阐扬了传统中国哲学四项重要的概念:天人合一,阴阳,五行与气。由于天地人相感相化,取良时择良处为活人居或为死人葬,不仅福祸及于此身此代,更影响了后世后代。由于阴阳两气与金木水火土五行之运行相生相克,依循其相生之向则"生气"或"生机"源源而来,结果是福或吉。若处相克之所,则"煞气"或"杀机"不请而至,结果是祸或凶。

应用在生活上,在人际关系的发展,风水学讲求仁、义、诚与五伦。在组织生活,除了力图建立一个具有生机的商业大环境,以利己利人之外,它还直接影响到其他细部的实行。如公司名号的选择,一定得稳合该公司在社会上的形象,才能在心理上激励员工和取得社会公众的好感;公司内部的装潢摆设,应该配合员工的地位和举止行为,才能建立融洽的人际关系,并进而增加生产力。再如公司该择居"龙脉"之所,或近大街,或背山而立,或傍水而居,或避免处医院、庙宇、坟场等具有"煞气"之地等等。在阴宅方面,则为过世的父母祖先寻求龙穴,以安其灵,并庇佑子孙。

这些反映在日常生活的风水观,与中华文化息息相关,很明显地表现了华人的价值观。荦荦大者包括重视和谐,尽孝伦理道德,求富贵长寿与安居乐业。另外,风水学也唯美是图,力求山弯水曲之所,建立均匀融洽之屋和力寻通融无碍之人间关系,也表现了中华文化向来重视对美的追求。文献链接4-1阐释了一组风水与沟通的理论。

文献链接4-1

作者:陈国明

题目:《风水与华人的沟通行为:理论建立之尝试》

出处:论文发表于中华传播学会2002年年度研讨会,台北,中国台湾。

摘要:本文试着从理论建立的方向着手,阐明风水与华人沟通行为之间的关系。

(下一页)

（续前）

从风水的定义与其以中华文化与哲学为依据的理论,本文提出了风水学的十个假定(assumption)。再以这些假定为基础,讨论风水理论对华人沟通行为所产生的影响,并进而提出十项命题(proposition)。这些命题,在未来可以进一步演绎出不同的假设(hypothesis),并加以观察测试。作者希望经由这项努力,能得抛砖引玉之效果,并能一步一步地掀开风水学神秘的面纱,以矫正一味攻击风水学是封建社会的迷信产物,或未经批判即一味相信风水学的盲目做法。本文所提的十个假定为:1.风水学是研究人与自然如何和谐相处,以增进人类福祉的一门学问。2.风水学具有遍及性、神秘性、功利性与和谐性四项特征。3.风水学主张天人合一论。4.风水学强调阴阳两气的动态平衡。5.风水学深信五行生克之理。6.风水学以气论为基础。7.追求繁荣为风水学的主旨之一。8.追求和谐为风水学的主旨之一。9.追求道德为风水学的主旨之一。10.追求美感为风水学的主旨之一。十项命题包括:1.愈是特殊性的人际关系结构,愈能达到和谐的相处。2.愈具选择性的沟通方式,愈能达到快乐的生活。3.愈符合公司对外形象的名字,愈能使公司兴隆。4.愈符合公司商业性质的标志,愈能使公司兴隆。5.位居龙脉的公司,生意比较兴隆。6.公司空间的设计愈是舒适,公司的生意愈是兴隆。7.愈是适当的组织结构,愈能达到满意的决策。8.公司愈能配合外在环境,生意愈是兴隆。9.空间的设计愈是适当,商业谈判的过程愈是顺利。10.经理人员愈了解员工的背景,公司的生意愈是兴隆。

宗教或社交仪式与艺术所显现的不同文化价值观,在跨文化沟通的过程,造成误会或冲突的现象时有所闻。例如,有些华人在北美购屋置地时,因为信仰风水之理,在买或盖房子的时候,动辄滥砍树木。结果常给邻居或社区误以为华人没有环保观念,不知爱惜树木,而加以抗议或到法院控告。

沟通行为受制于价值观

沟通本身在扮演着传递文化价值观的角色时,也直接受到价值观的冲击与影响,产生变化与形成不同的形态。这种影响,主要是因为价值观决定沟通过程什么是可欲或不可欲,什么是好或不好等判断取舍的标准。

以华人为例,"和谐"乃是中华文化最主要的价值观之一,和谐的信仰几乎全面性地影响着华人沟通或社交行为。根据 Chen(2002)的研究,和谐的观念给华人的沟通行为设定了五大行为准则:自制,不直接拒绝,给面子,礼尚往来与重视特殊性关系。

自制

自制(self-restraint)或自律(self-discipline)是华人认为洗涤与提升自我的最基本条件。自制的基础在于慎独,非礼勿视、勿听、勿行等至诚的实践。表现在沟通的过程,最明显的影响是抑制感情的冲动或行使侵略性的行为,以避免与人发生冲突。

不直接拒绝

直接说"不"或拒绝他人的请求,对华人而言,代表着不合作的态度,有损和谐关系的发展。因此,不直接拒绝(indirect expression of disapproval)对方的请求以顾全大局,成了华人沟通行为主要的特色之一。根据 Chu(1988)的研究,在双方意见不合的情况下,很难看到华人直接拒绝对方,或跟对方说不。那么在非说不的情况下,华人怎么来处理呢? Chu 发现,华人通常闪烁其辞,或者是用肢体语言来暗示对方。

给面子

华人重视面子(face),与他人撕破脸是很没面子的事。因此,为了和谐或好来好去,赏脸给对方、为对方做面子或给对方面子,在华人互动过程,是不可或缺的社交技巧。换言之,给面子意味着尊重对方,强化对方的自尊心。华人一向认为,用语言或行动来丢人家的脸,除了有损和谐之外,还可能自取其辱,污染了自己的形象。无怪乎 Jia(1997,2001)认为面子功夫是华人世界,预防冲突的主要文化机制之一。

礼尚往来

礼尚往来(reciprocity)并不只是在物质上双方利益的交换,它是互动双方相互依赖的基础与满足对方需求的责任感的体现。在华人社会,这种礼尚往来,如互赠礼物的作风是建立良好关系的法门。礼尚往来展现在组织生活里,也造就出华人公司与西方不同的管理格调(Chen & Chung, 1994)。与日本公司类似,华人把公司当做是家庭的延伸,对员工采取父母兄弟姊妹式的关怀,以换取员工对公司的忠诚奉献。

重视特殊性关系

重视特殊性关系(particularistic relationships)来自儒家五伦的传统教化。五伦把人类社会主要的关系层级化(hierarchical),并赋予该遵循的权利与义务,来巩固家庭与社会的和谐。因此,沟通的过程依层级关系,厘定性别、年龄、角色与地位的区别,是避免不必要迷惑与纠纷的重要条件。

这种层级关系的重视,也发展出各种不同的特殊性关系网,如同乡、同宗、同姓、同事、同窗、师生、拜把兄弟姊妹等(Jocobs, 1979)。华人沟通的原则是视特殊性关系网内的人为我族类(in-group),彼此善加对待,大事化小,小事化无;视特殊性关系网外的人为非我族类(out-group),较不善加对待,而且会不顾对方面子,挑起事端。

这几项建立在中华文化价值观的沟通行为,将陆续在以后几章做比较深入的分析。

第三节　文化价值取向

如前所述,文化价值是举止行为的一组评判的法则,它们无法经由感官来直接观察,必须从实际生活的面向,才能观察归纳出来。因此,为了研究文化价值观,学者更进一步把文化价值观,具体化到"文化价值取向"(cultural value orientation)的层次,以便使用实证的方法加以观察研究。

Kluckhohn & Strodbeck(1951,1961)最先使用"价值取向"这个概念。他们把价值取向定义为一个社会用来解决普世性问题的方法。这个定义包括了三项假设:

1. 所有的人类社会必须面对普世性的问题（universal problems）。

2. 不同社会使用不同的方法来解决这些普世性的问题。

3. 解决这些普世性问题的方法有限。

了解一个文化的价值取向，是积累文化知识的主要方法之一，也是文化特殊性研究法（cultural specific approach）中，常常使用的方法。文化特殊性研究法的目的，在于获取与提供某一个特殊文化的文化内涵与行为指标的资讯，这些资讯，经由跨文化训练或讲习的运用，可以帮助人们较正确地描绘出互动对方的"文化图案"（cultural map）、"文化主题"（cultural theme）或"文化文法"（cultural grammar），以增进彼此间的了解与沟通。

第四节　文化价值取向的模式

研究文化价值取向的模式很多。Parsons 在 1951 年即发展了"角色界定形态变项"（pattern variables of role-definition）模式，用以区分价值形态的类型。这个模式包含了五个项目：

1. 满足与惩戒之矛盾（gratification-discipline dilemma）——指感性与感性之中立（affectivity vs. affectivity neutrality）。

2. 个人与集体利益之矛盾（the private vs. collective interest dilemma）——指个人取向与集体取向（self-oriientation vs. collectivity-orientation）的对立。

3. 普世主义与特殊主义（universalism vs. particularism）两个价值取向的标准之间的选择。

4. 成就与归因（achievement vs. ascription）两种社会目标形态之间的抉择。

5. 对于利益范畴之定义的特殊性或普及性（specificity vs. diffuseness）之间的选择。

这五个项目相互结合起来，形成了一个互依互赖与有系统的形态。例如，普世主义与特殊主义两个价值取向的标准和成就与归因两种社会目标形态的结合，产生了四种价值取向的形态：

1. 普世性的成就形态（universalistic achievement pattern）——指依循普世性标准或通则的一种积极性成就的期待。

2. 特殊性的成就形态（particularistic achievement pattern）——指依循特殊性规则的一种积极性成就的期待。

3. 普世性归因形态（universalistic ascription pattern）——指依循普世性标准或通则的一种行动取向的期待。

4. 特殊性归因形态（particularistic ascription pattern）——指依循特殊性规则的一种行动取向的期待。

Parsons 进一步把这四种基本形态延伸，与其他四个项目结合成一个十六个形态的矩阵模式。Parsons 的模式相当复杂，但是不失为研究价值观的可行方法。Lipset（1963）曾利用这个模式，研究比较澳洲、加拿大、英国与美国四个国家文化价值的差异。不过因为其过于复杂，在跨文化交际研究方面，很少有学者采用。

除了 Parsons 这个模式之外，有五个较受到跨文化交际学者引用的模式：Kluckhohn & Strodbeck 模式、Condon & Yousef 模式、Hall 模式、Hofstede 模式与 Schwartz 模式。以下就一一加以解说。

Kluckhohn & Strodbeck 模式

建立在所有人类社会必须面对相同问题,而且在有限的解决方法之内,各个社会有所不同的假设上,Kluckhohn & Strodbeck(1951,1961)提出了五项人类社会共同面对的普世性问题:

1. 人性的本质(human nature)为何? ——代表人性的普世性问题。
2. 人与自然(human-nature)的关系为何? ——代表人与自然的普世性问题。
3. 人生的时间(time)定向为何? ——代表时间的普世性问题。
4. 人类行动(activity)的形态为何? ——代表活动的普世性问题。
5. 人类之间的关系(human relations)形态为何? ——代表关系的普世性问题。

Kluckhohn & Strodbeck 模式给每一个普世性问题,提供了三种解决的方法,也就是价值取向:

1. 人性:性恶(evil),善恶混合,性善(good)。
2. 人与自然的关系:屈从(subjugate)自然,与自然保持和谐(harmony),控制(dominate)自然。
3. 人生的时间定向:过去(past)取向,现在(present)取向,未来(future)取向。
4. 人类行动的形态:本然(being),本然—成为(being-in-be-coming),行动(doing)。
5. 人类之间的关系形态:直系性(lineality),旁系性(collaterality),个人主义(individualism)。

Kluckhohn & Strodbeck 的这个价值取向模式,既简明又扼要,虽然只提供五个普世性问题,而针对每个问题只提出三种价值取向,却具有极大的应用价值。因此往后不同学者发展出的模式,几乎都以这个模式为基础。现在我们就以这个模式,来做文化比较分析。

人性的本质(Human Nature)

首先谈人性。虽然每一个社会,对人性都同时会有性善与性恶的看法,但以基督教信仰为主的西方社会,如美国,因为受到圣经原罪论的影响,基本上是认为人性本恶的。中国虽然有孟子性善与荀子性恶之辩,但基本上还是认为人性本善的。

人与自然的关系(Human-Nature Relationship)

人与自然的关系。西方文化重视与天争胜,旨在驾驭与征服自然。东方文化崇尚和谐,力求与自然同步,既不操纵,也不低头。非洲许多社会,则以天为万物之主,人类无力与之抗衡,因此逆来顺受,屈从于自然的宰割。

人生的时间定向(Time Orientation)

人生的时间定向。以中国与美国来比较,中国人特别重视过去,这从对历史的崇敬与慎终追远的祖先崇拜可以看出。中国人对未来也有所重视,例如对儿女教育的重视,就是对未来的一种投资。美国人则很重视现在取向,努力工作,旨在建立一个美好的现世生活,例如嫁娶可爱的对象,住美好舒适的房子,开时髦豪华的轿车等现世的享受。美国人也重视未来,如国防、经济或太空等政策的拟定,通常延伸到几十年之后。

人类的行动(Activity)

人类行动的形态。美国是典型的行动取向文化。美国人很强调"坐而言,不如起而行。"各种工具是家庭必备之物,房子自己油刷修理,草坪花园自己整修,马桶或莲蓬头坏了自己动手矫正，都是美国人常做之事。美国人有一些姓氏，如面包师傅（Baker）、铸铁匠（Blacksmith）、木匠（Carpenter）等，都是以职业为名，足见其对行动的重视。

本然取向和行动取向对立，让一切依本性而行，不矫揉，不做作，本能与情感的运行，好似行云流水。其目的是在达到自我实现（self-actualization）或智慧之端的涅槃境界。这种无为的取向，毫无沾染物质之欲望，如佛教禅坐的功夫即是。本然—成为取向则界于两者之间，行动或努力的目的，是在提升自我，达到一种内心高度的成就与满足感，而不在乎物质上的回报。艺术家创造的过程是最好的例子。

人类之间的关系（Human Relations）

最后是人类之间的关系形态。直系性取向重视内亲与外戚结合的大家族系统，它是一种集体主义（collectivism）的实践。中国与日本皆属此。个人主义（individualism）以自我为出发点，讲求个人的权利与义务，重视的是独立性，而非裙带关系。旁系性取向也重视大家族，但比起直系性取向文化，则比较缺乏历史的意识。虽然家族体系可以推回好几代，但对祖先敬重之前无法与直系性取向相比，墨西哥（Mexico）与坦桑尼亚（Tanzania）属于这类型文化。

Condon & Yousef 模式

Condon & Yousef（1975）的模式，为目前研究文化价值取向最为完整的模式。Condon & Yousef 以 Kluckhohn & Strodbeck 的模式为基础，扩展出一个庞大详尽的模式。两位作者把人类社会划分为六个区域：自我（the self），家庭（the family），社会（society），人性（human nature），自然（nature）以及超自然（the supernature）。

Condon & Yousef 接着在每一区域，提供了三到五项所有文化必须面对的普世性问题，整个模式总计有二十五项普世性的问题。如同 Kluckhohn & Strodbeck 的模式，每一个普世性的问题有三组解答或价值取向。以下就列出这个模式的纲要：

Ⅰ.自我（The Self）：

A. 个人主义—相互依存（Individualism-Interdependence）：

1. 个人主义（individualism）。

2. 个体性（individuality）。

3. 相互依存（interdependence）。

B. 年纪（Age）：

1. 青年（youth）。

2. 中年（the middle years）。

3. 老年（old age）。

C. 性别（Sex）：

1. 男女平等（equality of sexes）。

2. 女性至上（female superiority）。

3. 男性至上（male superiority）。

D. 行动（Activity）：

1. 行动（doing）。

2. 本然—成为（being-in-becoming）。

3. 本然（being）。

Ⅱ．家庭(The Family)：

A．关系取向(Relational Orientations)：

1．个人主义的(individualistic)。

2．旁系的(collateral)。

3．直系的(lineal)。

B．权威性(Authority)：

1．民主的(democratic)。

2．权威中心的(authority-centered)。

3．威权主义的(authoritarian)。

C．角色行为(positional Role Behavior)：

1．开放的(open)。

2．笼统的(general)。

3．特殊的(specific)。

D．移动性(Mobility)：

1．高度移动性(high mobility)。

2．局部移动性(phasic mobility)。

3．静止性(low mobility, stasis)。

Ⅲ．社会(Society)：

A．社交互惠性(Social Reciprocity)：

1．独立性(independence)。

2．平行—义务性的(symmetrical-obligatory)。

3．互补—义务性的(complementary-obligatory)。

B．团体成员(Group Membership)：

1．多团体，少认同，以己为重(many groups, brief identification, subordination of group to individual)。

2．均衡1与3(balance of 1 and 3)。

3．少团体，深认同，以团体为重(few groups, prolonged identification, subordination of the member to the group)。

C．中介(Intermediaries)：

1．不靠中介，直接性(no intermediaries, directness)。

2．仅靠专家中介(specialist intermediaries only)。

3．依赖中介(essential intermediaries)。

D．正式化(Formality)：

1．不正式化(informality)。

2．选择性正式化(selective formality)。

3．很正式化(pervasive formality)。

E．财产(Property)：

1．私有化(private)。

2．功利化(utilitarian)。

3. 共产化(community)。

Ⅳ．人性(Human Nature)：

A. 理性(Rationality)：

1. 理性的(rational)。

2. 直观的(intuitive)。

3. 非理性的(irratioinal)。

B. 善恶(Good and Evil)：

1. 性善(good)。

2. 善恶混合(mixture of good and evil)。

3. 性恶(evil)。

C. 享乐(Happiness，Pleasure)：

1. 快乐为鹄的(happiness as goal)。

2. 快乐与悲伤不可分离(inextricable bond of happiness and sadness)。

3. 人生是苦(life is mostly sadness)。

D. 可变性(Mutability)：

1. 变化,成长,学习(change，grow，learning)。

2. 些许变化(some change)。

3. 不变(unchanging)。

Ⅴ．自然(Nature)：

A. 人与自然的关系(Relationship of Man and Nature)：

1. 人控制自然(man dominating nature)。

2. 人与自然保持和谐(man in harmony with nature)。

3. 自然控制人(nature dominating man)。

B. 认知自然之法(Ways of Knowing Natuare)：

1. 抽象的(abstract)。

2. 归纳与演绎法互用(circle of induction-deduction)。

3. 特殊的(specific)。

C. 自然的结构(Structure of Nature)：

1. 机械的(mechanistic)。

2. 属灵的(spiritual)。

3. 有机的(organic)。

D. 时间概念(Concept of Time)：

1. 未来(future)。

2. 现在(present)。

3. 过去(past)。

Ⅵ．超自然(The Supernature)：

A. 人与超自然的关系(Relationship of Man and the Supernature)：

1. 人与上帝匹敌(man as god)。

2. 多神论(pantheism)。

3. 超自然控制人(man controlled by the supernatural)。

   B. 生命的意义(Meaning of Life)：

1. 物理,物质的目的(physical, material goals)。

2. 知性的目的(intellectual goals)。

3. 灵性的目的(spiritual goals)。

   C. 神意(Providence)：

1. 美好人生的无限性(good in life is unlimited)。

2. 苦乐均有(balance of good and misfortune)。

3. 美好人生的有限性(good in life is limited)。

   D. 宇宙秩序之知识(Knowledge of the Cosmic Order)：

1. 宇宙秩序是可理解的(order is comprehensible)。

2. 信仰与理性(faith and reason)。

3. 神秘与不可知的(mysterious and unknowable)。

Condon & Yousef 这个详尽的模式,把 Kluckhohn & Strodbeck 的论点,延伸到人类社会社交、哲学、宗教等领域。虽然这个模式因其庞杂性,不太可能有学者能够一个人同时精细地整合这些领域,以研究发展出一个特殊文化整体性的价值系统,但对学习文化价值取向,却有不可磨灭的贡献。本人二十年前在 Condon 指导下,曾以模式中家庭的部分,比较了中美家庭价值取向的差异(1983,1990,1992,1994)。文献链接 4-2 列出了两个文化之间的不同。

文献链接 4-2

作者：陈国明

题目：语言学习与文化知识

出处：世界华文教育协进会编(1990),《第二届华语语文教学研讨会论文集：教学与应用篇(上册)》。中国台湾台北：世界华文教育协进会。

摘要：中国与美国的文化,本来就有很大的差异,不仅文化价值取向不同,在语言的使用上,也有明显的差异。本文依此论点,探讨中美两国文化价值取向的差异,对语言所产生的影响。在文化价值取向的差异方面,作者列出了以下中美两国的主要不同：1.中国人重团体,美国人重个人。2.中国人重传统,美国人重变化。3.中国人重和谐,美国人重竞争。4.中国人重谦虚,美国人重表现。5.中国人重仲裁者,美国人重自助。6.中国人重正式化,美国人重不正式化。7.中国人重命运,美国人重征服。8.中国人重圆滑,美国人重直接。9.中国人重理想,美国人重实际。10.中国人重过去,美国人重现在。11.中国人重老年人,美国人重年轻人。12.中国人重精神,美国人重物质。13.中国人重多神,美国人重有神。14.中国人重天人合一,美国人重人定胜天。15.中国人不重时间,美国人重时间。

Hall 模式

Hall(1976)从沟通的角度,把文化归纳成高情境文化(high-context culture)与低情境文化(low-context culture)两种。在高情境文化里,沟通过程的信息,大部分表现在个人的内化性或经由肢体来表达,很少表现在外显性的制码过程。低情境文化则恰恰相反,大部分沟通的信息,都经由外显的符码来表现。

研究显示(Chung,1992;Gudykunst & Ting-Toomey,1988),高情境文化,如中国、日本与英国的沟通过程,强调间接性的表达方式(indirect verbal interaction),感情较为丰富,讯息较简单与模拟两可,重视螺旋形推论(spiral logic),团体意识强和讲求建立长期性的友谊或关系。低情境文化,如美国、加拿大、德国与瑞士,则强调经由直接沟通的方式来表达讯息,因此特别重视语言表达的结构与技巧的训练,也较具有个人主义的取向,使用直线性的逻辑思考(linear logic)方式,而且不讲求建立长期性的友谊或关系。

Hall(1976)把高低情境文化的间接与直接表达方式的差异,做了一个比较。他认为间接与直接表达的方式,各具四项特色。高情境文化的间接表达方式的特色为:

1. 不重视外显性的口语讯息(explicit verbal messages)。
2. 重要信息通常表现在时空、情况与关系等情境性线索(situational cues)。
3. 高度强调和谐(harmony),并具有使用模棱两可的语言与偏好沉默的倾向。
4. 说话时,不善于直接触及重点,而且避免直接说"不"。

低情境文化直接表达方式的特色为:

1. 不重视沟通的情境脉络(situational context)。
2. 重要信息通常表现在外显性的口语表达。
3. 高度重视自我表达、口语流利、与雄辩术。
4. 直接陈述己见,而且试图说服对方接受自己的意见。

Hall 的模式,简单明了,不失为了解文化差异的好方法。因此在传播领域内,普遍受到使用。不过,这个模式由于过度简化文化的复杂性,常会误导学生、学者,把文化的差异当做是两极对立(polar opposition)的现象,忘了文化之间的不同,只是程度上的差别,绝不是非黑即白的两分法。

Hofstede 模式

Hofstede(1983,1984)从组织传播学(Organizational Communication)的角度,发展出一套广被引用的文化价值取向模式。Hofstede 的研究小组,在六十几个国家与地区,调查了超过 16 万个公司行号的经理与雇员,首次发现文化价值可以归纳成四种。后来再增加了更多的亚洲资料,分析后发现文化价值可以归纳成五种:个人主义/集体主义,权力距,不确定性的避免,阳刚/阴柔与儒家动力。

个人主义/集体主义(Individualism/Collectivism)

这组价值取向,在 Kluckhohn & Strodbeck 和 Condon & Yousef 两个模式里已出现过。个人主义/集体主义的价值取向,与重视个人/重视团体取向相当。

美国文化是个人主义取向的代表,在美国社会里的公司经理,尤其是男性,特别认为自己是一个独立的个体,不习惯建立紧密的社交网。凡事喜欢自己做决定,并深信每一个人都该如此。个人主义取向的文化,也认为有一组世人该接受的普世价值观(universal value)。民主式的作风,更是普遍的原则。加拿大与挪威两国的经理人员,也属于高度个人主义型。

在集体主义的价值取向国家,如阿拉伯,公司员工通常会与整个组织团体的目标一致,公司也同时给予员工适当的回报与保护。集体主义取向的文化,深信决定论(determinism),例如,员工的思想行为,应该由组织团体来决定。不认为普世价值观的可能性,因此,不同团体自会有不同的价值信仰。民主的作风,在集体主义取向的文化,是不可理解的概念。尼泊尔,科威特与埃及,都是高度集体主义型。

权力距(Power Distance)

权力距可用来测量组织员工接受不平等之权力分配的程度。权力距大的文化,层级的结构(hierarchical structure)严明,上司与下属的权力与义务分明,而且下属服从上司是当然之事。上司是对的,只因为他是上司,而不是因为他是一个能提供正确答案的专家。下属做事,只因为上司要他如此这般地做,而不是因为下属认为应当怎么做。这些都是高权力距的特色。

菲律宾、委内瑞拉与印度等国家,属于高权力距的文化。新加坡、中国台湾与中国香港,也是属于权力距偏高的地区。在高权力距文化的公司组织,员工凡事必向上司请示,以进一步有所作为。在商业交易,尤其是谈判时,高权力距的文化,通常要求对方必须具有同等职位或头衔,才愿意开始互动。

权力距低的文化,如以色列与丹麦,不注重僵化的礼节、头衔、地位、性别与年龄的差异,并不是行事顺序的衡量标准,专业能力(expertise)比层级结构更重要,因此,常常事情完成后,下属才会知上司。低权力距文化的员工,也因此比较具有弹性(flelxibility),想像力(imagination)与创造力(creativity)也比较丰富。

不确定性的避免(Uncertainty Avoidance)

不确定性(uncertainy)指情况的模糊性(ambiguity)或不可预测性(unpredictability)。不确定性来自对情况的了解不够或不多,因此引起了心理上的压力。不同文化对不确定性带来的压力的忍受程度有所不同。高度避免不确定性情况的文化,通常追求较大的职业稳定性,订立较多的常规,不喜欢偏离的思想或行为,与较容易接受绝对真理存在的可能性。

希腊、葡萄牙与日本是高度避免不确定性的文化典型,对不确定性的忍受度也不高。日本的终身雇用制(lifetime employment)给员工带来了极大的稳定性。这种制度,相对地避免冒进,抗拒改变,恐惧失败,并寻求一组可以依循的行为法则。

对不确定性的忍受度高的文化,如丹麦、瑞典、挪威、芬兰、荷兰与美国等,比较能够面对模糊或不可预测的情况,这种文化较能够接受偏离性的思想与行为,因此,在互动的过程中,也比较具有原创性与弹性,而且比较轻松自如。

阳刚/阴柔(Masculinity/Femininity)

刚柔性指一个文化的阴阳气质。在阳刚性(masculine)的文化,男人具有较大的权威与控制权,而且表现雄心、果断、高度成就感、力量、竞争性与追求物欲等特质。这种文化也期待女性扮演相夫教子的角色。日本、奥地利、委内瑞拉、瑞士、墨西哥与德国都属此类。

在阴柔性(feminine)文化,男女的地位较为平等。这种文化强调细腻、善感、敏觉与看护等女性柔性的气质。阴柔性文化通常不期待男人过度果断,阴柔性文化成长的人,在沟通的过程,也比较能够解读非语言表达的线索,而且对不确定性的环境也较能适应。瑞典、丹麦、挪威、芬兰、荷兰、智利、葡萄牙与泰国等国家,都是属于这类型。

儒家动力(Confucian Dynamism)

儒家动力(Confucian dynamism)主要是亚洲四小龙,即中国台湾、中国香港、新加坡与南韩,共同分享的文化价值观。这种价值观建立在儒家的思想,特别着重工作的伦理(work ethic)与对传统(tradition)的尊敬。Kahn(1979)曾经以儒家的伦理,解说亚洲四小龙的经济奇迹成就。他认为四小龙共同受到儒家影响的文化特质包括:

1. 家庭内的社会化过程特别强调(A)自制,(B)教育,(C)学习技艺,以及(D)以严肃的态度对待工作、家庭及义务。

2. 协助个人所认同的团体。

3. 重视阶层并视之为理所当然。

4. 重视人际关系的互补性。(见黄光国,1989,页 8)

Hofstede 模式的特色,在于它是经由实证研究的过程所验证出来的,而且直接适用于了解组织的文化价值取向。可惜大部分的资料,皆来自男性经理。这种组织的文化价值取向是否能真正代表女性或普遍应用在不同社会,仍有待查证。另外,这个模式也和 Hall 的模式一样,有把文化价值取向两极划分的现象,尤其是个人主义与集体主义的区分。

Schwartz 模式

为了改善对文化价值取向两分化(dichotamize)的缺点,Schwartz(1990,1992)主张,不管在高情境或低情境文化,个人主义或集体主义取向的文化有许多普世性的价值(universal values)是同时存在的。为了达到对一个文化的了解,除了上述模式所列举的文化差异之外,Schwartz 认为对人类行为的共通价值的认识,是不可或缺的。Schwartz 列举了十项普世性的文化价值:

1. 权力(power)。

2. 成就(achievement)。

3. 享乐主义(hedonism)。

4. 鼓舞(stimulation)。

5. 自我引导(self-direction)。

6. 普世主义(universalism)。

7. 仁爱(benevolence)。

8. 传统(tradition)。

9. 合模(conformity)。

10. 安全(security)。

Schwartz 也指出,每一项普世性的文化价值之内,又包含着一组特有的文化价值。这十项普世性的文化价值,可以再归纳成两组对立的面向:

1. 迎变与保守(openness to change vs. conservation)。

2. 自我超越与自我加强(self-transcendence vs. self-enhancement)。

经过一再的实证测试,Schwartz 的研究小组(Schwartz & Bilsky,1987,1990;Schwartz & Sagiv,1995),证实了这两个面向普遍存在于不同的文化。类似 Schwartz 试图发展普世性文化价值模式的学者,包括了 Bond(1988)、Brown(1991)、Fiske(1992)、John

（1990）以及 Strack & Lorr（1990）等人。

Schwartz 的模式，虽然在跨文化交际学里尚未广受引用，但对跨文化的相互了解却很有助益，尤其能够弥补既存模式求异不求同的缺失。换言之，完整的文化了解必须同时包含文化价值相同与互异两面的知识才行。

第五节 文化价值取向模式的应用与局限性

文化价值的研究，乃是了解一个文化最主要的入门砖。其应用性高，价值性强，但也有其局限性。

文化价值取向模式的应用

以上讨论的几种文化价值取向的模式，不仅提供了我们一个结构性的方法来应付文化的复杂性，而且呈现了一股从不同角度研究人类社会的强劲潜力。

例如，Okabe（1983）以文化价值的差异为基础，比较了美国人与日本人在组织与安排对话的不同。Condon（1981，1985）从文化价值取向的角度，探讨如何与墨西哥人做有效的沟通，并进而发展出一组跨文化沟通的伦理原则。Wei（1983）从和谐的价值取向，探讨了中国人重视客气（politeness）的现象与在沟通过程可能碰上的问题。Kume（1985）研究了价值取向的差异，如何导致了日本人与美国人在决策（decision making）过程上的不同。Chen & Chung（1994）则比较了华人与西方人文化价值的差异，反映在组织沟通上的不同。文献链接 4-3 展示了 Chen & Chung 的研究。

另外，Chen & Starosta（1997）使用了华人特有的价值取向，包括和谐、关系、面子与权力，建构了一个华人解决冲突的模式。Moran & Stripp（1991）讨论了文化价值的差异，对十一个国家谈判方法的影响。Althen（1988）与 Lanier（1988）列举美国文化价值取向，用来帮忙外国人，尤其是在美国求学的外籍学生，加速适应美国文化与生活。最后，Andersen（1997）把文化价值取向的研究延伸到解释不同文化间非语言沟通的差异。文献链接 4-4 摘要了 Chen & Starosta 的研究。

文献链接 4-3

*作者：*陈国明

题目：〈儒家思想对组织传播的影响〉

出处：《孔孟月刊》。第 32 卷，9 期，页 18—25。

*摘要：*学者常认为儒家思想为亚洲五龙（中国台湾、日本、韩国、中国香港、新加坡）经济奇迹的主要文化因素。本文接受这个主张，并进一步分析，儒家思想对这些国家和地区组织沟通的冲击。作者首先提出，儒家的思想主要是由四

（下一页）

（续前）

个要素组成:1.以五伦为基础的层级关系结构。2.紧密复杂而有秩序的家族系统。3.以爱为德性的仁道观念。4.对教育的重视。这四个要素明显地影响组织内的管理与沟通。在组织管理方面,这四个要素形成了所谓的"人性管理"。因此,管理的思想境界,在于经由自启、自发与自我改善的过程,建立一个安和乐利的工作环境。另外,身为领导者,在管理的过程中必须遵守正名与诚意两项原则。正名的作用在确定和让员工了解领导者的角色,以便利组织的运行。诚意的功能在激发个人的良知以行善事。在沟通方面,可归纳出六项特色:1.明确的沟通规范。2.互惠互利的关系。3.严分内外人的关系。4.依赖中介人物。5.模糊不清的公私关系网。6.相似的沟通脉络。

文献链接 4-4

作者:Guo-Ming Chen & William J. Starosta

题目:Chinese Conflict Management and Resolution:Overview and Implications （华人的冲突经营与解决）

出处:*Intercultural Communication Studies*,7,1-16.

摘要:本文主要是从本期特刊号的八篇论文,归纳出一个较有系统的有关华人冲突经营与解决的原则。从这些论文,作者发现了影响华人经营与解决冲突的文化因素主要有以下四项:1.和谐(harmony)——为华人沟通互动的最终目的。2.关系(inter-relation)——为华人整个社会生活的结构形态。3.面子(face)——为连结华人关系结构网的运作机制。4.权力(power)——显现在资历(seniority)与权威(authority)两个概念上。资历指年龄大在位长者,握有较大权力;权威来自五伦的层级结构所赋予的权力。总之,华人以和谐为理想,尽量避免冲突。非有冲突时,有关系、善给面子、资历深与处权威地位的人,能够有效地在冲突经营与解决的过程,高居上风的位子。

文化价值取向模式的局限性

文化价值取向的模式,对跨文化的了解与研究,虽然具有强大的启发与应用性,但和其他各种模式一样,仍然免不了本身具有的局限性。Condon & Yousef(1975)指出的四项局限性,最值得我们注意:

第一,文化价值取向只是一个抽象(abstract)的概念,它的意义与用途,只有约束在"好像"(as if)的陈述内才能显现出来。例如,我们只能说,华人的举止显示他们"好像"比较注重尊老敬贤,而不能直接武断地认为,从华人的行为,可以认定他们的文化是尊老敬贤的文化。过度武断的陈述,容易僵化文化的动态属性,而且忽略了每一个文化的多样性。华人虽然注重尊老敬贤,但是并非所有的华人都尊老敬贤,而是与其他文化相较之下,比较尊老敬贤的意思。在实际生活上,不尊老敬贤的华人,恐怕并不在少数。

第二,文化价值取向只有在整体对待(combination),而非分开而论,才具有意义。在学习或研究时,把文化价值取向区分为不同项目,而且分开而论,是可行与无可厚非之事。但实际上,所有文化价值取向是项项相连,不可分割的。也就是说,一项文化价值取向的变化,同时会导致其他项目跟着变化。例如,孝道在华人社会新生代的变迁,同时意味家庭结构的变迁,个人主义的增强,社会关系的渐趋淡薄和接受与天争胜之信仰等变化。因此,把各项文化价值取向联系起来,做整体性的看待,才有办法较准确地了解文化行为。

第三,所有文化价值取向的模式,都是不完整(incomplete),而且带有作者偏见(bias)的。它们只是反映作者在某种时空之下,为了某种特殊目的所发展出来的一个便利性的工具。这是用语言把抽象的文化价值取向标签化所付出的代价。任何符号是无法完全捕捉住抽象概念之意义的,尤其是像文化这个看不到、摸不着的概念,更不容易处理。因此,研究文化价值取向时,必须对所有模式的不完整性有所认识。

最后,文化价值取向的意义,只有应用到实际的社交或沟通上,尤其在不同跨文化互动的情况下,意义才能真正显现出来。因为只有经由语言与非语言符号沟通的过程,才能清楚地观察与发现一个文化的价值取向。文化价值取向对研究或从事跨文化沟通的重要性,由此可以看出。

Condon & Yousef 也提到,文化价值取向与沟通互动的重要关系,连带地引出了两个有趣与值得深思的问题。第一个问题是:文化价值取向的不同,一定会导致沟通上的误解、挫折与疏离吗? 第二个问题是:当来自不同文化的甲和乙两人相遇时,彼此间的沟通是使用甲文化的形态,乙文化的形态,或是甲乙文化混合的第三种形态呢? 确切的答案是什么,就让读者经由研究来提供了。

结论

本章分五部分探讨文化价值与沟通之间的关系:文化价值的本质,文化价值与沟通,文化价值取向,文化价值取向的模式,以及文化价值取向模式的应用与局限性。

第一节讨论文化价值的本质。包括对世界观与文化价值的定义,文化价值的种类与不同文化价值的比较。世界观是人们对宇宙的本质与宇宙对整个人类环境影响的信仰系统,它反映了一个文化如何处理有关超自然、自然、人类本身与动植物界的本质问题。因此,我们可以经由世界观,透视文化之间的异同。

文化价值是一组代表人们所期望或希望,所求或所禁的法则,它是人类用来解决文化所碰到的问题与如何做决策的依归。文化价值的种类,可归纳为工具性价值与终极性价值两种。前者包括道德与能力两个领域,后者包括个人价值与社会价值两个领域。文化价值的比较,对了解一个文化有很大的帮助,因此不少研究试图发现不同文化的价值观或比较不同文化间价值观的差异。

第二节分析文化价值与人类沟通的关系。价值观与沟通行为有两种彼此依存的关系:第一,价值观必须经由符号行为来传递;第二,人们的沟通行为受制于价值观。人类的言语,包括语言与非语言的符号是反映文化价值系统的主要管道。语言的表达,如俗语、谚语、谜语、民间故事、传说与诗词等,用来强调个人或团体信仰的特殊价值观的重要性;非语言的表达则借助各种社会仪式与艺术来传递价值信仰。

沟通本身在扮演着传递文化价值观的角色的同时,也直接受到价值观的冲击与影响,产生变化与形成不同的形态。这种影响,主要是因为价值观决定沟通过程什么是可欲或不可欲,什么是好或不好等判断取舍的标准。

第三节把文化价值取向定义为一个社会用来解决普世性问题的方法。了解一个文化的价值取向,是文化特殊性研究法常常使用的方法。经由与跨文化训练或讲习的结合,对文化价值取向的了解,可以帮助人们较正确地描绘出互动对方的"文化图案"、"文化主题"或"文化文法"。

第四节叙述研究文化价值取向的模式。作者介绍了六个基本与影响较深远的模式:Parsons 模式、Kluckhohn & Strodbeck 模式、Condon & Yousef 模式、Hall 模式、Hofstede 模式与 Schwartz 模式。

最后一节讨论文化价值取向模式的应用与局限性。文化价值取向的模式,对跨文化的了解与研究,具有强大的启发与应用性。它不仅提供了我们一个结构性的方法,来应付文化的复杂性,更呈现了一股从不同角度研究人类社会的强劲潜力。

文化价值取向模式的局限性则有四端。第一,文化价值取向只是一个抽象的概念,它的意义与用途,只有约束在"好像"的陈述内,才能显现出来。第二,文化价值取向只有在整体对待,而非分开而论,才具有意义。第三,所有文化价值取向的模式,都是不完整,而且带有作者偏见的。它们只是反映作者在某种时空之下,为了某种特殊目的,所发展出来的一个便利性的工具。最后,文化价值取向的意义,只有应用到实际的社交或沟通上,尤其在不同文化间互动的情况下,意义才能真正显现出来。

脉络篇

　　本篇旨在介绍语言与非语言符号两个跨文化交际学的主要脉络，并进一步探讨这两个脉络与文化之间的关系。

第二篇

第五章 语言与文化

几年前我常到麻州大学达特茅资分校与朋友打乒乓球。有一次在学校体育馆火拼时,总觉得隔壁桌的美国女学生,偶尔抛来鄙夷与愤恨的眼色。战事正激烈的时候,其中一个美国女学生,走到我们桌旁,很不客气地说道:"You guys are rude. Please watch out your language."(你们两个家伙实在够粗鲁,请注意你们的用语)然后不悦地和同伴正要离开体育馆。我愣了一下,本能性而且不高兴地反问她讲那句话到底是什么意思。她答道:"You are not supposed to use dirty language in public."(你们不应该在公共场所讲脏话),然后扬长而去。这一说,顿时叫我们无心继续论战,跌坐在旁边的椅子上,检讨我们到底说了什么脏话。讨论了良久,我俩突然哈哈大笑。原来,我们发现那两个美国女生抛来鄙夷与愤恨眼色的时候,大致上都是我俩之一说"发球"的时候。闽南话的"发球"与英语"fuck you"的发音之相近,恐怕读者也会大吃一惊的。

这个真实的故事,除了叫人听了哈哈大笑之外,也不免让人心惊胆战。语言的功能大矣! 它不仅在沟通的过程中,协助我们达到相互理解的目的,也可能因语言的不通而产生误解,甚至引发严重的冲突。

人类的语言可分为两种,一是口头语言(verbal language),如上面的对话;二是非口头语言(nonverbal language),如上面提到的"抛来鄙夷与愤恨的眼色"。这两种语言构成人类沟通的主要脉络,一切讯息都经由这两种语言来表现。这里先讨论口头语言,非口头语言留到下一章再来叙述。本章分七个部分来讨论口头语言:(1)语言的本质与结构,(2)语言的特征,(3)语言的变异与种类,(4)语言与文化的关系,(5)语言表达与文化价值取向,(6)语言表达与文化价值取向的变迁以及(7)语言与翻译。

第一节 语言的本质与结构

人类并非唯一能够使用声音来达到沟通目的的生物。其他像鸟类、蜜蜂、vervet(长在东南非洲的一种小猴子)、瓶鼻海豚(bottle-nosed dolphin)与弯背鲸鱼(hump-backed whale)等昆虫与动物,都有一套以声音传递讯息的沟通工具(Akmajian,Demers,& Hamish,1984)。

科学家发现鸟类有三种明显的沟通讯息。第一,当鸟儿察觉有掠夺者在上空徘徊以待攻击的时候,会发出阵阵"袭得,袭得"(seet)空袭警报的警告叫声,其他鸟儿听到后,马上会寻找草或树丛,无声无息地躲起来。第二,当鸟儿发现有攻击者滞留在附近,立刻会发动阵阵"清客,清客"(chink)动员的叫声,其他鸟儿听到后,会群起包围着静处的攻击者。第三,鸟儿求偶时,也会高唱领域之歌(territorial song),表示欢迎雌鸟光临,雄鸟请知趣勿近的意思。

蜜蜂用在寻找食物的沟通系统更是聪明与准确。当蜜蜂发现离蜂巢十尺内有食物的时候,会开始嗡嗡跳起圆舞曲(round dance),这是传达其他蜜蜂在十尺内,随意搜索食物的讯息。若食物是在十尺到一百尺之间,意大利的采蜜蜂(Italian honeybee)会跳一种镰刀舞(sickle dance),其他蜜蜂见状,会辨认出镰刀舞形态的中分点(bisector),然后依照该点指示的方向往前飞,很快就会发现食物的所在。食物的距离若超过百尺,蜜蜂会演出摇尾舞(tail-wagging dance),指示其他蜜蜂,要找到在甲处的食物,必须由尾巴与太阳成多少度的方向,往前飞行。科学家屡次测试蜜蜂的沟通系统,从没有发觉过蜜蜂有错失的现象发生。

Vervet 一看到有蛇在附近觊觎的时候,会发出小心有蛇的警告,众猴子听到后,立刻一窝蜂地包围住入侵的蛇。空中有老鹰盘旋时,和鸟儿一样,vervet 会发出空袭警报的叫声,要其他猴子寻找隐蔽处,躲起来以策安全。若是有豹来临,vervet 会响起领地遭袭的急切声,众猴子一接到讯息,马上四处奔散,尽往树木顶端逃窜,以免挨苦或丧命。

瓶鼻海豚以哨声(whistle)沟通是出了名的。通常瓶鼻海豚生病的时候,会发出哨声请求协助。在近旁的海豚一听到哨声,会游过去,把生病的海豚护送到水面。科学家也发现弯背鲸鱼会以声纳之歌传递讯息,但有系统性的了解,仍有待深入的研究才能得知。

足见沟通,尤其是经由声音管道,并不是人类独有的能力。不过人类与其他动物的沟通系统,毕竟有所不同。从第二章沟通的定义来看,这里所举的动物与昆虫的沟通,顶多只是单向的符号输送过程,而不是像人类的沟通系统,是一个双向与永无止息的过程。另外,动物的沟通,几乎完全停留在求取基本生存的功能上,不似人类能够经由语言与非语言的讯息,表达七情六欲,而且把语言当做是一个题材,用不同的方法加以研究。

语言学(Linguistics)

从沟通的角度来说,语言乃是人类用来制造口语讯息(verbal message)的一组符号系统。语言学(Linguistics)就是人类语言的科学性研究,主要是在探讨语言与沟通的本质,与彼此之间的关系。人类经由语言符号传达讯息,以达到沟通目的之过程,与其他动物之间的差异,除了前面所谈的单向与双向之别和表达七情六欲的不同之外,另一项主要的差别,在于对符号与信息处理(information process)能力的互异。这些处理的能力包括了接收、储存、操纵与引生。

人类和其他动物,同时具有接收(receive)信息的能力。信息的接收,建立在对符号或信号(signal)的理解,人类只要使用共同的语言,大致上都能够理解与接收信息,动物亦然。如前面举的例子,鸟一听到某种叫声,接收后,马上会有所反应,而且采取必要的求生措施。

从储存(store)信息的能力,可以开始看出人类与其他动物的不同。人类经由记忆,可以储存大量不同性质的信息,因此不必每一次在相同的情况下从头开始制造符码,就能不费劲直接地从头脑的储藏库,抽出需要的符号。一些聪明的动物,也可以储存信息,但质量上与人类无法比拟,而且动物的信息储存能力,大部分是一种本能性的作用。

操纵(manipulate)符号指在不同的情况之下,知道使用不同的符号,以适应当时环境的能力。中国人讲的"见人说人话,见鬼说鬼话,不见人鬼不说话",最能表示人类操纵符号的能力。至于动物,还没有研究发现任何一种有此能力。

若是引生（generate）符号的能力，那就非人类莫属了。沟通就是互动双方能经由回馈（feedback）的过程不停止地引生与交换新的符码。这种高度动态性与变化无穷的符码再生与互换，是人类沟通的主要特征之一。

除了处理信息的能力，语言学的研究重点在于分析人类语言的结构。

语言的结构

语言学把人类语言的结构分成五大领域：形态学、语音学、句法学、语义学以及语用学。前四个领域，属于传统的语言学，最后一个领域建立最晚，为语言学较新的领域。其中语义学与语用学，与人类沟通有着直接与特殊的关系。

形态学（Morphology）

形态学（Morphology）研究字形与造字。以中文为例，中国文字的形成有象形、指事、会意、形声、转注与假借的六书为基础（洪文珍，1981）。传统主要字形有古文、篆文、隶书与草书四种（正中编委会，1975）。这四种字形再经变化，可达到如同电脑所包含的几十种不同的字体（font）。

英文的结构有词根（root）、前缀（prefix）与后缀（suffix）等法。词根如 apartment、department、impartial、participate 与 partake 等字，都是由 part（部分）这个词根所构成。它们的意义也都与"部分"有关。前缀如 e-或 ex-是指 exterior（外部）的意思。因此，emigrant 就是"向外移民"，emit 指"放出"，evaporate 指"蒸发"。

若是 im-，则指 in-（向内）的意思。因此，immigrate 指"移入"，import 指"输入"，implant 指"植入"。后缀如-er 与-or 指人或机器的意思。因此，actor 就是"演员"，lover 就是"爱人"，radiator 是"散热器"，cooler 是"冷却器"，cleaner 是"清洁器"。

语音学（Phonology）

语音学（Phonology）研究语言的发声与声音的形态。在英文有 Phonetics 与 Phonology 两种语音学。Phonetics 研究一个字如何发音的问题，Phonology 则研究音韵的问题。

以中文为例，中文一字一音，音底前半，发音的叫做"声"；音底后半，收音的叫做"韵"（正中编委会，1975）。中文有五声可辨："唇声"如邦、北、朋；"舌声"如丁、宁、历；"齿声"如诗、止、胜；"牙声"如更、行、客；"喉声"如我、歌、康。韵有多种，如《广韵》里，列有两百零六个之多。

句法学（Syntax）

语句学（Syntax）研究短语与句子的结构。为了更容易沟通与彼此了解，把单字结合成句是必要的过程。句子的形成方法很多，例如，主语（subject）、动词（verb）与宾语（object）的结合，在不同语系里，就存在着下列四种结构（Klopf, 1995）：

1. 主语＋动词＋宾语——这是英文、法文与西班牙文的主结构。
2. 主语＋宾语＋动词——这是日文与韩文的结构。
3. 动词＋主语＋宾语——这是希伯来文与威尔斯文（Welsh）的结构。
4. 动词＋宾语＋主语——这是马拉加西文（Malagasy）的结构。

至于陈述句、疑问句、祈使句、感叹句等句子的样式，也都是句法学研究的范围。

语义学（Semantics）

语义学（Semantics）旨在探讨人类语言的意义（meaning）。语言的意义经由指涉（refer）的过程产生，而且建立在个人的经验基础之上。作为一种符号（symbol），语言用来代表或涵指人、事、时、地、物等目标，但语言本身并不等于所指涉的对象，两者之间也没有本质上的关系。

再者，语言的意义很大部分是属于经验性的产物。例如，"爱"这个字，指涉或代表着人类内心的一种感情的蠕动，但不同的经验对这个字会带来不同的解释。爱可以是细水长流的爱，可以是罗密欧与朱丽叶的殉情之爱，也可以是柏拉图式的升华之爱。其意义完全依人的经验而定。

意义的种类有两种：语言意义（lingustic meaning）与说者意义（speaker's meaning）（Akmajian，Demers，& Hamish，1984）。语言意义指语言表达时的自身意义。它和指示意义（denotative meaning）或字面意义（literal meaning）相同，都意味着符号直接指涉的对象，没有延伸出其他意义。例如，"我穿着白色的衣服"或者在餐馆向服务生说"请给我一碗红烧牛肉面"，都只是代表一种客观的表达。

说者意义可以是一种语言意义，指客观的表达指涉对象，也可以是一种非表面性的意义（nonliteral meaning），而另有所指。例如，小张冲着小芳说道："你今天好漂亮"。由说话者的角度来看，这句话可以只是语言的意义，因为小张真的觉得小芳好漂亮，而出口赞美。但这句话也可以是一种非表面性的意义。因为小张对小芳的赞美，其实是一种讽刺性（sarcastic）的表达，心里的真正意思是"你只是今天漂亮，其实你是个丑女"。

这种由语言意义延伸出其他意义的表现和言外之意（connotative meaning）很类似，两者都具有弦外之音。具有言外之意的语言，除了说者有意识的表达之外，很多是语言本身经由个人不同生活的经验所衍生的。这在跨文化交际的过程，特别具有重要性，因为文化常常给语言表达带来不同的意义，如忠、孝、仁、义、礼等概念，由中国人与美国人来解释，结果必大有不同。

语用学（Pragmatics）

语用学（Pragmatics）专门研究语言对人类行为的影响。本章最前面引用的"发球"与"fuck you"故事，就是一个很好的例子。互动的过程中，讯息传送者的遣词用语，常会引起阅听人不同的情绪反应。像"亲爱的"、"甜心"、"你好可爱"、"你好漂亮"等用语，令人听了舒服无比。若是"婊子"、"王八蛋"、"不要脸"、"鬼扯蛋"或各种三字经，让人听后，怒发冲冠，愤恨交加。

其他像第三章举的种族歧视的用语，如"清客"、"泼辣客"、"假屁客"、"米锞"、"泥垢猡"、"洋鬼子"、"番仔"、"死瓜"与"蛋头"等种族歧视的轻蔑或谩骂用语，都会让听者发指，而产生误解或冲突。

除了这些具有较强烈的情绪性表达，有一些语言本身具有迷惑听话人的本质。如一字具有多个意义的模棱两可语（equivocal language），高度抽象语（abstract language），感情性语言（emotive language）与相对性语（relative language）。

以相对性话语为例，爱美是人的天性，苗条的身材是美的表征，因此常会听到女孩子抱怨说，她们觉得自己实在太胖了。问她多重，结果只有 45 公斤。身高将近 160 厘米，竟然认为 45 公斤是超重了。若与那些 100 公斤的举重健将相比,45 公斤算什么呢?

另外,孩子认为自己是飞毛腿,因为他是全班跑得最快的一个。问他到底跑多快,答案是 100 米跑了 14 秒钟。若与奥运会的选手比较起来,14 秒算快吗? 这些胖瘦、高矮、快慢、大小等用语,都是相对性语言,很容易让阅听人感到糊涂,不知所云,而产生不同的反应。

第二节　语言的特征

人类的语言具有四项特征:符号表征性,规则性,意义出自说话者与变化性。

符号表征性(Symbolic)

人类语言本身只是一种符号(symbol),用来表征万事万物。换句话说,语言是实体(reality)的指示物,它和实体之间不能划上一个等号。

例如,我们用"狗"这个字,代表一种四只脚,会跑,会叫,对人类既忠实,又是人类好伴侣的驯服性的动物。但是"狗"这个字只是一种符号,它只是"代表"那种动物,而不是那种动物的实体。会跑会叫的是那只动物,而不是"狗"这个符号。再举个例子,肚子饿的时候,我们会想吃块"面包"。但实际上能满足口腹的东西,是从烤箱出炉的那个香喷喷的面粉制品,而不是"面包"这个字或符号。

因此,实体只有一个,但是符号可以很多。因为不同语言系统,对相同的实体都有不同的符号表征。例如,"狗"是中文,英文则是"dog",但"狗"和"dog"都同时表征相同的一种动物。

规则性(Rule-Governed)

任何语言的结构,都必须受制于一组规则(rule),否则人们无法彼此了解,以达到沟通的目的。语法(grammar)就是语言的规则,不管是形态学、语音学、句法学、语义学与语用学,都有语法来加以规范。

例如,英文语句的基本结构是:主语+谓语+宾语,若用"I love you"这句话来表达自己对爱人的感情,不会产生意义不通的现象,因为这句子合乎英文的结构。如果把它说成"I you love"或"Love you I"则一定会产生无法理解或误解的现象。

语言规则的差异,在跨文化沟通的过程,更容易产生无法预料的结果。例如,有一个笑话是有关洋人在中国学习中文的故事。人们见面习惯说"你好吗"? 英语的"你好吗"是"How are you"? 在不太懂一方语言的情况下,人们通常会直接把自己的语言文法套到另一种语言。于是乎,"How are you"变成中文,就有"你好吗"、"你吗好"、"吗你好"、"好你吗"、"好吗你"等不同的组合。由于"吗"与"妈"同音,"How are you" 的中文使用,常常让人听了啼笑皆非。

意义出自言说者(Meanings Are in People Not in Words)

如前所述,意义有语言意义与说者意义两种,但是不论是哪一种意义,都取决于人们的决定,而不是取决于语言表面的字义。很简单的例子,就是在课堂上同时问三十个美国学生"democracy"的意义是什么,所得的答案必然人人不同。虽然同一文化的学生,因文化的同质性,答案虽不同,但不至于差别太大。不过如果来自不同的文化,个人间在意义上的差异会明显地增大。前面所举的如忠、孝、仁、义、礼等词语,要人人取得共同的意义也几乎是不可能的。

变化性(Change and Variation)

语言与人一样,有生命的周期(life cycle)。人生在世,生、老、病、死的过程,不过百年之久。为了延长寿命,必须保持适当的运动与良好的营养。语言也是一样,到了某一个阶段,会有衰老与消失的现象。为了持续语言的生命力,语言必须具有变化(change or variation)的特质。

语言的变化性(change)来自时间的流转,在语形、语音、语句、语义与语用上所带来的改变。英文有古世纪、中古世纪与现代英语之分。只要翻开不到 400 年前莎士比亚(Shakespeare)的作品,马上可以发觉里面很多用语与现在使用的有所不同。例如,thou,thy,thee 三个字,就是现在使用的"you"的主格、所有格与受格的表现法。"Hath"则是现在"have"的早期用语。

中文方面,懂得最原始的甲骨文的人,如今已寥寥可数。很多文字也历尽时间的淘汰,不是消失,就是简化了。这种简化的过程,有时是人为或刻意实行的,如中国内地对汉语几次的简化。在书写表达方面,现代年青人,能看懂文言文的也渐渐地少了。尤其是五四运动时的白话文运动,使得中国的语言产生了很大的变化。

语言的变化(variation)也因不同人群的使用,而产生了包括在发音、拼法、句子结构或表达等方面的多样性。以英国英语与美国英语为例,使用上的不同捻手可得(依复仁,1969):

英　语	美　语
auberg	eggplant(茄子)
biscuit	craker(饼干)
chemist's shop	drug store(药店)
ground level	first floor(一楼)
flat	apartment(公寓)
label	tag(标签)
lift	elevator(电梯)
trunk call	long-distance call(长途电话)
luggage	baggage(行李)
motor-car	automobile(汽车)
ordinance	by-law(条例)
pullover	sweater(运动衫)
tap	faucet(水龙头)
underdone	rare(三分熟牛排)

中文方面的例子也很多。如海峡两岸的用语,常有出入:

台湾地区	内　　地
太太	爱人
谈恋爱	搞对象
国剧	平剧
桌球	乒乓球
硬体	硬件
软体	软件
电脑程式	计算机程序
教育程度	文化水平
公务员	国家干部
大专联考	高考
完成	搞定
下岗	失业

其他如"下海",在台湾指从事色情类的行业,内地则指改行经商。就是台湾区区一海岛,语言的使用在岛内也有变化性,如闽南话的"肥皂"、"番茄"、"机车"等,中南部与北部地区的用法,都有所不同。

第三节　语言的变异与种类

人类语言变化的多样性,种类繁多,其中六种对跨文化交际学具有高度重要性:方言、混合语、洋泾浜语、克里奥语、术语与隐语。以下就来分别讨论这六种语言的变化(Akmajian,Demers,& Hamish,1984;Chen & Starosta,1998;Fromkin & Rodman,1983)。

方言(Dialect)

方言来自一群人使用一种语言时产生的多样性。方言的种类主要有三种:地方性方言(regional dialect)、社会性方言(social dialect)与族裔性方言(ethnic dialect)。

地方性方言

地方性方言(regional dialect)是因为人们居住在不同的地理区域而产生的。这种因空间的阻隔,在语言的使用上产生不同的例子处处可见。听说印度就有几百种方言。中国各省份几乎都有一或多种方言。像福建与台湾地区的闽南话,广东与香港地区的广东话,北京话,上海话等,都是地方性方言。

这些地方性方言对官方语言的使用所产生的影响,也形成了语言的多样性与动态性。

美国的英语与英国的英语,除了前面所谈的变化之外,美国因地理辽阔,境内所讲的英语也有所差异。例如,美国有所谓的南方腔调,和北方佬或所谓的扬基(Yankee)语言就有显著的不同。若是路易斯安那州(Louisiana State)南部所讲的英语,可能是受到法语的影响,几乎无法让人听懂,它就是出名的"路易斯安那英语"(Louisiana English)。

社会性方言

社会性方言(socail dialect)的产生,起因于人们不同的社会与经济地位或阶级。例如,矿区工人的用语与主流社会的差异,纽约哈林区因居民收入较低与族裔复杂所衍生出特殊语言,及内学生自行演变出来的校园语言都属此类。其中校园语言最具多样性与趣味性。

负笈美国东北部大学的外籍学生时常会听到书本上念不到的校园语言。这种语言来自学生特殊的社会身分,生活在一个特殊的地区,与从事学习这个特殊任务的环境下自然产生的。例如,礼拜天太晚睡,周一早上醒来时,发觉上课已经迟到了,你的室友可能会大叫一声"Please put the balls on the wall"(赶快),你可能还头昏脑胀,加上零下五度的气温,躲在棉被里继续睡大头觉,实在是最好的选择,于是你心一狠说道"Let's blow the class off"(让我们翘课吧)。

平常吃喝玩乐,不读书,考试前只好央求室友"Let's go hit the book"(让我们抱抱佛脚吧)。考后你的室友问道"Did you bomb the exam"(你考垮了吗)? 你答道"This is nuts"(太胡扯了),因为"I'm completely clueless"(我脑子一片空白,不知如何作答)。不过考不好,不能怪教授,因为教这门课的教授才高八斗,教起课来虎虎生威,头头是道,是一个"wicked good"(棒极了)的教育家。

试没考好,只好以杜康解忧,一醉解千愁。"Get wasted"、"get hammered"、"get trashed"、"get inebrated"、"get pie-eyed"、"get pounding"等,都是用来表达喝酒过多或酒醉的词语。

海峡两岸的大学生也制造了不少校园语言。给"当"了、"酷毙"、"恶心"、"白痴"、"去死吧"、"好毒"、"变态"、"哇噻"、"帅呆了"、"我灌死你"(女生骂男生的用语)及"老板"(系主任或指导教授)等用语俯拾即得。

与网络有关的学生流行语有:

"上网去"

"可爱"(可怜没人爱)

"酿子"(那样子)

"八八六"(bye-bye 了)

"三一六六"(sayunana -再会吧)

"美眉"(妹妹)

"偶像"(呕吐的对象)

"恐龙"(丑女人)

"酱子"(这样子)

"dd"(弟弟)

其他有一些是受到媒体广告影响的有:

"猪头"(讨厌)

"很冷"(笑话不好笑)

还有一些校园的特殊语言。例如：

"甜蜜一下"（男女约会）

"孔雀"（自作多情）

"神童"（有神经病的孩子）

"寄托"（考 GRE 和托福）

内地因幅员广大，校园语言也因不同地方而产生变化性。例如，女生骂男生的口头禅，在广东叫"我憎死你"，在北京"我灭了你"，在湖北"我劈了你（我踢死你）"，在湖南"我辣你"，在江浙"我柔死你"，在蒙古"我用马奶泡死你"，在新疆"我用丝巾勒死你"（世界日报，2002，1.8）。

族裔性方言

族裔性方言（ethnic dialect）是某一族裔因地理、社会、政治等因素的影响，在语言的使用上产生的变异性。Yiddish 是最出名的族裔性方言。Yiddish 是英语的一种，但是混合了德语、希伯来语以及斯拉夫语。为东欧犹太人在大战时期，为避免受到迫害而发展出的一个国际语。

美国境内的 Amish 这个族裔，主要居住在宾夕法尼亚州（Pennsylvania）山区与俄亥俄州（Ohio）南部，所使用的英语，也是一种很有特色的族裔性方言。从 Amish 英语，可以看出方言的变化，包括了发音、拼法与用法都有所差异。例如：

Amish 英语	美国英语
balledicks	politics
bortsch	porch
budder	butter
chob	job
choose	juice
chumps	jump
gums	rubbers
hungerich	hungary
im	in
leifinshurings	life insurance
mit choy	with joy
powider	provider
salz	salt
sinterklaas	santa claus
slippy	icy

Amish 英语	美国英语
uf korse	of course
vadder	father
wie	we
zucker	sugar

在美国的黑人族裔所使用的一些英语也和主流略有不同,尤其是对 be 动词的省略。例如(Labov,1969):

She the first one(She's the first one).

He fast in everything he do(He is fast in everything he does).

I know,but he wild,though(I know,but he is wild,though).

You out of game(You're out of game).

They not caught(They're not caught).

方言的形成,常造成族裔之间沟通的障碍。这种障碍并非语言本身的变化性所导致,而往往是具有政治意涵的对抗所形成。最明显的例子是一群社会成员,极力鼓吹选择一种方言,做为所谓的"标准语"(standard language)、"正确语"(correct language)或"纯正语"(pure language),而抹杀其他方言的价值。其实每一种方言,都是语言有效性的存在,皆能用来表达相同的事物。给予方言不同的对待,只是显示出人们的无知与社会及政治态度的偏差而已。

混合语(Lingua Franca)

当一群人在同一个区域或团体内使用不同的语言,但为了沟通上的方便,大家同意采用一种大部分人了解的语言作为彼此间互通声息的工具,这种语言称为混合语(lingua franca)。混合语可以是既存的单一语言,也可以是不同的语言混合而成。

"Lingua franca"这个词语,源自与中世纪地中海海港商人的交易语言(Akmajian,Demers,& Hamish,1984)。它原是掺杂了法语、西班牙语、希腊语以及阿拉伯语的意大利语。到了十八世纪,拉丁文成了整个欧洲的 lingua franca。

其他地区,例如印度北部有一种混合语,叫做"印度斯坦语"(Hindustani),这种语言混合了印度语(Hindi)、巫度语(Urdu)、波斯语(Persian)、普遮比语(Punjabi)与阿拉伯语(Arabic)。若是斯瓦希里语(Swahili),则是非洲商业交易时使用的混合语。如今,英语可说是全世界学术与商业界的共同语言。

洋泾浜语(Pidgins)

洋泾浜语(pidgins)又称为接触语(contact language)或边缘语(marginal language),源自不同语系的族群接触后,自然生成的用语。这种语言在殖民地特别容易产生,因为统治者与被统治者之间,在政治、社会、商业上有使用共同语言的需求。

洋泾浜语通常具有三项特色。第一，它不是任何族裔的母语，它只是具有不同母语的人们之间沟通的一个媒介而已。第二，它掺杂了两种语言以上的语意特色（linguistic characteristics）。第三，它是一种在字面、句子结构或文法上经过简化（simplified）的语言。

其他像"Where where"（哪里，哪里），"People mountain people sea"（人山人海），"My no can"（我不能），"Let me see see"（让我看看），"Two piece book"（两本书）等洋泾浜语都颇为传神。另外，据说"Long time no see"原是早期中国苦力到美国协助建立洲际铁路（continental railroad）时发展出的洋泾浜语。这句话如今已成了美国的普通用语。

最后，十九世纪租界里的上海人，曾把洋泾浜语编成歌谣（虞瑾，1998，C10）：

来是"康姆"（come），走是"个"（go），二十四块洋钿"吞的福"（twenty four）。

是叫"也斯"（yes），勿叫"糯"（no），如此如此"沙咸鱼沙"（so and so）。

真蹩实货"佛立谷"（fully good），洋行买办"康白度"（comprador）。

"翘梯翘梯"（tea）请吃茶，"雪堂雪堂"（sit down）请侬坐。

烘山芋叫"扑铁秀"（potato），东洋车子"力克靴"（richshaw）。

"拿摩温"（number one）先生是阿大，跑街先生"杀老虎"（shorff）。

打屁股叫"班蒲曲"（bamboo chop），混账王八"蛋风炉"（daffy low）。

"麦克麦克"（Mike）钞票多，"瘟脱生司"（emptycents）当票多。

自家兄弟"泼拉茶"（brother），爷叫"发茶"（father），娘叫"卖茶"（mother），丈人阿伯"发音乐"（father-in-law）。

克里奥语（Creole）

克里奥语（creole）是洋泾浜语的延伸。洋泾浜语虽然不是任何族裔的母语，但是在同一地区使用了一两代之后，大家习惯了使用洋泾浜语，结果成了新生代首先学习的语言，久而久之新生代只懂得洋泾浜语，洋泾浜语因此变成了新生代的主要语言或母语。这种情况下的洋泾浜语，以不再叫做洋泾浜语，而称为克里奥语。

最先的克里奥语，是奴隶买卖交易时期的一种法语与非洲语的混合。当时的非洲奴隶与同语系的奴隶交谈之外，还得与白人主人沟通。由于白人主人不允许他们使用母语，东拼西凑的克里奥语乃应运而生。

在美国乔治亚（Georgia）及南卡罗莱纳（South Carolina）两州的沿海地区，黑人奴隶也发展出了一种叫做"古拉"（Gullah）的克里奥语。海地（Haidi）地区的克里奥语，则是由法语与美国路易斯安娜州的克里奥语混合而成。

澳洲约克角（Cape York）半岛混有英语的克里奥语，在发音与结构方面也颇具动态性。Crowley & Rigsby（1979）曾收集了不少当地的克里奥语。部分例子如下（pp.206 - 207）：

英　　语	约克角克里奥语
bad	nogud（no good）
diarrhea	beliran（belly run）
on your back	beliap（belly up）

英　语	约克角克里奥语
a lot	tumach(too much)
return	kambek(come back)
the best	nambawan(number one)
the same	seimwei(same way)
shout	singaut(sing out)
run away in anger	stoomwei(storm away)
deaf	taling nogud(telling no good)
blind	ai nogud(eye no good)
urinate	pipi(pee-pee)

术语（Jargon）

　　术语（jargon）是各行各业的专门用语。律师的法律术语，医生的医疗术语，音乐家的音乐术语等都是。这些行话或术语，一个人必须有那方面的训练，才能真正了解其义。例如，物理学家用的"光年"（light year），一般人看了，或许会以为是有关时间的计量，其实是用来计算距离的。主修传播的学生，大致上应该都能了解什么是"反馈"（feedback）、"制码"（encoding）、"解码"（decoding）"受众"（audience）等词语的真义。

　　对术语的不了解，有时会带来意想不到的结果。作者还在军中服役的时候，有一次牙疼到军医院检查。医生判断是智慧齿长歪了，挤压到周遭的神经，必须拔除以绝后患。结果主治医生找来了四个实习医生，总计五个人，把我折腾了四个多小时，出院时双脚走路没问题，但四支麻醉针，加上蒙古大夫式的疗法，已把我的脑神经弄得七零八落，几天内不知天高地厚，茶饭不思不饮，差点送回医院急救。

　　还好当时年青力壮，死里逃生，但至今嘴巴一打开，颧骨就卡卡作响，好像下巴就要掉下来似的。如今连做梦都还会梦到每当主治牙医一声"impact"令下，其中一个实习医师的锤子，就像斧头一样往我嘴巴劈下来。现在一听到或看到"impact"这个字眼，总是惊魂未定，手足无措。后悔当时不知"impact"的意义，否则当时未给敲昏之前，一定会请那位锤手，对我这位手无寸铁的军官手下留情，下手温柔一些。

隐语（Argot）

　　如果术语是专业性的特殊用语，隐语（argot）则是属于非专业性、地下或秘密团体的行话。这种行话在外人听起来会感到奇怪，但对该族群的分子却倍感亲切。这些族群包括计程车司机、火腿族（ham radio operators）、卡车司机、同性恋团体与色情行业等。

　　例如，美国高速公路上的卡车司机用"死莫去"（smoky）称呼巡逻警车；火腿族用 QSL 代表收音机上交谈，"old man"代表男性火腿族，YL（young lady）代表女性火腿族，QRM 代表通讯干扰(Samovar & Porter，2001)。

隐语对使用的族群,最少提供了三项功能。第一,隐语是特殊族群自卫(self-defense)的工具。

第二,隐语给特殊族群的分子带来休戚与共的感情。休戚与共的感情经由秘密语言的使用形成,并进一步强化了族群的团结(solidarity)与凝聚力(cohesiveness)。例如,同性恋团体就有许多秘密的行话:

Bill——指健壮孔武的同性恋者(a masculine homosexual)。

Black Widow——指一个同性恋者,横刀夺爱了另一个同性恋者的伴侣。

Chicken——指年青的男性同性恋者。

第三,隐语的使用给特殊族群的分子,带来引以为傲的角色定位与认同。甚至因此公开宣称自己的族群身份,以建立一个可见的社会地位(viable social entity)。

例如,1960及70年代,美国社会因反战与人权的问题,弄得动荡不安,年青人心灵也失去依托,于是嬉皮与嗑药之风,大行其道。有一群年青人聚集在旧金山市定居下来,天天吞云吐雾吸大麻,过着飘渺虚无的日子。经由行话的使用,他们引以为荣,并让整个社会知道他们的存在。像用"bernice",而不用"cocaine"(古柯碱);用"hay",不用"marijuana"(大麻);用"heat",不用"police"(警察)等皆是。

除了这六种语言的变化,其他还有很多种类。例如,一般写作较不使用的"俚语"(slang),某些场合不应使用的"禁忌语"(taboo),特殊族群的"黑话"(cant),修辞用法的"委婉语"(euphemism),以及女婿专用的"丈母娘语"(mother-in-law language)都表现了人类语言千变万化的特性。

第四节　语言与文化的关系

语言和文化之间,究竟存在着什么样的关系呢? 一个半世纪来,虽然文化与语言学者众说纷纭,但基本上双方都同意,语言就像一面镜子,清晰地反映了使用该语言的文化内涵。同样地,语词的意义与实用惯例,也预先受到该团体的文化思想形态的牵制。就如同Keesing(1975)的研究显示,"文化知识"(cultural knowledge)与"语言知识"(language knowledge),其实是一体两面的。因此,从语言可以了解一个人的文化背景;而要真正了解一种语言,也得了解该语言所背负的文化不可。文献链接5-1讨论了华人与英美人思维差异与语言的关系。

文献链接5-1

作者:关世杰

题目:试论中国人与英美人思维方式的差异及汉字在其成因中的作用

出处:《中美文化的互动与关联》,刘海平编,上海外语教育出版社,页240—260,1997。

(下一页)

（续前）

摘要：世界各种文化群体既有人类所共有的思维规律,也有在自己文化氛围中形成的各具特色的思维方式。例如,中国人写信时,地址的顺序是国名—省名—城镇名—街道名住宅的门牌号码—收信人。而美国人的顺序恰恰相反,其顺序是收信人—街道名住宅的门牌号码—城镇名—省名—国名。在写时间的顺序上,中国是年—月—日,英国则是日—月—年。这里就包含了两种文化在思维方式上的差异:中国人思考问题时对空间和时间的排序是从大到小,而英美人的则是从小到大。本文论述了受主流中国文化影响的中国人与受英美人主流文化影响的英美人在思维方式上的三大差异:首先,中国人有形象类比思维偏好,英美人有逻辑思维的偏好。其表现是中国古人重视形象,强调了思维中的表象作用,而非较好地发展到概念,例如汉语语法研究直到1898年《马氏文通》出版,才成为独立的学科。这晚于印度文化体系与希腊文化体系达一千多年之久。中国的逻辑不如西方发达,中文中"逻辑"一词,是二十世纪初严复翻译自英文"logic",由于汉语中没有与之完全对应的词,所以采取音译,这从一个侧面说明了中国传统文化中对逻辑这门学问认识不多,尚未成为一门学科。造成中国人形象思维偏好的原因是多方面的,其中汉字形象对促成这种偏好起了一定的作用,特别是神经心理学的一些发现(左脑负责逻辑思维,右脑负责形象思维;汉字认知中的两大神经心理特点,即双重编码和复脑文字的发现)给予上述观点以支持。第二大的差异是,中国人偏好综合思维,英美人偏好分析思维。中国人喜欢综合思维的特点突出表现在中国传统文化的三大国粹京剧、中医和国画中。例如,京剧讲究的是念唱作打:念是朗诵;唱是歌唱;作是舞蹈;打是武术和杂技。京剧中的前三种形式在西方艺术中分解为话剧、歌剧和舞剧。由于西方没有武术,西方艺术中没有相应的艺术形式。综合思维的偏好使中国人考虑问题时,偏好从整体到部分的思维过程。这就促成了中国人对时间和空间的表达上从大到小,即前面提到的信封地址写法上,中国文化在表达上的差异。中国人这种思维方式与汉字也有一定的关系。汉字由于是起源于形象加之汉字笔划多形成了楷书、行书和草书,识别它们时,从总体加以认定较为容易,这对中国人综合思维和整体思维的培养起了作用。第三个差异是中国人注重"统一",英美人注重"对立"。例如,英美人在人和自然的关系上,认为人可以驾驭自然,改造自然,而传统的中国文化中讲究人与自然的和谐,即天人合一。中国形象文字所表达的主观与客观,主体与客体关系密切。例如,日与⊙(太阳)没有分开,主客观是"统一"的。而英美的拼音文字的"sun"与太阳的形象⊙差距甚大,对主观和客观进行了比较清晰的划分。这种使用方式上的差异,对中国人与英美人的跨文化交流有时带来了障碍。当然上述中国与英美人之间思维方式的差异只是强弱问题,而且彼此在互相取长补短。

既然语言像一面镜子,反映出言说者的背景,那么这个"反映"的现象,是不是意谓着因为有了这种语言,所以才有这种文化呢? 这个问题引发学者不同的争论,而产生两个解释文化与语言之间的关系的主要理论:语言决定论(language determinism)及语言相对论(language relativism)。

语言决定论(Language Determinism)

Sapir(1931,1958)与 Whorf(1956,1998)两位师生,为语言决定论(language determinism)的代表人物。Whorf 追随 Sapir 对美国 Hopi 族印第安人语言做了系统的研究,后来发展出了有名的"萨丕尔-沃尔夫假设"(Sapir-Whorf Hypothesis)。这个假设或理论提出了三个要点(Hoijer,1994):

第一,语言在文化整体性的建立过程中,扮演着相当重要的角色。除了是一种沟通的工具之外,语言同时引导或指挥人们的认知系统,而且给言说者提供一组解释经验的习惯性模式。因此,由于人类语言系统的差异,要克服跨文化沟通所带来的阻碍是非常困难的。

第二,语言的结构与语意之间的关系是密不可分的。换句话说,无论人类的意义解释模式发展到多么复杂的地步,仍然无法逃脱语言本身形态的投射。语言既协助又阻碍人类对经验的探索,而且这协助与阻碍的细节,其实就储藏在不同文化的隐微意义里。

第三,一个语言的表达方式,通常描绘出言说者的思想模式,并且可以用来理解与测量一个人的世界观。也就是语言与文化有直接性的关系。

Sapir 与 Whorf 的假设,所反映的语言决定论思想,可由 Sapir 早期的主张得到印证:

语言是"社会实体"(soical reality)的指标……它有力地制约吾人对社会问题与过程的思考。人类并不是单独地活在一个客观的世界,也不是单独地活在一般人所认为的社会活动世界,而是活在一种已经成为表达人们社会活动之媒介的特殊语言的掌控之下……事实上,所谓"真实的世界",有很大部分其实是不自觉地建立在一个群体的语言习惯上……吾人所看所听或经验之所以这样或那样,乃是因为吾人社群使用的语言,事先提供了意义的表达或解释的方法所形成的。(见 Mandelbaum,1949,p.162)

Whorf(1952)更进一步阐释语言决定文化思想与行为的论说:

一种语言的语意系统(lingustic system,指语法)并不只是表达思想的再造工具,而是思想的塑造者(shaper),精神活动的引导者……吾人对大自然认识与剖析研究的归类,也都由吾人的母语来设定……换言之,人类世界,乃是经由吾人心智归纳后的一种印象性的万花筒形态所展现——这意味着吾人心里的语意系统。(p.5)

总之,根据 Sapir 与 Whorf 的假设,语言不仅反映与传达,更是人类思想、信仰及态度行为的塑造者。从沟通的角度来看,因为一个人不可能有足够的能力,来完全认识自己的文化,因此人们就无法有意识地或完全地操控自己的语言。这是跨文化沟通更容易产生障碍的主因之一。迷你案件 5-1 讨论爱斯基摩(Eskimo)人使用的语言与文化的关系。

┌───┐
│　　　　　　　迷你个案 5-1:如果基督来了　　　　　　│
│　　　　　　　　　　　　　　　　　　　　　　　　　│
│　　　约翰是来自罗得岛州的牧师,为了研究爱斯基摩人的语言,他已经在阿拉斯加│
│州北部住了整整五年。他记录了许多爱斯基摩人的文化价值观、态度以及信仰的│
│差异。在调查的过程中,约翰注意到爱斯基摩人常常在提到未来事情的时候,使用│
│"如果"(if)这个字,而不是用"当"(when)。例如,爱斯基摩人把"当耶稣来的时候"│
│(When Jesus comes),说成"如果耶稣来的时候"(If Jesus comes)。他也注意到在│
│对未来事情提出意见时,爱斯基摩人常常使用"可能"(maybe)与"如果我还活着"│
│(If I am still alive)。他也,对爱斯基摩人在回答人家问候家人是否安好时,总是以│
│"到目前我们都仍安好"(We are alright so far)感到讶异。问题:为什么爱斯基摩│
│人会使用这些语言表达呢?* 作者- Amy Heyse, University of Rhode Island.│
└───┘

语言相对论(Language Relativism)

相对于语言决定论,语言相对论(language relativism)采取比较保守的态度来论述语言与文化之间的关系。由于语言的运用,是人类认知系统(cognitive system)运作的一部分,而至今语言科学家尚无法完全理解人脑活动的细节,因此,信仰语言相对论的学者也就无法否定 Sapir-Whorf 假设的论点。基于此,语言相对论的学者在不认为语言是人类文化生成者的情况下,退一步地主张,语言只是反映(reflects)人类的文化,包括思想、信仰及态度行为。

Hoijer(1994)曾针对上述 Sapir-Whorf 假设的三个主要论点,提出不同的看法。首先,Hoijer 认为 Sapir-Whorf 假设,夸张了语意差异所可能带来的文化沟通上的障碍。他主张人类既存的文化,因全球性的交流与人类在生理、心理与社会特征上的相似,是具有共通性的。Sapir-Whorf 假设对于不同文化间人们彼此理解的可能性,有过度悲观之嫌。

第二,在研究美国 Navaho 印第安族的语言之后,Hoijer 宣称,一个语言的结构与语意,在观察、分析与归类的过程,其重要性并不是同等的。他建议正常的民族语言学(ethnolingusitcs)研究,应该依四个步骤实行:

1. 尽可能完整地厘出一个语言的结构形态。
2. 尽可能正确地厘出依附在该语言结构形态的语意形态。
3. 区分出那些活跃在该语言的结构类别,并进一步区分哪些与语意形态有关。
4. 最后,厘出及比较该语言的结构与语言形态,并从语言的表达提出印证。

语言表达或反映一个人思想、信仰及态度行为的例子不胜枚举。例如,从以下语言的使用,可以清楚地观察到一个人的喜好(Wiener & Mehrabian, 1968):

第一,指示代名词(demonstrative pronoun)的选择。如"这些人需要我的帮忙"与"那些人需要我的帮忙"中的"这些"(these)及"那些"(those)。还有"这是陈先生"与"那是陈先生"中的"这"(this)及"那"(that),根据 Wiener & Mahrabian 的说法,用"这些"与"这"的陈述,显示出言说者比用"那些"与"那"时,更喜欢对方。

第二,顺序的排列(sequential placement)。例如,从"这是美娟与春花"这个陈述里人物的顺序,可以发觉言说者,可能下意识里比较喜欢美娟。

第三,肯定或否定用法。Wiener & Mahrabian 指出,人们通常用正面或肯定语表述喜欢的事物,用负面或否定语表述较不喜欢的事物。例如,"那是一部好电影"(The movie was good)与"那部电影不错"(The movie wasn't bad)。用第一种陈述显示言说者比用第二种陈述更喜欢那部电影。另外如"我喜欢与你在一起"(I like to be together with you)与"为何我们不聚聚"(Why don't we get together),也反映了喜欢程度的差异。

第四,时间的长短(duration)。Wiener & Mahrabian 认为,一个人若花更长的时间,谈论另一个人或事物,这很清楚地表达了言说者对那个人或事物的喜爱。

语言的使用,也反映了一个人潜意识里负不负责任的态度。例如,"It's nice to see you"与"I'm glad to see you"两句,从责任感的角度,前者不如后者。另外,政客们惯用的"我们"之陈述(we statement),也是推托责任的惯用伎俩。有问题的时候,他们常会使用"这是我们大家面对的问题";可是有利可得的时候,他们却只用"我"字。至于"但是"的陈述语(but statement),如"本来很想要借你钱帮你忙,但是刚好最近手头有点紧,所以……",那就更明白地反映出不要借钱给你的意思了。

语言的使用,也反映了一个人能够发挥的权限(power)有多大(Erickson,Lind,Johnson & O'Barr,1978)。本身拥有权力的人,在语言使用上相对地享有较大的控制力。大部分恐吓性的语言,在某种情况下,也会产生控制对方的威力。

有些语言可以用来产生控制别人的威力,当然有些语言也表现出没有权威的现象。例如,从"我想我是应该……","对不起……","我们该开始动工了,不是吗?"与"我并不太确信,但是……"等句子里,我们可以看出言说者,缺乏信心与迟疑不决的语气。

最后,语言可以反映互动双方的亲密关系。这从情侣与夫妻间的用语,可以很容易得到佐证。例如,"亲爱的"(dear)、"蜜糖"(honey)、"甜心"(sweet heart)、"老公"、"死鬼"以及"杀千刀的"。在台湾南部,也曾经听到太太称呼先生"夭寿的"、"死路旁的"或"死无人哭的",乍听之下,还以为夫妻间有了不共戴天之仇。其实,它就像"老公"、"死鬼"及"杀千刀的"用法一样,有可能是对丈夫的一种昵称。

第五节　语言表达与文化价值取向

语言与文化之间的关系,不论是因为有该种语言,才产生该种文化的语言决定论主张,或是较保守的语言只是具有反映文化功能的语言相对论主张,两者之间的紧密关系是毋庸置疑的。两种论述同时同意,经由考察语言使用的过程,一个文化的内涵与价值取向,是可以加以表达、描述、确认及预测的(Pateman,1987;Trudgill,1974)。

第四章已举了一些例子,说明了从俗语、谚语、谜语及诗词的表达,可以看出部分中华文化的价值观。这一节就更深入地以中华文化的两项以儒家思想为基础的家庭价值系统,来探讨语言表达与文化价值取向的关系:家庭内的层级关系系统与亲族系统(陈国明,1994)。文献链接 5-2 也报告了文化价值观与争辩倾向的关系。

文献链接 5-2

作者：Ling Chen, Yoko Nadmitsu, & Betty Lee Kaman（陈凌，滩光洋子，利嘉敏）
题目：Argumentativeness and Traditional Values：A Cross-Cultural Comparison of Japanese, Hong Kong Chinese and Mainland Chinese（争辩倾向与传统价值关系：日本人，香港人，与中国大陆人比较研究）
出处：*Human Communication*，4,57－70,2001.

摘要：在跨文化传播研究中，东亚诸文化被视为是极其相似的。其基本立论是：儒家思想作为东亚文化的一股主要意识形态力量，衍生出一种文化要素，特点是特别强调个人为集体的一部分，强调社会关系的和谐融洽，与强调社会中的恰当等级秩序。这些文化侧重点，导致了东亚人们沟通的非直接语言风格和避免言语冲突的倾向。遗憾的是，有关这些文化的比较研究缺乏实证调查。为了验证东亚文化价值取向与沟通惯用模式间的相似程度，以及两者之间的关系，本研究调查比较日本、中国香港与中国大陆三地人们自我陈述之"争辩倾向"（argumentativeness）以及传统文化价值观中的"整合"（integration）和"道德规范"（moral discipline）取向。"争辩倾向"是"趋向争辩"（argumentation approach）和"规避争辩"（argumentation avoidance）两变量的组合结果，而"整合"和"道德规范"分别是量度集体主义和社会等级观念的变量。本研究调查了三个样本组，分别包括近240份的答卷，结果显示这三组样本在"争辩倾向"和"整合"两国变量存在显著的差异。中国大陆样本的两国变量的平均值，比香港和日本样本高，而香港又比日本高。中国大陆比香港和日本参调者自述具有更强的集体主义意识，然而却更倾向参与争辩。香港又比日本具有较强的集体主义意识，同时也更倾向参与争辩。此外，香港样本在"规避争辩"和"道德规范"，比中国大陆与日本样本明显，而后两者则无显著差异。香港比中国大陆与日本参调者自述具有更强的社会等级观念，也更趋向规避争辩。日本和中国大陆在这两方面则无重大区别。这些结果说明，这三个样本代表的社会，也许并不如通常认为的那样相似。文化族群类同性也不能无法妥善地解释组别差异。至于文化价值取向与沟通习惯，"整合"与"规避争辩"呈显著的正关系，与"趋向争辩"则无关系存在。"道德规范"与"规避争辩"呈显著的正关系，与"趋向争辩"则呈显著负关系。由此看来，社会等级观念相对于集体主义意识对参与争辩具有更强的阻止效果，并更加鼓励规避争辩。总而言之，共同价值观与沟通行为模式在社会互动中，存在直接因果关系之假设，仅用族群特性或传统是不足以支持的。因此，研究不应该忽视社会系统对文化价值的影响力，同时考虑到文化也并非一成不变的，而是随时间与历史的变迁而改变。

家庭内的层级关系系统

家庭内的层级关系系统,是儒家最强调的价值取向之一(文崇一,1988;Cheng,1987)。层级关系的主要目的,在于依照个人的角色与地位,经由适当的语言和行为,来维持家庭与整个社会的和谐。"和为贵"及"家和万事兴"两句俗语,充分地表达了华人家庭与社会系统重视和谐的文化价值观。这个价值取向以"君为臣纲","夫为妻纲"与"父为子纲"三纲为指导原则。在此就以夫妻及父母与子女之间的层级关系来讨论。

夫妻关系

"夫唱妇随"与"嫁鸡随鸡,嫁狗随狗",表现了最典型的传统中国家庭内夫妻间的关系。这种文化价值取向,要求妻子必须依从丈夫。一个理想的华人妻子,其最主要的责任是"传宗接代"与"相夫教子"。华人家庭内夫妻的关系,反映了男性位尊,女性位卑的重男轻女的价值观,如"婚前从父,婚后从夫,夫死从子","男主内,女主外","二女不如一男"及"女子无才便是德"。

用在结婚上的语言表达,也有所不同。对男方是"娶"妻,对女方是"嫁"夫。婚后,丈夫以"内人"称呼妻子,妻子以"外子"称呼丈夫。

男尊女卑的价值取向,更进一步发展出贬抑女性的一组语言表达。例如,一些具有负面意义的字,像是"奸"、"姦"、"奴"、"妄"、"嫉"、"妒"、"妓"、"妨"、"婪"、"媚"、"嫌"、"孽"、"妖"等,都以女字为部首。

父子关系

在集体性取向的华人家庭系统,一个家庭分子,从小就开始学习压抑或牺牲自我,以达到或维持整个家族的和谐。"个人主义"(individualism)或"隐私"(privacy)等西方的文化概念,是不存在华人的语言系统的。传统上,华人的父母对孩子的命运,具有绝对的决定权。子女对父母只有听从的份。双方的沟通完全是单向的,也就是父母说,子女听。如俗语所说的,孩子应该是"有耳无嘴"。

子女对父母的"孝顺"更是天经地义。尽孝的意义并不仅在于满足父母口腹的温饱,而是无条件地牺牲自我,来完成父母之所需或所求。"百善孝为先","天下无不是的父母","孝,德之本也","入则孝,出则悌","树欲静而风不息,子欲养而亲不在","谁言寸草心,报得三春晖","好子事父母,好女事翁姑"、"要知父母恩,怀里报儿孙","子不孝顺,孙不贤"等俗语,清楚地反映了父母与子女之间不对等的层级关系。对父母尽孝的观念,在当今华人社会仍然持续不衰(Chinese Culture Connection,1987)。

亲族系统

亲族系统所涵盖的丰富字汇,不仅反映而且塑造了大部分传统中华文化的主体。亲族系统与语言的关系,可分三部分来讨论:家庭角色行为,祖先崇拜与家庭移动性。

家庭角色行为

华人家庭内的角色行为(role behavior),具有特殊性(specific)的价值取向,而且取决于辈分(generation)、年纪(age)与性别(sex)三个依照顺序的要素(陈国明,1992;Baker,1979)。换言之,辈份高的,年纪大的和身为男性,在华人家族系统里,占有较崇高的地位。

在这个特殊性的角色系统,每个分子都占有一个地位,与该地位所要求的一组清清楚楚的角色行为,并且有特殊的字汇来代表。

例如,"兄"、"弟"、"姊"、"妹"、"堂兄"、"堂弟"、"堂姊"、"堂妹"、"表兄"、"表弟"、"表姊"、"表妹"、"伯"、"叔"、"婶"、"姨"、"姑"、"舅"、"舅母"、"妯"、"甥"、"侄"、"外祖父"、"外祖母"、"姑丈"、"舅公"、"叔公"等用语,涵盖了本身、内亲、外戚与亲戚四大华人家庭角色行为结构的要项。

家庭内角色行为的配置,因文化的不同而有很大的差异。例如,美国家庭由于是以父母和未婚子女为主体的小家庭(nuclear family)结构,家庭内的角色配置与行为便显得相当单纯。用以表征这些角色行为的语言也相对地笼统与简易。这在跨文化沟通的过程,常常造成混淆与误解。

例如,"兄"、"弟"、"姊"、"妹"的区分,在华人家庭里,表现得清清楚楚,不只是每个位置有个名称,而且每个名称指示了该位置的长幼、责任与义务。在美国家庭,则只简单地使用"brothers"和"sisters"来涵盖所有兄弟姊妹所含摄的意义。纵使美国人也使用"older"和"younger"来表示出生的先后顺序,但它们并不蕴涵着如华人家庭内那种长尊幼卑与"血浓于水"的文化意义。

在本身父母的兄弟姊妹名称上,中西方也有很大的不同。例如,华人以"伯"称呼本身父亲之兄长,以"叔"称呼本身父亲之弟,以"姑"称呼本身父亲之姊妹,以"舅"称呼本身母亲之兄弟,"姨"称呼本身母亲之姊妹,美国人则以"uncle"涵盖了本身父母亲的所有兄弟,以及以"aunt"涵盖了本身父母亲的所有姊妹。

至于对本身兄弟姊妹之儿女的称呼,中西方也是不一样。例如,华人以"侄儿"及"侄女"区分本身兄弟的儿女,以"甥儿"及"甥女"区分本身姊妹的儿女。美国人则以"nephew"涵盖侄儿与甥儿,以"niece"涵盖侄女与甥女。

祖先崇拜

祖先崇拜是华人文化最主要的价值取向之一,它是华人家庭生活不可或缺的一部分。根据 Hsu(1981)的研究:

祖先崇拜可以说是华人普遍性的宗教。对华人而言,它是连接阴阳两界的主要线索。祖先崇拜不仅说明了华人对超自然世界的看法,同时也证明与强化了华人的宗教信仰。在华人社会里,从地方经济到国家企业,无一不受到祖先崇拜的影响。(p.248)

在华人家庭里,祖先崇拜表示了祖先的肉体虽死,灵魂却和后代的子孙住在一起,并随时盯着子孙的举止行为。"骗得了人,骗不了神"这句俗语,反映了这个现象。祖先崇拜的功能,也表现在凝结整个家庭,并且巩固辈分、年纪与性别顺序的权威系统。

华人对祖先崇拜的用语不胜枚举。诸如"慎终追远","祭祀不辍","祖宗庇荫","阴阳隔离","十目所视,十指所指"等,都表现出华人对祖先崇拜的真诚与慎重。

家庭移动性

由于大家族结构与小农社会的影响,传统的华人家庭几乎甚少迁移。在农业社会,定居在一块土地,依时耕织是主要的生活方式。华人传统家庭,通常拥有一片或大或小的土地。自给自足的耕作方式,使华人家庭成了社会的基本单位。这种情况下,除非有了重大的天灾或人祸,逼使华人迁徙,否则华人基本上都是长久固守家园的。

大家族的结构,限制了华人家庭从事地理上的移动。大家族所衍生的"家庭团圆"和尽孝的观念,也限制了家庭分子的迁移。若有远行,亦须"游必有方"。其他俗语,如"落叶归根","五代同堂","子孙满堂","故乡一掬土,胜过他乡黄金屋"等,都表现了华人对乡土眷恋的情怀。

其他例子

语言与文化价值取向相互辉映的例子很多。以下再列举几项华人的文化价值取向与用以表达的俗语:

忍辱耐劳

"留得青山在,不怕没柴烧。"

"忍一时风平浪静,退一步海阔天空。"

"小不忍则乱大谋。"

"欲速则不达。"

"只要有恒心,铁杵磨成针。"

"一分耕耘,一分收获。"

"天下无难事,只怕有心人。"

"百忍成金。"

"三思而后行。"

"学海无涯,唯勤是岸。"

"忍一时之气,省百日之忧。"

"学如逆水行舟,不进则退。"

"有志者事竟成。"

互助合作

"一人计短,两人技长。"

"三个臭皮匠,胜过一个诸葛亮。"

"人多好办事"

"团结就是力量"

"同舟共济"

"二人同心,其利断金。"

"有福同享,有难同当。"

"四海之内皆兄弟"

"蚁多打死象"

义气与友谊

"士可杀,不可辱。"

"壮士断腕"

"士为知己者死,女为悦己者容。"

"天下兴亡,匹夫有责。"

"肝胆相照"

"莫逆之交"

"人生得一知己，死而无憾。"

"君子绝交，不出恶声。"

"一朝认识，千日朋友。"

"牡丹虽好，须有绿叶扶持。"

谦让与谨慎

"人上有人，天外有天。"

"强中自有强中手，能人背后有能人。"

"满招损，谦受益。"

"骄兵必败"

"轻则寡谋，骄则无礼。"

"自谦则人愈服，自夸则人必疑。"

"位极将相，不忘谦抑。"

"君子三思而后行"

"凡事预则立，不预则废"

"先谋而后事者逸，先事而后逸者失。"

"宜未雨绸缪，勿临渴掘井。"

"有备无患"

"小心驶得万年船"

"不怕一万，只怕万一。"

乐天知命

"船到桥头自然直"

"柳暗花明又一村"

"天掉下来当被盖"

"生死有命，富贵由天。"

"人算不如天算"

"谋事在人，成事在天。"

"吉人自有天相"

"塞翁失马，焉知非福。"

"知足常乐"

"听天由命"

"命里有时终须有，命里无时莫强求。"

"一命二运三风水"

第六节 语言表达与文化价值取向的变迁

语言与文化同时具有动态性，为了延长生命，必须随着时空的变化，做出必要的调整与适应。例如,中华文化在 20 世纪初开始产生前所未有的巨变。台湾与香港也因西方的影响与飞黄腾达的经济发展,传统的文化价值也慢慢式微。从新的语言表达,我们可以看出两岸三地文化价值取向的变化。

这可从每个年代使用的流行语看出。例如,80 年代到 90 年代,中国大陆的流行语如下:

80 年代	90 年代
翻两番	下海
第三次浪潮	炒股
迪斯科	卡拉 OK
武打片	打工
经济特区	打假
理解万岁	下岗
上网	
大款	

从这些语词的变化,可以发现 80 年代经济改革政策一实施之后,传统的俭朴无欲的生活方式,马上受到挑战。有关传统俭朴的价值取向用语,从此失去了说服的魅力。代之而起的是"赚钱"、"改革"、"开放门户"、"物质文明"、"效率"、"公平竞争"等在媒体上。

"911"纽约世贸大楼惨剧发生之后,也新生了不少与之有关的词语(世界日报,2002,3.20)。例如,美国青少年会说他的寝室是"ground zero"(世贸废墟,指乱得一塌糊涂);把凶悍的老师称为"Scuh a terrorist";受到学校或老师处罚叫做"It was a total Jihad"(一场全面圣战);微不足道的忧虑叫"petty concerns";不流行的服装款式叫"Is that a Burqa?"(那是脖挂吗—Burqa 是阿富汗妇女包头裹身的传统长袍);用"Osama Yo Mama"来骂不喜欢的人;用"Taliban"形容古怪的人;用"He is as hard to find as Bin Laden"比喻常常找不到的人;女孩子用"firefighter cute"(如同消防员那么可爱)来描述心仪爱慕的男孩。

"911"事件也引发了赋予旧词新义的反恐怖分子的词语,例如(世界日报,2001,11.10):

"Crusade"——原指十字军或圣战,美国总统布什用来比喻反恐怖分子行动。此词立即被认为不合时宜,因此不再被使用。

"Enemy"(敌人)与"evil"(邪恶)——布什和本拉登同时使用这两个词语,形容对方的势力。

"Dead or alive"(不论死活)与"smoke them out"(把他们熏出来)——显示美国缉捕拉登的决心。

"Retaliate"(报复)——对恐怖分子的用语。后因担心恐怖分子也以暴易暴,而不再使用。

"Hero"(英雄)——专指不顾生命,日夜协助救难的消防队员,救援人员,及警察。

"War"(战争)——布什把与恐怖分子的冲突称为"二十一世纪的第一场战争"。

最后,新时代新用语的产生,常常会引起卫道之士的反弹,甚至攻击。例如,引起不满的用语包括造成选民难以了解的"disenfran chised"(剥夺投票权)及"frigging"(该死—即"damn"的意思);"Y2K"及"九一一"两个滥用的缩写代号;"surgical strike"(外科手术式的攻击)这个战争的陈腔滥调;"brainstorming"(脑力激荡)这个商业界故弄玄虚的字;"killer app"(杀手程式)及"functionality"(功能性)两个与电脑有关的滥用语;与运动有关的"deuce"(平分),"the rock"(球)及"athleticism"(嗜好运动);还有其他像"reality TV"(真实电视)、"totally unique"(独一无二)、"sworn affidavit"(宣誓证词)、"possible choices"(可能的选择)及"foreseeable future"(可预见的未来)等用词(世界日报,2002,1.1)。

第七节　语言与翻译

语言既然夹带或甚至创造文化的意义与内涵,那么在不同语系与文化的人们沟通的过程中,把一种语言翻译成另一种语言,是否可能呢? 理论上是可能的,纵使有时候为了要让人们了解,一个字翻译成另一种语言,必须添加千言万语加以解释,才能达到目的。例如,前面提到的中文"孝"字,翻译成英文是"filial piety"。但是比较这两个字词背后所要传达的意义,可以发觉它们是彼此不相当的。对华人而言,"孝"是中华文化的主要特色,它是一切道德的根本,也是一切教化的来源。对父母尽孝,纵使牺牲生命也在所不惜。除了这层意义之外,一般华人大概都了解孝道的内涵约有十五种之多(杨国枢,1988,页49):

1. 敬爱双亲。
2. 顺从双亲。
3. 谏规以理。
4. 事亲以礼。
5. 继承志业。
6. 显扬亲名。
7. 思慕亲情。
8. 娱亲以道。
9. 使亲无忧。
10. 随侍在侧。
11. 奉养双亲。
12. 爱护自己。
13. 为亲留后。
14. 葬之以礼。
15. 祀之以礼。

我们要从"filial piety"直接翻译出"孝"字原本隐含的意义,可说是不可能的。在书写上,当然可以经由千言万语的过程,仔细解释"孝"字的本具涵义,但是在面对面沟通的情况下,因时空的限制,很难达到这个目的。

总的说来,在实际沟通的过程,翻译可能产生的困难有三:

第一,如"孝"字一样,不同语系之间,很难找到对等的词语来直接翻译。以前面讨论的家庭内的角色行为为例,只要华人一听美国人一说"My aunt",大致上会立即翻译成"姑妈",但脑海里同时会浮现是到底是指姑妈、姨妈或舅妈的问题。若要解释"yin and yang"就是"阴阳",恐怕花了三天三夜也讲不清。其他如"关系"(guanxi)、"面子"(mianzi)、"人情"(renqing)、"客气"(keqi)、"风水"(feng shui)、"气"(qi)、"仁"(ren)、"义"(yi)、"礼"(li)等蕴藏着丰富文化价值的语词,在无法找到满意的对等语的情况下,最好的方法就是直接用罗马拼音了。

有些英文字也很难翻译。例如,"depressed"和"pleasure"两个字,在中文我们把它们翻译成"沮丧"和"愉悦",但是以前"沮丧"这个词是很少用的,因此把"depressed"翻成"情绪低落"、"心情恶劣"、"心情很坏"、"难过"、"泄气"或"丧气",都比"沮丧"来得容易理解。把"pleasure"译成"愉悦"看似不错,但是中英文表达愉悦之前的字词很多,如"很高兴"、"快乐"、"愉快"、"喜欢"、"喜悦"、"欢欣"、"happiness"、"enjoyment"、"merriment"、"delight"、"gladness"等,到底哪一个配哪一个呢? 实在很难裁决(张让,2002)。

不适当的翻译,甚至会把原文的特色全然丧失。卢郁佳(2002,p. B8)在《鉴史如对镜》一文中提到史事翻译之难:

例如毛泽东忆述幼时读到某书开场白,从而奠定革命之志:"天啊! 中国将被征服了。"(原系"呜呼! 中国将亡矣!")这种话剧色彩,忽然显得他浪漫起来。英译把他霸气十足的诗词译成口语体,也顿时变成多愁善感的牧歌。"敢叫日月换新天"化为"以至于我们敢叫日月带来新的一天",想必英译时就翻错了。

第二,错误的翻译不仅引起误解,甚至会造成悲剧。传说二次大战末期,盟军递送日本一份"哀的美敦书"(ultimatum—最后通牒),力劝日本赶紧投降。日本首相宣称,日本政府将"mokusatsu"为盟军招降的最后通牒。"Mokusatsu"有两个意义,一是"to consider"(熟虑),二是"to take notice of"(注意)。据闻当时日本首相的意思是,日本政府将会仔细考虑投降的最后通牒。乃知盟军翻译时,选择了"to take notice of"以为日本政府毫无投降之意。结果是两颗原子弹紧接而来的大悲剧,苦了长崎与广岛两大城市的居民。

第三,因为达到正确可靠的翻译并非易事,很多情况下必须仰赖专业翻译人员才有办法完成。翻译人才的培养,并非一蹴而就的。通常必须多年的训练才能竟其功。例如,"911"事件发生后,美国参议院一小组的参政会指出,美国国务院大约有一半外交人员,缺乏必要的外语能力。美国联邦调查局也发现,由于大量外语材料来不及翻译,使得调查与阻止犯罪的能力大受影响。

美国情报局更慨叹,当危机事件发生时,常常找不到诸如阿拉伯语、韩语或马其顿语的人才可资使用。美国政府资料显示,2000 年全国大学毕业生中,只有九个人主修阿拉伯语,一百四十人主修汉语,主修韩语的则只有几个。从这些资料,可以看出翻译人才培养之难,与翻译不良所潜在的严重后果。

最后,我以一封在网络上流传的情书(www. yahoo. com. tw)做为本章的结束。此情书的英译包准读者看了哈哈大笑,但从另一个角度,也可以看出正确翻译的重要性:

亲爱的王小姐(Dear Wang little girl):

自从见你第一眼,我便爱上你(From see you one eye, I shit love you)。

你的眼睛闭上,我就死了;你的眼睛睁开,我又活过来了;你眼睛眨呀眨呀,我就死去活来(Your eyes close, I die; your eyes open, I come back to live. Your eyes close and open again and again，I die again and again）。

也许你还不认识我，没有关系，一见钟情很流行（Maybe you do not know me，no matter. One see clock emotion is pop）。

我想应该介绍一下自己（I think I should introduce myself to you）。

我叫李大老，今年二十五（I call Li old big. Toyear 25）。

〔今天是 today，那么今年是 toyear，没有错吧。〕

我家有四口人：爸爸、妈妈、我和弟弟（My home four mouth people：papa，mama，I and DD）。

我打字很快，因为我是电脑高手，我甚至还当过骇客呢（I beat letter very fast，because I am a computer high hand. I even acts Black guest）。

我每天都做早操，这样我会有强壮的身体来保护你（I do early move everyday，so that I can have strong body to protect you）。

请嫁给我吧，否则我将削发为僧，找个庙来了此一生（Please come to eat and sleep with me，or I will cut my hair to be a monk，and find a place where many monks live into over my life）。

你的老大（Your old big）

结论

本章分七个部分探讨语言与文化的关系：语言的本质与结构，语言的特征，语言的变异与种类，语言与文化的关系，语言表达与文化价值取向，语言表达与文化价值取向的变迁，以及语言与翻译。

第一节讨论语言的本质与结构。语言学乃是人类语言的科学性研究，主要在探讨语言与沟通的本质，与两者彼此之间的关系。语言学把人类语言的结构分成五大领域：形态学、语音学、句法学、语义学与语用学。形态学研究字形与造字，语音学研究语言的发声与声音的型态，句法学研究片语与句子的结构，语义学旨在探讨人类语言的意义，语用学则专门研究语言对人类行为的影响。

第二节探讨语言的特征。人类的语言具有四项特征：符号表征性，规则性，意义出自言说者与变化性。人类语言本身只是一种用来表征万事万物的符号，不是实体自身。任何语言的结构，都必须受制于一组规则，以达到彼此能够了解的目的。意义有语言意义与说者意义两种，但是不论是哪一种意义，都取决于说话者的决定，而不是取决于语言表面的字义。语言和人一样，到了某一个阶段，会有衰老与消失的现象，为了持续语言的生命力，语言必须具有变化性。

第三节讨论六种语言的变化：方言、混合语、洋泾浜语、克里奥语、术语、与隐语。方言来自一群人使用一种语言时产生的多样性。方言的种类主要有三种：地方性方言、社会性方言与族裔性方言。混合语是一群人在同一个区域或团体内使用不同的语言，但为了沟通上的方便，大家同意采用一种大部分人了解的语言，做为彼此间互通声息的工具。洋泾浜语又称为接触语或边缘语，源自不同语系的族群接触后，自然生成的用语。洋泾浜语通常具有三项特色。第一，它不是任何族裔的母语。第二，它掺杂了两种语言以上的语义特色。第三，它是一种简化过的语言。

克里奥语是洋泾浜语的延伸。当洋泾浜语变成了新生代的主要语言或母语后,它就叫做克里奥语。术语则是各行各业的专门用语。

最后,隐语是属于非专业性、地下或秘密团体的行话。隐语有三项功能。第一,它是特殊族群自我防卫的工具。第二,它给特殊族群的分子带来休戚与共的感情。第三,隐语的使用给特殊族群的分子,带来引以为傲的角色定位与认同。

第四节分析语言与文化的关系。语言和文化之间的关系虽然众说纷纭,但基本上同意语言像一面镜子,反映了文化的内涵。探讨语言与文化关系的理论,主要有两个:语言决定论与语言相对论。语言决定论以 Sapir-Whorf 假设为代表,主张语言决定或生成文化思想与行为。语言相对论主张语言只是反映而非生成人类的文化。

第五节以华人家庭内的层级关系系统与亲族系统为例,深入地探讨语言表达与文化价值取向的关系。第六节则以海峡两岸三地因文化价值取向的变化,而产生的新的用语为例子,分析语言表达与文化价值取向的变迁。

最后一节讨论语言与翻译的关系。语言互译并非不可能,但有时一个概念翻译成另一种语言时,必须使用千言万语,才有办法把意义交待清楚。因此,好的翻译得来不易。在实际沟通的过程,翻译可能产生的困难有三。第一,不同语系之间很难找到对等的词语来直接翻译。第二,错误的翻译不仅引起误解,甚至会造成悲剧。第三,要达到正确可靠的翻译,很多情况下必须仰赖专业翻译人员才有办法完成,而培训一个翻译专才是件很不容易之事。

第六章　非语言沟通与文化

> 四月十七,正是去年今日:别君时。忍泪伴低面,含羞半敛眉。不知魂已断,空有梦相随;除却天边月,没人知。
>
> ——韦庄《女冠子》
>
> 绣幕芙蓉一笑开,斜偎宝鸭亲香腮,眼波才动被人猜。一面风情深有韵,半笺娇恨寄幽怀,月移花影约重来。
>
> ——李清照《浣溪沙》
>
> 寒蝉凄切,对长亭晚,骤雨初歇。都门帐饮无绪,方留恋处,兰舟催发。执手相看泪眼,竟无语凝噎。念去去,千里烟波,暮霭沉沉楚天阔。
>
> ——柳永《雨霖铃》

　　仔细审察这三首词里沟通的方式,我们马上会发觉到:眼睛是会说话的。第一首的"含羞半敛眉",第二首的"眼波才动被人猜"和第三首的"执手相看泪眼",都是动眼不动嘴,但是所传达出的讯息,却是无言胜有言。

　　这种非语言沟通(nonverbal communication)的研究,比起语言学(Linguistic),起步虽然晚得很多,但是有些学者发现,人类互动的时候,非语言的沟通比率与传递的意义比语言高出甚多。例如,Mehrabian(1972)的研究显示,面对面沟通时所释放出的意义,有93%是经由非语言的各种表情与动作产生的。Birdwhistell(1970)也发现,人类的沟通有63%是属于非语言性的互动。这些学者研究的结果,虽然不能因此断定非语言的沟通比语言沟通来得重要,但足见研究人类沟通的时候,我们是不能忽视非语言沟通的存在的。

　　本章针对这个主题,分五个部分来探讨人类的非语言沟通:(1)非语言沟通的本质,(2)非语言沟通的功能,(3)非语言沟通的种类,(4)非语言沟通与文化的关系,以及(5)风水与非语言沟通的关系。

第一节　非语言沟通的本质

　　非语言沟通可以广义地包括所有非经由语言传递的讯息。非语言性的讯息不只局限在人类自身的产物,它涵盖了所有诸如建筑、山川流水、花草树木等外界的各种对传送者(sender)与受众(receiver)产生意义的讯息。人类的沟通若只靠口语来表达,其过程一定是平淡乏味。有了非语言元素的加入,人类的沟通才称得上完满。因此,要真正了解人类的沟通,必须同时研究语言与非语言讯息才行。非语言沟通的本质,可以从两方面来了解:非语言与语言沟通的异同与非语言沟通的特征。

非语言与语言沟通的异同

语言与语言非讯息之间,最明显的共同点是两者都只是用来表征实体(reality)的符号系统(symbol system)。生气的时候,口出"我恨你"或给对方一个巴掌,不管是动口或动手,两者同时意味着内心的那股怒气。甜甜蜜蜜的时候,给对方一个温柔万千的吻,或在高速公路旁的看版写着"我爱你",或者干脆有话直说,把"我爱你"从嘴巴溜出,这些有言与无言的讯息,除了表达方式不同之外,它们同样是通过符号的作用,展现了相同的意义。

在整个沟通的过程,语言与非语言所扮演的角色,也是没有什么区别的。两者的意义,都必须经由传送者与阅听人制码(encoding)及解码(decoding)的过程才能彰显。不过,除了共同点之外,语言与非语言沟通也有其相异之处,其中荦荦大者有五项。

第一,人类经由学习的过程,可以有意识地控制语言的使用。如第五章所示,人类能够自主地接收(receive)、储存(store)、操纵(manipulate)与生成(generate)语言讯息。但是,很多非语言的讯息,人类很难有意识地加以操纵,眨眼(winking)就是一例。一个人的眼睛眨不眨,虽然可以在短时间内加以控制,但是受制于生理本能的部分居多。

其他像紧张的时候双手发抖(trembling),激动的时候脸部抽搐,不好意思的时候两颊发红(blush),恐惧的时候高声尖叫(scream),哀伤的时候号啕大哭,快乐的时候手舞足蹈等非语言讯息,都是人类本能的自然表现,不用经由学习,即可具有。

第二,口语的表达,只能一次一字或一句;非语言沟通,同时可能出现好几种动作。例如,白居易《长恨歌》里的"回眸一笑百媚生"与《诗经·国风》里的"爱而不见,搔首踟蹰"两句诗,所同时表现出来的讯息就有好几种。

"回眸一笑百媚生"所映现出来的图像可能是,一副水汪汪的眼睛转着,一个樱红小嘴唇开着,两片略带红晕的脸颊动着,万缕飘柔披肩的秀发垂着,两只纤细滑脂的双手拂着,以及如柳似蛇的细腰扭着。这些同时散发出的非语言讯息,把杨贵妃的千娇百媚之态衬托得淋漓尽致。

"爱而不见,搔首踟蹰"也是一样,受到情人故意躲避不见,那种焦急不知所措的样子,同时由抓弄着头发,双脚漫无边际地踱着,一副急得快哭出来的样子等非语言讯息的出现才表达得出来。

第三,语言无法做为语系不同的社会的共同沟通工具。跟只会说法语的人们大谈闽南话,或叫只懂俄文的人们欣赏中文书写的《红楼梦》是行不通的。不过,有一些非语言符号表征,却可跨越语言的障碍,不管属于任何族裔,一看即知其义。

例如,V形与握拳手势,在中国、非洲或美国,大部分的人都了解,前者代表和平或胜利,后者代表人权或权力。其他如各大宗教的代表符号、大国国旗与喜怒哀乐的表情,都能跨越国界与文化的差异,得到共同的认知或认识。

第四,论顺序,人类使用非语言讯息比语言来得早。基本上,人类在一到两岁之间,才开始发展出使用语言的能力。在此之前,则完全依赖非语言的沟通来传递讯息。

例如,人一生下来,第一件事就是号啕大哭。这个非语言的哭声,不仅是维系生存的生理条件,也同时向周遭的亲朋,正式宣布你降临了世间。另外,未能说话之前,饿了、病了或心生欢喜,怎么来表达呢?哭、笑或手舞足蹈当然是最好的方法了。这些使用声音、眼睛、脸部表情、与手脚来取代语言的功能,似乎是人类的本能之一,而且在习得语言能力之前,就已经开始使用。

最后,非语言讯息比语言更能表现出一个人的情绪(emotion)。人类的喜、怒、哀、乐、爱、恶、欲之情,只能借助于身体的动作与声音的大小及高低起伏才能真正地加以表达。语言讯息只是指由嘴巴输送出来的中立性产物,其本身自然具有意义,但是这种毫无抑扬顿挫的语言讯息并不附带着任何感情的因素。人愤怒的时候,从口出恶言,大声咆哮,怒发冲冠,双眉高挑,紧握拳头,浑身抽搐等身体语言,才能真正让人体会出该人到底愤怒到什么程度。

当然,人类互动的过程,不论语言与非语言讯息表达的数量比率,或者两者之间的异同如何,要达到彼此间能够沟通了解的地步,两者适当的结合是不可或缺的。纯是单调的言说或者只动手不动口式的沟通,是不可能互通完整之讯息及心意的。

非语言沟通的特征

由非语言沟通的涵义,以及语言和非语言沟通之间的异同,我们可以进一步了解非语言沟通具有三项特性:无所不在性、关系性以及文化制约性。

无所不在性(Commonplace)

传统上对非语言讯息的忽略,主要是因为误认口语讯息是沟通的原始素材。其实非语言线索(nonverbal cues)或讯息无所不在:蹙个眉,浅浅一笑,点点头,鞠个躬,握紧拳头等不具任何语言因素的讯息,可以比语言传递更强而有力的意义。

其他环绕在我们身边的非口语或书写语言的线索也不胜枚举。例如,我们的穿着、教堂的钟声、车子的喇叭声、交通信号标志、绘画、相片、音乐、打嗝、喷嚏、呻吟、口哨、体味、色彩、拥抱、接吻、发式、体型等,多不用经由语言来表达意义。就是沉默不语(silence)有时传递出来的讯息,也比语言还大声。这些非语言的线索,随时随地存在着,可见非语言沟通不仅是无所不在(commonplace),而且是人类沟通与达到彼此了解的重要媒介。文献链接6-1比较了日本人与美国人看待沉默的差别。

关系性(relational)

非语言讯息虽然具有功利性的作用,诸如警察用哨子、双手或身体的扭动指挥交通,它们更常常用于表现人与人之间的互动或社交关系。也就是说,比起语言,非语言讯息更能表达出人类相互包容(inclusion)、相互关爱(affection)及相互影响或控制(control)的社交需求(social needs)关系(Schutz,1958)。

例如,很喜欢一个人的时候,我们很少会直截了当地要那个人欣赏或爱慕我们。相反地,我们可能会搔首弄姿,穿着漂亮的衣服,常常对着他微笑,眉目传情或做一些其他傻动作以吸引对方的注意力。这种有意识或无意识间,企图以非语言讯息建立社交或亲密关系的威力,通常比直接用口语表达来得普遍有力。

文化制约性(Culture-Bound)

虽然部分非语言讯息具有普遍性(universal),可以充当文化间、种族间或国际间的沟通语言,但是大部分非语言讯息的意义,仍然是受到文化制约的(culture-bound)。因文化的差异,一个非语言讯息在不同的时空下,会有着不同的意义。这种文化制约性,使得非语言讯息在沟通的过程中产生了意义的模糊性(ambiguity)。一不小心,就可能踏入误区,发生严重的误解与冲突。尤其是从自己文化的角度来解释他人送出的非语言讯息,更容易发生错误的现象。

文献链接 6-1

作者:Satoshi Ishii & Tom Bruneau(石井敏与卜儒诺)(译者:尹倩)

题目:Silence and Silences in Cross-Cultural Perspective:Japan and the United States(沉默与表示沉默的跨文化观:日本与美国之比较)

出处:In Samovar, L. A. & R. Porter (1988) (Eds.), *Intercultural Communication*:*A Reader* (pp. 310 - 315). Belmont, CA:Wadsworth.

摘要:本文旨在检视沉默与表示沉默在跨文化沟通构成的作用与角色。讨论集中在两个部分:各种沉默的意义和功能,与其在跨文化沟通中的比较。"沉默"是各种文化中沉思的沟通形式。它是一种像深沉海洋的寂静,一种持续的精神现象,一种存在于社会文化的状态。"表示沉默"指动态沟通活动的间断或停顿,它是一种线性的意识或半意识的思考、对谈与行为的发展过程。"使沉默"是一种把自己的意志加诸与他人,以求赋予沉默的意义或显著的行为。这种行为区别了沉默者与使沉默者,行动者与观察者,以及发言者与倾听者。一般而言,东亚文化由于宗教传统的影响,赞同沉默与表示沉默。西方的修辞传统则把沉默当做是一种负面的行为。由于文化的差异,沉默行为的跨文化意义也变得相当地多样化。沉默与表示沉默并不仅是缺乏声音的空洞概念。和阴阳的关系一样,沉默与讲话彼此相辅相依,沉默制造出讲话,讲话制造出沉默。沉默的形式虽然具有普世性,但其功能与诠释因文化而异。例如,在高情境文化的日本,人们并不积极地参与对谈。Ishii 的含蓄—揣测(enryo-sasshi)模式显示了日本人讲话时,心理上发出讯息的需求小于对讯息的接收。因此,阅听人在接收到有限的讯息后,常常必须揣测其义。低情境文化的美国人则恰恰相反,讲话人通常都积极发言,表达内心的想法,沉默的现象因此较少存在。这种文化的差异对沉默的影响,值得学者在未来做更进一步地研究。

例如,大拇指与食指连接起来成为一个圈圈,在美国意味着"没问题"(OK),在日本是"铜版"或"钱"的意思,在法国代表"头脑空空"或"愚蠢",在地中海的马耳他岛(Malta)则意味着"来个同性恋性交吧"。试想看看,如果一个美国人到马耳他岛旅游时,若把圈圈当做是OK 的符号,后果将会如何?由此可见,要了解非语言与语言讯息意义,都必须经由学习的过程,才有可能达到。但比起语言,非语言讯息要复杂得多。

第二节　非语言沟通的功能

非语言沟通的功能甚多,除了表达感情或情绪之外,主要的功能还有两项:支援口语(或辅助口语)及表示亲近性。

支援口语(Supporting Verbal Messages)

语言与非语言沟通有着不可分离的关系,两者的相辅相成是人类经由互动达到彼此了解不可或缺的条件。在沟通的过程中,非语言讯息在辅助口语上至少有五种功能:重复、取代、辅助、规范与矛盾(Burgoon, Buller, & Woodall,1989;Chen & Starosta,1998)。

重复(Repeating)

非语言讯息可以用来重复(repeat)口语讯息。第一次上台北,出了火车站,跟一个路人询问二二八纪念公园在哪里。那个人告诉你,走过地下道到前面那一条馆前街,往前直走到尽头,就是公园的正门。那个人在描述的时候,同时用手指头指着二二八纪念公园的方向。口说与手指的同时发生,意味着手指头的动作,正重复着口语的内容。另外,像"点头说是"、"摇头说不"及"挥手说再见"等现象,都可以看出非语言讯息重复口语讯息的功能。

取代(Substituting)

非语言讯息可以用来取代(substitute)口语讯息。考完期中考走出教室,朋友问你考得怎样,你耸耸肩膀,面无笑容,一句话也没说。看到你面无喜色地耸着肩,你不用说什么,他一定知道你必然考砸了。

这种"无声胜有声"或"无言胜万言"的例子,说明了非语言讯息取代口语讯息的功能。这种功能,在男女调情或挑逗(flirting)对方的时候,也用得很多。根据 Moore(1985)的研究,女生通常会先送出非语言讯息来暗示对方。以脸部表情与头部动作为例,Moore 列出了以下几项女生常用的暗示语言:

微笑(smile)

环顾四方(room-empassing glance)

笑(laugh)

短暂快速的一顾(short,darting glance)

定点直视(fixed gaze)

甩头发(hair flip)

摇头(head toss)

吃吃笑(giggle)

轻声细语(whisper)

露颈(neck presentation)

舔唇(lip lick)

撅嘴(pout)

羞答答的微笑(coy smile)

面对面(face to face)

亲吻(kiss)

闪眉(eyebrow flash)

涂口红(lipstick application)

辅助(Complementing)

身为老师,偶尔会有学生来到办公室,见他们低着头,说话低声且有点犹疑,手指头玩弄着铅笔,双脚也不停地抖动着,这些身体语言很清楚地告诉了你,来访的学生可能是属于见到老师就紧张型的人,或者是做错了什么事,在师长面前感到心虚或歉疚。

这种辅助性的非语言讯息,除了具有指示(illustrate)互动双方的关系之外,还有用来强调(emphasize,accent)语言讯息的功能。强调的功能好像是发音的重音,或字词画了底线一样,加强了该音或字词的意义。挨骂的时候,发现骂你的人口出三字经的同时,还用手指头指着你的鼻子,其严重程度恐怕是可以想像的。

《易经·系辞下传》有一段论说很可以说明非语言讯息的辅助功能:"将叛者其辞惭,中心疑者其辞枝,吉人之辞寡,躁人之辞多,诬善之人之辞游,失其所者之辞屈"(那些将背叛的人,讲起话来会有羞愧的音调与脸色;那些心中犹疑不决的人,讲起话来会支支吾吾,没有头绪;那些有修养的人,平常沉默寡言;那些心中浮躁不安的人,急急切切,话多无择;那些心术不正,冤枉善良的人,讲起话来东浮西飘,游移不定;那些没有什么操守的人,讲起话来嗫嗫嚅嚅,欲言又止)。

规范(Regulating)

规范(regulating)的功能意味着使用非语言的讯息来鼓励或禁止对方的行为。老师进了教室,全班唧唧喳喳,喧哗不已,看到这种情况,老师为了引起学生的注意或叫学生停止讲话,他可以出口叫学生闭嘴,睁大两只眼睛,瞪着学生,或大声拍掌几下。"大声"、"瞪眼"及"拍掌"等非语言动作显现的就是规范的功能。

由于东方人对辨识非语言讯息的能力比西方人强,以非语言讯息行使规范功能的频率似乎也较高,尤其是父母与儿女之间的沟通。我还记得,小时候只要家里有客人,孩子的行为便会有失控的现象,往往利用这段民主假期为非作歹。父母在客人面前,因为不好意思发飙,厉声厉色制止孩子不当的行为,唯一能做的就是"使眼色"或"假咳嗽"。我们兄弟姊妹一看到父母锐利的眼光或低沉刺耳喉音,通常会马上就范,因为装聋装盲的后果,在客人离开之后是很不好受的。

矛盾(Contradicting)

病得半死,朋友见了问道:"你还好吧"?你回答"还好呀"的时候,两颊浮肿,面无血色,双眼无神,手脚无力,精神萎靡,声音微弱,所有表现出来的身体语言,百分之百说明了你并不好,但却说还好,这是非语言与语言讯息相互矛盾(contradiction)的写照。这种口是心非的现象,不论任何文化,在日常生活中随时可见。像"笑里藏刀"、"口蜜腹剑"、"指桑骂槐"、"顾左右而言他"等成语都表现了非语言讯息与语言讯息背道而驰的有趣现象。

表示亲近性(Expressing Immediacy)

部分非语言讯息,可以传达所谓"亲近性"(immediacy)的感受与行为。这种"亲近性"

的非语言沟通,通常表现了四项正面性的讯息(Klopf,1995):

第一,亲近的讯息。如挥挥手与点点头,表示对方可以靠过来的意思。

第二,邀请谈话的讯息。眼睛注视着对方,身体靠了过去,或面对着那个人,都有鼓励对方发言的意思。

第三,加强感官刺激的讯息。抚摸、瞪着或挨近对方,在生理与心理方面,都可能意味着增加互动的意思。

最后,表示个人的热心与可亲性。浅浅一笑或眨眨双眼可以让对方知道你有意聆听与希望了解情况的意思。

在人际关系发展的过程,亲近性的非语言讯息占有重要的地位,因为亲近性的非语言讯息,可以增进双方见面的欲求与彼此喜欢的程度。在跨文化的比较上,也发现不同文化对亲近性的非语言讯息的表达也有所不同。

例如,比起美国人与芬兰人,日本人很明显地较少使用亲近性的非语言讯息。美国人与芬兰人则差别不大。比较这三个国家,也发现女人不仅比男人更常使用亲近性的非语言讯息,而且也更能够解读亲近性的非语言讯息的存在及意义(Klopf,Thompson,Ishii, & Sallinen-Kuparinen,1990)。

第三节　非语言沟通的种类

非语言行为的线索(nonverbal cues)很多,因为文化的制约而具有很大的模糊性,绝对不像"读人如读书"一样容易,因此培养文化敏锐能力(cultural sensitivity)与小心谨慎地解读是避免引起误解的先决条件。正确解读非语言行为或讯息的原则,除了了解传送者的文化背景之外,还有三项值得注意。

第一,判断非语言讯息意义的时候,必须考虑到行为发生时的情境(context)。瞄人一眼,可能给解释为调情的动作,但在另一个不同的场合或情境,可能会给意会成挑衅的作为而惨遭杀身之祸。

第二,赋予非语言讯息意义的时候,必须有全盘性的看法(holistic view)。也就是说,不应该把非语言讯息相互隔离,只针对单一线索加以解释。例如,人家瞄你一眼的时候,你同时必须观察,对方瞄你的时候,是面带微笑,还是一脸鄙视的样子,或是加上了嗤之以鼻的声音。把这些同时发生的线索做一个整体性的观察后,通常会得到比较正确的意义。

第三,解释非语言讯息的时候,必须具有弹性(flexibility)。换句话说,把初次解读的意义当做是暂时性的(tentative)。这样可以留给自己一个机会,在互动继续的过程中,随时做必要的修正,以求达到正确的解释。

非语言讯息虽然繁多,但基本上可以把它们归纳为四大类:举止动态学(Kinesics)、间距学(Proxemics)、声调学(Paralanguage)与时间学(Chronemics)。

举止动态学(Kinesics)

举止动态学(Kinesics)又称身体语言(body language)或身体动作(body activities)学。任何与身体有关的动作与饰物,都是属于举止动态学的研究范围。比较常见的身体语言包括脸部表情、眼睛接触、手势、触碰、长相、穿着与饰物等。

脸部表情（Facial Expressions）

人类的脸部表情千变万化，内心一有喜、怒、哀、乐、爱、恶、欲之感发，马上会在脸面浮现出来。试着想像以下捻手可得的四十四种情绪，反映在脸部的表情为何：

侵略性（aggressiveness）

苦闷（agony）

生气（anger）

傲慢（arrogance）

羞怯（bashfulness）

幸福（blissfulness）

谨慎（caution）

自信（confidence）

满足（contentment）

好奇（curiosity）

失望（disappointment）

不信（disbelief）

恶心（disgust）

嫌恶（distaste）

狂喜（ecstasy）

羡慕（envy）

害怕（fear）

愚笨（foolishness）

暴怒（fury）

快乐（happiness）

迟疑（hesitation）

绝望（hopelessness）

颤栗（horror）

炎热（hot）

嫉妒（jealousy）

喜悦（joy）

孤独（loneliness）

恋爱（in love）

冥思（mediation）

淘气（mischievousness）

悲惨（misery）

倔强（obstinacy）

乐观（optimism）

痛苦（pain）

偏执（paranoid）

困惑(puzzle)

悲哀(sadness)

满意(satisfaction)

惊吓(shock)

惊讶(surprise)

怀疑(suspicion)

同情(sympathy)

脆弱(vulnerability)

退缩(withdrawal)

这些复杂多样化的人类表情，根据 Ekman & Frisen(1975)两位学者的研究，有六种情绪表情相当容易辨认出来：生气(anger)、恶心(disgust)、害怕(fear)、快乐(happiness)、悲哀(sadness)及惊讶(surprise)。脸部表情在表演艺术上，也有很大的引用与发挥。例如，中国的京剧，每一种脸谱都很清楚地代表着忠、邪、善、恶等个性或角色。

人类情绪的表达与脸部的表情种类，不管任何文化，都有其一致性。不同的是，文化可能赋予脸部表情不同的意义。例如，微笑代表快乐的心情是一种普世性的表征。但是，在某些文化，微笑除了是表示心情愉悦之外，还具有令人意想不到的意思。

例如，东方人的习俗是"在家就是客人"。因此，不管关系如何，有人到家拜访，皆得微笑以对。听说日本人家有丧事，亲朋来访时，都还是面带微笑接待客人。微笑在这种情况下，绝非喜悦的意思，而是心里淌着血呢。

眼睛接触(Eye Contact)

人类的眼睛不仅会说话，而且是"灵魂之窗"、"情感之镜"及"智慧之塘"。眼睛动作的数量，与脸部表情可以匹敌。Ekman & Frisen(1975)的研究也发现，人的眉毛动作，有八种位置可以很明显地分辨出来。眼皮可清楚区别的动作也不下八种，若是眼球转动的方式，则更是不胜其数。

本章开头所引用的诗词，即是以眼睛传递讯息的例子。其他像柳永《八声甘州》里"想佳人妆楼颙望，误几回天际识归舟"的无数次错认爱人归帆的期待眼神；《红楼梦》里"想眼中能有多少泪珠儿，怎禁得秋流到冬，春流到夏"的泪眼；元稹《遣悲怀之三》里"惟将终夜长开眼，报答平生未展眉"的整夜不眠，睁着眼睛思念爱人，与眉头深锁的痴心状；温庭筠《梦江南》里"梳洗罢，独倚望江楼。过尽千帆皆不是，斜晖脉脉水悠悠，肠断白蘋州"的绝望之眼神；及欧阳修《蝶恋花》里"泪眼问花花不语，乱红飞过秋千去"的哀怨无奈之眼等，都活生生鲜明地刻画出眼睛的沟通功能。

中国古时候更是把眼睛分类成以下各种类型的动物，以表示个性的差异(钟进添，1964)：

丹凤眼：聪明有智慧，具有丰富的感情与艺术天分。

龙眼：忠心耿耿，值得信任。

虎眼：威严不可侵犯，具大将之风。

象眼：天性乐观，和蔼可亲，具长寿之相。

鹤眼：超凡不俗，廉洁高尚。

鹿眼：个性急切，但富感情，讲义气，可为知己。

马眼：平庸无才，志气不高，但为人忠直可靠。

猴眼：狡猾多疑，贪心淫欲。

鱼眼：笨拙愚昧，短命之相。

羊眼：奸诈孤僻，性狠心恶，恐不得善终。

鼠眼：目光飘浮游移，属盗窃之流。

鸡眼：性急狠毒，属淫盗之流。

蛇眼：残酷无情，悖逆奸诈。

蜂眼：孤僻猖狂，心狠手辣。

狼眼：冷酷无情，毒辣无品。

最后，来自不同文化的人们，用眼睛沟通的方式，也常常有所差别。例如，古时候在中国，女人直视男人是一种禁忌，通常只有娼妓或坏女人才会如此做。中东阿拉伯人在讲话的时候则必须直视对方的眼睛，以示尊敬。中东人认为，从眼睛可以看到一个人的灵魂，因此说谎时，自会从眼睛流露出来。平常在电视上看到中东国家的代表或领袖，接受记者访问时，随时都戴着深色的太阳眼镜。不知者会以为这么做是求美的表现。其实不是，政治上国与国之间，尔虞我诈，不说真话的机会很多。戴着深色太阳眼镜，可以避免让记者直接看到眼睛，以免心事尽露，坏了事情。

英国人互动时，也尽量直视着对方，以让对方了解我正倾听着。意大利的男人没事时，更是喜欢坐在路旁，直视来来往往的女士，有时甚至还上前动手动脚。美国白人听的时候比讲的时候给对方更多的眼睛注视；美国黑人则恰恰相反，听说这个差异竟是美国白人与黑人种族冲突的原因之一呢。

手势（Hand Gestures）

不仅眼睛与脸面会说话，人的手势（hand gestures）也充满着讯息。有些学者甚至奉劝到国外旅游作客的人们，应该随时把双手藏在口袋里，以免手一动，立即产生受到地主国排斥的讯息。这种建议，虽然具有开玩笑的性质，但是由此可见手势在人类沟通过程中所扮演的重要角色。以下就让我们来看看不同文化人们使用的手势与意义。

二十余年前，我初到美国读书的时候，时常看到路旁有人握拳跷起大拇指，横着一直摆动。见多了，心里很是纳闷，有一次竟然停下车，问那个人到底要干嘛，才得知做那种手势就是"请给我一个 ride"（搭便车）的意思。

若是大拇指直直举起，在美国意味着"没问题"，对华人是"一级棒"的意思；日本人用大拇指代表父亲、丈夫、老板等男性为尊的角色，用小指高举表示母亲、太太、婢女等女人位低的角色。在中东国家，大拇指一翘，就像美国人伸出中指一样，是一种猥亵的动作，如同华人的三字经，意在侮辱对方。大拇指与食指连接起来成为一个圈圈，在不同文化的意义，前面已经讨论过。

手的功能也常应用在社交礼仪。例如，西方人除了拥抱及亲吻之外，握手是见面时常用之礼。这和日本人的九十度鞠躬礼很不同。据说以前有一个日本商人到美国洽谈生意，美国客户特别到机场接机，以示欢迎之意。见面时日本人来了一个九十度鞠躬礼，美国客户也同时伸出手，想要握手致意，结果正好一个耳光，打在日本人脸上。彼此一阵错愕，还好出手不重，否则生意定是告吹无疑。

传统华人，问好时拱着双手，轻轻鞠躬；坦桑尼亚（Tanzania）人的"你好吗"，是双脚微蹲,弯着腰,拍手十余次;东非斯瓦希里(Swahili)语系的族裔,握手后以大拇指相钩一下,然后再以普通方式握握手;波兰人与罗马尼亚人,吻手背相互致意;爱斯基摩人,和善地轻拍着对方的头或肩膀;泰国人则合掌摆在面前。至于非洲、中东、印度或中南美的一些族群,尤其是伊斯兰教与印度教信徒,用餐时,以手替代筷子,取食而用。要特别小心的是,他们只用右手抓取食物,因为左手用于清洗,被视为不洁之手,不可用于饮食方面。迷你个案 6-1 显示了阿拉伯人用手势的习惯。

迷你个案 6-1:不当的手势

　　琼斯先生从美国飞到阿拉伯洽谈生意,事先已安排好由一个和善的阿拉伯家庭接待他整个星期。为了尽地主之谊,阿拉伯家庭邀请琼斯先生共进丰盛的晚餐。见到满桌的佳肴,琼斯先生迫不及待伸出双手,把不同食物抓到自己的盘子,他同时发现,在座的其他人似乎都以奇异的眼光注视着他的举动。琼斯先生认为可能自己多心了,因此一点也不在意。第二天晚餐时,琼斯先生照样用双手抓取食物,而且手舞足蹈地述说当天发生的事,这回,在座的阿拉伯主人,不仅眼光奇异,而且表现出一副鄙夷嫌恶的脸色。琼斯先生开始觉得很不对劲,深恐发生不愉快的事情,隔天他就找了一个借口,搬到附近的旅馆。问题:为什么阿拉伯家庭会有发出那些异样的眼神与表情呢?* 作者- Stephanie Sachs, University of Rhode Island.

触碰(Touch)

　　触碰(touch)包括人体各部位的各种接触。人体接触的研究叫做"触碰学"(Haptics)。人一出生之后,身体的接触,有如水或阳光之于花草树木,是滋养生命的必需品。但慢慢成长之后,文化对人体的接触,就开始产生制约的功能。华人传统"男女授受不亲",即是对男女当依礼而行的规范要求。西方人对男女身体接触的约束,受限则少得多。例如,Argyle(1975)把西方人常用的身体接触行为,归纳为以下十六种之多:

轻拍(patting)

拧(pinching)

捆(slapping)

殴打(puching)

击(stroking)

摇(shaking)

吻(kissing)

舔(licking)

握(holding)

用手或臂引导(guiding)

抱(embracing)

以手臂连结(linking)

踢(kicking)

梳(grooming)

搔痒(tickling)

置手(laying-on)

这些身体接触行为,当然存在于任何人类社会,但是使用的频率与是否为禁忌,不同文化就有了不同的要求,因此有些文化属于触碰文化(contact culture),有些属于非触碰文化(noncontact culture)(Andersen, 1997)。前者包括阿拉伯国家、地中海区与犹太人、东欧人、俄国人、西班牙人与印尼人;后者有北欧、中国、日本、韩国与其他东亚国家。例如,在台湾我一生从未见过我父母在我们孩子面前有过身体接触,包括牵手,亲嘴拥抱更不用说了。也记得小时候,年轻人若在马路或其他公共场所相互拥抱或过于亲昵,是会给请到警察局教训一顿与写悔过书的。

直到上大学的时候,我们这一代,因为逐渐接受西方文化的影响,民风也渐渐开放,才会偷偷地躲在校园的杜鹃花丛内,学习接吻。班上有一位男同学,初次没经验,接吻时太过紧张,结果嘴唇给女朋友的暴牙撞伤了一个洞,因为发炎,足足整个礼拜不能进食,只能以流体汤饮果腹,代价实在过大,听说后来与那个女朋友也因此告吹了。我上课时把这个真实故事讲给美国学生听,全班笑得东倒西歪,没人相信我说的是实话。不过,对这些从小就又吻又抱,身体接触如同桌上拿柑一样容易的美国大学生,也就不怪他们的无知了。

另外,从台湾出来的我,在美国已经呆了二十几年,但是至今与西方朋友见面,行贴脸问候时,仍是感到很紧张,因为从不晓得对方要先从左脸或右脸贴起。有时碰到欧洲国家来的朋友,左右脸都必须贴,说实话,我到现在仍然不知道先后顺序。

但是这种感觉,大概还比美国前总统克林顿先生到新西兰访问时,与当地毛利人(Maori)领袖行"烘鸡式"(hongis)见面礼时的感觉好得多。美联社(Associated Press)当时发布的新闻,包括了两位领袖头额顶着头额,鼻子压着鼻子的相片,他们两人似笑非笑的样子,心里一定有说不出来的滋味。其实,"烘鸡式"见面礼,不仅是鼻子压着鼻子而已,同时还得左右摩擦呢。

身体接触的所具有的意义,除了受制于文化之外,通常也受到以下八个因素的影响:

1. 接触时的心理状态——同样的拥抱在伤心或快乐的时候,会产生不同的意义。

2. 个人的过去历史或经验——例如,中东国家的妇女给教导,任何与性有关的身体接触都是一种禁忌。但在非洲、阿拉伯与东南亚,男人与男人牵手而行,被视为是友谊的象征,而不是有同性恋的倾向。

3. 接触双方的关系——给老师拍拍肩膀,给父母拥抱,给爱人爱抚与给陌生人摸摸头,都因关系的差异,使身体的接触产生不同的意义。

4. 接触点——头、脸颊、手脚、胸部或私处受到碰触,意义当然不一样。

5. 接触的相对压力——例如,社交性的亲吻通常是点到为止,绝不能像热恋中的情侣火爆式的深吻。

6. 接触的时间——如同接触的相对压力,身体接触时间的长短,可以窥出是什么情况与两人的关系。

7. 接触的主动或被动性——在中国或日本,正常情况下,男女授受不亲,可是在拥挤的公车,男女却若无其事地挤成一团。为何如此呢?没有选择的余地也。

8. 接触时的情况——在众目睽睽的广场,在舞台上与在自己的卧室里两人拥吻的意义,自有不同。

最后,文化与身体接触的实行,常常会造成意想不到的结果。除了前面举的因第一次接吻,而撞破嘴唇的例子之外,大约六年前,我在海外的中文报纸,读到一则报导说,在湖南的一个乡下,一对因媒妁之言结合的年轻男女,在结婚当夜闹过洞房之后,终于有了独处的机会。可是凌晨时刻,警察突然接到新郎紧急的电话,说他的新婚娘子死了。

警察派人去调查的结果,原来年轻人初尝人伦之乐,两人不禁拥吻起来,因为过度紧张与兴奋,对唇的时间过长,接吻的压力也过重,竟然把新娘子弄得喘不过气,缺氧导致心脏衰竭而死。我也与我的美国学生,分享这个故事。这次,他们除了笑得人仰马翻之外,也开始意识到,身体的接触不仅可能是一桩危险的事情,而且不是人人都可以像他们一样,可以做得得心应手。

长相(Physical Appearance)

与长相有关的包括五官、体型、肤色与发式等。就连体味也可以包含在内。五官在前面已提及,体型在第三章也有谈到。虽然各文化的审美观念不一,而且人不可貌相,但是外型出众的人,不管在什么社会,通常都比较吃香。这大概是为什么当今各种媒体,喜欢利用俊男美女做广告的原因吧。让我们在此更深入地来谈谈人的体态。

先看看《三国演义》第一回,桃园三结义里是怎么描述三个拜把兄弟的:

刘备"生得身长八尺,两耳垂肩,双手过膝,目能自顾其耳,面如冠玉,唇若涂脂"。

张飞"身长八尺,豹头环眼,燕颔虎须,声若巨雷,势如奔马"。

关羽"身长九尺,髯长二尺,面如重枣,唇若涂脂,丹凤眼,卧蚕眉,相貌堂堂,威风凛凛"。

闭上双眼,想想他们的长相,一定会发觉他们实在是长得奇形怪状。不过在那个时代,他们的长相,一定是叫人羡慕到抓狂的地步。毕竟那就是英雄豪杰,威风八面凛凛生风的典型外表。

Sheldon(1954)的研究发现,人的体型与性格有密切的关系。他把人的体型分为三类:椭圆型(endomorph)、三角型(mesomorph)与消瘦型(ectomorph)。

椭圆身材的人,身体丰满圆滑,体重大,肚子凸出。这种人动作迟缓(slow),善于交际(sociable),感情脆弱(emotional),不会记恨(forgiving),心宽体胖(relaxed)。

三角身材的人,具有运动员的强壮体格,胸肌发达,腰杆直挺。这种人很有自信(confident),体力充沛(energetic),控制欲强(dominant),有企业心(enterprising),易发脾气(hot-tempered)。

身材消瘦的人,胸平肤瘦,个性紧张(tense),笨拙难缠(awkward),小心谨慎(meticulous),圆滑机变(tactful),不易连结(detached)。

肤色(skin color)也暗藏玄机。它常常是歧视(discrimination)的来源。美国和南非以前的黑白种族隔离(segregation)政策,就是以肤色来论是非的错误示范。一个朋友告诉我,十几年前出国念书时,全家都到中正机场送行,临走之前,气氛颇为感伤,妈妈突然跟他说道:"你如果非得与洋女孩来往,千万不要给我带回来一个黑的"。这种黑、白、黄、棕等不同肤色相互歧视的现象,其实目前还是处处可见。

肤色也关系到审美价值。小姐们都很怕"晒黑",因此出门洋伞必备,叫人保持"洁白肌肤"的化妆品广告多如牛毛,连像大名鼎鼎的黑人歌星迈克尔·杰克逊,听说也因不喜欢自己的肤色而去漂白,结果受到黑人的排斥。奇怪的是,春节一到,白人学生却一窝蜂跑到南部去度假,把自己的皮肤晒得红棕棕(tan)的,引以自豪。至于彩绘或文身(tattoos),在皮肤上大做文章,一针一画,也都传达了无尽的讯息。

穿着(Clothing)

俗话说得好,"人要衣装,佛要金装"。人类需要衣着,除了遮羞与美观的目的之外,尚有以下几种功能:

第一,穿着可以显示当时的情感。如婚礼时的白纱旗袍,衬托出了欢娱快乐的气氛及心情;丧礼时的黑或深色服饰,扩散出一种哀伤肃穆的情感。

第二,穿着规范行为的方式。我们都知道一个日本小姐,身着传统和服(Kimono)时,决不可以也不可能像穿着牛仔裤一样东奔西跑,必须婀娜细步,动作得体,具有淑女之风。另外,一个穿着传道服的牧师或道士,是不会跑到公园去跟孩子打棒球,或到红灯区去与姐妹逍遥作乐的。

第三,穿着区别了人的身份。还记得在台湾上大学之前,高中以下的学生,都必须穿制服,制服上甚至还得绣上学号与名字。一看当然就知道是学生身份了。在日本公司上班,通常也都有制服。员工也都以自己是"本田人"、"光阳人"或"日立人"感到骄傲。阿兵哥制服一穿上,也马上可以分辨出他是海军、陆军或空军。

最后,从衣着也可以看出当时情况的正式与非正式。例如,恐怕没有人会穿着运动裤与夏威夷衫去接受职业面试的。在学校,大概也不会看到在讲台上的老师,穿着拖鞋或光着上身口沫横飞地授着课的。

饰物(Artifacts)

人类用来装饰自己的饰物有化妆品、珠宝、勋章、彩带、眼镜等等。每一个身上的饰物都可以像一道潺潺的流水,一首凄凉或喜悦的诗歌,或一篇叙述不完的小说。例如,手指上戴着的戒指,是经过十年爱情长跑,历经酸甜苦辣的动荡关系,才有情人终成眷属的见证。朋友告诉我,他脖子上挂着的银色项链,已经有百余年的历史,不仅是他们王家的传家之宝,而且曾经历经战乱,飘洋过海,期间还曾经遗失近五年之久,有一次甚至还救了他祖父的命。

学期刚开始,在课堂学生常常会问我,配在西装领上的那个图案到底是代表着什么。我会告诉他们,那是中国哲学之母的太极图,至今最少有超过三千本书探讨这个图案与里面相生相克阴阳符号,纵使发上七天七夜,也没办法把它说完。

陈小姐平常不施粉脂,看了会叫人吓得跌破眼镜,惊呼天下怎么会有如此丑八怪。可当她口红一涂,眉毛一画,粉红色眼镜一戴,叮叮当当耳环一挂,淡红粉脂双颊一施,金色假发一披,貂皮大衣一穿,竟然亭亭玉立,婀娜多姿,大有贵妃之态与飞燕之姿呢。真是人不可貌相,海不可斗量啊!

至于时下e时代的青年男女,在鼻孔、下巴或鬓上穿个洞挂上小金环,耳环只戴一边,双手戴着四个表,或头发染成红色,恐怕都有说不尽的故事。

其他

除了这些身体语言之外,其他还有很多。例如,有所谓的"嗅觉沟通学"(olfactory communication)专门探讨人的体味或使用的香水散发出来的味道等对沟通所造成的影响。

发型(hair style)也会说话,它可以分辨男女,可以知道对方是军人、学生、尼姑或和尚。点头(nodding)在部分文化为是,摇头为不;但在保加利亚(Bulgaria),却是点头为不,摇头称是。若是老师看到学生频频打呵欠(yawning),聪明的话,大概只好提早下课为妙了。迷你个案6-2指出了摸摸头可能产生的误解。

迷你个案6-2:摸摸头

　　纳申以美国交换学生的身份,前往南非与一个祖鲁族(Zulu)的家庭同住。由于从未到过非洲,纳申对此行深感兴奋。虽然对祖鲁族人的生活方式所知不多,但凭自己所拥有的西方知识,纳申自认适应应该没什么问题。抵达的时候,主人把他一一介绍给全家人。介绍到最小的孩子的时候,纳申伸手轻轻地摸着他的头,以示善意。没料到全家人看到之后,突然对纳申变得很冷漠,露出不太欢迎他的样子。问题:为什么这家祖鲁族人对纳申的态度突然大变呢?* 作者-Julie German, University of Rhode Island.

间距学(Proxemics)

　　间距、空间或距离学(Proxemics)研究人类或动物如何使用空间来彼此沟通的过程。E. T. Hall可算是这个领域的创始者。他在《隐藏的空间》(*The Hidden Dimension*, 1966)一书中,对人类如何使用空间有详细的解说。根据Hall的研究,空间(space)可归纳为三种:固定空间、半固定空间与非正式空间。

固定空间(Fixed-Feature Space)

　　固定空间(fixed-feature space)就是设定之后,无法再度移动的空间。最好的例子是建筑物。房子完成之后,基本上是无法再移动它的,若要重盖,通常必须加以摧毁,另起炉灶。地理环境的结构也属于固定空间。这种空间的设置对人与人之间沟通的影响比较小,但是对人心理的冲击,有时却很强烈。

　　这种空间的运用是中国风水学的精髓。天人合一的信仰,引导华人发展出一门如何设置固定空间的方法。例如,宅基选址的理想模式是地基宽平,北山依水,交通方便及景色优美(李人奎,1989;高友谦,1992)。运用起来的原则有(蔡东照,1991):

建地前高后低,吉。
东北或西南面有凹凸的建地,吉。
三角形建地,凶。
狭长的建地建大住宅,凶。
湿气重的建地用土填高,吉。
庭院种种大树,凶。
中庭种树造池,大凶。

河流经过建地内,大凶。

住宅四周围墙过高,凶。

围墙与住宅间距离太近,凶。

大门面对死巷、庙宇或电线杆,凶。

城市的选择与建立,也都有一定的规则可循。例如,帝都的选择要能符合以下几个条件(刘晓明,1995):

1. 帝都不能局促于一隅,必须能控扼天下。

2. 帝都必须有众水汇聚。

3. 帝都必须有龙关(指山脉的锁咽处)可以依赖。

4. 帝都必须上合星恒,以为天下至尊之地。

5. 帝都必须是龙干中出者所结,不能旁出,以得正气。

依此原则,中国历代几个帝都的特色是(刘晓明,1995):

北京:形势全,风气密。朱熹曾赞道:"冀都山脉从云中来,前面黄河环绕。泰山耸左为龙,华山耸右为虎。嵩山为前案,淮南诸山为第二重案,江南五岭诸山为第三重案。故古今建都之地,皆莫过于冀都"。

南京:虎踞龙蟠。南京位于长江下游南岸,一面邻江,三面环山,坐落在群山环抱的盆地之中,地势险要。

西安:天下龙首。西安或长安位于渭河盆地,南有秦岭,北有北山,西有龙山,东有黄河绕过,渭、泾、灞、涝、沣诸水穿行其间,肥沃富庶,俗称"沃野千里",为天府之地。

洛阳:中原之中。洛阳又称"九朝古都",位于河南伊络盆地,南临伊阙,备依邙山,东有虎牢关,西有函谷关,四周又有群山环绕,更有伊、洛、瀍、涧四河蜿蜒其间。属中国心脏地带,水路交通四通八达。

固定的空间,不论是人为的建筑物或天然的地理景观,因其超拔壮阔,逶迤起伏,或蕴藉秀致的美,扣人心弦,叫人心震荡,看了惊呼起来。到过长城、紫禁城或美国大峡谷的人,多会有类似的感受。当然,像刘禹锡《乌衣巷》"朱雀桥边野花草,乌衣巷口夕阳斜;旧时王谢堂前燕,飞入寻常百姓家"一诗,所映照出的那幅断墙残垣的破败影像,也似乎给观者,传递了一缕缕凄凉的幽思与哀伤悲情的讯息。

半固定空间(Semi-Fixed Feature Space)

半固定空间(semi-fixed feature space)指那些可以移动,但并不常去移动它的摆设。大件的家具是一个例子。把衣柜或床铺决定摆放在卧室,或餐桌放在厨房的某个位置之后,除了来个大扫除或室内重新粉刷之外,通常是很少会把它们移来移去的。教室里讲台与课桌椅的摆置也是属于半固定空间。

有趣的是,中国的风水学,对室内半固定空间的运用,也有诸多述说。例如,风水学认为床的摆设,影响到人的运势、健康、夫妻感情以及子孙的未来。床正确的摆置必须避免八项禁忌(龙天机,1987):

1. 床头不朝西方。

2. 不贴在地面。

3. 不与门对冲。

4. 不背着门。

5. 不宜放在光线太强的地方。

6. 不对着屋梁。

7. 不超过二十二寸高。

8. 不对着镜子。

卧室内梳妆台的摆设，也不能对着门、床与屋梁。客厅装潢摆设的学问也不小，风水学认为客厅有一个叫"财位"的方位，关系到整个家庭的兴衰。这个财位在客厅的不动方，也就是进门对角线的位置。由于财位关系重大，如何安置它就成了一件大事。从风水学的观点，财位最好放一些盆景，万年青是首选，其他叶圆而大的植物也可，忌用针叶状的植物，杜鹃花尤其忌讳。总之，客厅理想的装潢摆设，在于窗明几净，舒适温馨，和谐有致，充满着生气。

风水学的空间处理，看起来虽然有点玄奥，而且部分缺乏科学的验证，但是流传了上千年的理论，自有其可取之处。本章最后部分，将特别从非语言沟通的角度，较深入地探讨风水学。

半固定空间对沟通产生影响的还有桌椅的摆设。例如，研究显示（Davis，1984；Osmond，1959；Sundstrom，Burt，& Kamp，1980；Wah，1998），公司内桌椅不同的摆设，影响到员工的士气与公司的生产力。

不同文化价值取向，也造成办公室桌椅摆设的差异。例如，美国人重视个人主义（individualism），公司内力求每个雇员有个独自的办公空间，若空间不足，经理人员至少会有独立的办公室，雇员也尽量有个隔墙空间（booth）。

日本人对集体主义（collectivism）的重视，也表现在办公室桌椅的摆设。不像美国人那么重视隐私，很多日本公司的办公室桌椅的摆设，就像教室一样，经理的桌子在最前面，可以两眼随时环顾或监控所有坐在前方的员工。

非正式空间（Informal Space）

非正式空间（informal space）指围绕着人们身体的空间，这种空间无论人们走到哪里，就会跟到哪里。也就是人们沟通时所占有的空间或距离。这是专有的个人领域，有人讲话若是靠太近，我们马上会觉得领域受到侵犯（invasion），而往后退，而且感到不舒服。反之，沟通时若对方刻意保持着过远的距离，我们一定会感到不受尊重，认为对方太高傲无礼。迷你个案 6-3 就是一例。

迷你个案 6-3：太靠近了

来自哥斯达黎加（Costa Rica）的箩纱，出差到纽约洽谈生意。美国公司安排了克箩蒂雅接待她。两人见面后，彼此寒暄交谈。不到一会儿，箩纱就开始觉得很纳闷，因为她发现每次她谈话的时候，克箩蒂雅就一直往后退。箩纱怀疑克箩蒂雅没有什么诚意，因此变得很少开口。问题：为什么箩纱讲话时，克箩蒂雅一直往后退呢？* 作者- Shari Martin, University of Rhode Island.

Hall(1966)把各种非正式空间,归纳为四大类:亲密距离、个人距离、社交距离与公共距离。

亲密距离(Intimate Distance)

亲密距离(intimate distance)大约在零到一尺半之间。这种距离,通常出现在表达亲密感情或分享秘密资讯的时候。人类与其他动物,行使零距离的运动,就是做爱时双方合而为一的时刻。零距离的肉体接触,必须有亲密的关系基础,例如夫妻之间,朋友间促膝长谈和情侣间牵手拥抱,都是属于此类。亲密的距离建立在互信的基础,它是个人的禁区,他人无故闯入这个禁区,会被认为是一种领域的侵犯(territorial invasion)。目前,这种侵犯的行为,尤其男女之间,常常被视为是性骚扰(sexual harassment)。

个人距离(Personal Distance)

个人距离(personal distance)大约在一尺或一尺半到四尺之间。这是两个朋友、同事间或小组讲话或讨论时所占据的距离。例如,在彼此不是很熟悉的情况下,美国人觉得没有压力的个人距离,大概是把手往前伸直的一尺半到两尺之间。少于这个距离,感到受侵犯,大于这个距离,感觉受到对方冷落。但阿拉伯人讲话时,感到适当的距离却短于一尺半,而且愈接近愈好。

这种差异,在跨文化沟通常常造成误会。一方感到领域受到侵犯,另一方却觉得对方孤傲无礼。因使用个人距离的不同,产生的趣事也很多。例如,在国际性的酒会上,偶尔会发觉两个对话的人,一直在场内一进一退地移动着。仔细观察的话,会发现那两个人一定来自不同的文化,因此对个人距离的感受与运用有所不同。

社交距离(Social Distance)

社交距离(social distance)大约在四尺到十二尺之间。这是商业间交易或沟通最常见的距离。例如,推销员与顾客之间沟通的距离,大致在四到七尺之间。一般而言,当一个推销员在与顾客对话时,如果把距离推近到四、五尺之间,通常意味着协助顾客,但没有咄咄逼人的意思。

比较正式或严肃的场合,距离则在七到十二尺之间。例如,公司经理坐在椅子上,双眼巡视着员工的工作情形,就是这种距离。社交距离的取舍,往往影响了人们如何看待对方或给对方的反应。

例如,Richmond(1992)的研究发现,在教室里把师生之间距离缩小的老师,学生对他的满意度相对地提高。医生与病人之间的距离,也影响了病人对医生的看法。与病人在距离上保持较接近的医生,通常比较受到病人的喜欢与信任(Conlee, Olvera, & Vagim, 1993)。

公共距离(Public Distance)

公共距离(public distance)为十二尺以上的空间。典型的例子是公共演讲时,演说者与听众之间的距离。教室里,老师与学生之间保持的正式距离,大概也在十二到十五尺之间。二十五尺以上的距离,双向的沟通几乎已是不可能。公共演讲时,有时因为听众人数众多,使用较大的距离是很普遍的事。在此情况,就不得不借助麦克风来改善双方沟通的品质。

如前所言,文化对空间大小的取舍有巨大的影响。例如,德国人很重视隐私,因此非常爱护自己拥有的空间。感到自己的空间受到侵犯,对德国人而言是件常事(Klopf,1995)。我几年前到德国开会的时候,发现很多房子的阳台,在外边是看不到的,而且家家都有篱笆围绕,以保隐私。德国公司里,每个经理几乎都有自己的办公室,通常办公室的门也多紧闭着。

法国人和日本人有点类似,公司里桌椅通常摆置在一个大空间之内,彼此间没有隔间,经理坐在雇员中央或前方,可以环顾所有人。法国人家里,通常比较拥挤,因为喜好社交,所以在餐馆与咖啡店作乐的机会很多。在英国,听说兄弟姊妹在家里,习惯使用共同的空间。中国传统五代同堂的观念与作风,则注重人气充沛的培养,和风水学"屋大人少,凶"与"屋小人多,吉"的主张不谋而合。

声调学(Paralanguage)

声调学(Paralanguage)又称副语言学,专门研究人类沟通时声音、音调或音色的使用与变化。声音(voice)构成了人类语言与非语言沟通的边界区,一般把它归入非语言沟通的一环。语言本身只是一种中立性的符号,必须经由声音抑扬顿挫的配合,语言的功能与威力,才能真正显现出来。

声音使用的绝妙之境,在《老残游记》里描写得最淋漓透彻。老残在第二回,如此描述着明湖湖边黑妞与白妞的绝调:

字字清眩,声声婉转,如新莺出谷,乳燕归巢……或缓或急,
忽高忽低。其中转腔变调之处,百变不穷。

这是妹妹黑妞的歌声,还没有姊姊白妞那么厉害。白妞姊姊连眼睛都会说话:

那双眼睛,如秋水、如寒星、如宝珠、如白水银,里头养着两丸黑珍珠,左右一顾盼,连那坐在远远墙角子的人,都觉得王小玉看见他的。

她朱唇一启,听了让人"五脏六腑里像熨斗熨过,无一处不服贴,三万六千个毛孔,像吃了人参果,无有孔不畅快"。唱到极高处,哪知她于那极高的地方,尚能回环转折,几转之后,又高一层。接连有三四层,节节高起。恍如由傲来峰西面攀登泰山的景象。初看傲来峰峭壁千仞,以为上与天齐,及至翻到傲来峰顶,才见扇子崖更在傲来峰上,及至翻到扇子崖,又见南天门更在扇子崖上,愈翻愈险,那王小玉唱到极高的三四叠后,陡然一落,又极力骋其千回百折的精神,如一条飞蛇,在黄山三十六峰半中腰里盘旋穿插。顷刻之间,周匝数遍,从此以后,愈唱愈低,愈低愈细,那声音渐渐的听不见了。

足见声音的震撼力不小。语声的线索(paralinguistic cues)大致上可归纳成四种(Knapp,1978;Trager,1958):语声品质(voice qualities)、特征性语声(vocal characterizers)、限定性语声(vocal qualifiers)与顿语(vocal segregates)。

语声品质(Voice Qualities)

语声品质(voice qualities)泛指一个人可以辨认的声音特色。它包括音质的高低度(pitch range)、发声的品质(quality of articulation)、声音的韵律(rhythm)、声音的共鸣(resonance)、声音的速度(pace)等要素。因此,一个人的声音可以是尖锐刺耳、朦胧不清、嗲声嗲气、悦耳妙音、鼻音沉重或仓皇急促。大致而言,特征性语声、限定性语声和顿语,都是属于语声的一部分。

文化也或多或少影响了语声的品质(Victor,1992),例如,美国人认为妇女使用高音度的声音,意味着她们心中有所不满;反之,细声低调的女人,是性感的象征。日本的男人,则使用低沉的声音,表现阳刚之雄风与控制的掌握。作者曾在一篇散文里(陈国明,1999),描

述受日本教育的父亲的低沉雄浑的命令声：

我俩兄弟作怪时，只要受日本教育的阿爸喊出一声日本话"巴嘎拉落"，马上知道事态严重，而且双脚立刻像穿着钉鞋卡在木头上，噤若寒蝉，动弹不得。

中国历史上发声最出名的，莫过于张飞在《三国演义》第四十二回的表现。受困于长板桥，张飞急中生智，倒竖虎须，圆睁环眼，手绰蛇矛，立在马桥上。担心有计，曹操亲自赶来观看：

飞乃厉声大喝："我乃燕人张翼德也！谁敢与我决一死战？"声如巨雷。曹军闻之，尽皆股栗……言未已，张飞睁目又喝曰："燕人张翼德在此！谁敢来决死战？"……飞见曹操军阵脚移动，乃挺矛大喝曰："战又不战，退又不退，却是何故？"喊声未绝，曹操身边夏侯杰，惊得肝胆碎裂，倒撞于马下。

好个"肝胆碎裂，倒撞于马下"！这种虎豹之吼，霹雳之声，与身体语言的结合运用，其威力实不可小觑。难怪后人有诗赞曰：

长板桥头杀气生，

横枪立马眼圆睁。

一声好似轰雷震，

独退曹家百万兵。

特征性语声（Vocal Characterizers）

特征性语声（vocal characterizers）专指那些可以用来显露一个人的生理或内心状况的嘈杂声。例如：

生气时的"嘶喊"声

张飞的"怒吼"声

绝望时的"呐喊"声

生病时的"呻吟"声

快乐时的"哈哈笑"声

满足时的"咯咯笑"声

高兴时的"嘻嘻笑"声

欢呼时的"尖叫"声

撒娇时的"嗲气"声

悲惨时的"号啕大哭"声

悲伤时的"啜泣"声

唠叨时的"念念有词"声

紧张惊恐时的"抖颤"声

索然无味或疲倦的"打哈欠"声

突觉好笑的"噗嗤"声

吐口水或轻视人的"呸呸"声

喝水或肚子饿了的"咕噜"声

事事不如意时哀声叹气的"唉唉呓呓"声

吃太饱打嗝的"呃呃"声

喝汤时的"唏唏漱漱"声

念经的"密么密么"声

鼻子发痒打喷嚏的"哈糗"声

睡觉时如雷的"鼾"声

发泄肚气而放屁的"曝曝"声

奸诈狡猾之冷笑的"哼哼"声

这些人类发出来的千变万化的声音,在沟通的过程,反映了人们喜、怒、哀、乐、爱、恶、欲等七情六欲与身体的健康状态。文化对发出各种嘈杂声,也有制约的作用。例如,西方人看到华人或日本人喝汤时发出"唏唏漱漱"声,与吃完饭后"呃呃"打嗝声此起彼落的情形,常叹为观止,直认东方人不仅不懂餐桌礼仪,而且不够文明。殊不知喝汤时的"唏唏漱漱"声与"呃呃"打嗝声,是东方人对主人表示食物做得真赞与感谢的非语言表达方式。

限定性语声(Vocal Qualifiers)

限定性语声(vocal qualifiers)指用以显示一个人情绪或个性之音量(volume)、音阶(pitch)或音速(rate)的变化,也就是字词表达的方式。急惊风碰上慢郎中时的对话,可以很清楚地看出,前者讲话一定快如风,后者则是皇帝不急,却急死太监的缓缓道来之状。愤怒或大乐时,声音定是高亢尖锐;大义凛然时的语声,必是雄浑浩瀚。

语声的表现方式,各文化有所不同。例如,中东人把大声讲话,视为强壮与真诚的表征,但是对加拿大或美国人而言,却是叫人烦躁与侵略或气势汹汹的表现(Vagas,1986)。到过香港与广州的人,大概都会发现,香港人讲起广东话,声调比广州人高且快得多,不知道这种差异,是否是因为香港长久受到资本主义商业竞争文化所熏陶出来的结果。若比起闽南话,那更是高调。乘坐台北与香港的地铁,在车厢里,很容易辨认出两种方言音调上的差异。

另外,学过不同语言的人,也会发觉到,每一种语言使用时的抑扬顿挫各有不同。作者在台湾读大学时主修英语,系里教演讲的美国老师,老是说我讲的是中国式的英语。这倒不是说语法上有什么问题,而是我讲的是中国话腔调的英语。原来,英语抑扬顿挫的变化比中国话复杂,该扬的时候我没有把声音扬起,该挫的时候我没有把声音挫下。

顿语(Vocal Segregates)

顿语(vocal segregates)是讲话时,切断讯息流动的杂音。英语言谈常见的顿语有 ah、um、uh、you know、I mean 等。我把这些顿语称为"垃圾语言",因为它们除了阻断言语的进行之外,似乎没有正面性的功能。

顿语的产生,大致上是因为言说者犹豫不决,思想散乱不一,或者缺乏知识所致。不过有些学者(Klopf,1995)认为,顿语也可能是深思熟虑的产物。

有些习惯性的顿语,时常会带来意想不到的效果。作者还记得在屏东乡下读小学的时候,我们最喜欢每年集合在戏院里,听乡长的演讲。并不是那位中年乡长是个有水准的演说家,而是他的顿语太有趣了。那每说完一句话,必接着讲出"按捏些"(类似"这样子"的意思)这个顿语。我们聚精会神的目的,是在数一场演讲下来,他到底"子"了多少个。四五十分钟的演讲,生了两百个是司空见惯的事。

不过,有些文化对顿语却有正面性的评价。例如,华人认为顿语代表智慧与慎重。试着想像一位德高望重的老者,左手握住含在嘴里的烟斗,右手轻拂着山羊胡,一副欲言又止的"老神在在"的沉思状,很酷吧。

但是碰上以亚里士多德修辞辩为宗的西方文化,那副酷状,就变得有点可笑了。西方人视顿语如寇雠,欲除之而后快。难怪在传播系公共演讲(public speaking)课里,我们当老师的主要任务之一,就是设法革除学生使用顿语的"毛病"。东方是,西方非? 西方好,东方不好? 这种文化差异,是无法做价值判断的。

时间学(Chronemics)

顾名思义,时间学(Chronemics)就是研究人类在互动过程中,如何认知、使用及建构时间的学问。在沟通的过程中,时间像脸部表情或举手投足,是会说话的。Hall(1959)把人类认知的时间,划分为三大类:正式性时间、技术性时间以及非正式时间。

正式性时间(Formal Time)

正式性时间(formal time)指时间的区分单位。人类依照太阳与地球运转的关系,主观性地把时间划分成世纪、年、四季、月、周、日、时、分、秒等计算单位。这种划分只是为了人类行事的方便起见,在不同星球,时间的长短计算,会产生差异。

例如,有所谓的太阳年(solar year)与恒星年(sidereal year)。这些时间长短的计算单位,本身的意义,必须经由人类解释的过程,才能显现出来。人类赋予意义的过程,因制约于自己的文化教养,因此文化的烙印,深深地刻画在时间的使用过程。

又如,佛法有"三世"之说,把时间分成过去世、现在世与未来世。依照于凌波(1981)的说法,这三世是"因果相续,因前复有因,因因无始;果后复有果,果果无终"(p.84)。佛法又以"劫"论时间。一"大劫"指世界成、住、坏、空转了一个周期。成劫指世界组成的时期,住劫指有情众生安住的时期,坏劫指渐趋败坏的时期,空劫指完全崩溃的时期。成、住、坏、空四个时期,又各自代表一个"中劫",每一中劫包含二十个"小劫"。"一个小劫的时间,是人寿最高数(八万四千岁)减至最低数(十岁),再由最低数增至最高数,增减之量是每百年一岁,这样有增一减所需的时间,即为一小劫"(p.91)。

若是北美洲的苏族(Sioux)印第安人,则根本不把时间划分成这些计算单位。因此,一年与一分钟,对他们而言,是没有什么不同的。50年代,美国推行印第安人自治区政策时,美国政府把印第安人集中在几个特区,并拨款让印第安人自己建造公寓住宅。几个月后,联邦政府派专员去视察工作的进度。第一次发现地基洞已经挖好,但进度已算太过迟缓。几个月后,再度去视察,结果发现地面上还是只有那个洞。视察人员心生纳闷,而且开始认为苏族印第安人,生性懒惰,才无法按计划在时间内完成该完成之事。

往上承报后,联邦政府乃派遣一组人类学家,到该保留村从事研究其中真正缘故。结果发现,并非苏族印第安人好吃懒做,而是他们对时间的认同与建构,与白人有根本上的不同。换句话说,苏族印第安人的脑海里,根本就不存在着世纪、年、四季、月、周、日、时、分、秒等时间划分的观念。这一发现,才避免了对苏族印第安人的误会,同时也助长了时间学研究的热潮。

技术性时间(Technical Time)

技术性时间(technical time)和行话(jargon)一样,非专业或行内人士很难了解个中意义。如前面谈到的太阳年（solar year）及与恒星年（sidereal year），我们这些非主修天文或物理学的门外汉，大概无法真正了解它们到底是什么意思。另外，我们可能会把光年（light year）这个词，因为有个"年"字，而误认为是时间单位。没料到光年其实是测量距离的单位，是指光行进一年的距离，大约是 9460 亿公里左右。这种专业性的时间，对人类沟通的影响不太大。

非正式时间（Informal Time）

非正式时间（informal time）可以说是人类生活的时间。这种时间观念来自我们对正式时间单位的认知。我们常说的"一寸光阴一寸金"，"时间就是金钱"（Time is money），或"消磨时间"（kill time），都是属于非正式时间的用法。

另外，和朋友说"待会儿见"（See you in a while）时，如果朋友是美国人或爱尔兰人，这个"待会儿"（in a while）大概是指十五分钟左右；对美洲印第安人，则一点意义都没有；对中南美洲人，可能是一或两小时。若是"明天"（tomorrow）这个概念，对美国人就是指过了午夜的"明天"，但听说阿拉伯人、印度人与西班牙人使用"明天"概念的时候，并不见得意味着字义上的明天。可见文化对时间单位的解释各有不同。

研究非正式时间的方法有两种。第一种是把时间划分为过去、现在与未来三种取向。有些文化重视过去，有些文化具有未来取向，我们在第四章探讨 Kluckhohn & Strodbeck（1951，1961）文化价值取向模式时，已经有了说明。第二种方式是把时间分为单线性时间（monochronic time）与多线性时间（polychronic time）两种（Hall，1959，1994；Hall & Hall，1989）。

单线性时间（monochronic time）

单线性时间取向（monochronic time orientation）以北美与北欧诸国为代表。北美与北欧人把时间当做是直线式前进，不仅可以片断化（fragmentation），而且是可以加以经营管理的。因此，时间既可以"节省"下来，也可以"挥霍"出去。在单线性时间取向的影响下，人们凡事受制于手腕上小小的手表，依计划而行。因此，一个时段只能做一件事，时间约定后，早到或晚到十或十五分钟以上，在社交上就算失礼。所以，"准时"是单线性时间取向文化的主要特色。

作者有一次到学校途中，因高速公路塞车，由于没有手机可以联络，赶到教室时刚刚好晚了十五分钟，发现整个教室空无一人，所有学生早就以为我取消了课，结果统统溜走了。

多线性时间（polychronic time）

多线性时间取向（polychronic time orientation）的文化，包括南欧、拉丁美洲与中东国家。这些文化并不像单线性时间取向的文化，把时间具体化到好像可以看得到或摸得到，并且可以分段加以经营管理。他们以人际关系与和谐为重，准时或不准时是次要的事，甚至不是问题。因此，同一个时间安排好几个约会乃是常事。

两个月前，有一个访问学者，从西班牙巴塞罗那大学来跟作者一起做研究。第二天我约她下午三点到我办公室，讨论她停留一个月期间该做的事，她说没问题。结果十分钟过去了，她没出现；十五分钟过去了，她也没来。我于是打电话到楼下她的暂时办公室，她说马上到，结果我足足等了将近十分钟，她才神色自如，若无其事地姗姗来迟。我心里暗忖，这位远道而来的客人，刚来出道不久，怎么架子这么大。

　　话说第二次、第三次约会,都发生相同的情况。我实在按捺不住,客气地问她何以每次都如此姗姗来迟? 对我而言,迟到不仅失礼,而且浪费了我的时间。她答说在西班牙都是这样。我才恍然大悟,记起了西班牙乃是多线性时间取向的国家。之后每次约会,我也就心里释然地迁就她了。

　　这两种不同的时间取向,在社交与商业交易过程中,常常引起误解。在政治上,也不乏例子。例如,据说60年代初,肯尼迪当美国总统的时候,他派到墨西哥的大使到任时,墨西哥总统首次召见。这位大使提前十五分钟到会客室等待。等呀等呀,十分钟过去了,秘书没有出来请他进去。二十分钟,三十分钟也过去了,还是没有动静。他愈等愈急,渐渐地愈等愈气。结果过了四十五分钟,秘书才笑眯眯地出现。当见到总统时,我们这位美国大使,听说已经气得忘记了自己该与总统说什么话了。迷你案件6-4显示了对时间的认知,在沟通上可能带来的困扰。

迷你个案6-4:错失良机

　　杰夫是一位美国的生意人,他到西班牙商洽一桩生意。他和那家西班牙公司的代表人安东尼,相约在中午十二点整会面并共进午餐。杰夫准时到达相约地点,左等右等了近半个小时,还不见安东尼的影子,心里又狐疑又纳闷,连午饭也没吃就起身离开了。过了约十分钟,安东尼若无其事地步入餐馆,但却找不着杰夫,心里也感到相当纳闷。杰夫回到旅馆,对安东尼无缘无故的缺席愈想愈生气,于是愤而挂了一个电话到安东尼的公司,取消了继续这桩生意的意愿。这个做法把安东尼弄得更是丈二金刚,摸不着头绪。问题:安东尼怎么会在这么正式的商业会谈姗姗来迟呢?* 作者-Jesica Brown, University of Rhode Island.

　　单线性时间取向与多线性时间取向的差异,可从下表的对照看出(Victor,1992):

单线性时间取向	多线性时间取向
1. 准时重于人际关系?	1. 人际关系重于准时
2. 约会的时间僵化?	2. 约会的时间具有弹性
3. 一次做一件事?	3. 多件事可以同时处理
4. 时间重于彼此情感?	4. 彼此情感凌驾时间
5. 时间是具体与没有弹性的?	5. 时间是流动有弹性的
6. 公私时间分明?	6. 公私时间不分明
7. 工作表现的测量以劳动时间计算?	7. 视为公司整体目标的一部分

第四节　非语言沟通与文化的关系

从前面的讨论,我们可以看出文化与非语言沟通的紧密关系。不论是语言或非语言沟通,我们皆是在社会化(socialization)的过程中,经由观察与模仿获取的。不同的是,非语言讯息比语言讯息更具隐藏不可捉摸性(subtle)、立即性(spontaneous)与无意识性(unconscious)。

但规范语言与非语言的原则,同时因文化的差异而产生变化。文化与语言之间的关系,在第五章已讨论过,现在来谈谈文化与非语言之间的关系。Andersen(1997)认为,要了解非语言行为的异同,可以比较具体地从文化的五个面向着手:亲近性与表达性(immediacy and expressiveness)、个人主义与集体主义(individualism and collectivism)、阳刚性(masculinity)、权力距(power distance)与高情境与低情境(high and low context)。

亲近性与表达性(immediacy and expressiveness)的行为,指用以传达感性、柔性、温暖、可亲及可近的举止。高亲近或表达性的文化,又叫做接触文化(contact culture)。这种文化大部分分布在热带区域,如阿拉伯国家,人们较热情,肢体接触多。低亲近或表达性的文化,又叫做低接触文化(low-contact culture)。这种文化大部分分布在寒带区,如北欧诸国,在非语言的表达上,显得比较拘束。

在空间的使用上,个人主义取向的文化,所占的距离比集体主义大或长。Tomkins(1984)发现来自个人主义取向文化的人们,比较常微笑。集体主义取向的文化,不论在工作、游戏、生活或睡觉,所占的距离都比较小。他们的肢体语言也较一致性;也比较不常微笑,原因大概是文化并不鼓励情感的外露;就连唱歌,也表现了团体的一致与凝结性。

在低阳刚性的文化,Lomax(1968)发现女性的声音,显得比较柔和舒缓,而且男女之间的关系也比较不紧张。在权力距大的文化,男女之间的接触,并不受到鼓励。下属员工肢体的紧张度也比上司高得多。

最后,高情境文化的人们,表达语言讯息时,显得隐含与不直接,但是对非语言讯息的敏觉度高,比高情境文化的人们更懂得非语言讯息的意义。因此,在沟通的时候,来自高情境文化的人们,会觉得来自低高情境文化的人们既不可爱也不迷人,而且期待对方也使用更多的非语言讯息。

第五节　风水与非语言沟通的关系

看到或听到"风水"(feng shui)这两个字,很多人一定会眉头紧皱,认为它是封建社会的遗毒,迷信不科学,怎可登上传播研究的大雅之堂呢? 在华人社会延续超过两千年,风水这门实用之学,内容不合乎科学的糟粕真的是不少。但是一门学问可以流行两千年不辍,而且枯杨生根,老干新枝,愈来愈具蓬勃之象,其中必有其可取之处。

我们若从心理学、传播学、建筑学等现代社会科学学科的角度来加以观察,可以立即发现风水学的内涵,具有很多可以用科学方法加以印证的成分。从传播学角度来看,风水学的内涵,就是非语言沟通里的空间学这个领域研究的主要范畴。令人惊讶的是,风水学的内容比当今空间学丰富多了。因此,若因风水学具有迷信的成分,就不分青红皂白,思欲除掉而后快,那就未免太无知和情绪化了。

建立在这个认识上,本节就从传播学的角度,分四个部分,来探讨风水学这门学问:风水是什么,风水的特色,风水学的中华文化与哲学基础以及风水对华人社会的影响。

风水是什么

风水学扎根在中华文化的土壤并深具哲学基础。做为一种传统华人的世界观,风水观念据说是来自伏羲氏。《易经系辞下传》第二章有此记载:

古者包羲氏之王天下也,仰则观象于天,俯则观法于地。观鸟兽之文,与地之宜,近取诸身,远取诸物。于是始作八卦,以通神明之德,以类万物之情。

经由这个系统性的观察过程,伏羲氏能够归纳出自然与宇宙运行,对万物与环境影响的法则。伏羲氏于是以风水之术,协助百姓的日常生活,教导百姓配合大自然的节奏,并赋予百姓生命与生活的安全(security)及延续(continuity)感。

就这样代代相传,风水学强调的人与大自然之间和谐的关系,至今仍影响着华人社会生活的每个角落。很多华人常把人生的成败归之于神秘风水的作用,而非人为的因素。不管是财富、健康、运气、出生、结婚、建屋、丧葬等,无不受风水左右。那么,风水到底是什么呢?

风水其实就是传统华人看待人与大自然之间关系的世界观(worldview)。风水原来的名字是"堪舆"。"堪"指天,"舆"指地,天地关系之学就是"堪舆"。依据道家的说法,天地之间是彼此影响的。

风水另一个较通俗的名字是"地理",意味着对土地与其形态结构,包括天然与人为,是一套有系统的研究。西方人常把中国的风水看成"土占"术(geomancy),但 Skinner(1982)认为,源自阿拉伯,后来传到欧洲与非洲的土占术,只是风水学的一小部分。

风水是"一个代代相传的文化现象,一种追求好运与规避灾难的方法,一种普遍的民间习俗,与一门研究环境与人之间关系的学问"(王玉德,1991,页5)。风水学特别注重如何取良时择良处,为活人居与为死人葬。更具体地说,风水学就是"在适当的时间与适当的地方,建立人与土地和谐相处的关系,以获取最大的利益、安详与富裕的一种艺术"(Skinner,1982, p.4)。因此,风水学的终极目标在于教导人们,如何在广垠的宇宙内,经由空间的安置,天然资源的保护与生态的均衡,取得一个安和乐利之处身立命的地方(Rossbach,1984)。

风水的特色

从风水的定义,我们可以演绎出四项特色:遍及性、神秘性、功利性与和谐性。

遍及性(Pervasive)

从先秦到当代,风水在中国已实行了超过两千年。包括中国大陆、台湾、香港,只要有华人在的地方,就有风水,而且渗透了华人社会生活的每一个角落。就是在北美洲,也常在报章杂志,看到华人购地建或买房子时,依风水之理,大肆整修地皮树木而遭邻居白人质疑或抗议的消息。这种遍及性(pervasive),无疑地已使风水成为中华文化传统不可或缺的一部分。

神秘性（Mysterious）

风水是神秘的（mysterious）。风水旨在操纵宇宙间隐秘无形的气来建立人与环境之间的和谐关系。也就是教导人们，学习如何与外在环境步调一致，以培养吾人正气或发挥潜能。

另外，风水的神秘性来自它的形上宇宙论。风水学不仅吸收了哲学、心理学、伦理学、美学与天文学等学科的知识，更杂揉了像阴阳、五行、八卦等中国传统的类似宗教信仰的理论（杨文衡、张平，1995）。所有这些来自不同领域的知识与方法结合起来，使风水学成为一门既复杂又神秘的领域。

功利性（Utilitarian）

风水的实行具有很大的功利性（utilitarian）色彩。风水学继承了中国传统的信仰，认为人类生活的理想，乃在于获取和平、利益、财富、健康、长寿、幸福与快乐（俞灏敏，1992）。因为华人相信，大自然的威力，足以影响人的未来、运道及生理与心理状况，所以风水学的要务是协助人们，寻找一块好地方供活人居住或安葬死人。这个选择的过程，必须确认所有不同层次的"气"，都能符合大自然运行的规律，以便带来福运。风水的这种功利性质，是在华人社会普及的主因之一。

和谐性（Harmonious）

风水重视人类与自然环境的和谐关系（harmonious relationship），并且主张和谐的获得，是经由寻找而不是经由创造的过程。因此，人们无论建立房子、坟墓、农场或举行任何仪式，都应该根据风水的原则与技术，探索检验出一个具有和谐性的适当方法与地点。这个过程要求人们去适应与寻找方法配合大自然环境，绝不可试着改变大自然或与大自然一争长短。

总之，风水学是探讨人与大自然关系的一门学问。以大自然运行的法则为基础，风水学提供了我们一套了解如何寻找与发展出一个舒适的环境，以增进生活品质与工作效率的方法。换句话说，风水学教导我们如何建立一个与周遭环境和谐与均衡共处的状态。挟着其多样化的技术与深奥的理论，风水早已成为中华传统文化的一个主要部分。它就像一面镜子，反映出中华文化一项可贵的智慧：只要多关照大自然，我们便能够发现新的方法来编织一个细致强韧的意义之网，并且在我们的生活场域，建立出多样化的实境。

风水学的中华文化与哲学基础

在华人社会如此源远流长与有系统的实行运用，风水学无疑地与中华文化有着密切的关系。风水学的理论深植于中国哲学的土壤，它的内涵不仅反映，而且持续强化华人社会的文化价值观。以下就来讨论风水学与中国哲学思想以及文化的关系。

风水学的哲学基础

风水学的历史，其实就是一部中国哲学史。中国哲学提供风水学一个生根、苗壮与开花的园地。仔细研究，可以发现四个中国哲学概念与风水的发展存在着紧密的关系：天人合一、阴阳、五行与气。

天人合一

天人合一是中国哲学主要的概念之一。根据中国哲学的说法，经由彼此互动沟通的过程,天与人是相互依存相互影响的。换句话说,上天的意志决定了人们的命运,包括社会及政治的稳定、个人的祸福、农稼耕作、生死运数等;相对地,人类的行动与社会状况也影响着大自然的运行(劳思光,1991;杨慧杰,1989)。例如,到目前华人还认为,个人如忠孝的德行可以感天;统治者的横行暴为,也是天灾人祸的起因之一。

早期的风水理论,采取了天人合一的思想,并进一步推演到人与地之间的关系。天与人既然有所感应,地与人自然也有所感应。因此,如前所述,风水的理论完全建立在这个思想上:一个人所择而居与而葬的环境,直接影响了该人与他的家庭的祸福。依此类推,一个人的一举一动,也直接影响到地气或地灵。所以,不同德行的人在同一地点建屋或筑坟,所得的后果与效应也相对的有了差异(刘晓明,1995)。

阴与阳

阴与阳的辩证性互动关系,是风水学吸收的另一项中国哲学的重要论说。阴与阳是宇宙的两股相生相成又相敌相克的势力。从字义来说,阴指山之北,阳光照射不到的阴影部位;阳指山之南,阳光普照的地方。依此意义,阴的属性可以延伸到包括柔和、亲和、推让、接受、顺从等;阳的属性包括积极、刚健、不屈、支配等。

阴与阳虽然自成一个变化的系统,但是整体性宇宙,必须经由阴阳互动的过程才能形成(Chen,1993;劳思光,1991)。如同《易经系辞上传》第五章所言"一阴一阳之之谓道";老子《道德经》第四十二章也说"道生一,一生二,二生三,三生万物。万物负阴抱阳,冲气以为和"。风水学深受阴阳地理方位和两者之间动态和谐之互动关系的影响。

五行

风水学同时采用了和阴阳思想具有密切关系的五行观念。五行代表构成宇宙的金、木、水、火、土五种元素。这五种元素具有相生相克的关系。相生的循环关系是水生木,木生火,火生土,土生金,金生水;相克则为水克火,火克金,金克木,木克土,土克水。相生的关系带来正面的互动,反之,相克的关系带来负面的互动(李焕明,1987)。

风水学主张,人在生前本是五行的一部分。换句话说,人乃是五行互动所累积而成的气,在某种特殊环境下的产物。因此,五行对人们的生命与生活具有决定性的作用。不过,五行理论对风水主要的影响,在于它们与宇宙四个方位的结合运用。以北半球为例,因太阳由东方升起,所以东方充满着生气,因此配之以木;因太阳落于西方,光辉暗淡,所以配之以金。同样的道理,南方暖和,配之以火;北方阴冷,配之以水;中部则居地球之中,故为土。以五行的互动为基础,风水乃建立了一套判断地理良窳的完整理论。

气

根据中国哲学思想,气是万物的本质。它是构成阴阳两股势力互动,以及五行相生相克的基本元素。气具有三项特色(Chung & Busby,2002;李庆,1980):天地由气生,气是生命的终极来源,以及存在人体与天地间的气是彼此渗透的。气的这些特性,对风水影响很大。刘晓明(1995)认为,气对风水学的影响,主要有三项:(1)气的观念成了风水学的本体论,(2)气引导风水学发展出"生气"理论,以及(3)气成为风水应用时进行判断的总标准。

首先,风水学以气解说宇宙的生成。包括山陵河川的宇宙是充塞在天地之间的氤氲之气,互动化生而成。风水学认为气是万物普遍性原则,宰制万物的规律和万物存在的归因(Chen,1996)。也就是说,气是万物生成的因、形态、本质和最高的准则,它无所不在。气理论的吸收,把风水学从一个技术性取向的实用学转化成一个具有本体论的学科。

其次，人体与天地之气相互渗透的原则，帮助了风水学提出"生气"的理论，来解说人与地的关系。风水学认为人死后，"生气"即与人体分离，因此，寻找一块具有"生气"的地方来配一个人生前及死后的生气，成为风水学重要的目的之一。地气与人气配合之后，人可以持续吸吮地的"生气"，使家业腾达，造福他人。

最后，"生气"的原则成为风水判断的依据。充满"生气"的山陵平原，通常绿意盎然，流水清澈，紫气袅绕；反之则为"煞气"。另外，"生气"之所，也必须能够"藏风得水"。因为气为风之动，水之聚。"得水"之地，必定是藏风或聚气之所。这是风水得其名的原因。文献链接6-2把气应用到组织沟通的领域。

文献链接 6-2

作者：Jesnsen Chung(钟振升) & Rudolph Busby

题目：Naming Strategies for Organizational Communication：The Chi-Shih Approach(组织沟通的命名策略—气势分析)

出处：*Intercultural Communication Studies*，11，77-95，2002.

摘要："气"的概念在社会科学或人文学上，都还没有理论化。本研究把"气"定义为"沟通传播过程中个人或社会系统所具有的生命力"，并以命名的策略为焦点，分析组织沟通怎样造"势"运"气"。气分阴阳两层面，互动而生万物，并存于万物。本研究假定人类社会组织皆有气存在。而气分阴阳。以若干组织现象为例，团结(unity)和跃动(dynamics)就是阴和阳。团结显示阴柔的和谐和服从，跃动显示阳性的雄心和成长。两者若能沟通，则相辅相成，维持各套关系(relationships)的稳定，否则动荡而生新的关系或组织的剧变。正如 Matrurana & Varela 所说，活的系统总要维护它们的组织的各套关系，以维持其身分(identity)。名字正好可以用来调节组织的各套关系及身分。"势"的观念是指策略性的优势，最理想的势，有四两拨千斤的作用，有了势，可事半功倍，可为组织及其成员恢宏内在的气，促进组织沟通和传播。气是内在的状态，势则是外在的情况。名字是符号，诚如 Kenneth Burke 所说，名字具有策略性，可用来应付困难。用气的角度来看，名字就是策略性的"势"。以组织内部的传播来说，名字可以激励员工士气。例如，"秘书"的头衔改成"行政助理"后，纵使没有加薪，秘书的气也可能会更壮。

其次，名字可以协助领导阶层改变"组织气候"。例如，有些公司把会议室命名为"青蛙"或"金刚"等，营造轻松的气氛，鼓励创意。

风水学的文化基础

具有源远流长之文化基础的风水学，扎根在中华文化的几个领域。风水学的发展，不仅使中华文化的土壤更加肥沃，也同时强化了华人的文化价值观。四项风水学强调的中华文化价值观包括：繁荣、和谐、道德观与美学观。

繁荣

繁荣包括财富、地位和长寿等概念。因为风水学旨在寻找生气盎然之所，或居或葬以利己利人，追求财富、地位和长寿等繁荣气象的中华文化价值观，很自然地受到风水学的青睐。财富是拥有，地位是社会面子，长寿是生命之乐。风水学对这些能满足心理需求的价值观的重视，使它们变成了中华文化最吸引人的部分。

和谐

风水学与中华文化强调避免冲突的和谐观念一致。中华文化自古即把天地人三才，视为一个合一与相互依存的有机整体，因此，华人把和谐当做是人类互动的目的，而非手段。华人认为人际关系的发展，是一个彼此互相适应以达到共存及合作的动态过程，敌对或冲突对这个过程会有伤害性的影响（Chen，2002；Chen & Chung，1994）。风水学就是教导人们如何经由适应的过程，与大自然保持和谐或避免冲突的学问。

就组织对外传播来说，名字也可以"弘气"，尤其因"势"利导，更能事半功倍。"势"是策略点，其运用原则可分为下列四种（Chung，2002）：第一是"吸（suck）势"，吸取优势以弘气。这又可分两种，一是借势（riding），借用外在的势。例如公司取受欢迎的名字。另一种是顺势（drive），顺着已享有的盛名去传播，例如，迪士尼电影"大力士"（Hercules）很卖座，公司就继续推出电视卡通的大力士、真人古装的大力士等，而不另创新名。这就是"吸势"以壮传播之气。第二个壮势的策略是"抗（buck）势"以壮气，也就是以小搏大，以弱势扑击强势的人、组织、潮流，以赢得受众（audience）的赞叹，并令其感受悲壮之气。这种文天祥式的抵抗，有旧约圣经大卫（David）对抗巨人哥利亚（Goliath）的震动人心的效果。第三个策略是"避（duck）势"以保气，避免把组织名字和不利的名字或情况连在一起，像"肯德基炸鸡"（Kentucky Fried Chicken）改名为缩写的 KFC，就是为了避开不健康的（包括炸的）食物的形象，避免违背健康的普世价值。最后一个取势的策略是"造（construct）势"以壮气。例如，提高品牌认同（brand identity），英特尔（Intel）公司投资两亿五千万美元的广告来提高其知名度，以利宣传时所需之气。以上几种势的运用，不是阴阳相激荡，就是阴阳相调和。阴阳相激荡，如以小（阴）搏大（阳），造成现状的改变；阴阳相调和，如以弱势（阴）"吸"、"顺"、"避"强势（阳），则维持现状。组织的演化不外"改变现状"和"维持现状"互相交替。用这个"气"与"势"的架构来分析组织传播/沟通，一个组织和组织传播的气理论就隐约浮现了：组织的过程就是运作传播/沟通的气，使群体内阴阳互补，并使群体稳定中求演化，或使阴阳相激荡而求突变来加速演化。

道德观

对道德的关心是中华文化另一项核心价值观，而且家庭被视为社会的基本单位与所有道德的集中点。华人一向相信"家和万事兴"（Huang，2000）。这种以家庭关系为主的道德关怀，主要反映在华人家庭的直系血亲结构。直系关系取向的特色，就是具有高度的历史感。华人在历史洪流的延续下，把孝顺父母、尊敬长辈与慎终追远，视为理所当然之事。直系关系取向也延伸到与包括外亲及内戚之亲戚系统的紧密关系。换句话说，华人的道德实践，寄托在大家族的系统，孝则是把大家族成员和谐与紧密地连结在一起的要素。如俗语所言"百善孝为先"。

风水学很鲜明地反映了华人这种筑基于家族系统的道德关怀。风水学对人与大自然和谐关系的追求，其实就是孝顺父母与祖先的映照。因此，寻找一块好地方居住，以示对父母的尊敬或死后安葬他们,成了风水学主要的伦理信条。

美学观

华人的美学观源自《易经》的论说。其中四项论点奠定了中国的美学观:天地人合一、和谐、阴阳的互动及道德与艺术的重视(王振复,1991;李焕明,1992;李泽厚、刘纲纪,1990;叶朗,1990)。风水学吸收融会了这些美学观点后,发展出自己一套完整的美学系统。

李人奎(1989)与高友谦(1992)指出,风水美学有四项原则:

第一,山曲水转风水好。这是生气聚集之所。

第二,建筑必须配合地势。因此,屋顶或坟墓最好呈半球体状。

第三,住或葬地应有清晰的周边,以显示与环境整体性的均衡。这指住或葬地的四周,在适当距离内,应有天然的屏障。

第四,住或葬地的整体和谐,必须筑基在人文的和谐之上。

风水学强调的人文与自然的整合,和谐地化解了阴阳、强弱、动静、圆缺、快慢等相对势力的对立现象。

风水对华人社交与沟通行为的影响

毋庸置疑地,风水的学说与实行,贯穿了华人社会的建筑、美学、社交、政治、组织与个人生活的每一个角落。以下就来讨论与日常生活以及沟通最有关系的两个领域:人际间的互动和组织与商业生活。

人际间的互动

风水学的原则直接影响了华人人际间的沟通行为。风水学发展了两种与其他文化不同的沟通形态:和谐的关系与选择性的沟通。

和谐的关系

风水学强调的大自然与人的和谐关系,更进一步地规范了人们互动的行为,以增进生活的福祉。因此,经由共同协力,创造一个和谐的社会,成了华人普遍追求的目标。风水学认为以仁、义、礼、诚诸要素为基础的端正行为是达到社会和谐的重要手段。这种行为的规范,在华人社会发展出了层级性(hierarchical)的关系形态。

例如,孔子以"五伦"阐释层级性的关系。用现代的语言,"五伦"的表现就是上司公正,下属忠诚;父母慈爱,子女孝顺;夫唱妇随;兄姊亲爱弟妹,弟妹尊敬兄姊;与朋友间彼此信任(Chen & Chung, 1994)。这种特殊性人际关系的主要功能,在于清楚地界定年纪、性别、角色与地位的差别,以维持彼此间相互依存的关系(Condon, 1977)。

选择性的沟通

风水学在华人社交生活过程,培养了选择性的沟通方式(selective communication)。门当户对、八字相配、生辰相符、个性相近的结合,才能带来幸福及好运。生辰八字的信仰,至今持续影响着两性关系的发展。因生辰八字相冲而导致热恋男女分手的凄惨事件,仍时有所闻。

组织与商业生活

风水不仅影响人们日常生活的福祉,也与组织生活及商业利益有关。对华人而言,新事业开张之前,找风水师帮忙是司空见惯之事。在商业上,风水术可用来侦测、避免与矫正所谓的"煞气"。例如,按照风水学理论,办公室的摆设与装潢,应该力求"生气"的流通与累积。在生气蓬勃的环境下工作,员工的精力更形强化,创造力更能发挥,身心才能均衡发展。这些潜力的开展,是促进社交和财富成就与个人和谐的保障。

风水学又主张,一个空间的气是可以加以改造与转换,以适应居住者之所需。不过,和谐之气必须随时呵护与囤积,其价值才会持续上升。除此之外,风水学对组织与商业生活的影响,有四项值得一提:公司行号的名字,公司行号的地点,公司内的摆设与装潢与组织行为。

公司行号的名字

因为名字代表公司行号对外的形象,风水学认为取用一个适当和正确的名字,事关生意是否兴隆。好名字带来好运气与信心,使得经营管理大受鼓舞;不适当的名字,则带来心理的焦虑与负担。所以,要商业兴隆,蒸蒸日上,选择一个具有吉祥与有意义的公司名字来调和阴阳与五行,是不可或缺的第一步。通常,好名字不外是带有与财富、好运与幸福有关的用语。

和名字一样重要的是公司行号标志(logo)的设计。例如,从风水学的角度,一个商业大楼的标志,必须能够直接指示出该公司的商业性质与产品。换句话说,公司行号的标志,必须力求吸引人、容易辨识与适当性。

公司行号的地点

风水学主张,商业建筑的位置,应该与周遭的大楼与环境取得和谐的搭配。寻找"龙脉",如城市内的大街,是决定建筑物位置的指导原则。细言之,风水学提供了六项适合公司建地的原则(Lip,1991;Walters,1988):

1. 使用罗盘来测定位置。

2. 背靠小山。山为龙,是公司兴隆与惨淡时的最佳屏障。

3. 近水。水代表龙脉,是集气之所,也是财富与利益的象征。

4. 远离高架物。如高架桥与刀形建筑物等,为散气的不祥之物,会给公司带来厄运。

5. 远离医院、庙宇或坟场。类似地方容易给员工带来不祥之兆,导致公司气的运行不稳。

6. 避免居于高楼环绕之间。以免公司的气受到逼压。

公司内的摆设与装潢

一个理想的工作场所,其作用在于制造优良产品与提供最佳服务,以达获利的目标。因为室内的设计与摆置,影响到整个办公室或生产场所的气氛,创造一个员工工作时舒适的空间,直接关系到公司的成败(林志森,1990;Davis,1984;Sundstrom,Burt,Kamp,1980)。

例如,风水学建议,公司经理的桌子,应该摆设在安静隐秘和具有依靠及保护的地点;经理千万不可对着窗或门,因为门窗的气太强,缺乏依傍,不容易集中或发挥控制力。另外,经理室桌椅的大小高矮,也都须要和自己与公司的地位、财富及兴隆等因素配合。

办公室的装潢也影响了整个公司的环境。例如,密宗黑教认为,在办公室内摆设一个金鱼缸,不仅可以除掉煞气,还能把煞气转成生气(马家盛,1995)。另外,金鱼的数目必须是单数,并且把金鱼缸放置在办公室气衰的角落,风水的效果才会显现。这种说法,似有玄虚之疑,但可以用来支持办公室装潢摆设的重要性。

除此之外,办公室内家具的摆置与装饰,对公司盛衰的影响也不能忽视(Adler,2002;

Kwok & O'Brien，1991；李人奎，1989)。几项要点值得参考：

1. 办公室的门，必须与室内的面积及形状相配，以累积生气。

2. 办公室的窗户，也一样须与室内的面积及形状相配，以促进气的流畅。

3. 办公室内隔间的尺寸与间数的多寡，须因需要并以风水学的计算法来衡量。

4. 办公室灯光不应太暗淡。适当的灯光可以提升员工的生气与平衡阴阳两气。

5. 善用镜子。挂在适当的高度与地点，可以吸收生气。

6. 善用颜色。风水学认为不同颜色具有不同的意义，例如，红色代表幸福、财富与温暖；黄色代表阳光与明亮。

7. 选用植物。植物可以代表公司的精力、活气与成长，也可以用来调节办公室的气。

组织行为

风水影响公司员工的心智与工作表现，似乎是毋庸置疑的事。一般认为，能正确地把风水知识应用到办公室的人，身心显得较健康，解决问题的能力较强，人生比较得意成功，而且也较容易与同事和谐相处。总括起来，风水学对组织行为，有五项明显的冲击（Kwok & O'Brien，1991；Lip，1991，1995)：

第一，风水学强调组织结构对人类行为的影响。因为组织的结构是由人来创造、维持或破坏的，管理应该着重如何发现或建立组织结构的多重实境（multiple realities)，并进而探讨这种结构对决策过程可能造成的影响。

第二，风水学把人类视为外在势力或环境的产物，而且因为环境的制约，人类的行为是前定（predetermined)与可以预测（predictable)的。换句话说，人类的行为是由一组系统性的秩序（systematic order)所引导。因此，组织行为可以经由外在引导势力的发现来加以预测与控制。职是之故，组织的成败，建立在我们是否能够正确地解释外在的势力或环境，然后进一步与之配合。从这个角度来看，风水学可以提供一组了解环境与协助组织运作的知识与方法。

第三，风水影响商业沟通（business communication)的成效。风水学认为，具有好风水的空间或办公室，能提供一个生意双方和谐讨论或谈判的环境。这种充满生气与阴阳协调之气的空间，满溢着活力，使在里面互动的人们感受到生理的舒畅与心理的平衡。这项原则很明显地表现在商业谈判（business negotiation)与签约的过程。风水学建议商业上的谈判与契约的签订，必须选择适当时间在适当的地点完成。例如，在台湾与香港，重大的商业交易或建筑，通常不会选在"鬼月"举行，因为一般认为阴历七月是孤魂野鬼与活人交接频繁之月，生气难以纯正，阴阳难以调和，生意难以达到满意的结果。

第四，风水影响组织管理过程。从风水学的观点，为了有效地组织与管理员工，经理应该知道员工的生辰八字，把个人的资料列表存档，然后依照个性的异同加以组织员工，以便管理与提高生产力。

第五，对风水学的信仰，可能导致跨文化沟通的误会。风水学是华人社会特殊的产物，它对大自然的观点与西方人有很大的不同。西方人戮力于对大自然的控制，风水学则力倡与大自然的和谐观。以组织生活为例，一个西方人对自己办公室的选择，通常是强调大的空间与权力亲近性，以利自己地位与影响力的扩张。风水学则认为，这是非理性的作法，因为这种抉择，常常违反充满"生气"的重要性和与大自然和谐的原则。如果公司里，有类似这种不同信仰的员工，彼此间很可能产生误会与冲突（Adler，2002)。

结语

虽然风水学披着神秘的面纱,而且很多人认为风水学是封建社会迷信的产物,但是,从以上的分析,我们可以发现风水学的信仰,深深地影响着华人生活的每一个部分,包括商业行为、沟通方式与建筑的运用等等。如此扎根在华人社会生活的土壤,风水学不仅反映而且同时形成了传统的中华文化价值体系。

更重要的是,风水学的实践,两千年来,历久不衰,继续在当今的华人生活,占着一席重要的地位。因此,由学者以理性的心态与系统的方法来研究风水学,协助一般人了解华人的思想与行为,诚属必需。本节不厌其烦地从传播学的非语言沟通领域,抽丝剥茧地分析风水学相关的理论,就是为了达到这个目的,并进一步去芜存菁,证明部分风水学的理论可以登现代社会科学研究之堂,突破视风水学全为迷信之学,而待之如糟糠,思欲除之而后快的偏颇态度。

最后,如果我们从传播学非语言沟通的角度,仔细地审视风水学的内涵,我们可以发现风水学充满着有关空间、时间、方位与颜色的理论宝藏。以下简略地归纳出四项结论:

第一,作为华人空间摆置或设计(space arrangement),风水的学说可以归类为空间传播学(proxemic communication)的研究范畴。空间学是非语言传播学主要的领域之一,已经有数十年的研究历史,文献颇有累积,理论与研究方法也渐趋成熟。硬把风水学的空间摆置理论与方法,当做是毫无价值的迷信之术,实是自绝于学术研究之外的不智之举。正视风水学的观点,纳入学术研究的领域,进一步加以实证测试,以与社会科学接轨,是当今华人与对风水学有兴起的学者所该奋斗的目标。

从以上的分析可以得知,风水时常以空间来传递特殊的意义,例如用空间来表现祖先的地位与权威。风水学认为愈久远的祖先牌位,在祖先堂里,必须摆得愈高。这种以高低位置表现辈份的现象,充分反映了中华文化里权力距(power distance)的取向。

风水学尤其重视室内的摆设与装潢。在办公室方面,力求对工作效率有所助益的空间设计。例如,隔间必须注意到空气的流通,不碍水电修理的方便性,弹性的计划与区分,以及容易接近消防梯或其他紧急的设施。在家庭房间的安排也甚为重要。

例如,风水学认为主卧房、厨房与起居室为整个房子聚集生气的主要地方。以起居室来说,因为起居室是加热与亲朋共聚的地点,风水学主张该室应该位居房子的底层,起居室的家具的摆设也该中规中矩。位于入门对角的"财位",则最好摆放着叶圆肥厚的常绿植物,避免摆置移动性的东西。

第二,风水学对时间使用的论点,可以归入时间学(Chronemics)的领域。例如,中国的通书把一天分为十二个天干,每一个天干所代表的时辰的一切活动,又有吉与凶等判断性的归类(Palmer, 1986)。因此,如何时入厝、出游、公司开张、婚丧喜庆等,都因个人生辰八字的不同,有其适当与不适当的活动时辰。另外,风水学很重视过去取向(past time orientation),因此,强调祖先崇拜、复古与历史的沿袭。这些都是时间学的研讨范围。

第三,风水学的方位理论,亦是空间学研究的一部分。风水学使用罗盘,把方位划分成八个角度,每个角度代表一个特殊的意义。人们包括行住坐卧的日常生活受到面对方位的影响。

例如,南方代表长寿,西南方代表死亡,西方代表灾难,西北方代表凶兆,北方代表生命,东北方代表良鬼,东方代表好运,东南方代表活力。八个方位若与八卦结合起来,如北方配后天坎卦,东北方配后天艮卦,东方配后天震卦,东南方配后天巽卦,南方配后天离卦,西南方配后天坤卦,西方配后天兑卦,西北方配后干卦,则变成一个更庞大的理论与应用系统。

用在个人生活上,思欲成功,必须配合自己工作目的的方位。例如,做生意的人想获利赚钱,不仅公司应该设在东方,自己的办公桌的摆置也该面对东方,因为东方代表好运。一个人若要身体健康,则须与代表活力的东南方配合。风水学方位的理论,有过度玄奥难解之嫌,但从传播学的角度,探讨方位对信仰者心理与意义形成过程的影响,却具有学术与了解华人思想行为的价值。

最后,风水学以颜色代表不同事物与意义。与五行配合起来,青配木,代表蓝天与绿树;红配火,为幸运色,代表喜事;黄配土,代表高贵的帝王之色;白配金,为金属反射之光,代表纯洁;黑配水,原为幸运色,后演变为代表厄运之色。从科学的角度来检视这项颜色所代表的意义与事物,似乎看不出什么价值。但是,如同方位的使用,从民俗学角度,研究这些颜色的意义,对华人认知的建立与对思想行为的影响,其意义却非同小可。

例如,从风水学的颜色理论,我们可以了解,为何华人新年送的礼物与压岁钱,都以红纸包装;为什么新娘子喜欢穿红色旗袍;为什么新生婴儿时要送红蛋;为什么宫殿与宫中服饰以金黄色为主色;为什么佛教使用橘黄色袈裟等等。由于每个文化对颜色各有不同解说,颜色的比较,就成了跨义化沟通学的重要主题之一。本书第三章讨论文化与认知关系时,对此已有深入的解说。

总之,做为中华传统智慧的累积,风水学除了包含神秘不可解的知识外,还有许多论点可以用当代实证、解释、批判等研究方法加以研究与阐释。若因风水学部分理论的神秘不可解,而贴上迷信、不科学的标签,大加鞑伐或束之高阁,才是真正不可理解的作法。

结论

本章分五部分探讨人类的非语言沟通:非语言沟通的本质,非语言沟通的功能,非语言沟通的种类,非语言沟通与文化的关系以及风水与非语言沟通。

第一节讨论非语言沟通的本质。非语言沟通可以广义地包括所有非经由语言传递的讯息。它具有无所不在性、关系性与文化制约性三项特性。非语言沟通和语言系统同是用来表征实体的符号系。用语言表达"我爱你"或给对方一个温柔万千的吻,两者意义是一样的。两者之间的差异包括:

(一)人类经由学习的过程,可以有意识地控制语言的使用。但是,很多非语言的讯息,人类很难有意识地加以操纵。

(二)口语的表达,只能一次一字或一句;非语言沟通,同时可能出现好几种动作。

(三)语言无法做为语系不同社会的共同沟通工具,但有些非语言符号表征,可跨越语言的障碍,不管属于任何族裔,一看即知其义。

(四)论顺序,人类使用非语言讯息比起语言来得早。

(五)非语言讯息比语言更能表现出一个人的情绪。

第二节叙述非语言讯息的功能。除了表达感情或情绪之外,非语言讯息主要的功能有两项:支援口语及表示亲近性。语言与非语言沟通有着不可分离的关系,两者的相辅相成,是人类经由互动达到彼此了解不可或缺的条件。

在沟通的过程中,非语言讯息在辅助口语上,最少有重复、取代、辅助、规范与矛盾等五种功能。部分非语言讯息,也可以表现所谓"亲近性"的感受与行为。这种"亲近性"的非语言沟通,通常传达了四项正面性的讯息:亲近的讯息、邀请谈话的讯息、加强感官刺激以增进互动的讯息以及与表示个人热心与可亲性。

第三节探讨非语言讯息的四大类别:举止动态学、间距学、声调学与时间学。任何与身体有关的动作与饰物,都是属于举止动态学的研究范围。比较常见的身体语言包括脸部表情、眼睛接触、手势、碰触、长相、穿着以及饰物等。

间距、空间或距离学研究人类或动物如何使用空间来彼此沟通的过程。Hall 把空间归纳为三种:固定空间,半固定空间与非正式空间。固定空间是设定之后无法再度移动的空间。半固定空间指那些可以移动,但并不常去移动它的摆设。非正式空间指围绕着我们身体的空间,这是专有的个人领域。Hall 把各种非正式空间,归纳为亲密距离、个人距离、社交距离与公共距离四种。

声调学专门研究人类沟通时声音、音调、或音色的使用与变化。语声的线索可归纳成四种:语声品质、特征性语声、限定性语声与顿语。

时间学研究人类在互动过程,如何认知、使用及建构时间的学问。Hall 把人类认知的时间划分为三大类:正式性时间、技术性时间与非正式时间。正式性时间指把时间划分成世纪、年、四季、月、周、日、时、分、秒等主观性地计算单位;技术性时间指专业或行内人士使用的时间计算单位;非正式时间指日常生活间,人们对正式时间单位的认知。研究非正式时间的方法有两种。一是把时间划分为过去、现在与未来三种取向。二是把时间分为单线性时间与多线性时间两种取向。

非语言行为的线索繁多,又因为文化的制约而具有很大的模糊性,因此培养文化敏锐能力与小心谨慎地解读是避免引起误解的先决条件。正确解读非语言行为或讯息,除了了解传送者的文化背景之外,还须注意三项原则:(一)判断非语言讯息意义的时候,必须考虑到行为发生时的情境;(二)赋予非语言讯息意义的时候,必须有全盘性的看法;(三)解释非语言讯息的时候,必须具有弹性。

第四节讨论文化与非语言沟通的关系。Andersen 认为,这种关系可以从文化的五个面向来了解:亲近性与表达性、个人主义与集体主义、阳刚性、权力距以及高情境与低情境。

最后一节专门分析中国风水学与非语言沟通的关系。风水学虽然披着一层神秘的面纱,而且有许多迷信的成分,但是风水信仰却深深地影响着华人生活的每一个部分。如此扎根在华人社会生活的土壤,风水学不仅反映而且同时形成了传统的中华文化价值体系。更重要的是,风水信仰对当今华人生活的影响,持续不辍,并且与新兴的非语言沟通学,有诸多吻合的论述。因此,本节试图勾勒出风水学的面貌,以助读者了解把风水学归入非语言沟通学研究的重要性与可行性。

互动篇

本篇旨在分析跨文化交际学的应用层面。主题包括跨文化适应、认同与训练,跨文化关系、冲突经营与谈判以及跨文化沟通能力。

第三篇

第七章　跨文化适应、认同与训练

> 橘生淮南则为橘，生于淮北则为枳。
>
> ——《晏子春秋》

这句出自《晏子春秋》的名言，就是"越淮为枳"这个成语的来源。本意是用来比喻迁地不良的意思。越过了淮河，南北的地理环境有了不同，天气与水土有了差异，人文环境也可能有了差别。由于这些改变，连植物都产生了水土不服的现象，结出的果子也由大变小，由好变差了。

人和植物没有两样，在不同的文化土壤上，也会有适应不良或水土不服的现象。这种文化造成适应问题的例子随手可得，例如在教育方面：

印象最深的是，当时念的是政治，全班只有我一个外国人，上课时常鸭子听雷，苦闷万分。有一天终于鼓起最大的勇气，向某位友善的洋同学商借笔记参考，没想到她当场拒绝，气得我回家后大哭一场，暗恨美国的缺乏人情味，只好努力 K 书来弥补英文听力的不足。（周芬娜，世界日报，2000，7.4）

这是对美国人讲独立重竞争的文化价值观的适应不良。再如：

来美国后不久，在大学城的商店购物，素昧平生的祖母级店员找钱时，居然呼我"蜜糖"（honey），教我着实大吃一惊。"蜜糖"，不是电影里夫妻、情人的互称吗？（张纯瑛，世界日报，2000，7.6）

不是的，这是美国人人情味的表现，没有什么私情关系。这"大吃一惊"是对美国人社交生活方式的适应不良。又如：

犹记抵达美国不久，有一日在校园的林荫大道慢跑。迎面而来是一位天使面孔、魔鬼身材的金发丽人。没想到在擦身而过之际，她脸带微笑，嫣然对我说了声"嗨！"一向自认长相平庸，既无玉树临风之姿，亦无小白脸之貌，所以在女同胞面前吃不开，早就习以为常。现在居然有如此美女主动示好，难道是国内诸妹有眼不识泰山，还是番婆的要求标准太低？（李宽宏，世界日报，2000，7.24）

可别会错意，以为天降美色给你。"嗨"、"How are you?"、"How are you doing?"或"What's up?"等，可都是美国人对陌生人有礼貌的寒暄用语。并不是因为你特别迷人才开口示好的。这也是对不同文化社交生活方式的适应不良所致。复如：

不久，朋友发生一件令他们痛苦不堪的事。十三岁的女儿正当反叛年龄，常离家外出，不喜学习，不爱做家务，也不愿收拾房间。朋友用自己的尺度来衡量，不可容忍，一时冲动，掌掴了她。哪知，事情因老师知悉并报警而闹大了。等我赶到她家时，三个女儿已被政府保护儿童部门一起带走了。她夫妻也正被警察调查，做为一宗罪案来处理。朋友用饱含泪花的眼神，看了我一下，便被警方拘走。这样的情景，把我震惊得傻了眼，一颗重重的心不断下坠。（娴子，世界日报，2000，7.15）

这是因文化对儿女管教方式的差异所带来的适应上的悲剧。最后是另一个类似的

例子：

如今身为人父了，但时代也改变了。不论在东方或西方，体罚孩子已不再时兴。尤其住在美国，不仅不能体罚孩子，连要动口骂骂管训不成才的子女，都得看看窗户有没关紧，以防邻居误以为你在虐待孩子，电话一通，警察就来。想起以前父母辈管教儿女之威风，处罚手段之自由，真想一头撞墙，自悲当今父母在管教孩子的权力上，给剥夺得像只无毛鸡一样。

如果孩子尚小，只要把声音稍稍抬高，就可把他们唬住，立得调教之效。可是家里若有个十来岁的初中生（别说两个），那日子就可难过了。说他懂事，他却好像不懂任何你懂的；说他不懂事，他却好像又懂一点你不懂的。你不能说他，一说他嘴巴就翘得像鱼钩，尽以为你根本不懂任何事。你气得像个要炸掉的气球，恨不得揍他一顿以收点管教之功，但手一举，马上又如丧家之狗，夹着尾巴，垂头丧气，跌坐在沙发椅上，双手无力，等待心脏病来攻击。真是无语问苍天，有苦难言。（京士顿，罗州华人导报，1999，10.15）

这些例子，俯拾皆是，是跨文化适应过程常见的事件与当事人的反应。因为是如此常见的现象，跨研究文化适应的过程，也就成了跨文化交际学的主题之一。本章就以此为对象，分六个部分深入地探讨跨文化适应这个主题与相关的文化认同与跨文化训练两个概念：(1)跨文化适应的本质与意义，(2)文化震荡的症状与面向，(3)文化震荡的种类与影响，(4)跨文化适应研究的理论与模式，(5)文化认同，(6)跨文化训练。

第一节　跨文化适应的本质与意义

跨文化适应（intercultural adaptation/intercultural adjustment）泛指对一个新文化环境逐渐感到贴切或相称的过程。跨文化适应的研究，通常着重在居住于异国的人们，适应新文化过程所产生的矛盾、焦躁、烦恼与痛苦的心理冲击（psychological impact），因此跨文化适应也称为文化震荡（culture shock）、濡化（acculturation）、濡化压力（acculturative stress）、适应压力（adaptive/adjustment stress）、文化劳累（cultural fatigue）、变迁震荡（transition shock）或适应震荡（adjustment shock）。其中以文化震荡最为常见。

严谨说来，文化震荡其实只是跨文化适应过程的一个阶段，但由于它代表跨文化适应过程最明显与主要的部分，因此了解了文化震荡也就等于了解了跨文化适应的意义与本质。本节就来探讨文化震荡的意义与起因。

文化震荡（文化冲击）的意义

文化震荡（culture shock，也译作文化冲击、文化休克）的现象，在二十世纪初人类学家的作品里，已有很多描述，如 Herskovits(1938) 有关濡化研究的论述即是。但是"文化震荡"这个名词，却是一直等到 1960 年，才出现在 Obeg(1960) 一篇在《实用人类学》（*Practical Anthropology*）期刊的论文里。

对一般到其他国家短期旅游的人们，文化震荡似乎并不显著或根本不存在。但是对为了工作、事业或求学，必须身居异国一段时间的所谓旅居者（sojourner），文化震荡是一个无法逃避的过程。文化震荡是适应新文化时，所产生的心理苦痛（distress）的冲击。这种心理的震撼，源自吾人日常生活所熟悉的文化语言与非语言符号突然间在异地失灵。例如，如何搭公车、学校生活、饮食、社交、相夫教子等,在地主国的做法完全变了样。

为了适应这种因环境变化所产生的模糊性(ambiguity)、不确定性(uncertainty)与不可预测性(unpredictability),心理所承受的重大压力,不想而知。若再仔细地观察文化震荡心理压力的根源,可发觉八项较明显的起因:挫折感(frustration)、压力(stress)、焦虑(anxiety)、不同的政治系统(different political systems)、合模的压力(pressure to conform)、社会疏离(social alienation)、经济困难(financial difficulties)以及人际间的冲突(interpersonal conflict)(Hammer,Gudykunst, & Wiseman,1978)。

文化震荡的起因

前面八项起因中,又以社交与人际互动有关的困难最难适应。例如,Furnham & Bochner(1982)调查了来自世界各地,在英国就学的国际学生,发现十项他们认为最难适应的事情:

1. 与地主国同年龄的人们交朋友。
2. 对待那些粗鲁不讲理的人。
3. 主动向人示好,以建立友谊关系。
4. 出现在众人面前。
5. 与他人深交。
6. 了解笑话或幽默与讽刺性的表达。
7. 对待那些双眼直视着你的人们。
8. 主动启口并持续对谈。
9. 和不太认识的人在一起。
10. 公开抱怨或处理不满意的服务。

在文化适应过程中,留学生可说是最特殊的一群。正值青春年华,就决定负笈他国,盼十年寒窗,功成名就。由于所处环境的特殊,所碰上的文化适应问题也就比较特殊。根据Thomas & Althen(1989)的报告,留学生在异国求学的过程,通常会碰到以下十项适应的问题:

1. 学业系统的差异所带来的困扰和压力。
2. 处理和地主国的人们,如指导教授、室友和房东的关系。
3. 身居一个比自己国家自由得多的国度。
4. 居留身份和其他因移民局所带来的焦虑与不安。
5. 面对生活上各种失望的期待。
6. 经济来源短缺的忧愁。
7. 自己族裔内,因政治、宗教或社会理念不同所带来的冲突。
8. 国内因政治、经济各方面的发展所带来的冲击。
9. 国内亲人朋友发生病故,自己却无法赶回所形成的苦痛哀凄。
10. 如潮汐而来的文化震荡所形成的阵阵浮浮沉沉的心灵波涛。

留学生对新文化的适应,所带来的心理冲击,在异乡过年过节的时候特别难挨。若已经有了家室,尚能聊以相互慰藉。若是孤寡一人,真会有举目无亲,看在眼里,苦在心里的凄凉感受。特别是到了假期,大部分学校皆不让学生留住宿舍,在此期间,为了张罗吃住的问题,

可说是脑筋伤透,甚至梦破心碎。这种心境,最能体会读柳永的《雨霖铃》下阕的感受:

> 多情自古伤离别,
>
> 更那堪冷落清秋节。
>
> 今宵酒醒何处?
>
> 杨柳岸,
>
> 晓风残月。
>
> 此去经年,
>
> 应是良辰好景虚设;
>
> 便纵有千种风情,
>
> 更与何人说。

另外,Furnham & Bochner(1982)的研究也发现,文化震荡与三项因素有关。第一是文化本身的差异。地主国和自己国家的文化差异愈大,文化震荡的冲击愈强。第二是个人的差异。一个人成长的背景与个性,影响一个人适应新环境的能力。第三是旅居的经验。经常旅居他国或第一次旅居前的准备或训练,也都关系到一个人遭受文化震荡的程度。

第二节　文化震荡的症状与面向

文化震荡的症状

文化震荡的症状因人不同,种类也繁多。以下列出常见的文化震荡症候群(syndrome):

过度关心饮水与食物的品质。

过度依赖来自同文化的人。

动不动就洗手。

惧怕与地主国人碰触。

心不在焉(absent-mindedness)。

无故失神。

无助感(feeling of helplessness)。

容易为小事动怒。

拒绝学习地主国的语言。

敌视当地人(hostility)。

过度强调自己的文化认同(cultural identity)。

时常想家(homesickness)。

常感到寂寞与闷闷不乐。

萎缩与沮丧(withdrawal & depression)。

失去信心(lack of confidence)。

失去耐心(impatience)。

偏执狂(paranoid)。

精神分裂(schizophrenia)。

文化震荡的方面

这些症状可以进一步归纳为文化震荡的六个方面(Oberg, 1960)：

第一，对新环境心理调适之需求所带来的紧绷的压力(strain)。文化的差异愈大，这种心理压力就愈强。因个性与个人不同的造化，体尝这种文化震荡心理紧绷压力的浓淡、多寡或长短自也相异。有些人可能在短时间内即如鱼得水，觉他乡如己乡，浓淡无碍，多寡无伤。有些人则没这么庆幸，身处新环境，宛如连床的恶梦，摧人的心肝，白人的头发。若日子这么持续下去，很可能弄得信心尽失，忧郁症、精神分裂、偏执狂等症状一一出笼。

不过，这两类人基本上是属于比较极端的。或若有之，也不致于占太高的比率。一般人通常是处于两者之间。虽免不了会有"露从今夜白，月是故乡明"，"羁旅常堪醉，相留畏晓钟"或"春去也，飞红万点愁如海"等回肠荡气的激情时刻，但经过一段适应期之后，大致上就能跨越文化的震荡，慢慢地恢复到正常的生活。

第二，失落感(sense of loss)。到了异地，亲朋好友不在身边，没有死党可以一起嗑瓜子，饮酒作乐。在自己国家辛辛苦苦建立起来的社会地位，也一夕间云消雾散。平常拥有的跑车、摇摇椅、猎枪、玩具狗或其他家当，突然间，通通无影无踪。这种对先前拥有物的遗失或被剥夺感(feeling of deprivation)，很容易让人感到沮丧或得到忧郁症。产生"昨日主人今日客"，"同是天涯沦落人"，"此生难料，心在天山，身老沧州"或"相看只有山如旧，叹浮云，本是无心，也成苍狗"的心理变化与凄凉的感慨。

第三，排斥(rejection)的感觉。这种感觉，包括自己无缘无故排斥当地人的冲动以及受到当地人排斥的感觉。排斥当地人的心态，通常是文化优越感(cultural superiority)心理的作祟而产生自我膨胀的现象。例如：

- 五千余年的历史，证明中国人和中国文化无与伦比。
- 美国历史短浅，没有文化根基，幼稚可欺。
- 中国菜色香味俱全，美国菜香味俱缺。
- 人人若能想华人之想，行华人之行，举世必无争，和谐安乐。
- 洋人重科技，不重人性，因此人际关系淡薄，人伦不密，人气不足。
- 华人勤苦耐劳，忍辱负重。非裔美人、拉丁人或白种美人，勤劳不足，疏懒有余。

这些优越感常常带来对不同文化背景人们的歧视(discrimination)，自认高超，无与伦比而拒绝与他们交往。不肯与他人来往的同时，很容易感到对方也不屑与我们来往。弄得自己常受到"冷冷清清，凄凄惨惨戚戚"感受的攻击，每天夜晚就"披衣起，但凄凉感旧，慷慨生哀"。

第四，错乱感(confusion)。指在跨文化适应的过程，对信仰、价值观和该扮演的角色感到迷惑或错乱。例如华人一向信仰"言多必失"、"沉默是金"、"百善孝为先"、"以和为贵"等文化价值，但一到西方国家，却发觉这些文化信仰行不通。如在美国，沉默被视为粪土，凡事都得说出来好让人家了解或争取自己的福利，只有傻子或无能的人，才以为沉默可以办事。

另外，尊敬父母，应是普遍性的现象，但是这并不意味着孩子是父母的拥有物，欲取欲求，有绝对的权力决定孩子的一切。又如，以和谐为贵固然是好事，但在西方以冲突为解决问题的方法的环境，不争不闹，大事化小，小事化无的和谐实践，却给认为是弱者的象征。这种文化差异所带来的心理震荡,常常使人感到迷惑、错乱、不安与不确定性。有苦难言,"迷津欲有问,平海夕漫漫"的苦楚,不时涌现。

第五,异常的情感反应。在异国真正体尝到彼此文化之间的差异后,连带而来的可能是一连串焦虑感(anxiety)、恶心感(disgusting)与惊慌失措等心理与生理消化不良的激荡。看到政见会上,候选人把鸡头活生生地踩下来;见到同事一直把生鱼片往嘴里送;眼睁睁看着班上同学,在上课时猛发言,挑战老师的论点;看到斗牛场内,观众对刺杀牛只高喊大叫的场面;看到做错事,依法当众受到鞭刑等等,都足以叫人心慌意乱或反胃抽搐。这种心理与生理的受惊反应,若无法在短时间内适应过来,可能会严重到出现第六种症状。

第六,丧失了面对新环境的能力。这种能力包括心理的无能感与生理的无能(incompetence)。这个面向表现在更具体的生活层次上,会产生如下的症状:满腹乡愁无人诉说,活得枯燥乏味,举止畏缩而孤独难耐,渴望多睡点觉,吃喝失去节制,烦躁易怒,家庭生活失去和谐,突发洁癖,觉得地主国处处碍眼,无缘无故的掉泪,老觉得身体不舒服,失去性能力和工作或读起书来心有余而力不足。失能的现象,发生在学生的身上,会导致无法完成学业;发生在工作上,会导致效率低落,无法完成公司的期待。个人的前途,家庭的生活与事业的发展,同时受到挫折,影响非同小可。

第三节 文化震荡的种类与影响

从第二节文化震荡的症状与面向的讨论,我们可以归纳出文化震荡不同的种类与对旅居人可能带来的影响。

文化震荡的种类

文化震荡的种类,大致上可分为五种形态:语言震荡、角色震荡、转换震荡、教育震荡、文化距离。虽然文化震荡可以细分成这五个形态,它们彼此之间有诸多重叠的部分。

语言震荡(Language Shock)

语言震荡(language shock)来自于不熟悉地主国的语言。语言是人类沟通最主要的工具,而且语言本身隐含着一个文化的价值信仰与社交关系的线索,不懂地主国的语言,犹如眼瞎了,耳聋了,顿时失去适应地主国符号世界的能力(Smalley,1963)。语言震荡可说是文化适应过程中,最先碰上与带来心理压力的主因之一。"鸭子听雷"的窘状,大概有很多读者曾经经历过。听不懂笑话,赧颜地看着全场的人都在笑,只有自己笑不出来的情况,铁定不好受。错把冯京当马京的尴尬,一定也是有苦难言。

二十余年前第一次踏入美国,我先从西雅图飞到安吉利斯港拜访老朋友。第二天,我们到奥林匹克国家公园踏青。在路旁喂鸟时,一个可爱的美国女孩突然走向我来,问道:"Do you have time?"我愣了一下,不知如何作答。朋友看到我傻窒在那里,赶紧向那女孩说道,现在是十二点十分。这句十分简单的句子,把我弄傻了,因为我把它直译成"你有时间吗"?在台湾,如果一个女孩子问我是否有时间,可能意味着她要我跟她一起约会喝咖啡,要不然可能是流莺在招揽客人。哪知道在英文的意思是"请问现在是几点?"听朋友的解释后,我吓得一身冷汗,还好没有会错情,表错意,以为美国人真的是那么开放。

一个台湾来的朋友告诉我,他第一次走在校园时,有几个美国学生经过时,突然对他冒出"What's up"? 他一听到就仰头环视着天空,奇怪到底天上发生了什么事,为什么人家老是问他上面是什么。他每次抬头看天空的时候,也把问的人弄得一愣一愣的,迷惑不已。哪知道"What's up"就是"how are you"的意思呢。迷你个案 7-1 提供另一个例子。

┌───┐

迷你个案 7-1:颜色的震荡

一对美国夫妇到韩国旅游时,与一个热心招待的家庭住在一起。虽然这对美国夫妇对韩国话一窍不通,但一个礼拜下来,与招待的家庭处得相当不错。离开前,这对美国夫妇决定买个礼物送给主人,以示感谢之意。他们买了一个很漂亮的小瓷器,并且努力地用白色的纸张把它包得尽善尽美。当把礼物送到主人面前时,主人似乎感到受辱一样,而且不愿意收下礼物。问题:为什么韩国主人不愿意收下礼物呢?* 作者——Nicole Estaphan, University of Rhode Island.

└───┘

角色震荡(Role Shock)

角色震荡(role shock)指个人因环境的更换,原来的个人地位突然消失了的失落感(Higbee,1969)。为了调整角色以适应新文化,所付出的精神时间,有时真是无法估计。除了先前举的例子之外,我们发觉年纪愈大的旅居人,角色的调整愈不容易。留学生的父母,到海外探视或与儿女同住,有不少不欢而散,原因之一就是角色无法立即调整过来的关系。为了寻找一个较好的生活环境,有很多华人经由各种不同管道加入移民的行列。因此,移民前是个饭来张口的公子哥儿或名人大教授,移民后却生活在社会阴暗的一角,有的还得日月打工苟活,身份地位一夜间有了天壤之别。这种角色转换所带来的心理冲突与震荡,非当事人恐怕无法体会。

转换震荡(Transition Shock)

转换震荡(transition shock)指为了配合新环境做了巨大改变时,所承受的压力与痛苦。依 Bennett(1977)的说法,这种感觉或经验就好像家人过世或离婚一样难过。其实这和 Guthrie(1975)提出的文化疲乏(cultural fatigue)与 Smith(1955)的适应压力(adjustment press)一样。文化疲乏侧重旅居人适应新文化过程,生理与心理上的不适;适应压力则注重准备接受新文化挑战时,生理紧绷的反应。这种反应连带地引起心理的压力。这三种文化震荡的意义比较广泛,虽然用语不同,内容差别不大,而且可做为文化震荡本身的定义。

教育震荡(Education Shock)

教育震荡(education shock)专指国际学生在学习时,对教育系统与学院生活的适应过程(Hoff,1979)。教育震荡是文化震荡研究很重要的一环。由于交通便利,科技发达,到较先进国家深究的青年学子愈来愈多。例如,美国每年都有十几万外国学生涌入大学校园。

台湾十年来,几乎每年都有超过两万个大学生到美国留学,近年来到欧洲与澳洲的求学的人口也愈来愈多。中国大陆在 1978 年改革开放后,留洋的学生一年比一年多,到目前已成为美国每年入学的外籍学生人口最多的国家。

学生是社会身分很特殊的一群。为了取得学位,十年寒窗无人问。尤其是外籍学生,除了适应新环境不同的日常生活外,必须全神贯注在学业上。因为语言能力的不足,加上学制、学习方法、师生相待等方面的差异,造成适应不良,转学者有之,退学者有之,辍学者有之,遭感情打击者有之,患上精神分裂症者有之,枪杀指导教授者有之。更有不少无法完成学业,又无颜回乡见江东父老,而变成非法移民,地下打工度日的留学生。教育震荡所带来的理想破灭,最叫人感伤。

文化距离(Culture Distance)

最后是文化距离(culture distance)。文化距离这个词语是用来表示,旅居人的文化与地主国文化之间的差距(Babiker,Cox,& Miller,1980)。文化距离可作为旅居人在异乡疏离感(alienation/estrangment)与心理苦痛(psychological distress)的指标。当然,文化距离愈大,旅居人的疏离感就愈强,心理也愈苦痛。例如,中国或日本文化与美国文化之间距离的差异,远大于英国或德国与美国文化之间的距离,同是在美国求学的日本或中国学生对美国文化的适应,自然比英国或德国学生来得困难。本书第二章图 2-5 的文化或共文化间的差异程度比较,可用来了解文化距离与文化震荡的关系。

文化震荡的影响

文化震荡对当事人到底会有什么影响呢?理论上,若文化震荡只是跨文化适应过程中必须历经的一环,那么它是不是如暴风雨一样,过去之后,就云消雾散,雨过天晴呢?还是阵痛后,会在当事人心理与生理上留下永远的疤痕呢?学者对这个问题有两极的看法。一派认为文化震荡对当事人有正面的影响(positive influence),另一派则认为文化震荡对当事人有负面的冲击(negative influence)。

正面影响

持正面看法的学者,认为文化震荡对个人的成长(personal growth)有所帮助。Adler(1987)列举了七项理由来支持这个论点:

第一,学习本身总是具有某种程度的变迁(change),不同的情况通常提供不同的机会以求取解决的方法。文化震荡提供了当事人一个在随时变迁的环境里,寻求解决方法的学习机会。

第二,文化震荡可以解释为一个个人化的现象(individualized phenomenon)。既然人们都喜欢有一种独立与特殊的感觉,文化震荡能够提供个人追求那种特有感觉的动因,促使个人努力爬升到自我实现(self-actualization)的境界。

第三,文化震荡可以带来一种挑战的刺激感(provocative)。这种兴奋刺激的感觉,鼓舞当事人勇往直前,愈战愈勇,克服适应过程的障碍。

第四,学习的作用与效果,通常必须在个人的压力或焦虑,达到某种高度的时候,才会真正显现出来。除了极端的例子之外,文化震荡给当事人带来的高压,正好是最适合学习的程度。

第五,如本书第一章所言,来自不同文化人们的接触,不仅已经是无法避免的事实,而且是愈来愈频繁。这意味着文化震荡是当今生活与学习不可或缺的一部分,对人们生活有不可磨灭的贡献。

第六,文化震荡提供当事人一个寻求适应新方法的机会,然后实地加以印证,若不适合,再继续寻找他种方法,直到结果满意为止。这种尝试与错误(try and error)的学习方法,对当事人的成长很有助益。

第七,以不同行为实证各种新方法的过程,常常是经由比较(comparision)或对照(contrast)的方式进行。这种过程强化了当事人学习的能力,更进一步把新方法联系到不同文化的适应。

负面影响

这些正面的观点,很明显的是把文化震荡当做是学习的过程。由于人类的成长必须经由学习的过程,文化震荡正好提供人们一个学习自我成长的好机会。不过,文化震荡既是一种心理与生理的“震荡”,有了震荡,必然会带来后遗症。这是对文化震荡具有负面影响看法的主要依据。Draguns(1977)因此提出四项文化震荡可能带来的负面冲击:

第一,文化震荡给当事人带来的是高低起伏不定的情感经验(affective experience)或情绪(mood)。今天可能经验包括躁狂性(manic)、歇斯底里性或过度亢奋性的强烈情绪,明天可能感到忧郁、闷闷不乐、慵懒无力等意志消沉的情绪。这种两极性的情绪反应,对当事人心理健康的发展,会带来不良的影响。

第二,文化震荡对当事人知觉与认知评估(perceptual-cognitive appraisal)能力的发展,会带来负面的影响。由于文化的差异,旅居人可能把地主国正常的举止行为看成是怪异的(bizarre)、不寻常的(idiosyncratic)与不可理解的(incomprehensible)。这种不正确的判断通常须要长时间的学习,才能修正过来,但对有些旅居人,也可能是终生无法矫正。不正确的知觉或认知评估,是跨文化沟通主要的障碍之一。

第三,除了在情绪与认知评估的影响之外,文化震荡给当事人带来一方面是紧张、焦虑、神经质与情绪过敏,另一方面是松弛、宽心等感觉的经验,对整个机体性表达(organismic expression)的健全发展也没有帮助。

第四,从社会行为(social behavior)方面来看,文化震荡可能给当事人带来行为不稳定的现象。例如,过度不可预测(unpredicatable)、不可信任(reliable)、不够诚实(dishonest)或缺乏教养(ill-mannered)。

总之,文化震荡具有负面影响的看法,主要是认为文化震荡的症状会导致所谓不正常(abnormal)的行为。

第四节　跨文化适应研究的理论与模式

因为跨文化适应的结果直接影响到旅居人在地主国求学、做生意、移民生活或较长期性旅游的成败,其重要性自不可言喻,因此研究这个主题的传播、人类或社会学者颇多,对跨文化适应这个概念的研究所提出来的理论或模式,在量方面也相对地增加。综观已经出版的论述,我们可以把跨文化适应研究的理论或模式,概括性地分为三大类:跨文化适应阶段论、跨文化适应的心理冲击论以及跨文化适应技巧论。这一节就来讨论与比较每一类型中具有代表性的研究。

跨文化适应阶段论

早期跨文化适应的研究,基本上把跨文化适应当做是一种阶段性(stage)的过程。跨文化适应阶段论,虽然频遭当代学者批评为失之过简或流于僵化,它们对后来跨文化适应的研究,却具有引导的作用,而且贡献很大。其中以最早的 U-曲线模式(Lysgaard, 1955)最具代表性,这个模式已成跨文化适应研究的经典作。之后延续 U-曲线模式研究方向的重要著作,有 Adler(1975)的转换震荡五阶段论,Mansell(1981)的跨文化适应的感情四阶段论,Taylor(1994)的转化学习模式与 Lewis & Jungman(1986)的跨文化适应的六阶段论。

U-曲线模式(U-Curve Model)

Lysgaard 于 1955 年,研究了由 Fullbright 基金会赞助的两百个来自挪威的学者,发现了这些学习适应美国文化过程,可划分为三个阶段:初始期(initial stage),寂寞期(loneliness stage)与复原期(recovery stage)。这三个阶段可以用 U-曲线型模式来表示,从开始的新鲜感到满意度的下降,再到情绪复原的阶段。

这三个文化适应阶段,后来在 Deutsch & Won(1963),Morris(1960),Obeg(1960)以及 Smalley(1963)的研究,大致上获得支持,并做了一些改良。把这些学者的研究综合起来,一个较完整的 U-曲线跨文化适应模式,应该包括四个阶段:蜜月期、危机期、复原期与双文化适应期。

蜜月期(Honeymoon Stage)

跨文化适应的最初阶段叫做蜜月期(honeymoon stage),又称为初期陶醉期(initial euphoria)或神魂颠倒期(fascination stage)。当一个人初入新文化的时候,内心充满着兴奋之情,所闻所见满是新鲜感,这个目不暇给的阶段,好似新婚度蜜月的时刻,心情很是轻松愉快,感觉甜蜜蜜的。

例如,初次看到美国的购物中心是那么的大,东西是那么的多;尼加拉瓜瀑布是那么磅礴飞逸;大峡谷的鬼斧神工;北京紫禁的秀雅瑰丽;八达岭长城的雄伟壮观;长江与黄河万里无息的奔流;台湾山川的蕴藉秀致等,真是心旷神怡,对新环境感到陶醉与神魂颠倒。这种甜蜜的感觉,主要来自人类对新事物具有好奇心(curiosity)的天性。问题是在跨文化适应的过程,这个阶段能够持续多久呢? 基本上是因人因事因地而定,大致上从两个礼拜到两个月不定。

危机期(Crisis Stage)

危机期(crisis stage)又称挫折期(frustration stage)或敌对期(hostility stage)。蜜月期一过,马上得面对现实。是学生的话,学期开始了,注册、吃住与指导教授见面、选课、移民手续等正事,排山倒海而来。上班的话,与上司下属见面、文件处理程序、公司的期待、家属的安排等非面对的问题,既烦人,又得处处小心,以免一步错,全盘输,弄得心理压力大如泰山压顶。天天必须面对新文化的挑战,蜜月期的好奇心,一下子给文化差异所产生的迷惑、失序与挫折感取代了。

严格说来,这一阶段就是文化震荡的代表期。文化震荡的各种症状陆续在这个阶段显现。Smalley(1963)指出,在这个阶段,旅居人开始承受到不断涌至的差异感、疏离感以及对新环境的不适感。然后我族主义(ethnocentrism)的优越感油然而生。优越感一生,旅居人的个性很快就受到挑战,自我的认同也开始出了问题。旅居人若无法适当地解决这种症状,严重的沮丧或退缩会随之而来,在新环境的生活,可能因此瘫痪,分崩离析。

这个阶段会持续多久呢?学者间也没有一个定论。依旅居人个性的不同、文化的差异以及旅居的性质,有些人能幸运地在短时间内,逐渐适应了新环境;另外一些不幸的人,可能受不了文化震荡的攻击,一生活在新社会的最底层,或精神分裂错乱,或学业、生意、工作失败,或半途而废,中途遭返原居地。

复原期(Recovery Stage)

复原期(recovery stage)又称逐渐改善期(gradual improvement)或逐渐适应期(gradual adjustment)。对异文化适应所努力付出的时间与精力,成果慢慢地在这个阶段显现。除非是在文化震荡的过程中成了牺牲品,一般人大致上能够经由学习,逐渐地接受了地主国言行举止的规则,慢慢地调适自己,配合新环境的要求。研究发现,在复原期,旅居者开始发觉到地主国文化的可贵,感激与尊重新文化与自己文化之间的差异,并且开始发展了文化敏觉(cultural sensitivity)的能力(Thomas & Althen,1989)。

适应过程一步一步改善后,到了一定的程度,旅居者重新拾回信心,心情逐渐开朗轻松起来,幽默感开始回现,对地主国文化好与不好两面,也能平心面对。很明显地,这是为人处世的一种个人弹性(personal flexibility)能力的发展,不再需要依赖自己文化线索的协助,即能继续在新环境下存活(Adler,1975)。

双文化适应期(Biculturalism)

双文化适应期(biculturalism)也称为完全适应期(full adjustment stage)或熟练期(mastery period)。经过多年的学习,尝试再尝试,总算媳妇熬成婆,适应技巧业已娴熟,浮游在异乡与自己故乡海洋,感觉上已没有太大的差异,也就是已经习惯了两种不同文化的生活方式。当然,如同活在自己文化一样,日常生活难免得碰到困难或烦恼扰心之事,但到达这个熟练期的阶段所习得的能力,能够在短时间之内,妥善地应付偶尔出现的焦虑与挫折感。

Adler(1975)认为,这个阶段主要的特色,在于旅居人的态度与行为上,已经摆脱了原来文化的纠缠。换句话说,就是发展了独立自主(autonomy)的功力,展现了双重认同(dual identity)的能力,比较文化差异的美感欣赏力,建立满意人际关系的能力与对文化产生高度的承诺力(commitment)(Mensell,1981)。

这个阶段到底可不可达到呢?或者,这个阶段有多实在呢?课堂上学生常提出这个问题,这是一个不容易回答的问题。如果从小就移居到另一个文化,因孩子的学习与模仿的能力强,完全适应新环境是没问题的。可是,这个孩子适应自己母文化的能力,会变成怎样呢?是不是在适应了地主国文化后,自己的母文化反而变成一个异文化呢?

例如,本书作者在美国已待了超过二十年,具有传播学博士学位,在美国大学任教,住在一般美国人社区,选举投票,社区服务,社交活动皆和本地人无异。照理说,应该是完全适应期的佼佼吧?是耶?非耶?很难说。在台湾受完大学教育,军中服务两年,加上工作两年,出国时已是二十好几。算是一个成熟的成年人,全身每一个细胞都是中华文化建立起来的。因此,在美国过了那么多年,还是很想念台北的夜市与夜生活。虽然走的是美国的超级市场,买回来的食物蔬菜,却喜欢依照中式烹饪法,吃起来才觉得对口。另外,连吃一两天汉堡或热狗,感觉尚可,若像孩子一样可以餐餐啖之,连续三天或五天,那不真的发疯才怪。像这种情况,可以说是完全适应了吗?到目前,还没有看到满意的答案。

转换震荡五阶段模式

Adler(1975)批评 Lysgaard 的 U-曲线跨文化适应模式,没有把认同(identity)这个概念包括进去。他更进一步认为 U-曲线模式只考虑到旅居人满意(satisfaction)与时间(time)两项因素,忽略了在每一个阶段,旅居人身心的转变。

Adler 把文化震荡当做是一种人们生活中,碰到的如同结婚、换工作或孩子死亡等重大改变事件的失序(disorder)现象。他因此使用了变迁震荡(transition shock)来取代文化震荡。变迁震荡不仅包括因文化差异所产生误解而带来的焦虑感,更涵盖了个人生活过程的巨大变迁所带来的冲击。Adler 的变迁震荡模式,包含了五个阶段:接触期(contact)、失衡期(disintegration)、重整期(reintegration)、自主期(autonomy)与独立期(independence)。

接触期(contact)和失衡期(disintegration)与 U-曲线模式与前两个阶段无异。Adler 提到,在接触期,旅居人的注意力通常集中在文化类似的部分,而忽略文化的差异,同时仍然活在自己文化的生活方式。因此事事新鲜好奇,无暇顾及或根本尚未感觉到文化的不同,对身心可能产生的震荡。到了第二阶段,文化的差异开始主导旅居人的生活,迷惑(confusion)、失向(disorientation)、沮丧(depression)及疏离感(alienation)等失衡现象陆续出现。这些就是文化震荡典型的负面症状。

重整期(reintegration)为第三阶段,提供了一个适应的转折点。在这个阶段,旅居人常会表现出强烈排拒地主国文化的态度和举止,敌视地主国的人们,并且动辄使用负面的刻板印象(stereotype)。处于这种混乱失序的情况,旅居人必须对是否愿意接受地主国文化做一个裁决,也就是必须决定继续活在失序的情况,或者往前迈进一步,跨入自主的阶段。

自主期(autonomy)意味着旅居人对地主国文化已经有了充分的理解,而且已经掌握了与地主国人互动的行为技巧。有些旅居人在几个月的时间,就能够达到这个阶段,并且有自信自诩为了解该文化的专家。最后的独立期(independence)与 U-曲线模式的双文化适应期类似。旅居人在这个阶段,能够对文化的异同引以为乐,适应的弹性已变得很娴熟,对与地主国人应对的行为取舍也自信满满。

Adler 转换震荡五阶段模式的特色,是把文化震荡当做是一种个人成长的内在过程(internal process),而不只是对地主国文化的回应而已。这点可以用来说明,为何每一个旅居人都有不同的对应方法。这个模式的另一个特色是,提供了旅居人一个选择往上爬升的机会,Adler 并对个人的选择抱着乐观的态度。这个模式受到了 Anderson(1994)与 Kim(1979)的认同。

但是 Adler 转换震荡模式的特色,也正是它的缺点所在。这个模式似乎认定,任何处于无论是症状多么严重的文化震荡危机的旅居人,只要选择往前奋进,就可自然地跨越难关,完全适应异文化的生活。这就好像告诉一个有自杀倾向的人,应该选择活得快乐,就马上一蹴即就,自杀倾向的毛病立即消除似的不切实际。Adler 缺乏实际的例子与文化震荡转换的方法。由于 Adler 的转换震荡五阶段模式的提出是建立在他个人的经验之上,没有实证研究的支持,因此可靠性仍然受到怀疑。

跨文化适应的感情四阶段论

Mansell(1981)的跨文化适应感情四阶段论,着重在旅居人内心受到文化震荡的冲击,经由感情高低起伏的变化,逐渐改善及慢慢适应地主国文化的个人成长过程。Mansell 指出,旅居人在跨文化适应的过程,或多或少都得经历情绪(emotion)与感情(affection)变化的四个阶段:疏离感(alienation)、边缘化(marginality)、濡化(acculturation)以及二元性(duality)。

疏离感(Alienation)

在感到疏离感(alienation)的阶段,旅居人内心会产生一股认同自己文化的强烈欲望。由于排斥地主国文化,参与地主国日常活动的机会必然减少,所认识的人相对地也不多,生活圈局限在几个认识的同事或同学而已。因此寻找与同文化的人们为伍,是社交满足感的唯一来源。在这个阶段,也因为缺乏适应地主国文化必备的技巧,而感到只有与自己的文化最相配,并且常常有想要返回故乡的冲动。

边缘化(Marginality)

边缘化(marginality)的感觉,像三明治一样,给卡在两个不同文化之间,不知道到底应该隶属于哪一边。这种情况不明的现象,旅居人对不知效忠哪一个文化感到困扰,对自我的认同也发生了不确定感。在社交关系方面,感到边缘化的旅居人,顶多只能与地主国人建立初级或表面性的联系。由于无法完全放弃母国文化的生活风俗习惯,结果弄得边缘化的旅居人,既无法感激与享受自己的文化,也无法感激与享受地主国的文化。

濡化(Acculturation)

当旅居人对适应地主国的生活方式产生强烈需求的时候,濡化(acculturation)的现象也跟着出现。对地主国文化开始产生认同,意味着自己原来文化的重要性慢慢地减低。能够不执著于自己原来的思想态度,入境随俗,与地主国人们建立深交的障碍自然减除。在这个阶段必须注意的是,过度急促地拥抱新环境,有可能引发挫折感与碰上障碍,这对跨文化的适应,不见得有帮助。

二元性(Duality)

最后是文化二元性(duality)期。这一个阶段类似 U-曲线模式的完全适应期。文化二元性代表了旅居人虽然生活在异乡,但已经培养了可以同时调适母文化与客居文化的能力,并能进一步发展出一种自主性与独立于两个不同文化的成就感。这种适应弹性的能力,提供了旅居人克服文化对立的新技巧,整合了新的与既有的信仰和行为成规。为了持续的成长与建立持续性(continuity),旅居人必须在这个阶段,一直保持着一颗开放的心灵(open-mindedness)与思想行为的弹性(flexibility)。

转化学习模式

Taylor(1994)的转化学习模式(Transformative Learning Model)认为,旅居人在新文化居住一段时间之后,自我转化(transformation)是一个不可避免的经验。跨文化适应乃是旅居人经由沟通活动,一步一步学习如何把自己从一个新鲜人或菜鸟,转化成一只玲珑自如的老鸟的过程。以 Mezirow(1978,1981,1991)的转化学习理论与 Ruben(1988)的跨文化转化理论为基础,Taylor 发展出了转化学习模式,用以解释跨文化适应的过程。

转化学习模式特别留意旅居人如何解释他们生活的经验,以进一步习得了解、感激、尊敬与接受地主国文化的过程。这个转化学习的过程,包括了三个阶段:转变的前提、过程与结果。

转变的前提(precondition of change)指做为转化催化剂的文化震荡。因为有了文化震荡,旅居人才会在面对文化差异的时候,试图矫正内心的失衡现象。这种戮力重新获取内在平衡的努力,就是个人在跨文化适应的过程,自我转化与成长的前提。Taylor 采用了 Mezirow(1991)的转化十阶段,解释跨文化适应的转化过程:

1. 失向的困境(disorienting dilemma)。

2. 带有罪恶感或耻感的自我检视(self-examination with feelings of guilt or shame)。

3. 对知识的、社会文化的与心理的假定(assumption)做批判性地评估(critical assessment)。

4. 体认自己的不满经验与转化过程,乃是他人在谈判类似转变的共有(shared)的现象。

5. 探索新角色、关系、与行动的可能选项(option)。

6. 准备行动的方针(course of action)。

7. 寻求实行计划(implementation of plans)的知识与技巧。

8. 对新角色暂时性的采用(provisional adoption of new roles)。

9. 在新角色与关系上,建立自信与能力(self-confidence and competence)。

10. 以新的面向为基础,重新整合(reintegration)入自己的生活。

这十个阶段之中,第一阶段的失向困境,代表旅居人受到文化震荡后,开始产生转化的前提。第九和第十阶段,代表了跨文化适应的转化的结果(transformative outcome)。第二到第八阶段,可以与 Adler(1975)与 Mansell(1981)等其他阶段模式并论。

这个模式的局限性,是把学习过程视为跨文化适应的普世模式,十足反映了西方文化那种自主(autonomous)与自导(self-directed)的世界观。不过,它的优点是强调,经过百折不挠地努力(persistent learning),旅居人在情感(affective)、认知(cognitive)与行为(behavioral)上,都会因此有了成长,而终究导致改变转化的结果。

跨文化适应的六阶段论

Lewis & Jungman(1986)的跨文化适应的六阶段论,是跨文化适应阶段论中,最为完整的一个模式。这个模式的特色是把跨文化适应过程,延伸到旅居异文化之前与适应地主国文化之后,回到母国文化适应的情形。六个阶段包括:预备期(preliminary stage)、旁观期(spectator stage)、参与期(participant stage)、震荡期(shock stage)、适应期(adaptation stage)与返乡期(reentry stage)。

跨文化适应预备期(preliminary stage)指当事人尚未出国前,在国内从事准备的过程。是学生计划留学美国的话,参与补习加强美语的能力;准备托福(TOEFL)、研究院入学测验(GRE)或管理学院入学测验(GMAT)等必要的考试;收集学校资料,索取入学表格,填寄奖学金申请书,请老师写介绍函与护照、签证等事宜,忙得不可开交。若是给公司派往国外,可能还得考虑是否全家同时前往,孩子适应问题,在国外公司的性质及成员的结构等令人烦恼的事情。

旁观期(spectator stage)类似 U-曲线模式的蜜月期;参与期(participant stage)与震荡期(shock stage)合起来,就是 U-曲线模式危机期;适应期(adaptation stage)则是双文化适应期。

Lewis & Jungman 模式的特色是添增了返乡期(reentry stage)。在另一个文化适应了以后,回到了自己的国土,突然发觉必须从头适应起自己的文化。换句话说,对自己的文化竟然也产生了与当初到达新文化时一样的文化震荡。这种来自母文化的休克现象,称作返乡震荡(reentry shock)或逆向文化震荡(reverse culture shock)。返乡震荡的症状与文化震荡没有两样。

其实,Gullahorn & Gullahorn(1963,1966)在 60 年代初,就已经注意到了这个问题。他俩把 U-曲线跨文化适应模式,延伸为出名的 W-曲线模式,用来表示旅居人回国后,重新适应自己文化的过程,也就是重复 U-曲线跨文化适应模式的四个阶段。

跨文化适应的心理失衡论

跨文化适应研究的第二组理论,把文化震荡当作是一种心智健康的失序(mental health disorder)来处理。这方面的研究很多,探讨的角度也多样化,但大致上有一个共识,就是不把文化震荡看成是缺乏行为技能(behavioral skills)所致。换句话说,像语言技巧对消除文化震荡冲击的助益并不大。文化震荡是旅居人价值观的遗失或与地主国文化产生矛盾时所引发的心理疾病。这组理论中,值得探讨的包括跨文化适应的悲叹(grief)论、跨文化适应的宿命论(fatalism)以及跨文化适应的训练与治疗(cross-cultural training and therapy)。

跨文化适应的悲叹论

Furnham & Bochner(1986)综合比较了先前跨文化适应的著作,发觉悲叹(grief)论,盛行于六十年代后期。跨文化适应悲叹论认为,旅居人适应的时候,与生活在对失去的文化感到哀悼(mourning)的情况无异。主要的症状有沮丧、寂寞、疏离或感到不属于这个世界似的等因巨大损失引起的心理毛病。

Wang(1995)把跨文化适应悲叹论的研究,延伸到返乡震荡(reentry shock)或逆向文化震荡(reverse culture shock)的领域。他发现旅居人回国之后,自己文化引起的震荡所产生的心理冲击比当初客居文化的影响更大,因此导致的哀伤与悲叹,有过之而无不及。因为返乡后,发现所丢失的文化不仅是自己的母文化,现在连已经适应了的客居文化也得抛弃。双重损失带来双重的打击,心理承受的压力自然是重如泰山。

跨文化适应悲叹论的分析颇有道理,但问题在于,并不是所有旅居人都会经历这种悲伤沮丧的阶段。有些来自破烂的家园国土,或从水深火热的环境逃难出来的移民,可能把地主国当成天堂,何苦之有?因此跨文化适应悲叹论有其局限性。

跨文化适应的宿命论

Furnham & Bochner(1986)综合比较先前跨文化适应的著作,也发现了跨文化适应的宿命论(fatalism)。相对于把跨文化适应的成功归诸于拥有一套行为技巧,宿命论主张跨文化适应的成功与否,受制于像他人、运气或命中注定等外在因素。这种命运不操之在我的悲观态度,常给旅居人带来不健全的应对方法与重大的心理痛苦。

根据这个理论的说法,因为有些文化本来就具有浓厚的宿命观,因此,来自这些文化的旅居人在跨文化适应的过程中,失败率必然高于其他文化。由于学者一直无法经由实证研究证明宿命论与适应成败的关系,这个理论到了 80 年代中期,业已失去其魅力。

跨文化适应的训练与治疗

研究显示(Anderson,1994;Ward & Kennedy,1994),跨文化适应的成败,其实同时关系到心理的冲击与行为技巧的熟练与否。因此以训练与治疗(tranining and therapy)的方法,增强旅居人适应的技巧,以取得身心的健康,自然成为学者研究的对象。跨文化适应的训练的部分,本章将有独立的一节加以讨论。在此先谈谈 Befus(1988)的治疗法。

Befus 设计了一个治疗文化震荡的方法。她把文化震荡看成是在行为、情绪、智力与生理上的一种对累积性、多重性与互动性的压力反应所形成的一种适应症状。这种症状乃是因为移居到一个陌生文化所引起,它的主要特色表现在各种不同的心理苦痛现象。

Befus 于是把她设计的文化震荡治疗法,分为四个层面:

第一是生理的层面(physiological level),治疗方法包括深呼吸、渐近式松弛、适当运动与均衡饮食等。

第二是行为层面(behavioral level),方法之一是,要求旅居人列出所有他们在自己文化时喜欢的活动,然后鼓励他们审察当中那些活动,可以转移到地主国的环境,然后再鼓励他们找出喜欢的地主国活动,经由这些研究比较后,去芜存菁,努力加以追求与实行。一段时间后,再鼓励旅居人一起讨论实行的结果,尤其侧重在负面经验的交换。

第三是情绪层面(emotional level),方法是以理感疗法(Rational-Emotive therapy),训练旅居人制止负面认知(negative cognition)的作祟,以避免或减少负面情绪(negative emotion)的冲击。

最后是协助旅居人在智力层面(intellectual level)上,获知自己与地主国彼此之间文化价值的差异。

跨文化适应技巧论

除了前面所讨论的跨文化适应阶段论与心理冲击论之外,也有不少学者,尤其是传播学者,主张文化震荡的产生乃是旅居人缺乏适应地主国文化的沟通技巧(communicative skills)所致。换句话说,跨文化适应技巧论的学者认为,只要习得地主国文化的沟通技巧,旅居人的适应过程,就会一帆风顺,文化震荡的冲击就会减低到最小的程度。因此,跨文化适应技巧论的研究,通常都很重视在旅居人到达客居国度之前,如何整理出客居文化的沟通技巧,然后教导或训练旅居人,以求出国后,能安然适应与排解新文化所带来的震荡。

Kohls(1979)是第一位学者,出书教导人们如何准备适应在新文化的生活。他在书中讨论了旅居异国,适应所需的技巧,特别是对文化价值观的了解与语言技巧。Kohls 认为愈是了解地主国的文化与语言,适应的过程也就愈加顺利。对于没有足够时间与财力,参加跨文化适应训练的人们,Kohls 的著作是一本相当值得参考与依赖的册子。

Gudykunst & Kim(1984)把跨文化适应的沟通技巧,区分为认知的(cognitive)、情感的(affective)和行为的(behavioral)技巧三种类型。根据 Chen & Starosta(1996)的说法,认知的技巧指对地主国文化的理解(cultural awareness);情感的技巧指对文化的敏觉度(cultural sensitivity);行为的技巧指对互动的熟练度(intercultural adroitness)。

Chen(1989)更进一步把沟通技巧归类为信息技巧(message skills)、行为弹性(behavioral flexibility)、互动经营(interaction management)以及社交技巧(social skills)四种。这些技巧综合起来,其实就是所谓的跨文化沟通能力(intercultural communication competence)。本书第九章将专门讨论这个概念。以下来探讨与跨文化适应关系紧密的两个概念:文化认同(cultural identity)与跨文化训练(intercultural training)。

第五节 文化认同

自认归属与哪一个文化团体,对跨文化沟通具有强大的影响。尤其在跨文化适应的过程,面对着新文化的冲击,对自己的文化开始有了对比、审视,甚至怀疑的同时,必须决定是否接受地主国文化的认同。若认同了地主国的文化,可是意味着对自己原有文化的丢失遗弃,还是仍然能够保存着自己原来的认同,而使多重文化认同(multiple cultural identity)成了可能? 这些有关认同的问题,在跨文化沟通的过程中,是旅居人无法回避的。以下就来谈谈认同的种类,文化认同的形成,以及文化认同的特征。

认同的种类

认同可细分为自我认同(personal identity)、年龄认同(age identity)、性别认同(gender identity)、种族认同(racial identity)、族裔认同(ethnic identity)、国家认同(national identity)、区域认同(regional identity)等项目,但主要可归纳为三大类(Lustig & Koester,2000):文化认同(cultural identity)、社会认同(social identity)与自我认同(personal identity)。

文化认同(cultural identity)指个人对一个特殊文化或族群所具有的归属感。文化归属感乃是经由社化的过程(socialization process)自然地产生。如本书第二章对文化的解说,人一生下来之后,通常是没有选择性地,必须学习认识与接受自己族裔的语言、风俗习惯、宗教、价值观、饮食穿着、思想举止与社会结构等文化的内涵。这是成为该团体一分子的必要条件。内化(intenalize)文化或袄上了文化背袋(cultural bag)后,我们与自己的文化群就整合为一,自认是属于自己文化群的一分子。

社会认同(social identity)是个人在一个文化内,因隶属于某个团体而形成的。只要个人能够接受团体成员共同认同的看法与关心之事,对该团体的归属感即因此产生。一个人同时可具有多种的社会归属感,如因年龄相仿而合得来的年龄认同(age identity),因性别一样,彼此投缘而成一个团体的性别认同(gender identity),因工作性质一致而归属同行的工作认同(work identity),因信仰同一宗教而成的宗教认同(religion identity),或因来自同一城市或省份的区域认同(regional identity)等多是社会认同的一种。

自我认同(personal identity)是对自己的看法,认为自己就是这种人或那种人的自我认知。个人间的自我认同,通常是不同的。有些人其貌不扬,却自认为潘安或飞燕;有些人相貌堂堂,如花似玉,却自认为丑小鸭,羞于见人。老王喜欢烹饪与数学,小张却远庖厨爱读言情小说。自我认同是个人生活与生存的基本依靠,通常在沟通互动时,我们会有意识或无意识地表现出自我的认同。

文化认同的形成

根据 Phinney(1993)的研究,文化认同的形成,通常经过三个阶段:未审的文化认同期(unexamined cultural identity)、文化认同的搜索期(cultural identity search)与文化认同的完成期(cultural identity achievement)。

未审的文化认同期

未审的文化认同(unexamined cultural identity)如同游在河里的鱼儿一样,没有意识到水的存在。人们在社化的过程,特别是小孩阶段,把父母、亲戚朋友、社会或报章媒体传递的讯息视为理所当然而完全加以接受,从未感到怀疑或提出挑战。既然视自己的文化为理所当然,自然无心或没有兴趣去了解文化的差异,看任何事情都是从自己文化的角度。因此,在这个阶段,很容易形成盲目的文化认知,并进而变成文化刻板印象(cultural stereotype)与文化偏见(culturalprejudice)。我族主义(ethnocentrism)或文化褊狭(parochialism)就是在这种情况下产生的。

中国人以前以自我为中心与不平等看待外国人的天朝型模的世界观(殷海光,1976),就是未审的文化认同所形成。当代西方世界仍然有许多白人,处处显露出种族优越感与歧视不同族裔与肤色的人们,也是这种文化盲点的产物。

文化认同的搜索期

第二阶段是文化认同的搜索期(cultural identity search)。从个人成长的角度,当我们年龄到达某一个阶段的时候,会开始思考自己与周遭事事物物的关系。这种思考可能只是在加以比较对照之后,觉得自己的文化值得接受,自己的生活值得过,因此文化认同与自我认同,并未受到挑战或更形强化。这种思考也可能是一种批判性(critical)的思考,反省再反省,批判再批判,开始觉得自己与文化,甚至与自己格格不入。经此思考、比较、反省、批判的摸索过程,有可能重新体认自己与文化的认同,也可能给自己与文化的认同带来危机(crisis)。

这种情况在跨文化适应的过程中,尤其是文化震荡阶段,相当普遍。

从整个大社会的角度来看,中国从鸦片战争之后所连续带来的洋务运动、戊戌变法、辛亥革命与五四运动等所谓的第一次文化转型,历经新三民主义、官僚主义及新民主主义,一直到七十年代末开始的第二次文化转型时,马克思主义改革思潮、现代西方文化思潮、传统马克思主义与新儒学思潮等四大思潮的彼此拉锯激荡(杨春时,1995),很明显地表现了中国社会与华人在个人与文化认同上,痛苦地反思与挣扎。

文化认同的完成期

第三个阶段是文化认同的完成期(cultural identity achievement)。以"看山是山,看山不是山,看山又是山"而言,这一期已到了"看山又是山"的阶段。经历过前两期的无知与混淆的洗礼,在这个阶段,对自己与文化的认同,已经能够清晰而且有信心地加以肯定与接受。一个人的心智成长到这个阶段,意味着能防止刻板印象、歧视与偏见等负面的认知症状,同时具有面对来自他人的刻板印象、歧视与偏见的能力。这一个阶段的能力,为跨文化适应过程双文化适应期(biculturalism)的基础。在其中能够学习滋养一种辩知自我多重认同与维系多种文化共存(co-existence)的新个性,达到 Adler(1998)所称的"多重文化人"(multicultural person)。

多重文化人的特色是对自己文化有适当的认同,而且他们的世界观能够跨越己本土文化的局限,表现出一种包容各种不同文化的心态。换句话说,多重文化人所表现的多重文化认同(multicultural identity),具有三项特色(Adler,1998):

1. 心理上能够调适不同的状况,有弹性不僵化。

2. 个人因为随时接触各方人事，自我一直处在持续转变的过程。

3. 随时保持自我的无界限性(indefinite boundaries)，以显明开放的心态，等待与面对改变(change)的降临。

文化认同的特征

文化认同建立之后，它不仅像一面镜子，映照一个人的相貌、思想态度与行为举止，更提供我们一个解释自己与他人行为的架构(framework)。仔细观之，文化认同的特征可归纳为四项(Belay，1996；Kim，1996；Lustig & Koester，2000；Martin & Nakayama，1997)：自我认知的中枢(central to the self sense)，动态性(dynamic)，对比性(contrasitivity)与多面性(multifaceted/multiciplicity)。

自我认知的中枢(Central to the Self Sense)

文化认同是一个人对自我认知(self-concept)的最基本单位与控制中心，直接影响到自我认知的各个层面。由于成长在同一文化内，久而久之，对该文化的一切便习以为然，文化认同也就安而无事，秘而不显。当环境改变时，尤其是与不同团体或文化人们互动时，文化认同的组成要素，马上会活跃起来。这个时候很可能多种的认同，同时活动起来。

文化认同的显现，基本上虽然表现在个人(individual)、关系间(relational)与群体间(communal)三个形式上(Collier，1994；Collier & Thomas，1988)，它的启动乃是由自我声明(avowal)或他人归因(ascription)所导致。自我声明就是对人宣称"我是某某人"或者"我是什么"，这种认同完全是自我认知的外显。他人归因指一个人的认同，乃是别人认为他是什么，他就自认为是什么而形成的。但不论是自我声明或他人归因的自我或文化认同，它们同是自我认知的主要中枢。

动态性(Dynamic)

由于文化本身就具有动态性(dynamic)，一个人既是文化的产物，对文化的认同必然也具动态性。随着个人与经验的增长，文化的认同也随时在变迁，在同一文化内，这种变迁常常是在无意识的情况下进行，在不同文化的情况下，因彼此的差异性明显地升高，文化认同的变化更常在有意识下，甚至心理冲突的情况下发生。

文化认同的变迁，可能导致正面的结果，也可能导致扭曲的结果。跨文化适应最后达到的双文化或多文化认同，可说是正面的结果。长久受到奴隶，以为自己本来就是生为奴隶，属于扭曲性的负面结果。

文化认同的变迁，在不同情境会有不同的鲜明度(slaience)，在不同的时间内也会产生不同的强度(intensity)。文化认同的强度，指对认同投入或投资的多寡。例如，亚洲留学生到了美国之后，不管在校园或校外，会强烈地感受到自己是属于少数民族，肤色与当地人不同，语言也不一样，举止行为也有很大的差异。文化认同的鲜明度，指公开凸显自己文化认同的程度。例如，华人留学生到了美国之后，因为感受到族裔的不同，所带来的思想举止等各方面的差异，认同自己是中国人或台湾人的感受会变得强烈，而且以自己的文化认同为荣，在与人交往时，会明显地夸耀与表露出自己的文化背景。

对比性(Contrastivity)

文化认同的建立是经由集体意识(collective consciousness)的运作来制造意义(sensemaking)的过程（Belay，1996）。它是一种团体意识的表现。因此社区的意识（sense of community）是文化认同的基础。

文化认同的表现，正是这种团体或社区意识对比（contrast）的情况之下，显现出来的。也就是我们之成为"我们"，乃是因为我们不同于"他们"。换句话说，"我族"与"非我族类"的划分，在行使"接受"（inclusion）或"排斥"（exclusion）的过程，清楚地描绘出了文化认同的轮廓。

多面性(Multifaceted/Multiciplicity)

文化认同的多面性（multifaceted/multiciplicity），表现在认同种类的多样化与多层次的元素。多样化方面，例如，同一个人在不同的时空里，叫具有学生、研究助理、父亲、佛教徒、丈夫、中国人等不同的身分认同。一般人常会错误地认为，一个人只能同时认同一种身分，就好像是如果认定自己是一个巴西裔的美国人，就不可能是个佛教徒似的。其实多种认同是并行不相害的。如前面谈到的 Adler（1998）所说的"多重文化人"（multicultural person），就是个例子。

在跨文化适应的过程，一个成功的旅居者，能够在不同文化认同间，悠游自如。例如，一个华裔美国人，在华人社区可能使用自己的母语与其他华人沟通，强化自己历史文化的认同感。但在学校、公司或其他场合，他可能使用英语以便与同学或同事沟通，加强团体的认同感。认同的多样化，并不互相矛盾或有所冲突，可以和谐地整合起来。

文化认同的多层次性，表现在情感（affective）、认知（cognitive）和行为（behavioral）三方面。首先，人对认同都会有感情的投入。感情的变化依情况而定，在某些情况，例如，在跨文化适应的危机期，人们会强烈地宣称自己的文化认同，以确保心理的平衡。

其次，在认知方面，关系到我们对认同的理解与信仰。每个人对自己文化的认同，通常具有一定程度的了解与信仰。具有不同文化认同的人们，可能会有相同信仰的时候。例如，一个美国白人与一个泰国人，他们虽然有不同的文化信仰，但是两人却同时是环保主义的支持者。有时候对环保主义的认同，会凌驾对自己文化的认同。

最后，文化认同的行为层次，表现在语言（verbal）与非语言（nonverbal）的交换过程。一个人之所以成为团体的一分子，就是经由语言与非语言的互动，达到彼此了解与互信后而形成的。因此研究一个群体的语言与非语言的互动形态，可以进而得知该群体的文化认同。

第六节 跨文化训练

如前所述，跨文化适应的成功与否，取决于旅居人对地主国文化的了解，与沟通和行为等技巧的熟练。也就是具有沟通的胜任度或能力（communication competence）。这种互动的能力，并非与生俱有或一蹴可就的，必须经由一段教育与学习的过程，才能慢慢习得。在跨文化交际的领域，包括本书第一章所提到的国际间传播（International Communication）、种族间传播（Interracial Communication）与少数民族间传播（Interethnic/Minority Communication）等次领域，跨文化训练（intercultural training）是用来帮助个人达到沟通胜任度或能力，最实际与最常用的方法。以下就来讨论跨文化训练的目的与各种方法。

跨文化训练的目的

Landis & Bhagat(1996)综合了以往的研究,指出跨文化训练的主要目的,可以归纳为三项:(一)认知上改变个人的思想,(二)情感上改变个人感情的反应,以及(三)个人行为上的改变。

改变个人的思想

跨文化训练在认知方面(cognitive aspect),试图改变参与者的思想,以达到四项目标(Albert & Adamapoulos,1980;Carlson & Widaman,1988;Lefley,1985;Stohl,1985):

1. 能够从地主国的角度来理解地主国人的思想行为。

2. 减少对地主国负面的刻板印象(negative stereotypes)。

3. 改变对其他文化过度简化(oversimplified)的思考方式,并进一步发展出一套较完整与复杂(complex)的系统以资对其他文化有更深入的了解。

4. 在较长期的跨文化训练,能够让受训的人,学习到所谓"世界性开放心灵"(world open-mindedness)的态度,并同时进一步深入地了解自己的文化。

改变个人感情的反应

跨文化训练在情感方面(affective aspect),试图改变参与者在与地主国人互动时,建立正面性的感情。这包括五种改变(Adler,1977;Fiedler,Mitchell,& Triandis,1971;Gudykunst,Hammer,& Wiseman,1977;Stephan & Stephan,1992):

1. 培养一种欣然(enjoy)与不同文化的人们互动的心情。

2. 能够驱除与不同文化人们互动时的焦虑感(anxiety reduction)。

3. 发展出能够与不同文化人们建立工作关系(working relationship)的感受。

4. 能够喜欢给指派的海外责任(overseas duty)。

5. 能够容忍(tolerate)、欣赏(respect),甚至接受(accept)文化差异的心态。

个人行为上的改变

跨文化训练在行为方面(behavioral aspect),试图改变参与者的行为举止,以便有足够的能力与来自不同文化的人们,建立人际间关系、增强工作表现、日常生活的互动等以行为为基础的表现。其中项目包括(Cushner,1989;Katz,1977;Waters,1990):

1. 能够在多文化的团队里,与队员建立良好的人际关系(interpersonal relationship)。

2. 能够适应在地主国每天承受的压力(stress)。

3. 能够发展出良好工作表现(job performance)的能力。

4. 能够发展出让地主国人,感到你沟通无碍的能力。

5. 能够协助他人达到与地主国人建立良好关系的能力。

从比较简明与广泛的角度来看,总括起来,跨文化训练在行为方面就是要达到以下的目的(Kols,1984;Seidel,1981):

- 做好当事人移居到新文化的准备工作。
- 学习对在新环境存活(survival)的技巧。
- 学习使用地主国语言与非语言沟通的能力。
- 学习减少在新环境可能产生的社交错误(social blunders)。

- 强化面对文化变异时的解释能力。
- 学习应用地主国人们世界观（worldview）的能力。
- 学习应付文化震荡的能力。
- 强化跨文化适应时的正面情感（positive feeling）。
- 使当事人蜕变成双重文化人（bicultural person）。
- 加强对个人与文化的理解。
- 习得与不同文化人们互动的经营与技巧。
- 学习创造性的解决问题（creative problem soloving）的能力。
- 培养跨文化敏觉性（intercultural sensitivity）的能力。

跨文化训练的方法

跨文化训练的方法可分为训练的模式（model）与训练的特殊性的技术（technique）。前者侧重跨文化训练方法一般性的原则，后者是在跨文化训练过程中，可以直接操作以达到不同模式所提出的目标。

跨文化训练的模式

从 1970 年代后期，就有不少学者开始投入跨文化训练的研究与应用（Bennett，1986；Brislin，1979；Gudykunst，Hammer，& Wiseman，1977；Gudykunst，Guzley，& Hammer，1996；Triandis，1977）。综合各家的论述，我们可以归纳出六种比较普遍的跨文化训练的模式（Chen & Starosta，1998）：教学模式（classroom model）、模拟模式（simulation model）、自知之明模式（self-awareness model）、文化理解模式（cultural awareness model）、行为模式（behavioral model）与互动模式（interactional model）。

教学模式（Classroom Model）

跨文化训练的教学模式（classroom model）又称为"知识模式"（intellectual model）或"大学模式"（university model）。这个模式大概是所有跨文化训练的模式中，最简便易行的方法。如同在教室上课一样，受训人经由聆听的过程，接受老师或训练者的教导。

这个模式主要侧重在认知能力的强化，使受训人能够了解一个文化的价值观、风俗民情、地理历史、社会结构以及思想举止等。经由解说、看影片、阅读和其他教学方法的互用，基本上对另一文化的了解，都能达到一个满意的结果。

这个模式虽然方便省事，而且对文化知识的灌输具有很大的效力，但是它的主要缺点在于教室所学与实际环境之间，毕竟有一段不小的差距。换句话说，能知未必能行，这使得这个模式有闭门造车之嫌。因此有必要配合其他模式，以达理论与实际的整合。

模拟模式（Simulation Model）

跨文化训练的模拟模式（simulation model），乃是针对改善教学模式的缺点而成立的。建立一个与某一文化类似的模拟环境，然后要求受训人在感情上必须投入，以便在这个模拟的环境，获取生活与沟通的经验。这个模式的基本论点是，只要受训人在这个模拟某个文化的环境生活过，他们自然会学习到一组新的行为方法与解决问题的能力，使他们能够较容易地渡过跨文化适应的过程（Gudykunst，Ting-Toomey，& Wiseman，1991）。

这个模式通常鼓励受训人多与即将客居的文化的家庭和人们从事沟通活动，并尽量经验模拟环境内客居文化环境的各种变数。经由这种尝试与错误（trial and error）的学习过程,受训人慢慢地能够减除适应的焦虑与挫折感。

这个模式具有四项特色(Wright,1970):

1. 受训人是整个训练的焦点,而不是教导的人。

2. 受训人在训练的过程,必须对自己的行为负责。

3. 这个模式重视习得解决问题的能力,而非文化知识的传授。

4. 这个模式教导受训人从互动的过程来学习跨文化的适应。

这个模式的缺点则有二。第一,要模拟一个完全类似的文化环境,几乎是不可能的事。不适当的模拟环境,很可能给受训人到达客居国之后,带来更多的麻烦。第二,这个模式的训练,通常只持续一天或几个星期。这种时间的限制,受训人不太可能对客居文化有足够的认识。因此,教学模式与模拟模式合用,似乎是比较可行的方法。

自知之明模式(Self-Awareness Model)

跨文化训练的自知之明模式(self-Awareness model)认为,能够了解自己,是跨文化适应成功的基本功夫(Chen,1989)。自知之明是敏觉力(sensitivity)的发挥,敏觉力强的人,对周遭与自己的事事物物的洞察力比较深刻。因此,这个模式旨在训练参与者能够洞察到别人的行为与表达的线索,而引导自己行使适当互动的能力。换句话说,这个模式的目的,在增强受训了解人群互动的心理势力(psychological force)与自己如何影响别人行为的过程。

虽然自知之明有助于跨文化的沟通,但是这种侧重个人心理内在运作过程的训练,能否真正应对跨文化沟通时所掺入的复杂与多样化的因素,实在值得怀疑。另外,自知之明模式也没有提供像教学模式一样地超越了自我以获取他人文化知识的能力,而且对跨文化沟通所需的行为方面的技巧,也付诸缺如。

文化理解模式(Cultural Awareness Model)

跨文化训练的文化理解模式(cultural awareness model)的立论与自知之明模式恰恰相反,着重在文化知识的灌输,而非有关个人的了解。这个文化知识,包括受训人自己与其他文化。也就是说,要能有效地与不同文化的人们沟通,我们首先必须了解自己与对方的文化价值观、风俗习惯与各种社会系统。这个模式主张,了解自己的文化是了解他人文化的基础。这个模式又认为,除非我们了解了我们自我的文化认同,只是众多认同的其中一个,我们很可能产生过度的我族中心主义(ethnocentrism)的毛病,自视过高,认为比他族人优越。

这个模式与教学模式最大的不同,在于它对文化的了解,采取了通则文化法(culture general approach),而非特殊文化法(culture specific approach)。前者不侧重在某一个文化的了解,把文化当做是一个普遍的概念加以研究。受训人习得文化的普遍知识后,必须更进一步应用到客居文化的环境才行。这个模式同时也要求受训人,经由这种训练后,在感情上对文化的差异,应该建立起必要的容忍性(tolerance)。

文化理解模式具有坚强的理论背景,因此广受采用。不过,要把文化普遍性的知识,应用到一个特殊的文化并非易事,而且可能会有阴错阳差的现象。如果训练时所使用的内容只注重西方文化或东方文化,这个阴错阳差的问题将更形严重。还有,当事人在做文化比较与对照的时候,有可能会避重就轻,忽略了文化间的相同部分,而夸大了彼此间的差异。

行为模式(Behavioral Model)

跨文化训练的行为模式(behavioral model)认为,只要学会了地主国人的行为技巧,对该文化的适应就能得心应手。因此,这个模式的主要目的,在于教导受训人某个特殊文化的一组行为技巧。要达到这个训练模式的目的,负责训练的人员,必须事先模拟出适合于该文化的举止行为,然后让受训人在一个模拟的情况下,学习这些适当的文化行为。一般认为,经由这个训练的过程,受训人可以减除与地主国人互动时,因状况不明而产生的焦虑感。

虽然行为模式的训练,注重明显问题的解决,而且训练的内容与设计通常清晰明了,它还是具有三项可能的缺点(Brislin, Landis, & Brandt, 1983)。

第一,这个模式给提供训练者,带来很大的压力。因为训练者必须对某个文化有深入地了解,而且能够从中提炼出代表该文化的适当行为。

第二,目前还没有足够的研究显示,了解某个文化的行为,能真正帮助旅居人的跨文化适应。

第三,专注在一组行为的做法,显然忽略了文化的动态性。以文化这么复杂的一个概念而言,要把它浓缩到一组可以经由训练即可获得的行为技巧,似乎是不确实际的期待。

互动模式(Interactional Model)

最后是跨文化训练的互动模式(interactional model)。这个模式要求受训人直接与来自地主国的人们沟通互动,因为这个模式认为,在训练时经历过与地主国人面对面的沟通,受训人将会对在客居国居住或工作时感到舒适点。在这种经验式的学习过程中,受训人同时必须了解地主国的文化系统与适当的行为形态。互动模式在大学校园甚为普遍,通常是使用工作坊(workshop)的方式,邀请在校就读的外籍学生参与,给受训人提供一个面对面互动的机会。

这个模式的最大优点是,来自地主国的人们,比起训练者更能够提供他们国家正确与较完整的文化讯息和行为形态。缺点是来自地主国的人们,很可能把自己的文化理想化,或不愿表达文化负面的部分,结果扭曲的文化的形象,反而给受训人带来负面的影响。

这些跨文化训练的模式各有其优点与缺点,它们之间在理念上,也或多或少有重复之处。基本上,要达到真正能够帮助旅居人的跨文化适应,根据训练的性质与目的,同时采用两种以上的模式以相辅相成,是比较可行的方式。

跨文化训练的特殊技术

跨文化训练的特殊性技术(technique)指训练时直接用以操作,以达到不同模式所提出的目标的方法。几种常用的特殊性技术包括:角色扮演(role playing)、个案研究(case study)、紧要事件(critical incident)、文化同化案件(cultural assimilator)与模拟法(simulation)(Chen & Starosta, 1998)。

角色扮演(Role Playing)

角色扮演(role playing)要求受训人像演员一样,扮演一个模拟实际生活行为的角色。角色扮演的目的,在于让受训人经由模拟的过程,面对与试着解决客居国生活上可能碰上的问题。这个方法最大的优点是把受训人,从旁观者的身分变成参与者,使他们能够在一个模拟的客居国环境里,亲身尝试生活在另一个文化的感受。

Barnak(1980)认为,在跨文化训练里,角色扮演的方法,可以用来达到几个特殊性的目的:

1. 练习与学习跨文化沟通的技巧。
2. 练习如何在一个特殊环境里解决问题。
3. 探索在模拟情况下的反应与感觉。

4. 鼓励与提升受训人的参与感。

5. 帮助受训人较深入地了解,不同文化人们的思想与行为形态。

个案研究(Case Study)

个案研究法(case study)是对复杂文化事件的描述。个案研究里所描述的事件,在实际生活中虽然很少会真正地发生,但是与个案描述的类似事件,在生活中却会层出不穷。因此个案研究法近似实际生活的事件描述,提供了受训人一个有效分析与解决问题的好机会。换句话说,一个好的个案研究,具有让受训人思考、分析、讨论、诊断与提出解决方法的潜力。

一个好的个案研究,通常必须具备以下六个要素(Hoopes and Pusch,1979):

1. 描述一个与实际生活很相近的特殊情况(specific situation)。

2. 注重经验感,也就是在讨论个案的时候,集中在实际的情况,让受训人有真正投入的感觉(feeling of involvement)。

3. 强调特殊(specific),而非广泛性的情况。

4. 在分析个案的时候,须尽量让受训人变成一个决策者(decision-makers)。

5. 个案的讨论,必须有适当的时间限制。

6. 能够促使受训人玩味(appreciate)重要的跨文化问题。

例子 7-1 就是个案研究的一个样本。

例子 7-1:个案研究

生意代表人钟斯先生是一位颇有成就的美国贸易商,拥有一家国际性的服饰公司,平常都从世界各国进货。最近他决定从阿拉伯进口一些款式。仔细收集与研究有关资料后,钟斯发觉在阿拉伯杰达城碧琼女士的内衣公司值得一试。几次电话交换后,钟斯要求飞到杰达城与碧琼女士见面讨论订单事宜。钟斯达到阿拉伯后,受到碧琼公司热烈的欢迎,钟斯早已准备好资料以与碧琼女士商讨。进入会议室时,碧琼女士的下属沙林先生已在那里等候。由于钟斯准备商讨的对象是碧琼女士,她的缺席使钟斯有点心不在焉,内心有点感到受辱,自信心也因此受到影响。虽然钟斯对这种情况感到疑惑与不快,但基于礼貌,他还是决定与沙林先生面谈。几分钟后,钟斯发觉沙林先生其实对碧琼女士的想法了若指掌,而且以碧琼女士的代表人自居。两人于是很快就把两个公司交易的计划谈妥了。会后,钟斯问沙林先生,为何碧琼女士没有出面。刚开始沙林先生似乎对这个问题感到迷惑,但一会儿就了解钟斯的问题。他告诉钟斯说,在阿拉伯,女性在面对面谈生意或其他公事场合的时候,依风俗必须使用代理人(mahram)。因为阿拉伯的女性不像美国女性一样可以随时抛头露面。沙林先生告诉钟斯,他可随时用电话、传真或 E-mail 与碧琼女士联络。钟斯觉得这种交易方法实在很不方便,而且缺乏效率,因此要沙林先生转告,希望以后能直接与碧琼女士见面。钟斯说,他将在美国安排一个会议,希望碧琼女士亲自前来参加。

(下一页)

（续前）

```
┌ ‧ ┄ ‧ ┄ ‧ ┄ ‧ ┄ ‧ ┄ ‧ ┄ ‧ ┄ ‧ ┄ ‧ ┄ ‧ ┄ ‧ ┄ ‧ ┐
  讨论问题
  1. 钟斯要在美国安排一个会议，并期待碧琼女士亲自前往参加是一个正确的决
     定吗？
  2. 如果碧琼女士还是指派一个代理人参加在美国举行的会议，你认为这个决定可
     以接受吗？
  3. 提供受训人一组在特殊情况下解决问题的方法。
  4. 提供受训人与其他思想不同的人一起讨论的机会。
  5. 训练参与者在跨文化沟通时的决策能力。
  * 作者—Mike Stewart & Olivia Sica，University of Rhode Island.
└ ‧ ┄ ‧ ┄ ‧ ┄ ‧ ┄ ‧ ┄ ‧ ┄ ‧ ┄ ‧ ┄ ‧ ┄ ‧ ┄ ‧ ┄ ‧ ┘
```

紧要事件（Critical Incident）

紧要事件（critical incident）可以说是短小精悍的个案研究。因为个案研究处理复杂性的文化事件，同时提出较多的讨论问题，试图把受训人对客居文化的了解提到最上限，操作起来比较费时费事，因此在跨文化训练中，紧要事件法有时反而更受欢迎。

紧要事件必须建立在实际跨文化生活经验的例子。事件的描述也必须建立在因文化的差异所产生的具有争论性（controversial）或冲突性（conflict）的部分，以激励受训人的讨论。紧要事件通常只包括一个问题，它旨在达到以下目的（Barnak，1980）：

1. 介绍受训人客居文化的新面向（new aspects）。
2. 让受训人了解他们文化上可能面对的问题。
3. 有什么方法，可使未来钟斯与碧琼女士之间的商业交易更形有效与满意呢？
4. 你认为阿拉伯妇女在这种情况下，仍然能有效地处理商业事宜吗？
5. 你认为阿拉伯妇女在这个个案里的情况，未来将会有所改变吗？

文化同化案件（Cultural Assimilator）

文化同化案件（cultural Aasimilator）是紧要事件法的延伸。除了包括一个紧要事件之外，文化同化案件提供了解答案件中那个问题的四到五个可能性的答案。这些答案没有一个是完全错误的，每个答案都可以或多或少，用来解答有关案件里所描述的某个特殊文化的问题。不过，这些答案中，只有一个是最理想、最具有代表性。文化同化案件也必须提供，为什么答案不是最好或最具代表性的解释。对最理想的那个答案，也必须以长一点的篇幅说明原因。

文化同化案件与紧要事件法，对客居文化的了解有很强的功能。文化同化案件法对受训人自己文化的了解，也很有助益。因为做文化同化案件时，可以从自己文化的角度来回答那个问题，再与从客居文化的角度回答该问题一起比较，双方文化的差异顿时出现。这对认知投射雷同（projected cognitive similarity）毛病的矫正，有很好的效果。认知投射雷同指一般人通常认为所有其他人，不管来自那个文化，都和他一样的认知症状。

一个好的文化同化案件，对受训人有以下五种帮忙（Brislin，Cushner，Cherrie，& Yong，1980）：

1. 发展移情(empathy,也译作神入、换位思考)的技巧。
2. 学习在做决策之前,先考虑对方的想法与感觉的能力。
3. 得知解决问题的方法其实不止一种。
4. 了解自己有碍跨文化沟通的刻板印象(stereotype)和偏见(attitude)
5. 察见不同文化之间的异同。

例子7-2为文化同化案件。

例子7-2:文化同化案件

　　穿着失策。一对美国夫妇到巴基斯坦度假,住在一个看起来满吸引人的市场旁的旅馆。夫妇决定隔天到市场去看看有没有值得买的纪念品。一觉醒来,闷热的天气,叫人有点透不过气。先生一身轻便的短袖休闲衣裤,太太穿着短袖花纹上衣,粉红美观的紧身短裤,两人脚底都套着凉鞋。到市场时,这对夫妇发觉几乎每个人都严厉的瞪着他俩,指指点点,有的甚至口发恶言。俩夫妇觉得很纳闷,赶紧转头,回到旅馆。

为什么市场里的人对这对美国夫妇的态度如此恶劣呢?
1. 因为那对夫妇牵着手。
2. 因为市场里的人不喜欢看到那个先生的双腿。
3. 因为那对夫妇没有穿着传统的服饰。
4. 因为那对夫妇没有把身体该遮掩的部分遮掩。

答案说明
1. 你选择1。这是可能的答案,但是个案中并没说他们牵着手。
2. 你选择2。市场里的人可能真的不喜欢看到男人的双腿,但并不致于严重到非对他瞪眼或恶言相向不可。
3. 你选择3。那对夫妇是没有穿着传统的中东服饰,但这并不构成受到如此对待的条件。
4. 你选择4。这是最好的答案。这对夫妇没有按照中东的风俗,把身体该遮掩的部分遮掩。中东文化要求男女的穿着必须盖至小腿,尤其是女性,更应该覆盖全身。违反这种风俗,甚至会有被逮捕治罪的可能。

* 作者—Juanita Pina, University of Rhode Island.

模拟(Simulation)
　　模拟训练法(simulation)既可以是一种模式,也可以用为特殊性的训练技术。模拟训练法虽是费时费事,但仍是跨文化训练中,经验学习法(experiential learning)里最有力量的方法之一。模拟训练法主要在教导受训人有关文化的基本事实与特征。它给受训人提供了在模拟情况下,一个观察和与不同文化人们互动的机会与经验,并产生一种与在实际环境下的相同感受。

模拟训练法旨在达成五个目的（Schnapper，1980）：

1. 增加受训人对自己与客居文化的理解。

2. 了解在新文化适应过程可能遭受到的问题。

3. 鼓舞对文化差异之有意义的讨论（meaningful discussion）。

4. 让受训人可以在一个没有胁迫性的情况下（nonthreatening situation），实习一个新的角色与表达自己。

5. 直接把受训人在感情上拉入模拟的情况，并借此习得跨文化沟通的原则。

Shirts（1973）发展出来的"包发包发"（baFa baFa）是模拟训练法最常使用的方法。其次是 Sivasaliam & Steinwachs（1990）的帮歌（Barnga）训练法。

结论

本章探讨跨文化适应与文化认同及跨文化训练两个相关的概念。全章讨论分为六节：跨文化适应的本质与意义，文化震荡的症状与面向，文化震荡的种类与影响，跨文化适应研究的理论与模式，文化认同，以及跨文化训练。

第一节解释跨文化适应的本质与意义。跨文化适应泛指对一个新文化环境，逐渐感到贴切或相称的过程。跨文化适应的研究，通常着重在居住于异国的人们，适应新文化过程所产生的矛盾、焦躁、烦恼与痛苦的心理冲击，因此跨文化适应也称为文化震荡。

第二节讨论文化震荡的症状与面向。文化震荡的症状因人不同，种类也多。这些症状包括六个面向：对新环境心理调适之需求所带来的紧绷的压力、失落感、排斥感、错乱感、异常的情感反应以及丧失了面对新环境的能力。

第三节分析文化震荡的种类与对旅居人可能带来的影响。文化震荡可分为五种形态：语言震荡、角色震荡、转换震荡、教育震荡以及文化距离。

文化震荡对当事人的影响，学者有两派看法。一派认为文化震荡对当事人有正面的影响，因为文化震荡对个人的成长有所帮助；另一派则认为文化震荡对当事人有负面的冲击，因为它会在感情、认知和行为上带来不可弥补的后遗症。

第四节叙述跨文化适应研究的理论与模式。跨文化适应研究的理论与模式，可分为三大类：跨文化适应阶段论，跨文化适应的心理冲击论与跨文化适应技巧论。

跨文化适应阶段论，以 U—曲线模式最具代表性，另外比较了 Adler 的转换震荡五阶段论，Mansell 的跨文化适应的感情四阶段论，Taylor 的转化学习模式与 Lewis & Jungman 的跨文化适应的六阶段论。

跨文化适应研究的第二组理论，把文化震荡当作是一种心智健康的失序来处理。这方面的研究很多，探讨的角度也多样化，但大致上有一个共识，就是不把文化震荡看成是缺乏行为技能所致。这组理论中，值得探讨的包括跨文化适应的悲叹论、跨文化适应的宿命论与跨文化适应的训练与治疗。

跨文化适应技巧论认为文化震荡的产生，乃是旅居人缺乏适应地主国文化的沟通技巧所致。因此，跨文化适应技巧论的研究，通常都很重视在旅居人到达客居国度之前，如何整理出客居文化的沟通技巧，然后教导或训练旅居人，以求出国后，能安然适应与排解新文化所带来的震荡。

第五节探讨文化认同。分为认同的种类,文化认同的形成与文化认同的特征三部分。认同的种类主要可归纳为三大类:文化认同(cultural identity)、社会认同(social identity)与自我认同(personal identity)。

文化认同指个人对一个特殊文化或族群所具有的归属感。文化认同的形成,通常经过三个阶段:未审的文化认同期、文化认同的搜索期与文化认同的完成期。文化认同则具有四项特征:自我认知的中枢、动态性、对比性与多面性。

最后一节侧重在跨文化训练的目的与各种方法。跨文化训练的主要目的有三项:认知上改变个人的思想,情感上改变个人感情的反应以及个人行为上的改变。跨文化训练的方法可分为训练的模式与训练的特殊性技术。前者侧重跨文化训练方法一般性的原则,后者是在跨文化训练过程中,可以直接操作以达到不同模式所提出的目标。

跨文化训练的主要模式包括教学模式、模拟模式、自知之明模式、文化理解模式、行为模式与互动模式。跨文化训练的特殊性技术,常用的有角色扮演、个案研究、紧要事件、文化同化案以及模拟。

第八章 跨文化关系、冲突经营与谈判

> 经由匀称与调和的沟通过程,华人总是力图与互动对方建立一个和谐的关系。和谐的信仰引导了华人追求一个安和乐利的没有冲突的社会。华人这种和谐信仰取向,源自传统"天人合一"的哲学思想。万物相行而不害的均衡状态为这个思想的核心,这个核心又紧系于层级关系的伦理原则。
>
> ——Chen,2002

上面的引言显示了华人传统上,对建立和谐关系与避免冲突的理想。当然,这种理想,并不意味着华人社会是一个安和乐利,无争无怨的世界。但它很清楚地反映了一个文化,对人与人之间关系建立的一种独特的信仰。这个信仰因文化的差异,有着显著的不同。本章以跨文化间的关系为主题,并延伸到不同文化对冲突的经营与谈判的过程。

第一节 跨文化关系

人类不是独居性的生物,当我们思欲与他人分享喜、怒、哀、乐、爱、恶、欲等七情六欲之时,也正是寻求与他人建立人际关系(interpersonal relationship)网的时候。从我们出生的那一刻,我们已经开始经由沟通的管道,编织一个社会关系网(social network)。人性本就具有爱与被爱的本质,这种本质随着年龄的成长,逐渐地表现出来。换句话说,人类一生都持续着与周遭的人们发展(develop)、维系(maintain)以及终止(terminate)相互间的关系。

由于交通与传播科技的突飞猛进,人类在全球化社会的接触更是简便与频繁。不仅是人际之间,包括团体间、组织间与国家间的关系,也比上一个世纪更加地紧密。本节将着重在文化与人际关系之上,讨论分为三个部分:(1)跨文化关系的性质与特征,(2)跨文化关系研究的理论模式以及(3)一个中华文化的关系模式。

跨文化关系的性质与特征

人际关系指人们在日常生活里,如何在陌生(strange)与亲密(intimate)之间的连续线上相互对待的过程。对人际关系内涵的认知,不同文化会有显著的差异。例如,阿拉伯人把人际关系认为是一个相当个人化(personalized)的现象,开始与发展得比其他文化快速。阿拉伯人认为朋友的义务之一,就是随时能够尽己所能帮助他的朋友。这似乎和东亚文化有类似之处。但是大部分加拿大与美国人,则不认为朋友有义务对朋友提供协助。他们通常不轻易请求朋友帮忙,除非是在陷入困境而且找不到其他协助的情况下(Klopf,1995)。

不过,不管文化对人类认知关系的影响为何,人类这种与他人联系的欲望,同是建立在

"社会需求"(social needs)的基础上。根据 Schutz(1966)的研究，人类的社会需求包含了三个要素：归属感(inclusion)、支配力(control)以及情感(affection)。

归属感(inclusion)是我们意欲参加社交、文化、宗教或学术等不同团体的动因。在不同的团体与成员建立人际关系，是人们发展自我认同的基本步骤，因为只有在具有归属感的团体内，个人的特质与思想行为，能够受到接受与认同。

支配力(control)代表影响他人思想行为的能力。支配力通常来自一个人的知识、吸引力或权威。人类沟通的过程，其实就是互动者彼此说服对方，也就是经由个人支配力彼此影响对方的过程。显示支配力的行为，可包括如提供他人不知晓的讯息、提供新点子、鼓吹行动、替人解决冲突或排解纠纷或同意对方意见等项目。

情感(affection)需求则是人类追求爱人与被爱的欲望。为了维持良好的人际关系，归属感和支配力必须以情感来调和。情感的流露，可以培养出亲密的感情和产生海誓山盟的承诺。只有情感有了适当均匀的表达与维护，人类才能彼此在生理、心理、其他方面紧密地连结起来。

总而言之，人际关系乃是人们在社会需求的领域中，寻求建立连结网络的互动过程。在这个彼此试着满足对方归属感、支配欲与情感需求的过程，因为双方文化背景、宗教信仰、教育程度与个性等因素的影响，而产生正面或负面的结果。迷你个案 8-1 显示了不同文化对关系的不同看法。

迷你个案 8-1:一通电话

美国商人道格与刚来自波多黎各(Puerto Rico)的比索，在道格办公室洽谈生意不到几分钟，电话铃就响了起来。道格说声对不起，然后拿起电话。比索听出对方是道格的太太。比索发现道格对他太太感到相当不耐烦，而且屡次对他说："我了解你的困境，但是我现在无法跟你细谈，等我回家再说吧。"谈话仍在继续时，比索起身离开了道格的办公室。道格挂断电话时，发觉比索竟然已经离去，心里感到很是迷惑。当天下午，道格挂了一个电话给比索，重约明天碰头的时间。第二天见面时，比索变得非常沉静，而且露出似乎没有兴趣谈生意的表情。问题：为什么比索的举止会变得如此呢？* 作者—Claudine Roger, University of Rhode Island.

文化对关系发展的影响

从文化的角度而言，它对关系发展的取向具有重大的冲击。例如，文化的差异在俩人开始互动时，就扮演了一个重要的角色。有些文化对与陌生人的交谈比较开放，有些则相当保守。Barnlund(1989)的研究即显示了美国学生对陌生人的态度，比较开放与接受性，他们可以在不同场所，敞怀地与陌生人攀谈；日本学生在同等的时间内与陌生人攀谈的次数，则比美国学生少得多。传统上，中国的妇女是不准与陌生男人交谈的。中东伊斯兰教国家，妇女与陌生男人交谈也是一种禁忌(taboo)。

Yum(1988)曾以东亚文化为例,仔细地说明了儒家思想对社交关系和沟通形态的影响,并与北美文化做了一个比较。她首先指出,东亚与北美文化对沟通的看法,最主要的差别在于前者以社交关系为重,后者以个人主义为主。东亚文化的这种思想取向,主要是受到儒家对仁、义、礼、智四个概念的重视。这四个概念的信仰,对东亚人的沟通过程形成了与北美不同的重大影响。其中一项就是人际关系运作的形态。Yum认为东亚人倾向于建立:

1. 特殊性的关系(particularistic relationships)——这种关系凸显年龄、性别、角色和地位的差异,并且鼓励彼此间的相互依赖。在特殊性关系的社会里,沟通通常受制于一组清晰的规范(norms)。

2. 长期性的关系(long-term relationship)——这种起头难, 建立之后就变成长期性关系的取向,衍生了礼尚往来(reciprocity)的习惯与层级性(hierarchical)的关系结构。

3. 明显区分我族(in-group)与他族(out-group)的关系——这种由包括血亲、同乡、同学、同事等关系网所建立起来的我族或内团体的结构,促使东亚人不信任他族或外团体分子。

4. 正式性关系(formal relationships)——较正式性的关系使得东亚人在碰到龃龉的时候,倾向于依赖第三者或仲裁人来帮忙解决,以避免当事人面对面的窘状。

5. 重叠的私人/公共关系(personal/public relationshps)——东亚人较喜欢私人性或人性化的互动环境,因此私人与公共关系之间的界限,常有重叠的时候。

北美文化和东亚文化有很大的差异,在人际关系上,北美人倾向于建立:

1. 普遍性的关系(universalistic relationships)——这种关系依照一个客观的(objective)法则行事,人际间的关系,以公平(fairness)与平等(equality)为依归。

2. 短期性的关系(short-term relationship)——这种关系起头容易建立,但是彼此之间不具有什么义务,因此没有所谓"礼尚往来"的约束感。

3. 不明显区分我族(in-group)与他族(out-group)的关系——对认识或不认识的人一视同仁,只要觉得搭调,人人可以为友。因此朋友群通常比东亚人广泛。

4. 非正式性关系(informal relationships)——这是属于平行式(horizonal)的沟通与人际关系,从北美人对认不认识或不论年龄大小都喜欢以名(first name)互相称呼对方,可以看出。

5. 公私分明的关系——北美人不习惯把私人与公共关系扯在一起,以防隐私、自主等个人权益受到侵犯。

跨文化关系的特征

除了文化的影响之外,跨文化的关系具有四项明显的特色:高度动态性(dynamic)、容易产生误解(misunderstanding)、焦虑感(anxiety)较高以及潜在利益(potential benefits)。

高度动态性(Dynamic)

跨文化关系比单文化的关系建立过程,更具动态性(dynamic)。跨文化关系的高度动态性,不仅是因为关系本身是一个互动双方经由沟通来彼此影响的过程,更是沟通形态、价值观念、认知系统、生活饮食习惯等文化的差异所造成。试看一个嫁给美国丈夫的华裔太太如何描述她的婚姻生活:

可惜二人婚后世界,并不像经典的跨文化爱情故事那样,隔三岔五,彼此能给对方不同文化的温馨与惊奇。对彼此文化的尊重,也是知易行难,不知不觉地,他想以夷变夏,我想以夏变夷。反正在美国衣、住、行三方面,为经济条件所限,没有什么可变的,但在食上,由于胃口比心灵更有文化认同与忠诚性,于是我家的厨房就成了东西文化冲突的主战场。(瑞琦,世界日报,2001.6.3)

容易产生误解(Misunderstanding)

由于文化的期待(expectations)与刻板印象(stereotyping)紧随着跨文化的沟通,也因此在跨文化关系建立的过程中,扮演着重要的角色。因为每个文化都有不同的期待与刻板印象,在关系建立的过程中,也更容易产生误解。例如留学生之间的关系:

突然,甲同学问我,这里面包的是什么?我解释了半天,他还是不明白什么是肉松,就进一步追问,是什么肉做的?我得意地告诉他:这么特殊的东西当然是"猪肉"。没想到他一听到猪肉,马上变了脸,非常愤怒,并且,一再质问我,你不是开玩笑吧! ……另外一个土耳其同学乙马上过来打圆场……我在角落坐下,内心久久无法平静。乙过来安慰我:"你不要介意喔! 我们国家有很多伊斯兰教徒不吃猪肉的。"(杨美玲,世界日报,2000.7.11)

焦虑感(Anxiety)较高

任何关系建立的初期,因情况的模糊性(ambiguity)和对互动对方资讯的缺乏,产生某种程度的焦虑感是不可避免的。这种情况模糊性或不确定性(uncertainty)和资讯的缺乏的情况,在跨文化沟通的过程中,因彼此文化的差异更形严重,焦虑感也相对地增高。例如,白丁描述刚开学时,她的外甥女在美国的遭遇:

开学了,老师替学生安排座位,一个挨一个地轻声问女孩子:"你喜欢同哪一个男孩子坐在一起?"有时,几个女孩子会抢着要和一个成绩优良又长得出众的男孩子同桌,老师只得悄悄地去征询那个男孩子的意见。可想而知,我的外甥女在那样的场合窘迫得差点哭出来。(白丁,世界日报,2000.7.15)

潜在利益(Potential Benefits)

跨文化关系的发展过程,虽然充满着动态性高,情况不容易掌握,也更容易产生高度的焦虑感和误解,其实也正是这些因文化差异所形成的潜在困难,给跨文化关系的建立带来了一种独特性的挑战和可能的回报与机会。例如,婀姗在《嫁给洋鬼子》一文,诉说跨文化婚姻的种种恼人之事后,做了如下的结论:

平心而论,跨文化的婚姻很值得推广。因为,可以透过日常生活的接触,彼此了解、适应。如果,双方都有正确的态度、成熟的意愿、包容尊重、彼此接纳,并与之一块儿学习成长的话,生活里应是有很多情趣与惊奇,婚姻也将是加倍的幸福美满。那么"地球村"带给人们的,将是一个平等祥和的美丽新世界。(婀姗,世界日报,2001.6.18)

跨文化关系研究的理论模式

研究关系建立的理论与模式俯拾可得。例如,较具有代表性的有社会交换理论(social exchange theory)、社交关系渗入理论(social penetration theory)、不确定性减除理论(uncertainty reduction theory)、沟通适应理论(communication accommodation theory)、Devito 的关系五阶模式、Knapp & Vangelisti 的关系两段十层模式以及第三文化建立理论(third-culture building theory)。

社会交换理论(Social Exchange Theory)

社会交换理论以经济学的奖赏(reward)和代价(cost)两个概念为基础,主张人们凡事都会衡量奖赏和代价的差异,并试图争取最大的效益。交易中,如果奖赏大于代价,人们会趋之若鹜;如果代价大过奖赏,人们则按兵不动或避之惟恐不及。

应用到人类关系的发展也是一样,如果交往的过程,充满着欢笑、情意、尊重、权力地位等奖赏性的成分,人们通常会继续追求该项关系的进展。如果关系满是仇恨、不快、痛苦、财务损失等负面代价,人们会裹足不前或结束双方的关系(Thibaut & Kelly,1959;Roloff,1981)。

社交关系渗入理论(Social Penetration Theory)

社交关系渗入理论认为人们关系的进展,建立在自我表露(self-disclosure)的基础上。从表露讯息的深度(depth)和广度(width),可以判断出彼此之间的关系仅是泛泛之交(casual/superficial relationship)或具有深交(personal/intimate relationship),以及关系进展的四个阶段:适应期(orientation stage)、探测性的情感交换期(exploratory affective exchange)、情感交换期(affective exchange)以及稳定期(stable stage)(Altman & Taylor,1973)。

在适应期的表露,均属于表面性的或刻板印象性的讯息;探测性的情感交换期的讯息,围绕在互动者个性周边的事实;在情感交换期,彼此开始感到自在地表露个人的意见;在稳定期则可以无所不谈,不会有所顾忌。

不确定性减除理论(Uncertainty Reduction Theory)

不确定性减除理论专门用来检视人们在见面初期,彼此如何开始来认识对方的过程。不确定感(uncertainty)指在认知上,因无法在不明情况下适当解释自己或对方的思想行为所引起的焦虑感(Berger,1979;Berger & Calabrese,1975)。这个理论主张,惟有减低这种焦虑感,人们才有办法发展关系。因此,在关系发展的过程里,人们一直是试着经由讯息的交换行为来减低不确定感。通常有三种策略可用来达到减低不确定感的目的:被动、主动和互动策略。

被动策略(passive strategy)指不直接与对方沟通,但暗中观察对方在不同情况下的行为,收集可资了解对方的资讯。不确定感经由这个间接资料收集的过程得以减轻。

主动策略(active strategy)也不直接与对方沟通,但却积极地从认识对方的人们或朋友,收集有关对方的资料。由于没有与对方直接对话,因此被动与主动两种策略所收集的资讯,不见得是正确可信的。

最后,互动策略(interactive strategy)则使用两种方法。第一是直接询问对方有关他们的资讯,第二是经由自我表露,让对方了解你自己。询问对方加上自我表露,通常会使对方觉得有义务,提供适当的资讯。互动策略所得的资讯比前两者正确。

不确定性减除理论已广泛地应用在跨文化沟通上(Gudykunst,1983,1995;Gudykunst & Hammer,1987),学者也设计了测量与陌生人互动时的不确定感的工具(Gudykunst,1994)。

沟通适应理论(Communication Accommodation Theory-CAT)

沟通适应理论融合了言语适应理论(speech accomodation theory)和民族语言认同理论(ethnolinguistic identity theory),探讨在社会与心理情境下,双方沟通进展的情形以及沟通有个人特性之间的关系(Gallois, Franklyn-Stikes, Giles, & Coupland, 1988)。沟通适应理论以三个概念为基础：聚合(convergence)、分歧(divergence)及维持(maintenance)。

聚合(convergence)指改变自己语言表达的方式来适应互动对方，以显示彼此之间的休戚与共；分歧（divergence）指刻意强调与互动对方在语言上使用的不同；维持(maintenance)指无顾互动对方，持续使用自己的语言表达方式。在跨文化沟通的过程中，聚合的使用，可以增加吸引力，分歧则相反。维持的使用，少数族裔在发现自我语言的重要性时，通常会采用维持的方式，持续使用自己语言或表达方式(Giles & Johnson，1981；Giles & Powesland，1975)。

Devito 关系五阶模式

Devito(1992)的关系模式，着重在关系发展的阶段。他发现人类关系的发展，可分为五个阶段：接触期（contact）、投入期（involvement）、亲密期（intimacy）、恶化期(deterioration)以及分手期(dissolution)。每一期的发展，都有一个起头与结尾。在结尾的时候，互动者必须决定，关系就停驻在该阶段或继续往另一个阶段推进。

在接触期，彼此的互动，停留在交换表面性或非个人性的资讯。如果喜欢对方的话，关系转入了投入期。在这个阶段，互动者开始与对方建立联系(association)的关系。初始之际，互动者会以提出不同问题的方式，测试自己决定转入接触期的可行性。若情况可以接受，就会逐渐地加强联系的关系，而迈入亲密期的初阶。在亲密期，彼此发生了感情，产生了责任感，于是成了好朋友或爱人。这种感情，首先是两个人私底下秘密进行着，强化到某个阶段后，自然地公开化。男女之间，最后是走到地毯的另一头，结为连理。

如俗语所言，"人无千日好，花无百日开"，人类的关系像潮水一样，有涨退的时候，如果没有适当的处理，彼此的感情会开始恶化。恶化期和分手期代表了关系的倒退与衰败。个人持续的不满，显示了关系恶化期的征兆。这种个人的不满意，使得互动者开始怀疑两者之间关系的重要性，与持续该段感情的必要性。

个人负面的情绪如果有增无已，会开始觉得与对方在一起有点尴尬(awkward)，继而减少互动。没有仔细与诚意来呵护这段情，两人的关系开始波涛汹涌，冲突发生的频率增加，终至不可收拾的地步。也就是到了决定是否要斩断情丝的时刻，在这个分手期，匿友间逐渐减少见面的机会，夫妻间可能决定分居一段时间。如果情况没法改善，从此挥手拜拜，不再相见。

Knapp & Vangelishti 的关系模式

Knapp & Vangelishti(1992)的模式，把人类关系的进展细分为两个阶段，每个阶段又以五个层次来区分关系的分和。两个阶段为聚合(coming together)和分离(coming apart)。

合则来，不合则去。聚合阶段象征着彼此吸引力的升迁，这个阶段包括了五个层次：启动（initiation）、试验（experimenting）、强化（intensifying）、整合（integrating）及连结(bonding)。这五个层次，可说是 Devito 关系模式前三个阶段的延伸。

启动层次发生在人们初次见面之时，试着展现一个正面的形象(positive image)，在此层次的互动，大致上遵循着社交的规范(social norms)，使行为不逾矩。这个层次也提供互动者一个判断对方能力的机会。

进入了试验的层次，互动者开始以表面性或陈腐性的话题来减低情境的模糊性(ambibuity)或不确定感(uncertainty)。双方于是发现彼此间相似(similarity)的部分，泛泛之交的关系也因此发展起来。

在强化的层次,有关个人与心理性的资讯大幅度地增加。互动者开始有发展亲密关系的欲望。双方的互动因非正式符码(informal codes)的增加,而逐渐强化。深入的交谈与个人特性的表露,也是这个层次的特色。

关系发展到整合层次后,生理与社交上的亲密性(closeness)逐渐增强。双方开始调整自己的生活脚步,以彼此配合。两人独自相处的时间增多,彼此也参与对方的社交团体,浪漫与亲密的关系于是成立,心理也有了终生相守的准备。

连结层次是罗曼蒂克关系结成的花果。彼此形影不离,如胶似漆,经由公开仪式(public ritual)或订婚或结婚,显示彼此给对方的承诺(commitment)。以有形的社会契约的方式,来表现关系的稳定性(stability)与安全感(security)是此层次主要的特征。只是花不常开,人不常乐,连结后的生活,必须面对内外现实的挑战。如果无法共同协力,彼此睁一只眼闭一只眼,龃龉与冲突的次数与严重性不免增加。彼此的关系也往分离(coming apart)的方向沉沦。

分离阶段象征彼此吸引力的坠落,这个阶段也包括五个层次:分辨(differentiating)、划分界限(circumscribing)、停滞(stagnating)、回避(avoiding)及终结(terminating)。这五个层次,可说是 Devito 关系模式最后两个阶段的延伸。

在分辨层次,双方可能猛觉彼此个性似乎不合,因此开始注重两人的差异(difference)。意见不同的次数,也逐渐增加,于是回头检讨两人海誓山盟的连结(bonding),是否是正确的抉择。

两人进而划分界限,减少彼此沟通的时间。亲密性讯息的互换,也不再那么热络。保持沉默变得是一种让自己感到舒适的选择。双方非讲话不可的时候,也尽量停留在表面性的资讯互换。

关系发展到停滞的层次,不仅认为保持沉默是较好的选择,而且认为根本没有对话的必要,因为不用说,就已经知道结果了。感觉上,对方似乎变成了陌生人,讲起话来,感觉实在很别扭。避不见面于是成了最好的选择。

终结代表关系的云消雾散,所有包括困窘(embarrassment)、迟疑(hesitation)、愚蠢(ineptitude)等异样的感觉,在此层次统统出笼。断线是解决这种困境的不得已的抉择,于是对方变成了前夫、前妻等以前彼此相好过,但现在已是各自飞的鸟儿。

第三文化建立理论(Third-Culture Building Theory)

第三文化建立理论(third-culture building theory)是完全应用在跨文化关系发展的理论。以文化综合(cultural synergy)论点为基础的第三文化建立理论,在 1992 年即由 Starosta & Olorunnisola(1992,1995)两位学者提出,之后经由 Casmir(1993,1999)的接续研究,促使第三文化建立理论,成为探讨跨文化关系发展的重要理论。

依照 Adler(2002)的说法,文化综合论主要的特色,在于确认与整合了两个以上文化互动时的同与异。同时顾及文化间的异同并加以综合,代表了一加一等于三的有力模式。这个理论,原先是使用在跨国公司的环境,应用到跨文化关系时,具有五个隐性的假设(Shuter,1993,p.431):

1. 在跨文化关系里,互动双方谈判彼此间文化的差异,以建立第三文化是可行的。
2. 在跨文化关系里,经由谈判彼此间文化的差异,以建立第三文化是互动双方共同的欲望（desire）。

3. 在跨文化关系里，聚合（converge）、适应（adapt）和同化（assimilate）彼此的价值观与习俗（mores），以建立第三文化，对互动双方是有益的。

4. 个人认同的重新结构（reconfiguration），是跨文化关系必要和可欲的副产品。

5. 第三文化的建立，应该是一个互动和双方同时收益的过程。

可见第三文化关系的建立是一个去异存同的过程。Casmir（1993，1999）把第三文化关系的建立，分为四个阶段：接触期（contact）、需求期（need）、依赖期（dependence）以及互依期（interdependence）。

首先是接触到了另一个文化的人、事或物。接触之后，很可能因缺乏技巧、恐惧等因素，决定不再往前发展。跨文化关系的建立，也因此无从生起。

初期的接触，也可能发现到类似的经验，与自己的某种需求（need）有关，例如求偶或满足好奇心等。有了需求上的可能配合，最明显的行动就是开始寻求互动（interaction），以做更进一步的接触。经由较深入的沟通过程，新的需求可能产生，旧的需求可能需要改变或重新调整，以便配合（accommodate）对方和衍生的关系。需求的满足和变迁的过程，若不再存在或失去兴趣，关系就此寿终正寝。

顺利的话，互动会继续发展出双方彼此的依赖（dependence），以达互利之目的的关系。在这个互信互赖的过程，第三文化关系的建立，开始浮现，也就是在可能浮现的第三文化关系的结构内，彼此通过沟通和谈判，试图调整双方互动的规范、个人的角色或双方可同时接受的互动结果。

关系成熟后，建立在所谓的"相互依赖"（interdependence）的第三文化关系，于焉而成。"相互依赖"指互动双方在持续对话沟通的过程中，能彼此接受这个事实：文化的发展和变迁与个人的安全感，只有经由双方互信互赖，而非冲突的过程，才能达成。当然，维持这个终极的第三文化所建立起来的关系，有赖于持续不断的学习。

一个中华文化的关系模式

以上所举的理论和模式，都是西方传播学者从西方文化的角度，探讨人类关系的发展。本节就从中华文化的面向，提炼出另一个模式，以让读者做个比较。本书第二章，曾从《易经》"一阴一阳之谓道"和"是故易有太极，是生两仪，两仪生四象，四象生八卦"的思想，推演出了一个沟通的模式。基于这个模式，我们可以更进一步，演化出一个关系发展的中华文化模式（陈国明，1996，2004；Chen，1998）。

《易经》提供了三项引导华人沟通行为的本体观（Chai & Chai，1969）：

第一，宇宙是一个转化（transforming）的整体，没有任何元素是永恒不变的。因此，人类关系的发展，也是一个变迁和转化的过程。

第二，宇宙的运转呈环形（cyclic）或螺旋形（spiral），而非一直往前推移的运动。人类关系的发展，循着这个环形规律，如同日夜的更迭和潮汐的涨落，一来一往地转换着。

第三，宇宙的转化是一个永无止息（endless）的过程。人类关系的发展，因此也是一个没有终点或绝然完成的过程。

这个转化、环形以及永无止息的阴阳互动过程，强调了人类沟通的整体取向（holistic oriented），并且显示了互动者之间动态平衡（dynamic equilibrium）的结构。这个过程也展现了一个启蒙开放的心灵,引导人们能够在互利互惠的基础上,有尊严地彼此沟通和相互影响。这很类似 Thayer(1987)所谓的"能够彼此被沟通"(to be communicated with)的互动环境。由此可以看出,"和谐地联系"(harmonious connection)乃是华人发展彼此间关系的主要目标(Chen,1994)。

建立在上面讨论的三项本体观点,《易经》后天八卦的交互运动,提供了一个可以用来阐释人类关系发展的辩证法则。易经八卦象征着八个自然主要的属性,每一卦同时有固定的时间与空间加以搭配,这八卦的演进,正好可以用来代表人类关系发展的八个阶段。其顺序与内涵如下:

第一阶段:震—雷—激起

震卦以雷的激起为象征,时间是清晨四点半到七点半。这是万物始生或开始苏醒的时刻,也正是人类关系发展的萌芽期,代表人类关系发展的第一个阶段。如同即将升起的朝阳,我们内心兴起了一股与他人建立联系的欲望。这种欲望显示了我们的心理动机和在感情上寻求与他人搭上线的内在蠕动。

在这个阶段,人类包括归属感、支配力以及情感的社交需求,仍是处于一种待发的潜意识状态。这种内在蠢蠢欲动的刺激,是推动往后行动的基本动力。个性(personality)是决定此阶段转化与否的主要因素,基于个人的属性,我们开始建构喜欢或不喜欢的人的形象。与人建立联系的内在动机一旦外显之后,关系的发展于是进入了第二个阶段。

第二阶段:巽—风—渗入

巽卦以温煦和风渗入万物为象征,时间是早上七点半到十点半。这是受到了太阳初升的激起,微风带给大地元气的时刻,代表人类关系发展的第二个阶段。如同欣欣向荣的花草树木,我们开始接触内心想建立关系的对象。

有了接触的欲求,我们自然会慢慢地收集有关对方的资讯。这个过程,通常是依循着自己文化的社交规范或礼仪,试图建立有关正面的形象。因为是接触的初期阶段,所收集到有关对方的资讯,大致上属于表面性的居多。但是这表面性的资讯,却能够把两个从陌生人(stranger)的阶段,提升到彼此相识(acquaintance)的层次。若持续,两人的关系于是进入了第三阶段。

第三阶段:离—火—附着

离卦以明亮火焰附着万物为象征,时间是早上十点半到中午一点半这段时间。这是热烈的阳光普照大地的时刻,代表人类关系发展的第三个阶段。如同光明的太阳,两人建立的关系,充满着亮丽与活泼的色彩。在这个阶段,我们强烈地感受到对方的吸引力,开始向对方表示在情感和心理上,彼此相互依赖扶持的欲望。

由于火的产生必须依赖对方(如木头)的存在,因此是否能够与对方碰出感情的烈火,有待对方善意的回应。若东风齐备,双方于是开始发展出朋友的关系网,彼此寻求更深入的个人讯息。个人讯息的增加,意味着更进一步的彼此了解,双方的独特性和真正的魅力,也因此逐渐地展现。如果双方能够搭配,彼此接受,亲密的感情将如火如荼地进入第四个阶段。

第四阶段:坤—地—承受

坤卦以温柔大地承受万物为象征,时间是午时一点半到四点半。这是太阳渐向西移,飨息的黄昏时刻的来临,代表人类关系发展的第四个阶段。如同慈爱的大地,敞开着胸怀,双方已经发展到了彼此接受对方情感的地步。

发展到这个阶段的关系,宛如含苞待放的蓓蕾,等待着盛开出美丽的花朵。亲密的关系,于焉形成。彼此在生理、心理和社交上的依赖性与亲近程度,也大幅度地增长着。两人生活的脚步逐渐取得同调,继续下去,共同组成一个生活世界的欲望,已势在难免。这是第五个阶段的开始。

第五阶段:兑—泽—喜悦

兑卦以笑口逐开的湖泽为象征,时间是傍晚四点半到七点半。这是太阳即将下山的时刻,庆祝一天忙碌后,丰收的喜悦,代表人类关系发展的第五个阶段。如同湖泽流水的韵律,双方在欢娱的心情下,建立了海誓山盟。

在这个阶段,两人之间亲密的关系在闪烁和透明的湖面上,清晰地映照了出来。以订婚或走到地毯的那一端等公开的仪式,彼此宣誓表明忠贞,成了大部分人选择的路线。从此,两人的关系进入了稳定的状态,感情有增无已,于是迈入了第六个阶段。

第六阶段:乾—天—健壮

乾卦以健壮稳硕的天为象征,时间是夜间七点半到十点半。这是庆祝与喜悦之后,两人携手独处,勇往直前地共创未来的意志,代表人类关系发展的第六个阶段。如同乾卦天行健自强不息的精神,双方在稳定中持续成长的感情,达到了最高峰。

这个阶段表示着,双方的感情因纯洁无疵而臻于顶点。但基于《易经》环形运动与物极必反的原理,感情发展到巅峰之后,虽然可以力图持盈保泰,以长保巅峰状态,但迟早得开始走下坡。这种变化,乃因内外环境因素所带来的冲击,若无法有效地处理这些环境所形成的危机,两人的关系势必会产生裂缝,严重的龃龉和冲突于是慢慢浮现。这是第七个阶段的开始。

第七阶段:坎—水—深渊

坎卦以滚动翻腾的水为象征,时间是深夜十点半到一点半。这是关系发展到高峰,双方因了解了对方的"真面目",彼此开始挑剔对方缺点,感情开始滑落的时刻,代表人类关系发展的第七个阶段。如同倾泻而下的瀑布,水气升空成云,再化为雨水降下大地,然后没有止境地注入一个无底的深渊(Wilhelm,1979)。

到了这个阶段,双方关系的发展已偏离了正轨,彼此开始纠缠在相互挑剔、冲突的渊薮里,和谐的感情已不复存在。渐渐地对相处在一起,感到不自在,相互间的关怀化为只是对自己的重视,彼此间的差异日益尖锐化,期求独处的时间有增无已。如果没有足够的耐心、毅力和诚意,力求改善这种尴尬困窘的情况,两人的关系注定陷入第八个阶段。

第八阶段:艮—山—止息

艮卦以止息不动的山为象征,时间是深夜一点半到凌晨四点半。这是关系停滞发展的时刻,代表人类关系发展的第七个阶段。如同屹立不动的大山,两人关系的发展已经受阻,双方不再有所互动。

在这个阶段,保持沉默不语,反而使自己觉得舒服些。思欲结束这段"孽缘"的想法,时时在脑海浮现。这是易经后天八卦关系模式的最后一个阶段。由于人类关系的发展,像宇宙永无止息的转化一样,是一个没有终点或绝然完成的过程,到了这个阶段,可能产生两种不同的变化。第一,既无心与对方持续这段感情,只好壮士断腕,结束两人的关系。第二,按宇宙万物循环运动的规律，废墟中重拾希望的火花，彼此重新认识对方，回复到震卦，创造一个新的循环系统。这个回复到关系发展的第一个阶段，也可以应用到两人结束关系后，另起炉灶，与另外一个人建立起新的环形关系网。

与前面几个以西方文化为主的关系发展模式比较一下，我们可以发现《易经》后天八卦的模式，有两个不同的特色：

第一，含蓄性。这可从第一到第四阶段的发展看出。开始内心有了与他人建立关系的动机之后，要收集对方的资讯以建立正面的形象时，必须好似太阳清晨初升时，激起之微风的吹拂，轻轻地、慢慢地渗入对方的心园。表示心意之后，还得等对方善意地回应，然后彼此增加了解，才演进到彼此接受的第四阶段。

第二，和谐性。后天八卦的关系发展模式很明显地反映了重合不重分的特色。首先，彼此的关系必须平平稳稳地发展到第七个阶段，才开始发生问题。问题发生后，关系如山止息不动后，最好的解决方法，是重新疗伤止痛，力求新生，从第一阶段再来一次循环，而避免真正的决裂。这种现象，也表现了建立长期性关系的特征。

第二节　跨文化冲突之经营

尽管有些文化重视和谐的价值观，有些文化以对抗（confrontation）做为解决问题的主要方法，在人类关系发展的过程中，冲突（conflict）是一个必然存在的事实。也就是说，有人类的地方，就有冲突存在。冲突可说是人生的一个无法避免的事实（fact），是一个具有普世性（universal）的现象与概念。本节就分四个部分来讨论跨文化冲突（intercultural conflict）：（一）冲突的本质，（二）文化对冲突的影响，（三）华人与冲突经营以及（四）跨文化冲突解决方法。

冲突的本质

广义而言，只要两个对象之间的需求（need）无法搭配或相容（compatible），我们就可以说，他们处于冲突的情境之中。先生爱吃鱼，太太嗜好牛肉；男朋友要看武侠片，女孩子只喜欢文艺片；张家认为洋房造型较美观，李家坚持天下没有任何比得上东方的宫殿式建筑；韩国人把狗当美食，美国人把狗当做自己的孩子；中国人爱啖春卷，北美人非热狗不食；日本人以小为美，美国人唯大是图；德国人有板有眼，巴西人热情不拘。这些例子，道尽了人世间数不尽的不相配的需求。可见，不管文化差异的大小，冲突是日常生活的一部分，有如吃饭睡觉一样普遍。

冲突既是与人生形影不离，有人或许会以为，某些人一定乐于与人发生冲突或是以冲突为乐。其实不然，研究发现（Chen，Ryan，& Chen，2000），不管中外，只要是正常人，身处冲突情况时，感觉通常是负面、不愉快的。

虽然冲突是一个普世性的现象，但是不同文化的人们对冲突这个概念，在意义的认知上，还是有所差别。例如，"冲突"这个词在英文为"conflict"，依定义，是只要彼此需求不相配，就是"conflict"。但从中文的角度来看，把"conflict"翻译成"冲突"，其实并不是很理想。因为中文"冲突"的意义，比英文的严重得多。中文"冲突"的意义，已接近英文的"clash"，意指有暴力性或倾向的"conflict"或对抗。其他接近"conflict"意义的中文,有"分歧"、"纠纷"、"问题"和"矛盾"。

根据 Yu(1997-1998)在中国大陆的研究,发现访谈者大致上认为"矛盾"和英文"conflict"的意义较为接近。不过,"矛盾"在中国也有不同的用法。从历史的典故而言,矛和盾都是武器,买者自夸其矛无盾不破,又自诩其盾无矛不挡,结果在逻辑上说不通。因此,Yu认为"矛盾"原意为"互反"(mutually opposed)或"逻辑的不相容"(logically incompatible)。如此和英文的"contradiction"比较相近,而非"conflict"。

但是"矛盾"后来演变出了其他的意义。例如,"矛盾"是毛泽东思想的主要概念之一。Soo(1981)发现,毛泽东把"矛盾"应用到自然、社会以及个人三个层次。主要的意义是"动态的互动关系"(dyanmic relationship of interaction),这个动态的关系包含了三个因素:差异(differences)、问题或困难(problems or difficulty)与敌对(antagonism)。这些因素和Yu(1997-1998)访谈的结果颇为类似。受访者大致上把个人、人际间、团体间、组织间以及阶级间,在价值观、信仰、态度、意见与意识形态上的差异,认为是"矛盾"的内涵。由此可见文化对"冲突"意义之认定的影响。

最后,从沟通结构的角度来看,冲突在每一个沟通层次都会发生。依性质而言,冲突有虚实之分。所谓"实冲突"(real conflict),指因争取资源、权力或地位的真实性的对抗。这种冲突产生了"零和"(zero-sum)的情况,也就是说,结果一定有输赢。甲方赢,意味着乙方输,像各种球类竞赛一样,两方对峙,不能同赢或双输。

"虚冲突"(artificial conflict)又称"诱发性冲突"(induced conflict)。原本并无真正的冲突,但是为了特殊的目的,如凝聚团体成员,刻意制造出一个假想的对手。这在政治上也常发生,政客与政客之间,或国与国之间,常常会树立一个假想敌或外患来巩固或争取选票,或激发国人的爱国情操。

文化对冲突的影响

前面已提到了文化对人们认知冲突意义的影响,那么文化对冲突的经营与解决的影响又是什么呢? 这可从文化的三个面向说起:文化情境(cultural context)、语言差异(language differences)以及思想形态(thinking patterns)(Chen & Starosta,1997-8)。

文化情境(Cultural Context)

如第四章所述,Hall(1976,1983)把文化价值取向,区分为高情境文化(high-context culture)和低情境文化(low-context culture)。Hall认为信息(information)、情境(context)和意义(meaning)三个概念,均衡地与功能性地结合在一起。分享的讯息愈多,情境的程度愈高。因此,文化分布在高情境与低情境的连续线上,如东亚国家大致上属于高情境文化,北欧国家则属于低情境文化。从文献上,可以归纳出十一项高情境与低情境文化在沟通行为上的明显差异(Chung & Chen,2002):

1. "意义"(meaning)在低情境文化,经由直接的沟通形态,公开地表达出来;在高情境文化,则是隐含在社会文化情境的不同层次。

2. 低情境文化重视个人价值取向;高情境文化重视团体价值取向。

3. 在低情境文化,人际间关系比较暂时性(transitory);在高情境文化,建立人际间关系所花的时间较长,因此关系也比较持久。

4. 在低情境文化,成员依程序采取行动引发改变,而且较能够适应系统以避免重蹈覆辙;在高情境文化,则较依赖人治和个人关系来行事。

5. 低情境文化属线性逻辑(line logic)的思考取向;高情境文化属环形逻辑(sprial logic)的思考取向。

6. 低情境文化的讯息易于解读;高情境文化的讯息则相反。

7. 低情境文化重视直接的(direct)口语互动方式;高情境文化重视间接的(indirect)口语互动方式。

8. 低情境文化重视直接的非口语互动方式;高情境文化重视间接的非口语互动方式。

9. 低情境文化的成员,喜欢用"逻辑"来表达思想;高情境文化的成员,则强调"感觉"(feeling)。

10. 低情境文化的成员,善于传递详细性和高度结构化的讯息,并且特别重视言语(words)和技术性的符号;高情境文化的成员,则偏好简单和非情境性(non-contexting)的讯息。

11. 在评估讯息的可信度(credibility)上,低情境文化的成员,较重视资讯结构严谨有力的问题,而不太关心资讯是出自何方;高情境文化的成员,则重视来自权威或有地位人士的资讯。

这些高低文化情境的差异,不仅影响了人们沟通的行为,更对人们任何经营和解决冲突带来直接的冲击。例如,研究发现(Ting-Toomey,1985,1988,1994),在冲突情况中,高低情境文化的差别如下:

1. 低情境文化成员认为冲突的起因,乃是工具性的(instrumental);高情境文化的成员,则认为是表现性的(expressive)。

2. 在低情境文化,冲突因违反个人对情况的规范性期待(normative expectations)而产生;在高情境文化,冲突则因违反群体或文化对情况的规范性期待(normative expectations)而产生。

3. 在低情境文化,成员对冲突采取对抗与直接面对的态度;在高情境文化,成员对冲突采取非对抗与间接面对的态度。

4. 在低情境文化,成员倾向使用事实—归纳(factual-inductive)或通则—演绎(axiomative-deductive)的方式解决冲突;在高情境文化,成员倾向使用情感—直觉(feeling-intuitive)的方式解决冲突。

应用到组织生活,华人的公司员工与美国公司员工相较之下,在解决冲突的过程中,较倾向于采取非对抗、逃避、合作与间接的方式(He, Zhu, & Peng, 2002;Knutson, Hwang, & Deng, 2000;Liu & Chen, 2000,2002,2006;Peng, He, & Zhu, 2000;Yu, 2002)。这些研究结果都显示了文化情境对冲突经营和解决的影响。文献链接8-1与8-2可以为证。

语言差异(Language Differences)

语言和文化的紧密关系,在第五章已经有了详细的讨论。要言之,每一个文化,都有一组制约其语言结构,包括语形、语音、语句、语意和语用等领域的规则。这些语言本身的结构,是沟通时首先必须碰上的问题。换句话说,不了解一个语言的结构,根本就无从沟通起,彼此间的误会与冲突,也因此容易产生。

文献链接 8-1

作者：Shuang Liu & Guo-Ming Chen(刘双,陈国明)

题目：Assessing Chinese Conflict Management Strategies in Joint Ventures(合资企业中的中国雇员对冲突处理的评估)

出处：*Intercultural Communication Studies*，9，71 - 88，2000.

摘要：本研究旨在探索中国雇员在合资企业中,处理冲突的方式与文化之间的关系。研究工具采用了 Putnam & Wilson 的组织传播冲突处理方式量表(Organizational Communication Conflict Instrument, OCCI),研究方法为问卷调查法,研究对象来自位于中国东北的四家合资企业。原 OCCI 问卷经过翻译修改,发放给110名中国员工,回复率为75%。作答者年龄跨度在22 至 55 岁之间,其中80%在四十岁以下,男性占59%,女性占41%,65%具有大学学历。由于合资企业在中国的时间尚短,因此员工工作时间相对较短,79%作答者的工作时间在九年或九年以下。研究发现,主成份分析将OOCI 中三十个问题所括囊的冲突处理方式归纳为三种策略:非正面冲突策略(non-confrontation),控制策略(control)与讨论解决问题策略(collaboration)。由于中国文化提倡"以和为贵"、"家和万事兴"和"得饶人处且饶人",当中外雇员发生意见不一致时,中国员工趋向于采用回避矛盾或妥协的方式处理问题。大事化小,忍让为怀,息事宁人,为的是达到建立长期互惠合作的关系。从三种策略使用的经常性来看,用讨论解决问题策略来处理冲突的平均值最高,其次为控制策略,非正面冲突策略最低。讨论解决问题策略,要求矛盾双方利用来自多方面的信息,经过讨论找到一种综合性的解决问题方案,此种冲突处理策略兼有坚持与合作两种成分。本研究还发现,由于控制策略是一种代表权力取向的冲突处理方式,经理比一般职员较常使用这个方式。采用控制策略的双方各持己见,易伤和气,不符合中国文化"和气生财"之道,因此中国雇员较少使用。另外,女性雇员比男性雇员更喜欢使用非正面冲突策略,这与男性传统的社会地位与角色有关。

文献链接 8-2

作者：Zhou He, Jonathan, J. H. Zhu, & Shiyong Peng(何舟,祝建华,彭世勇)

题目：Cultural Values and Conflict Resolution in Enterprises in Diverse Cultural Settings in China(中国多文化环境企业中文化价值观念与冲突解决方式的关系)

出处：In G. M. Chen & R. Ma (2002)(Eds.), *Chinese Conflict Management and Resolution* (pp. 129 - 147). Westport, CN：Ablex.

(下一页)

（续前）

摘要：本研究旨在探讨在多文化环境中，文化价值观念与冲突解决方式之间的关系。研究的理论框架是文化影响论，假定文化价值观念的不同造成冲突解决方式的不同。研究中文化价值观念的变量为 Hofstedt(1979) 提出的四种文化取向：个人主义、阳刚取向、避免不确定性之取向及权力距离。冲突解决方式的变量唯 Rahim(1979) 提出的五种基本方式：主宰型、纳入型、妥协型、避免型和依顺型。基于这四种文化价值观念和五种冲突解决方式，本研究提出了二十个假设，假设的基本方向是考虑自己多并且趋于自我决断的文化价值观念（个人主义和阳刚取向），会引起采用主宰型、纳入型等正面冲突或主动型的解决方式；而考虑他人多并且自我决断因素少的文化价值观念（避免不确定性之取向和权力距离），会引起采用妥协型、避免型和依顺型等非对抗型的解决方式。研究在中国珠江三角洲的中外合资企业中进行，以抽样和普查的方式调查了 523 名企业管理人员（150 名美国人，73 名法国人，150 名合资企业的中国人，以及 150 国营企业的中国人）。合资企业的人员为主要研究对象，而国营企业的人员为控制组。虽然这三个文化群体的选择是基于 Hofstedt(1994) 对不同文化群体的总体评分，特别是基于在个人主义这一侧面上，美、法、香港人趋高、中、低的分布，但与众多过去的研究不同，本研究不是简单地根据 Hofstedt 80 年代所做的研究来假定各个文化群体的不同，而是实际测量这三个文化群体的具体文化价值观念。此外，测量的手段是 Dorfman 和 Howell(1988) 发展出来的直接测量个人层面文化价值观念的手段，而非 Hofstedt 始于工作满意度的手段。在测得个人数据后，将其平均值赋予每个群体，作为该群体的总体评分值。研究结果发现，实际测量的三个文化群体的文化价值观念的分布，基本与理论和一般观察吻合。美国人在个人主义上分值最高，而在避免布确定性之倾向及权力距离上分值最低。中国人与此正好相反，而法国人则居中，时而与美国人相近，时而又中国人相近。合资企业的中国人与国营企业的中国人有细微差别，但并无统计上的重要性。唯一比较意外的发现是，中国人在阳刚取向上的分值最高。通过一系列的 ANOVA 分析，研究的二十个假设，只有十个得到支持。个人主义、阳刚取向、权力距离等吻合价值观念，比较能够一贯地预测纳入型、避免型和依顺型等解决冲突的方式。但所有这些文化价值观念都不能预测妥协型方式的采用。个人主义在预测主宰型方式上，显示了反方向。在此观念上得分最低的国营企业中国人，在主宰型方式的采用上得分最高。从这些研究结果可得两个结论。第一，不同群体固有的文化价值观念，虽然与冲突解决方式有关，但在多文化的环境中，这些原有观念并不能适当地预测冲突解决方式。固有的文化价值观念虽然难以改变，但在多文化的环境中冲突解决方式，可能会因应这种环境而改变和调整。第二，各种慷霭念会出现"交叉压力"，使冲突解决方式的选用出现复杂、矛盾的现象。个人主义观念低但阳刚取向高的中国人就是最好的例子。这种"交叉压力"在过去用单一文化价值观念来预测冲突解决方式的研究中很少被注意到。

不过,语言结构是属于沟通的显性层次,只要经过学习的过程,通常在一段时间内,就能取得了解与运用的能力。因此,语言的差异对冲突经营或解决的影响,最难以驾驭的部分,乃是语言的表达方式(verbal expression style),它代表着沟通的隐性层次,深深受制于文化深层的价值取向。从迷你个案 8-2,可以看出语言表达的差异可能带来的误解。

迷你个案 8-2:沉默的领导

身为美国公司的一个主管,凯丽被派往日本一家姊妹公司参加一项经理人员互访活动。凯丽将有一个月的时间,在日本公司管理一组工作性质和她在本公司类似的员工。上任的第一天,凯丽马上召开一次会议,讨论在她领导下的工作目标与期待。会议一开始,凯丽用了足足二十分钟的时间,指示左右员工所该承担的责任。凯丽心想,只要她说的愈多,员工就会更了解工作的性质与任务。如果员工有问题,她会马上详加解说。说完后,凯丽告诉员工把她当作是工作伙伴而非上司看待。才没几天,凯丽收到了一封从互访活动的负责人发出来的伊媚儿,提到她手下员工对她管理方法的不满,并质疑她的领导能力。互访活动的负责人建议凯丽多下点工夫,了解日本人的领导方法,并安排另一个会议以修正先前不当的做法。问题:为什么日本员工对凯丽的领导方法不满呢?* 作者 - Chris Desrosiers, University of Rhode Island.

语言的表达方式,在人类开始学习说话时,即慢慢地跟着发展。由于语言表达的方式,反映和具体化我们文化的信仰,在互动时,因表达方式的不同,往往会引起冲突(Kochman,1982)。从前面文化情境一节,得知语言的表达可分为直接与间接两种方式。Hall(1975)认为,直接表达的方式特别重视自我表现(self-expression)、口头的流利(verbal fluency)、雄辩的言说(eloquent speech)和试图直接说服对方接受其观点的倾向。反之,间接表达方式的特色,在于较常使用模糊性的语言(ambiguous language)和不直接说"不"或拒绝对方,以确保和谐的互动气氛。

很明显,直接表达语言是低情境文化的特征;间接表达语言的方式,则代表了高情境文化的特征。在互动的过程,使用直接表达方式的人们,比较容易引发冲突,而且在解决冲突时,倾向于采取对抗的方法。

语言的表达方式,在自我表露(self-disclosure)的过程,可清楚地看出差异。例如,Chen(1995)设计了一个自我表露的问卷,研究华人与美国人之间的可能差异。这个问卷要了解,两个文化的成员,与父母、陌生人、初识的朋友(acquaintance)和好朋友分别表达有关自己对不同事情的意见(opinion)、谈有关自己工作(work)、财务(fianance)、个性(personality)和自己身体(body)等事的差异。结果发现,美国人对所有对象的表露与对任何主题的表露程度,都显著地高出华人。

另一个有名的例子是 2002 年 4 月 1 日,中国战机与美国侦察机的擦撞事件。结果是中国歼八战机坠落南海,美国 EP3 海军侦察机未获允许,迫降海南岛,机上 24 个人员遭到中国扣留。双方政府开始就此事交互指责。中国国家主席江泽民说,美国必须为此事负担所有责任,而且必须向中国"道歉"(apology)。美国国务卿鲍尔回答说,美国没有什么可以道歉之事,并扬言此事件可能损害两国之间友好的关系。

中国外交部长唐家璇接着严厉谴责美国"傲慢"和"一再犯错",江泽民再度呼吁美国"道歉"。美国再度声明无歉可道,但对中国坠海丧生的驾驶员表示"遗憾"(regret)。中国外交部认为,美国表示"遗憾",意味着朝问题解决的方向迈进了一步,但继续要求美国正式致歉。美国断然拒绝,并警告中美长远关系已生危机。美国副总统切尼坚称不会为此事道歉。

僵持十天之后,在四月十一日,美国总统布什发出 信,内有对中国失踪的驾驶员和战机感到"虔诚的遗憾"(very regret)与对驾驶员家属的损失"深感抱歉"(very sorry)的词语。中国认为美国已为侦察机擅自闯入领空和驾驶员之死"致歉",于是释放了美国国会议员认为是"人质"的 24 名机员。

这个中方争"面子",美方争"里子"的冲突事件,充分地显示了文化价值观对语言表达的影响。"Apology"在英文意味着承认自己做错了事,向对方道歉谢罪的意思。美国政府认为他们的侦察机在国际公海飞行,就事论事,并无违法,因此坚决不肯满足中国"道歉"的要求。但最后基于人道,向中国人民与受难家属表示"遗憾"和"抱歉",并借此要回人质。中国则把美国的"非常"遗憾和抱歉,解释为和"道歉"同义,给了自己一个台阶下,在面子上能挂得住。

整个事件凸显了语言障碍所可能引发的潜在危机。《普城日报》(Providence Journal)就用了以下这个标题,表示了语言使用在这个事件所扮演的角色:"Language A Barrier in U. S. -China Stndoff"。在美国发行的《世界日报》也出现了如此的一个标题:《二十四机员困南海,沦为语言的人质》。语言表达对冲突经营和解决的影响大矣!文献链接 8 - 3 比较了中英文表达的差异。

文献链接 8-3

作者:Ringo Ma(马成龙)
题目:Saying *Yes* for *No* and *No* for *Yes*:A Chinese Rule(口是心非与口非心是:一个中文规则)
出处:*Journal of Pragmatics*,25,257 - 266,1997.
摘要:表里不一的讯息,能在以依赖情境架构为主的沟通中被理解,但这种语用模式常在东亚文化(中日韩)成员与英裔美人的沟通上造成问题。本文根据动机(利己或利他)及话语形式(口是心非与口非心是)两个层面,推演出四种华人表里不一的类型。四种当中,"利他+口是心非"常见于不忍让对方难堪时的支吾其词。"利他+口非心是"多发生在"讲客气"之时。战略高手用来化险为夷的"真话假说"可算是"利己+口是心非"。最后一项的"利己+口非心是",则发生在"欲擒故纵"的谈判高手身上。至少有三种理论可以解

(下一页)

（续前）

释这些表里不一的现象。首先,利他的情况可用维系人际和谐的观念来理解。很多文献提到东亚文化成员重视人际和谐,因此经常说话不直截了当,以减少正面冲突,并顾全双方颜面。然而,说话拐弯抹角与人际和谐并无绝对关联。我们也可以从道家的循环思维模式(circular thinking pattern)看华人表里不一的现象。道家哲学强调物极必反,与西方传统的线性思考(linear thinking)背道而驰。循环思考者较易领会"似非而是"的"欲擒故纵"计策里面隐藏的智慧,也比较能了解为什么"没有啦"可能是最佳的恭维方式。最后,色尔(Searle)的语行理论(Speech Act Theory)中包括创构性规则(constitutive rules)及规范性规则(regulative rules)。前者用来解释语行,而后者是应对规则。因两者皆是特定文化的产物,因此,美国人无法从他们创构性规则和规范性规则,来理解华人利他时表里不一的现象。在利己情况时,华人运用"再进一步"的策略,故意违反语行规则,在该说"是"的时候,偏说"不"以达成欺敌目的。

思想形态(Thinking Patterns)

思想形态指文化成员推理(reasoning)的方式或解决问题(solving problem)的步骤。从语言的表达,很容易可以分辨出思想的形态差异(Kaplan, 1966)。例如,关世杰(1997)从汉字的表现方法,比较了中国人和英国及美国人思维方式的不同。他发现了以下的差异:

1. 中国人思考问题时,对空间和时间的顺序是从大而小,英美人则从小而大。
2. 中国人偏好形象类别思维,英美人偏好逻辑思维。
3. 中国人偏好综合思维,英美人偏好分析思维。
4. 中国人注重统一思维,英美人注重对立思维。

第五章的文献链接5-1,对此有较详细的说明。一般而言,西方人的思想形态以客观和理性为基础;东方人则以主观和直觉为基础。前者偏向于实证或行为主义(positivism/behaviorism)的思想,认为万物有其客观的存在,以一个研究者的角度而言,他的目的是在证实或寻找已经存在的客体。后者较偏向与现象学(phenomenology)的思想,侧重主观认定的价值,万物的存在乃因个人主观认定它存在,它才存在,因此注重直觉与感情式的思维。在文学艺术的领域,后者更容易创造出空灵的境界。这种不经由分析的直觉思维法,佛教禅宗表现的最淋漓透彻。例如,日本诗人芭蕉(1644—1694)出名的俳句:

青蛙古池塘,

跳在水中央,

扑通一声响。

这个俳句,若用理性思考的方式加以分析,恐怕会落到"七宝楼台,拆开不成一物"的悲惨下场。但他却是直觉思考下的千古名作。试想森林中,万古寂静的湖面,突然来了一只悠哉悠哉的青蛙,通的一声往里面跳。啊!多响彻云霄的震天之响呀!当然,这是我个人的解释。铃木大拙(Suzuki, 1960)认为这是一个当下贯穿读者深层意识的佳作。他甚至认为,其实这个池塘就是作者本人的化身，也就是表现了池塘和作者的合一，代表一个"绝对的整体性"(absolute totality)或"绝对的认同"(absolute identity)，这正是佛教所谓的"空境"或"真如"。不管怎样，东方的特殊思考形态，由此表露无疑。

最后，石井敏(Ishii，1982)把西方人的推理方式，形容为线性(line)形态，东方人为点状(dot)形态。在沟通的时候，线性思考形态(linear thinking pattern)的表达方式，是讯息一个一个像链子一样连续出来，因此听者比较容易明白。点状或非线性思考形态(non-linear thinking pattern)，则比较没有关联性地从一个观点跳到另一个观点，因此听者与说话者关系不熟的话，很容易因为细节的省略，而发生丈二金刚摸不着头脑的现象。

既然文化与冲突经营和解决的关系是这么的紧密，那么真正影响华人面对冲突的文化因素是什么呢？以下就来讨论华人的冲突经营。

华人与冲突经营

了解了文化与冲突经营和解决的关系后，这一节就来专门探讨影响华人处理冲突的因素以及解决冲突的策略。

影响华人处理冲突的因素

Chen(2002)与Chen & Starosta(1997-8)发现，影响华人经营和解决冲突的主要因素有四项：和谐、关系、面子以及权力。

和谐

和谐(harmony)乃是中华文化主要的价值取向。华人一向信仰惟有经由和谐的滋润浇养，普天之下万事万物才能繁华茂盛地成长。这种思想与信仰，在《中庸》第一章提到的"中和"即有明显的阐释：

喜怒哀乐之未发，谓之中，发而皆中节，谓之和。中也者，天下之大本也；和也者，天下之达道也。致中和，天地位焉，万物育焉。

《中庸》的这段陈述，主要是源自儒道两家的思想，认为中与和两个概念，是一个铜板的两面，彼此依存。中和的获得，建立在"诚"，意味着个人所持有对己对人的一颗虔敬和诚实的心。只有拥有虔诚之心，两个互动者之间才能产生彼此"感应"的效果。如《易经》所言，"二人同心，其利断金。同心之言，其臭如兰"。老子《道德经》也提到："万物负阴抱阳，冲气以为和"。

和谐的观念引导华人把人与人之间的沟通互动，看成是在一张相互依赖网里，发展与建立和谐关系的过程。因此，和谐对华人而言，是人与人之间交往的目的，而非手段。也就是说，在相互依存与互助合作的人际关系网络里，每个人都必须经由适应与再适应的过程，为自己寻找一个能安心立命的最佳定位。于是乎，能够诚心诚意地展现出对他人的关怀，乃成了获致和谐关系的主要途径。

华人这种避免冲突的和谐的实行要点，主要是寄托在"礼"的原则上。做为一个社会适当行为的制定规范，"礼"给华人的社交互动，提供了强有利与高度动态的文化机制(cultural mechanism)(Xiao，2002)。虽然"礼"的实践，并不保证可以带来一个满意的冲突解决的结果，但无疑会使冲突经营的过程，在一个相对和谐的情况下进行。因此，在冲突中，所谓的"礼尚往来"，实质上是一个取得和谐的原则，而非双方互利的物化原则(materialistic principle)（Chen & Starosta，1997－8）。也就是说，"礼尚往来"要求互动者之间的相互责任（mutual responsibility）。再者，"先礼后兵"清楚地说明了武力或小人招式必须在"礼尚往来"失败后才得使用。在这种情况下，才能在道德上得到第三者的支持，因为破坏和谐的责任必须由互动的对方来负担。

由此观之，试图建立没有冲突的人际与社会的和谐关系，是华人与人交往互动所追求的终极目标（ultimate goal）。和谐之于华人，犹如轴心之于车轮。这个轴心由两条轮辐支撑：关系与面子，以便顺行。关系形成了华人社会组织的结构形态，面子是连结关系网各个环节的运作机制。

关系

关系（guanxi/interrelation）意指两个人或两个群体之间建立起的相互依赖网。人类社会的这种关系包括朋友间、家庭间、上司下属间、师生间、同僚间的形形色色之联系。在这些关系网里，华人特别着重特殊性的关系（particularistic relationship）与我群与他群（in-group and out-group）之间的分明界限。华人对特殊性关系的注重，如第四章所描述，表现在传统五伦的实践，另外，诸如同宗、同乡、师生、同窗、同事等关系，皆可纳入。

这个特殊性关系的运作，受限在一组特别的互动常规与形态，因此给予人们一个可遵循的行为方向，以避免在相交过程中，发生不必要的尴尬赧颜（embarrassment）之事或冲突（乔健，1988a；Chen & Chung，1994；Hwang，1987；Jocobs，1979）。在华人社会，特殊性的关系是用来说服（persuade）、影响（influence）或控制（control）他人的有力武器，它常常在避免发生不愉快之事与解决纷争冲突的过程中，产生意想不到的功能（Chang & Holt，1991；Chung，1991；Shenkar & Ronen，1987）。到过中国的人，一定会体会到讲交情、拉关系，对办事或做生意所带来的方便。

华人对特殊性关系的重视，导致了清清楚楚划分是我族类和非我族类的现象。凡是在特殊关系网内的人，皆属我族类分子，反之则属非我族类分子。是我族类的分子之间，凡事好说，大事化小，小事化无，大家不用斤斤计较，以和为贵。但是华人对非我族类分子的不信任，往往使和谐的理想变成罔顾的牺牲品。

面子

面子（mianzi/face）可定义为投射在人际关系网内的个人形象（Ting-Toomey，1988）。面子代表一个人的社会地位与声誉。这种地位与声誉乃是因吾人成功地扮演了该扮演的社会角色，而受到他人认可与尊敬所得来的。Jia（1997－8，2001）认为面子在华人社会，具有四项特色。

首先，面子是一个关系性（relational）的概念。换句话说，面子是华人用来强化或表达和谐关系的手段和目的（Cheng，1986）。

第二，面子是一个社区或社会性（communal/social）的概念。这是 Hu（1944）所谓的"公共审查"（public censor），亦即社群用来监视成员是否违反社会规范的武器。

第三，面子是一个层级性（hierarchical）的概念。例如，面子的实践，乃是依据家族内以年龄、性别与血缘为基础的层级关系而定（Chang & Holt，1994）。

最后，面子是具有高度道德性（moral）的概念。例如，一个有道德声誉的人，通常会给认定是有面子或有脸的人（Ho，1976）。"不要脸"则意味着道德良心的丧失。

基于这四项特色,Jia 继续认为,面子在华人社会具有三项明显的功能:

第一,面子具有取代法律的作用。丢了脸或没面子和受到整个社群的非难,两者的意义是对等的。一个没有面子的人,通常很难在华人社会生存下去。

第二,对面子的重视或生怕丢脸,其实是帮助一个人晋升君子之道的方法。换句话说,维护面子,不仅是一个人自我修养与自我发展,而且是社会达到和谐的重要方法。

最后,面子是社会成员分配关系、社交和物质资源的基本机制。它是每一个分子维持、社会、感情和生理需求的手段。

因此,华人一向认为,刻意贬损或丢他人面子的行为,不仅会伤害他人,同时也会毁损自己的形象。反之,知道如何给人面子的人,不但会讨人喜欢,而且能够强化对方的自尊。在华人社交场里,不顾他人面子的作风,常常会导致他人心理的不安、焦躁,甚至引发严重的冲突。这是华人为何喜欢拉关系和做面子以求和谐相处的主因(金耀基,1988;黄光国,1988)。文献链接 8-4 探讨了关系与面子对华人冲突解决的影响。

文献链接 8-4

作者:Kwang-Kuo Hwang(黄光国)

题目:Guanxi and Mientze:Conflict Resolution in Chinese Society(关系与面子:华人社会中的冲突化解模式)

出处:*Intercultural Communication Studies*,7,17-42,1997-8.

摘要:本论文的主要目的,是要以作者对于文化传统的分析作为基础,提出一套理论,来说明华人社会中的冲突化解模式。在《知识与行动》中,作者以〈人情与面子〉的理论模式为基础,分析了"儒家思想的内在结构"。在本文中,作者则以他对儒家"庶人伦理"的分析作为基础,将人际关系分为"纵向内团体"、"横向内团体"、"横向外团体"等三种;再依个人与他人发生冲突时,行动者是否要维持双方和谐关系、是否坚持要达成个人目标、双方协调方式以及对冲突的优势反应等四种问题,将华人社会中的冲突化解模式分为以下十二种:纵向内团体 + 维持双方和谐关系 = 顾及面子纵向内团体 + 坚持达成个人目标 = 阳奉阴违纵向内团体 + 双方协调方式 = 间接沟通纵向内团体 + 对冲突的优势反应 = 忍受横向内团体 + 维持双方和谐关系 = 给面子横向内团体 +坚持达成个人目标 = 明争暗斗横向内团体 +双方协调方式 = 直接沟通横向内团体 + 对冲突的优势反应 = 妥协横向外团体 +维持双方和谐关系 = 争面子横向外团体 +坚持达成个人目标 =面对横向外团体 + 双方协调方式 = 调解横向外团体+对冲突的优势反应 =决裂作者认为:这个理论模式应当是了解华人社会行为的重要关键。

若冲突真的不可避免,华人往往央求有关系有面子的第三者来仲裁协调。这种间接性解决问题的方法,意在避免双方面对面时的尴尬与可能仇人相见分外眼红所产生非理性的对立而丢脸现眼。注重面子的现象也影响了华人沟通的形态。例如,华人在社交的过程中,很难出口说不,拒绝别人的请求或是公然动怒,表现侵略性的行为。因为说不与公然动怒,乃保护面子与促进和谐最大的敌人。

权力

权力(power)指控制了他人想要得到或珍重的资源。在人类不同社会的互动网内,谁权力大谁就主导沟通的形式似乎是一致的,所不同只是权力来源的问题。中国与其他文化不同的地方,在于权力的来源筑基在"资历"(seniority)与"威信"(authority)两个概念之上(Chen & Starosta,1997-8)。

资历包括年长与年资,也就是指老年人与在机关内工作有多少年的经验。德高望重或年高德劭,都可用来说明在华人社会,"老"就是权力集散地(locus of poer)的特征。就像陈年好酒,愈久愈是香醇;人愈老,信用愈高,权力也就愈大。主要看看华人社会领导人物的平均年龄与"大老"常得出面帮忙解决各种纷争,即可了解"老"在华人社会的功能之大。

例如,Chung(1996)分析1990年1月和2月间,中国台湾执政党竞选总统连任,产生了党内政治危机,处理时必须央请岛内八大老来帮忙协调的过程。他发现在冲突解决的决策过程,主要是受制于两个要素:资历和特殊性关系。这八大老的年龄,最年轻的是七十八岁,最老的高达九十二岁,而且每一个都与总统有良好的关系。Chen & Chung(2002)在分析台湾一个宗教团体年终会议时,也发现其中一个84岁的长老,虽已不具任何领导头衔,但却纵横整个会场,以老卖老,主导了发言的顺序与会议进行的方向,威信则来自华人社会特殊关系网的层级结构。在这网内,上司、父亲、丈夫以及长兄等男性角色,基本上给赋予较高的地位与较大的权力,以资影响或控制其他分子。和年龄一样,占据这些较高地位的人,通常给认为他们的知识一定比常人高深,因此相对地,他们就受人尊敬与取得权力。

最后,以这些概念为基础,Chen(2001)发展了一个和谐理论模式,用以解释华人的沟通与冲突行为。Chen指出,华人的和谐观建立在三项准则:

第一,内在方面,个人必须内化(internalize)仁、义、礼三个概念的原则。

第二,外在方面,个人必须能够配合(accomodate)时、位、机三项要素。时指时间因素,位指空间因素,机指动之微。

第三,策略方面,个人必须能够善于运用(exercise)关系、面子以及权力三项行为技巧。

仁、义、礼属内在元素,代表华人沟通行为的纬线;时、位、机属外在元素,代表华人沟通行为的经线。经纬线结合起来,织成了华人社会的互动脉络网(contextual network)。驰骋在这个脉络网的互动行为,就是关系、面子以及权力等策略的交互运用。

这九个概念的功能和相互间的关系,构成了华人理想互动的一个整体系统。对了解华人如何经营或解决冲突,有很大的帮助。

华人解决冲突的策略

当然,试图建立没有冲突的和谐关系,是中华文化所追求的终极目标,但如果就此认为华人社会,是一个完全安祥无暴力的乌托邦,那就大错特错了。在华人社会看到凶狠残暴的冲突事件,其实是不足为奇之事。如前面所谈的"先礼后兵",敬酒不吃或不给面子,双方撕破脸的时候,冲突起来可能比任何文明社会更是凶残。尤其在对待非我族类的分子,常常是毫不留情,有非置之于死地不可的残酷之态。这点在研究华人冲突经营或沟通行为时,是不可不察的。

对华人而言,在和谐失效的情况下,"复仇"的行为,就像"报恩"一样,也是一种"礼尚往来"的表现,是受到儒家文化的允许和鼓励的。文崇一(1988)分析中国历史上报仇的案例,发现严重到如彼此杀戮的报仇行为,通常是发生在血亲或家族系统内的成员,受到侮辱的时候。文崇一把华人这种报恩和复仇的文化行为,归纳为五种类型:以德报德、以怨报怨、以德报怨、以怨报德、恩怨均不报。前两项是华人社会最常见到的行为。这种有恩必还,有仇必报的作风,文崇一认为在华人社会具有五项共性:

1. "来而不往,非礼也;此仇不报,非君子",是华人报恩和复仇的两个基本原则。

2. 报恩和复仇与家族最有直接关系,但有时也提升到国家的层次。

3. 报恩和复仇具有浓厚的伦理观念,特别是复仇,常与尽孝的信仰结合。

4. 报恩和复仇通常是属于偶发性的行为,少有连续性的实行。

5. 报恩和复仇符合中国以道德为主的文化价值观,因此获得社会的承认,甚至鼓励和赞扬。

如果冲突是无法避免之事,如何来克服或击败对手,立刻成为追求的第一目标。这种以不同手段或策略(strategy),来达到说服或击垮对手的方法,由于与仁、义、礼等观念相悖,因此不受到儒家的鼓励与接受。但是翻阅一下中国历史,马上可以发现,讨论制敌方法的论说,充满着道家、法家以及兵家的著作。传统上的兵法,特别是《孙子兵法》与计策,如三十六计与近代的《厚黑学》等著作,唾手可得。

其实每一个文化,都有使对方顺从(compliance-gaining)的各种策略。在西方,使对方顺从的理论和方法,早就是沟通学一个重要的研究领域(Marwell & Schnmitt,1967;Miller,Boster,Roloff,& Seibold,1977)。

以中国为例,乔健(1988b,1988c;Chiao,1989)认为华人的计策行为,具有三项特色:

第一,沟通、说服或使对方顺从的策略,因为儒家视之为异端,因此主要是保留在口语(oral)管道的传统,而避免以文字记载。

第二,计策行为通常用象征性的语句(metaphorical phrase)来表现。如"调虎离山"即是。

第三,大部分的计策源自军事上的手法。做为行动的方针,这些军事计策给应用到社会生活,以求达到个人或团体的目的。

计策的使用以"变化"为本体基础,以"智慧"或"机智"为行动的指标。"变化"的本体观,建立在阴阳两股相反相成的互动上。高树藩(1976)指出,"机智"有四个特性:(1)培养对情况的记忆力,(2)培养对情况的理解力,(3)培养对情况的适应力以及(4)培养创造力。行动时,计策的运用则必须遵守整体性、最大利益性、弹性、谨慎以及秘密性等五大原则(柴宇球,1993;刘瑞符,1980)。

最后,Chen & Zhong(2000)对华人使用的计策,做了一个实证性的分析。除了传统的三十六计之外,作者从不同文献中,再搜索出二十九种通用的策略,合起来加以因素分析。结果发现了其中四十九计,可以归入以下七个类别:

Ⅰ. 大致上是借机或造势,以迷惑或混淆对方耳目,而使其失算——包括十六计:

1. 拍马屁。

2. 落井下石。

3. 小题大做。

4. 拉关系。

5. 扮猪吃老虎。

6. 无中生有。

7. 顺手牵羊。

8. 趁火打劫。

9. 鱼目混珠。

10. 笑里藏刀。

11. 浑水摸鱼。

12. 狐假虎威。

13. 虚张声势。

14. 美人计。

15. 张冠李戴。

16. 攀龙附凤。

Ⅱ. 大致上是借对方之力,来达成自己的目的,或误导对方,以防其达到目的——包括十五计:

1. 关门捉贼。

2. 上屋抽梯。

3. 偷梁换柱。

4. 树上开花。

5. 杀鸡儆猴。

6. 两面三刀。

7. 拖刀计。

8. 李代桃僵。

9. 假痴不癫。

10. 远交近攻。

11. 围魏救赵。

12. 弃卒保帅。

13. 移尸嫁祸。

14. 推诿之计。

15. 暗渡陈仓。

Ⅲ. 大致上是借分散对方注意力,以达到自己目的——包括四计:

1. 欲擒故纵。

2. 调虎离山。

3. 抛砖引玉。

4. 打草惊蛇。

Ⅳ. 大致上是间接观察对方之心机,以采取下一步行动——包括四计:

1. 明知故问。

2. 见风使舵。

3. 旁敲侧击。

4. 投石问路。

Ⅴ. 大致上是使间以分离对方或苦肉计欺敌——包括四计：

1. 一箭双雕。

2. 空城计。

3. 反间计。

4. 苦肉计。

Ⅵ. 大致上是利用当场情况，做为应付对方之策——包括三计：

1. 将计就计。

2. 忍辱负重。

3. 顺水推舟。

Ⅶ. 大致上是以省己之力，来欺敌以突破对方——包括三计：

1. 借刀杀人。

2. 瞒天过海。

3. 以逸待劳。

跨文化冲突解决方法

解决跨文化冲突的方法，大致上可分为以下五种（Adler，2002）：

1. 文化支配法（cultural domiance）——这是以自我或自己文化为中心的冲突解决法，也就是"我是他非"的作风。例如，美国人一听到日本人送礼的习惯，立即认为那是一种贿赂的做法即是。

2. 文化顺应法（cultural accomodation）——与文化支配相反，是"我非他是"的利他做法。如同入乡随俗一样，迁就对方。这种迁就，可能是真的欣赏对方，可能是屈服于对方的势力，也可能是担心互动结果的不理想而产生的。

3. 文化妥协法（cultural compromise）——此法局部综合了的双方的需求，结果是各方都同时赢一些，但也输一些。也就是既没有全赢，也没有全输。在事情不能两全的时候，这倒是一个可取的折衷法。

4. 文化逃避法（cultural avoidance）——这是鸵鸟主义法。把头栽入泥沙里，看不见问题，就以为问题不存在了。

5. 文化综合法（cultural synergy）——同时顾及双方的需要，发展出另一套双方可以同意与互利的方法，以便适当地把问题解决。这是达到双赢（win-win）结果的保证。

这五个跨文化冲突或问题解决的方法，各有利弊。表面上看来，除了文化综合法之外，其他各法似乎都不可取。其实，在实际运作情况下，并不见得如此。尤其是从策略性（strategic）的角度，有时候会刻意使用非预期的方法，出奇制胜。不过，整体而言，文化综合法还是代表跨文化冲突解决最为理想的方法。它不仅解决了问题，而且双方都乐于接受，没有怨恨存在。那么文化综合法是如何运作呢？

文化综合的冲突解决方法，是一种用以经营多元文化之冲击的主要方法之一。它具有四项原则(Adler，1983)：

第一，文化的异质性(heterogeneity)——信仰文化多元主义(cultural pluralism)。

第二，文化同异性(similarity & difference)——相信人们之间，相似和相异的特性同时存在。

第三，殊途同归性(equifinality)——不同文化方法，对解决相同的问题同时有效。

第四，文化经权性(cultural contingency)——了解自己的方法只是众多方法中的一种。

文化综合的实践，分三个阶段六个步骤(Adler，2002)。三个阶段包括：(一)对情况的描述情况(describing the siutation)，(二)解释文化(interpreting the cultures)以及(三)增加文化创造力(cultural creativity)，以产生文化综合(cultural synergy)。这三个阶段，又细分成六个步骤：

1. 描述情况——从自己与对方文化的角度，分别描述冲突的情况为何。

2. 决定基本的文化假设(cultural assumptions)——分别找出解释自己与对方看法和行为的文化假设。

3. 评估文化的重叠(cultural overlaps)部分——辨认双方文化信仰的同与异。

4. 提炼出文化综合之各种可能方法(culturally synergistic alternatives)——均衡了双方文化的异同，以创造出不同的可能解决方法。

5. 选择最适合的方法——这个方法必须同时配合双方的文化假设。

6. 实施(Implement)——把最适合的文化综合法付诸实施，并同时观察各方的反应，以便随时修正调整。

第三节　跨文化谈判

人类沟通或关系发展的过程，无可避免地必须面对各种可能的冲突或龃龉。为了解决这些问题，我们随时得经由谈判(negotiation)的过程来说服对方，以做出满意的决策。因此，有关系就有冲突，有冲突就有谈判的存在。可见谈判是人类沟通互动的一个紧要部分。这一节就从跨文化的角度，来探讨谈判这个概念和方法。

谈判的定义与本质

谈判是达到圆满解决冲突，常常必须运用到的方法。它意味着一个人试着说服(persuade)对方改变意见或行为的过程(Casse，1981)。谈判通常发生在互动双方意见不合或所需不同，但思欲达到彼此能够互利的情况下。谈判具有三项特质：

第一，谈判是人类社会生活的重要技巧之一。不论是在人际关系的发展，团体与团体，组织与组织，或国家与国家之间，随时都必须经由谈判的过程，来减低负面的冲击，或达致较满意的结果。在当今全球化的社会，不同文化间的谈判机会，更是日渐增多与愈形重要。

第二，谈判虽是人类社会生活中，解决问题的重要技巧之一，但是它不见得随时是最好的方法。解决问题的方法种类繁多，有时因情况的需要，使用诸如协议(bargain)或壮士断腕(take it or leave it)等方法反而对己方有利(Murray，Jick，& Bradshaw，1983)。这是因为谈判本身,通常是一个很费时的过程,而很多问题的解决,必须在短时间内完成。不过,因为谈判是达到双赢结果的方法,因此还是常受到采用,尤其是在国际间冲突的情况。

第三,谈判与文化的关系极为密切。不同文化表现了不同的谈判型态。以美国人与日本人为例,研究发现(Casse,1982;Moran & Stipp,1991),美国人在谈判的过程,比较不重视情绪的敏觉度(emotional sensitivity),对事不对人,重争讼(litigation),不重斡旋(conciliation);队员提供意见给领导人做决定,决策依据利益的损得而定,好争论(argumentative),以文件为证以及避免利益冲突。日本人则高度重视情绪的敏觉度,善于隐藏情绪,重和不重争,重一致性(consensus)的集体决策;决策时避免损了对方的面子,较沉默,重视文件的正确与真实性以及重视关系的建立。

跨文化谈判

从美国和日本两个国家谈判型态的差异,可以看出文化对谈判的影响。由于文化的复杂性,Fisher(1980)建议在从事跨文化或国际谈判时,应该特别注意五个项目:谈判者及情况、决策的形态、国家性格、文化噪音以及解说和翻译者。

谈判者及情况

谈判者(negotiator)的选择标准为何? 什么情况(situation)是有利于我方的谈判呢? 这是两个谈判的基本问题。首先是谈判代表人选择的问题。Graham(1983,1985)比较了美国、日本、台湾与巴西四个文化,对谈判者选择的条件:

美国:准备与计划的技巧,压力下思考的能力,判断力与睿智,口头表达能力,专业知识,认知与开发(exploit)能力,正直(integrity)。

日本:对工作的献身(dedication),认知与开发能力,赢得尊敬与信心,正直,聆听能力,广角能力(broad perspective),口头表达能力。

中国台湾:毅力与果断,赢得尊敬与信心,准备与计划的技巧,专业知识,有趣的(interesting),判断力与睿智。

巴西:准备与计划的技巧,压力下思考的能力,判断力与睿智,口头表达能力,专业知识,认知与开发能力,竞争力。

比较起来可以发现,美国和巴西,日本和中国台湾之间,对适当谈判人选的条件较为接近。日本虽然和美国与巴西一样重视口头表达能力,但是也同时注重聆听的能力。中国台湾重视谈判者必须有趣以及毅力与果断,则是其他国家和地区所无。

谈判的情况包括地点、场所摆设、谈判时间、地位等要素。地点方面,应该在我方的办公室、对方的办公室或是第三个中立的地点呢? 这些都是安排谈判的过程,根据谈判的性质,必须考虑到的地点问题。大部分人似乎喜欢选择较中立的地点从事谈判。例如,在商业交易方面,日本人喜欢在餐厅或酒吧等较无拘束的地点。场所的摆设,特别是桌椅,若侧重谈判的竞争性,则不妨面对面,坐在谈判桌的两个对立边;若以合作为目标,则安排坐在谈判桌的紧邻两边;若侧重对事不对人的问题解决,则双方坐在谈判桌的同一边(Fisher & Ury,1981)。中国的风水理论,在这个领域很有发挥的余地。

谈判时间的运用,因文化对时间概念的认知不同,对跨文化谈判具有很大的影响。第四章讨论文化价值观时,对时间认知的文化差异已做了解说。在跨文化谈判时,时间的运用,常常成为一个克服对方的武器。例如,美国人对谈判的时间,较具程序性,不太能够忍受拖拖拉拉的方法。因此,其他文化与美国人谈判时,常会运用拖延战术来搅乱美国谈判者,使其失去耐心,而接受对方的索求。

最后是谈判者地位的决定。美国人较喜欢不正式的行事作风,也较重视人人平等的观念,因此重视谈判者的专业知识,而非社会地位。东方人则重视层级关系,对谈判资格的选择,往往是以个人的社会地位或尊卑长幼来决定。这种差异,常常给跨文化谈判带来诸多的困扰。

决策的形态

从文化情境(cultural context)的角度,我们已经了解高情境和低情境文化,有着不同的问题或冲突解决方法。决策既然是问题解决过程的一环,文化必然也赋予它的成员一套决策的形态。例如,从六个沟通的角度而言,美国人与日本人的决策形态,因文化的影响,有着下列的差异(Kume,1985;Quasha & McNaniel,2003;Stewart,1985):

1. 决策的中枢(locus of decision)——美国集中在个人,由领导人主导并负全责。日本集中在团体,领导人旨在促进运作并分权负责。

2. 意见发起和协调(initiation and coordination)——美国人由上而下,专业取向以及较少讨论。日本人由下(或中间)而上,重咨询,频讨论。

3. 时间取向(temporal orientation)——美国人习惯于事前计划,决策快,但实行慢。日本人以情况的变化调整计划,决策慢,但实行快。

4. 达致决策之模式(mode of reaching decision)——美国人喜用个人决定,多数表决以及分割决策(split decision)。日本人采用一致决(consensus)。

5. 决策标准(decision criterion)——美国人重理性,采取实用实证论(practical empiricism)。日本人重直觉(intuition),以团体和谐为(group harmony)依归。

6. 沟通形态(communication style)——美国人表达较直接,以对抗法(confrontation)解决问题。日本人表达较间接,重视协定(agreement)。

国家性格

国家性格(national character)指一个国家的结构性个性(personality),这种个性提供团体成员,在社化的过程学习成为该社会的一分子。在跨文化谈判里,Fisher(1980)认为应该从三个方向来了解国家性格的影响。

第一,一个国家的自我形象(self-images)与对方团体形象对谈判的影响为何? 谈判者对自己国家形象的看法或建构,直接冲击谈判的过程。例如,法国人一提到自己的国家,就很以法国文化与语言为豪。墨西哥人因历史上与美国在领土上的瓜葛,对国家认同相当的敏感,尤其是与美国人互动或谈判的时候。这些因素,谈判时都必须列入考虑。

第二,谈判者具有什么特殊的价值关与隐伏的思想(implicit assumption)吗?

第三,什么样的文化差异对逻辑思考、推理或说服过程产生影响呢? 第二和第三项都是关系到文化价值及信仰,对谈判行为的影响。这种文化上的差异,我们在前几章已经分别讨论过。

文化噪音

文化噪音(cultural noise)专指沟通过程,阻止或扭曲信息流动(information flow)的各种障碍。这种障碍在跨文化谈判,主要存在于讯息(message)本身和输送的过程。也就是语言(verbal)与非语言(nonverbal)的表达行为。

除了第五章和第六章所讨论的之外,讯息表达的行为在谈判的过程,可以延伸到策略的使用。Adler(2002)指出,口语谈判的策略(verbal negotiating tactics)包括了十三种:

承诺(promise)

恐吓(threat)

劝告(recommendation)

警告(warning)

奖赏(reward)

惩罚(punishment)

规范性诉求(normative appeal)

诺言(commitment)

自我表露(self-disclosure)

质问(question)

命令(command)

非口语的谈判策略,则有沉默(silence)、交谈重叠(conversational overlaps)、脸部直视(facial gazing)以及触摸(touching)。Graham(1985)的研究,发现了日本人、美国人与巴西人在这四项非口语谈判策略运用上的差异:

1. 沉默——以超过十秒钟计算,日本人次数最多,其次是美国人。

2. 交谈重叠——巴西人次数最多,其次是日本人。

3. 脸部直视——巴西人做的时间最长,其次是美国人。

4. 触摸——巴西人次数最多,美日两个无明显的差异。

从口语和非口语谈判策略的使用,可以窥见这些策略背后所隐藏的文化价值。例如,日本人以沉默出名,其所反映的文化价值,包括了层级性(hierarchy)、社会均衡(social balance)以及移情(empathy)(McDaniel,2003)。

解说和翻译者

在跨文化谈判的过程中,常常须要依赖解说(interpretation)或翻译(translation)来协助双方彼此了解讨论的内容与文件用语的正确性。本书第五章曾提到,在跨文化沟通的过程中,翻译可能造成三项困扰:(1)不同语系之间,常常很难找到对等的词语来翻译,(2)错误的翻译,可能酿成巨大的悲剧以及(3)正确可靠的翻译不容易,因此常常需要仰赖专业人才。在跨文化谈判里,Fisher(1980)讨论的有关翻译必须注意的事项,其中有三个值得一提:

第一,翻译过的词语,在双方的主观意义(subjective meaning)是什么? 例如,"个人主义"(individualism)这个词,对美国人而言是值得重视,而且是理所当然的。但是对华人或日本人,却是具有"自私"的负面性的用语。

第二,一方语言的概念,若不存在于对方的语系,该怎么办? 例如,辩论(debate)这个词,对以逻辑与直线性思考为主的西方人而言,是日常生活的实践活动之一。但对如中国、日本和土耳其等高情境文化的人们,却是不熟悉,甚至是不存在的字眼。因此,沟通起来,误解难免产生(Chen,2000)。

最后，双方的语言具有难以翻译的内在推理或思考形态吗？如前面谈到的低情境文化成员倾向使用事实—归纳(factual-inductive)或通则—演绎(axiomative-deductive)的方式解决冲突，但高情境文化的成员却倾向于使用情感—直觉(feeling-intuitive)的方式解决冲突之间的差异即是。

跨文化谈判的过程

跨文化谈判的过程，通常可以分为五个阶段：计划、建立关系、交换相关资讯、说服以及让步与达成协议(牟传琳与牟传珩，1991；黄铃媚，2001；Adler，2002；Wall，1985)。

计划(Planning)

计划阶段指谈判尚未登场，双方还未碰面之前的准备功夫。好像考试一样，试前花更多时间准备的人，往往是考得较满意的人。不过，计划或准备一定要有正确的方法，才能得到事半功倍的效果。跨文化谈判前的计划与准备，除了收集有关谈判的资料与对方文化的差异，以及对方人选的背景质问，通常还包括预定谈判的时间、可能的抉择、共同的底线、长短期的冲击等项目。在这个阶段，有六项准则可以遵守(Copeland & Griggs，1985)：

1. 确定要谈判的事物是可以谈判的(negotiable)。

2. 了解赢得谈判对己方的意义是什么。野心要大，但须设定一个实际的底线(bottom line)。

3. 收集事实资料。

4. 准备对不同文化与不同阶段的谈判策略。包括己方立场为何，是否采取强硬的谈判态度，决定初步的议价以及如何控制让步等。

5. 准备自己的翻译员、律师和会计师等人员。

6. 尽量给己方准备多点谈判的时间。

建立关系(Interpersonal Relationship Building)

这是双方面对面，开始彼此认识，以制造对谈气氛的阶段。任何适然地打破僵局(ice-breaking)，收集对方的资讯以减低不确定感(reduce uncertainty)，并进一步建立良好的见面关系是该达成的目标。

双方首先应该发展出相互尊敬与信任的态度。文化和个人的相同处，变成彼此建立人际关系的基础；相异处则做为交换意见，以增进彼此了解的机会。这个阶段该极力遵守的原则是：人与事必须截然划分开。也就是讨论的过程，对事不对人(Fisher & Ury，1983)。因此，拒绝对方资讯或请求时，力求让人有不是在拒绝他个人的感觉。

交换相关资讯(Exchanging Task-Related Information)

因为谈判的真髓，在于双方能够同时受益，因此，在这个阶段，谈判者应该专注在任何把己方的情况(situation)和需求(need)表达清楚以及了解对方的情况和需求。该知道的是情况和需求的表述，并不是所谓的立场(position)表述。立场意指单方面在某种特殊情况下，提出的唯一解决方案。改变立场是件难事，情况和需求则可因时地物事的变化而加以调整。

在这个阶段该遵守的原则是：利益(interest)为先，立场其次。这原则可使谈判具有较大的弹性空间,在利益上折冲尊俎,彼此争取到对自己的最大利益与双方可以接受的多项解决方案,而非卡死在立场的死巷,失去了转圜的空间。

说服(Persuading)

谈判双方交换了情况和需求的资讯后,接着就是彼此试着说服对方,接受己方的条件。说服是用非暴力的手段,经由沟通与策略的使用,来影响对方思想和行动,以达到自己目的的过程(龚文庠,1994)。一个成功的跨文化谈判,应该注重建立双方互惠的解决方案,而非以传统的说服方式,只试着迫使对方接受仅对我方有利的提案。

对双方有利的解决方案,通常建立在了解彼此之间的利益取向、价值观和需求。然后分辨出双方的异同,再以互异的部分为基础,发展出双方互利的方案。说服的过程,有几项准则可以遵守(Copeland & Griggs,1985):

1. 适当地掌控资讯。
2. 留意语言的使用。
3. 视说服为一种艺术。
4. 给对方面子。
5. 认知谈判停滞(deadlock)对双方都没有好处。
6. 不受威逼,该走就走。

让步与达成协议(Concessions and Agreement)

跨文化谈判的最后阶段,是彼此在该让步的地方让步,然后达成最后的协议。让步的行使,应该建立在客观的标准(objective criterion)之上,而不是使用尔虞我诈之术(dirty tricks),欺骗或误导对方。由于不同文化对让步的看法与做法不同,例如,俄国人把让步看成是一种懦弱的表现,美国人则会随着谈判的进行,一步一步小小地让步,亚洲人则习惯在把事情讨论完后,再决定做何种让步。因此,很难找到一个放诸四海皆准的让步原则。惟有从了解对方文化着手,才能避免误会,最后签订谈判协议(agreement)。

协议的签订,通常以书面行之,因此文字的适当选择和翻译是否得当,便成了这个部分最值得注意的问题。在翻译方面,为了确保用语和意义的正确性,一般都使用所谓的"回复翻译法"(back translation)。过程是:协议书拟订后,找一个精通双方语言的人,把协议书翻译成己方或对方的语言,然后再找另外一个精通语言的人,把协议书翻译成原先的语言。翻译回来的若与原先的语言一致,则意味着该协议书的语言表达是可靠的。

华人的谈判形态

"二十一世纪是中国人的世纪",虽然不见得是一个实质的表述,但是港澳台地区半世纪来的飞速发展和中国大陆二十年来在经济上的傲人成就,加上海外三千多万华侨筚路褴褛累积下来的多年成果,华人挟其庞大的人口与经济的成就,在世界舞台的一举一动已随时在人类社会各方面引起影响。时势所趋,华人冲突经营和谈判形态的研究也愈来愈盛(Chen,1997-8,2000;Elgstrom,1994;Pye,1982;Shenkar & Ronen,1987;Wang,1988;Weiss,1988)。从Chen(1997)与Chen & Chen(2002)的研究,可以让我们从文化的角度,来更深入地了解华人的谈判作风。文献链接8-5探讨华人在跨文化谈判情境中请求资讯的方式。

文献链接 8-5

作者：Ling-Mei Huang（黄铃媚）

题目：The Chinese Way of Requesting Information in Intercultural Negotiation
（华人在跨文化谈判情境中请求资讯的方式）

出处：*Intercultural Communication Studies*，9，107-127，2000.

摘要：透过"发问"来搜集与谈判对手相关的资讯是谈判者主要的任务，然而现今多数研究不是只建议谈判者"问建设性问题"、"先问开放性问题"以及"问好问题"等一般性看法，便是将如何发问限定于探讨疑问句语法的表达方式。本研究主要在探讨中国谈判者面对美国谈判者，采用什么口头请求方式来搜集谈判资讯。首先，本研究不将资讯的请求局限于疑问句语法，而是采用比较广义的请求策略与技巧（request strategies and tactics）的分类方式，其中包括暗示、质问、直接陈述与沉默等四种主要策略类型，其次，本篇研究也关注谈判者请求资讯时具体表达方式的差异，因而在四种资讯请求策略之下又细分为十二种资讯请求技巧。本篇研究的受访者是十三位中国资深的谈判代表，他们来自政府不同部门，但主要的工作都是对美国谈判，其中包括九位男性和四位女性。针对本篇研究所关心的问题：（一）中国谈判者面对美国谈判者时，如何请求资讯？为什么？（二）中国谈判者面对美国谈判者时，是否使用"沉默"策略来请求资讯？为什么？（三）中国谈判者面对美国谈判者时，是否认为"沉默"是一种有效的请求资讯策略？为什么？（四）中国谈判者面对美国谈判者时，分别选用十二种资讯请求技巧的可能性为何？受访者与研究者进行半小时到两小时不等的深度访谈。研究结果显示：（一）尽管受访者认为"旁敲侧击"是侦测敏感资讯最好的方式，但是他们却最不乐意使用过于间接的表达技巧。（二）针对四种直接表达技巧，受访者倾向于选用其中直接程度最低者。（三）中国谈判者赋予"沉默"策略负面意义，因为认为它对谈判过程与谈判者间的关系都会带来毁灭性的效应。（四）针对各国谈判者所展现的不同资讯请求行为模式，受访者倾向于强调谈判情境因素对谈判者的影响。

　　研究中，Chen & Chen 深入访谈了十六个在香港企业界身任经理级以上职位的生意人。这十六个人都有好几年与中国内地做生意与谈判的经验。访谈主要的目的，在于了解影响内地中国人谈判的文化因素，以及和他们谈判时可能遭受到的困难。从文献中，作者列出了以下二十个影响中国人谈判的因素：

权威（authority）

避免说不（avoidance of saying no）

谦虚（be humble）

贿赂（bribery）

信用(credibility)

感情控制(emotional control)

专业(expertise)

面子(face)

公平(fairness)

送礼(gift giving)

和谐(harmony)

诚实(honesty)

耐心(patience)

礼尚往来(reciprocity)

关系(relaton)

自制(self-restraint)

资历(seniority)

诚意(sincerity)

地位(status)

耍诈(trick)

以一到五代表低到高的量表测试后,结果发现有八个因素的分数超过了四。按顺序排列是:关系、面子、和谐、礼尚往来、信用、权威、耐心以及地位。这个结果可以印证前面讨论的,影响华人冲突解决的文化因素。所提到的和谐、关系、面子以及权力四个因素刚好都排在前面。以下就来解释一下,各因素在华人谈判过程中所占的角色。

首先,与华人从事交易之初,建立良好的关系,事关重大。在交易时,华人不太愿意与不在关系网内或非我族类的人谈判。对华人而言,先有关系,才有信用可言。

建立良好关系的先决条件,就是多给华人面子。不给面子,很可能挑战了华人在层级结构关系内角色和地位的功能。因此建立关系和给面子,在与华人谈判的过程中,可说是一个铜板的两面,缺一不可,它们是谈判成功的两个最主要的因素。

关系好,加上时常给面子的结果,就是和谐气氛的建立。对和谐的重视,促使华人避免与对方争论,而且试着发展彼此间精神的支持。由于华人以群体为贵,因此,谈判的时候,避免批评华人国家或族群的群体认同(collective identity),是保持和谐气氛的重要条件。不少外人与华人交易或谈判的中途,中方突然戛然而止,不再继续,就是因为群体意识受到挑战的结果。

礼尚往来也是维持和谐关系的要素之一。礼尚往来和送礼及公平观念有关,一物来,一物去的礼貌性交往,是互利谈判双方的原则。因此,与华人交易或谈判,礼尚往来是一种社交投资,除了可以加深彼此的关系之外,还可以保证来日生意的持续。

信用代表双方彼此相信的程度。信不信任对方,往往是华人在谈判过程中,采取合作或竞争态度的指标。从另一个角度而言,与华人交易,取得信任,也意味着正式取得关系和变成圈内人的保证。不过,大陆华人虽然认为信用很重要,但这并不代表他们本身是有信用的人。这点不可不察。

与大陆华人谈判必须具有耐心的原因,在于他们的工作效率低,下决策的速度迟缓,信息的传递也很缓慢,还加上间接性的沟通方式,语言的障碍以及情感表现的缺乏。这些要求耐心的因素,部分是属于社会系统,而非文化的问题。与港、台、澳以及华侨社会比较起来,可能会有所差异。

最后是权威与地位。这两个因素其实是华人社会权力的汇集所。如前所述,在华人层级的社会结构系统里,上司、男性、高辈份以及高龄等,都是权威与地位的表征。表现在沟通的过程,就是由上往下、权力集中以及对话与开放性的缺乏。在交易或谈判的过程中,则具有两项特别值得注意的意义。第一,顶头上司才是做决策的真正老板。第二,内地华人较愿意与职位高的对手谈判。

若把这些因素综合起来,与内地华人交易或谈判,最常碰到的棘手问题是什么呢?受访者做了以下四项结论:

第一,与内地华人谈判是很费时之事。

第二,因语言障碍、不直接表达意见以及不轻易表露感情,所可能引起的沟通误解。

第三,与内地华人谈判,并没有保证性的协议。协议书随时有受到修正的可能。

第四,送礼习俗所产生的困扰。

那么与内地华人交易或谈判,应该遵守的准则为何呢?受访人也提供了四个意见:

第一,谈判前应该先与内地华人拉好关系。这种开销,应该列为己方公司必要的投资。

第二,接受礼尚往来的习惯。送礼尤其重要,因为内地华人接受馈赠后,通常会有回报。

第三,显示耐心与彬彬有礼。锋芒毕露或咄咄逼人,往往是损害内地华人的面子与建立良好关系的刽子手。

最后,试着与内地华人建立长期性的关系(long-term relationship)。谈判结束后,表示感谢与勤于联络,是保持长久关系以为未来交易或谈判铺路。

结论

本章分三大部分,探讨跨文化沟通的三个重要主题:跨文化关系、跨文化冲突经营以及跨文化谈判。

第一部分从文化的角度,讨论了人际关系的性质和特征,关系研究的理论模式,并进而提供了一个中华文化的关系模式。首先,人类与他人发展联系的欲望,同时建立在归属感、支配力和情感等三项"社会需求"的基础上。不过,因为互动者的文化背景、宗教信仰、教育程度与个性等因素的差异,在满足对方"社会需求"的过程也产生了不同。

从文化的角度而言,文化的差异在两人开始互动时,就扮演了一个重要的角色。例如,因为受到儒家的影响,东亚人倾向于建立特殊性、长期性和正式性的关系,而且明显地把人区分为我族与非我族类。另外,对私人与公共关系的划分也较不明显。北美文化和东亚文化,对人际关系建立的态度,则正好相反。除了文化的影响之外,跨文化的关系也具有四项明显的特色:高度动态性、容易产生误解、焦虑感较高以及潜在利益大。

研究关系建立的理论与模式,较具有代表性的有社会交换理论、社交关系渗入理论、不确定性减除理论、沟通适应理论、Devito 关系五阶模式、Knapp & Vangelishti 的关系两段十层模式以及第三文化建立理论。除了这些西方的模式之外,本章也从中华文化的角度,由《易经》后天八卦,推演出了一个关系发展的模式,以资比较。

第二部分探讨跨文化冲突的经营与解决。讨论分为四个部分:(一)冲突的本质,(二)文化对冲突的影响,(三)华人与冲突经营以及(四)跨文化冲突解决方法。

广义而言,只要两个对象之间的需求无法搭配或相容,他们就是处于冲突的情境之中。可见,不管文化的差异,冲突是日常生活的一个部分。不过,冲突虽然与人生形影不离,且不同文化的人们,对冲突这个概念意义的认知会有所差别,但是身处冲突情况时,感受通常是不愉快的。另外,冲突有"实冲突"与"虚冲突"之别。前者指因争取资源、权力或地位的真实性的对抗。这种冲突产生了"零和"或必有输赢的情况。后者又称"诱发性冲突"。指原本并无真正的冲突,但是为了特殊的目的,如凝聚团体成员,刻意制造出一个假想的对手。

文化对冲突经营与解决的影响,主要在文化情境、语言差异以及思想型态三方面。解决跨文化冲突的方法,则大致上可分为五种:文化支配、文化顺应、文化妥协、文化逃避以及文化综合法。这五个跨文化冲突或问题解决的方法,各有利弊。不过,整体而言,文化综合法代表了跨文化冲突解决最为理想的方法。它不仅解决了问题,而且双方都乐于接受,代表了双赢的问题解决法。

最后,影响华人经营和解决冲突的主义因素有四项:和谐、关系、面子以及权力。在冲突策略方面,华人使用的方法不胜枚举。其中以道家、法家以及兵家思想为基础的《孙子兵法》与三十六计最为出名。

第三部分探讨跨文化谈判。谈判是人类沟通互动的过程,为了达到圆满解决冲突的目的,所必须运用到的方法。谈判试着说服互动对方改变意见或行为的过程,具有三项特质:(1)谈判是人类社会生活的重要技巧之一,(2)谈判虽是人类社会生活中,解决问题的重要技巧之一,但是它不见得随时是最好的方法以及(3)谈判与文化的关系极为密切。

文化对谈判的影响,有五个项目特别值得注意:谈判者及情况、决策的形态、国家性格、文化噪音以及解说和翻译者。跨文化谈判的过程,则可以分为五个阶段:计划、建立关系、交换相关资讯、说服以及让步与达成协议。

最后,研究的结果发现,影响华人冲突解决的八个主要的文化因素分别为:关系、面子、和谐、礼尚往来、信用、权威、耐心以及地位。再者,与内地华人交易或谈判,最常碰到的棘手问题包括:费时、沟通障碍、协议没有保证以及送礼的困扰。至于与内地华人交易或谈判,应该遵守的准则为:(1)事先拉好关系,(2)接受送礼等礼尚往来的习惯,(3)保持耐心与彬彬有礼以及(4)建立长期性的关系。

第九章 跨文化沟通能力

当吾人面对日增无已的文化多元互动之时，详加探讨跨文化沟通能力或胜任度的意义与内涵，便日趋重要。惟有经由跨文化沟通能力或胜任度，吾人才能在全球化社会里，与来自不同文化背景的人们，有效与适当地沟通。
——Chen & Staraota, 1996

跨文化沟通的能力或胜任度（intercultural communication competence），可说是跨文化沟通的总验收。如同第七章所述，跨文化沟通知识的获取与技巧的训练，其终极目标，不外乎是冀求达到跨文化沟通能力或胜任度。因此，跨文化沟通能力或胜任度，乃是成就不同文化背景的人们互动与沟通的必要条件。针对这个主题，本章首先探讨跨文化沟通能力或胜任度的本质，接着讨论跨文化沟通能力研究的方法，然后提出一个跨文化沟通能力或胜任度的模式。（本章中，跨文化沟通能力即指跨文化交际能力）

第一节 跨文化沟通能力的本质

科技的发展、商业的国际化、广泛的移民潮、多元文化的发展与邦国概念的模糊化等全球化的潮流，已逐渐让我们知晓人们与人们和文化与文化之间的全球性依存的重要与迫切性。发展出一套共存的生活方式，无疑是人类社会往前推进的唯一依赖。换言之，学习如何尊重及接受不同族裔人们的生活与思考方式，为人类未来前途所寄托。这个目标，只有经过跨文化沟通能力才有办法达成。那么什么是跨文化沟通能力的意义与内涵呢？讨论跨文化沟通能力的意义之前，有必要先了解什么是沟通能力或胜任度（communication competence）。

沟通能力

长久以来，有效性（effectiveness）与适当性（appropriateness）两个概念，常被学者用来定义沟通能力（communication competence）。"有效性"意指一个人在互动过程用以产生某种意欲结果的能力；"适当性"则泛指互动者达到沟通情境的脉络需求（contextual requirements）的能力（Wiemann & Backlund，1980）。

对有些学者，沟通的"有效性"，是人类经由学习（learning）或社化（socialization）过程所获取的基本能力（Weinstein，1969；White，1959）；另外一些学者认为，沟通的"有效性"乃与生俱有，与学习或社化过程无关（Foote & Cottrel，1955；Holland & Baird，1968）。纵使看法有别，学者们共认，人们成长的过程，因对周遭事物的理解增加，个人的沟通"有效性"能力，也跟着加强（Argyris，1965）。

除此之外，具有沟通能力的人，也能够操纵环境以达到个人的目的。为了达到这个目的，根据 Parks(1994)的说法，个人必须有足够的自我认同(self-identity)能力、获取相关性的资讯、正确地预测他人的答复、选择与使用不同的沟通技巧与清楚地评估沟通可能产生的后果。

Wiemann(1977)总结了以"有效性"来理解沟通能力的定义。他把沟通能力定义为"互动者选取可能的沟通行为，以便达到自己的目的，并同时顾及对方面子与符合当时沟通情境的能力"(p.198)。这个定义把沟通能力，整合了自己的面向与他人的利益，并同时包含了适当性(appropriateness)这个概念。

如前所述，沟通能力的适当性，通常是指互动者配合或达到沟通情境的基本脉络需求的能力。Wiemann & Backlund(1980)认为，沟通情境的基本脉络需求包括：

1. 口语脉络(the verbal context)——指在用词遣字、句子陈述与主题选择的适当性。

2. 关系脉络(the relationship context)——指与沟通当时的特殊关系相符合的讯息结构、形式与风格。

3. 环境脉络(the environmental context)——指沟通环境对讯息表达之限制的适当考虑与应付。(p.191)

因此，沟通或行为的适当性基本上指涉三项能力。第一，能够认清情境脉络对沟通的影响，并进一步依照不同情境所具有的规范(rules)，表现出适当的行为与对话(Lee，1979；Trenholm & Rose，1981)。第二，能够避免不适当的回应(inappropriate response)。不适当的回应指可能导致负面效果的粗糙、激烈或怪异的语言或行为(Getter & Nowinski，1981)。第三，能够适当地完成诸如控制、感情分享、讯息传递和仪式与想像性的沟通等功能(Allen & Wood，1978)。

总之，沟通适当性的基本标准，乃建立在互动者能够了解沟通的内涵，而且言行举止没有违反情境脉络的规范。

跨文化沟通能力

跨文化沟通能力是沟通能力的延伸。两者的定义大同小异，唯一的区别在于，跨文化沟通能力特别强调情境脉络的重要性。这种对情境脉络的强调，除了重视人与人之间互动的有效性与适当性，也很注意人与沟通环境之间的互动与双方的文化认同。因此，跨文化沟通能力可以定义为"互动者谈判文化意义(cultural meanings)与适当地在一个特殊环境下使用有效的沟通行为，以便确认双方多重认同(multiple identities)的能力"(Chen & Starosta，1996，pp.358-359)。但互动双方如何才能确认彼此的多重文化认同呢？这从沟通能力的种类可以窥知。

沟通能力的种类

沟通能力的种类可约略分为七种：基本能力(fundamental competence)、社交能力(social competence)、社交技巧(social skills)、人际间能力(interpersonal competence)、语言能力(linguistic competence)、沟通能力(communicative competence)与关系能力(relational competence)(Spitzberg & Cupach，1984)。

基本能力(fundamental competence)指有效地适应一个新环境，以达成个人目的的一般能力。它包括一个人适应不同文化情境的认知能力(cognitive capacity)。

　　社交能力(social competence)和社交技巧(social skills)专指包括移情(empathy)、认知复杂性(cognitive complexity)、角色扮演(role taking)及互动经营(interaction management)等特殊性的能力。

　　人际间能力(interpersonal competence)指经由有效的沟通,以完成目标的能力。虽然人际间能力是属于基本能力与社交能力的一部分,它特别强调一个人如何使用一组特殊技巧,在一个特殊的沟通环境下完成目标的能力。

　　语言能力(linguistic competence)与沟通能力(communicative competence)同时关系到互动过程,语言与讯息的传递。语言能力源自 Chomsky(1965)的论述,着重沟通过程适当使用语言的能力。沟通能力除了要求语言使用的知识之外,也要求在一个特殊环境下适当使用语言的功夫。

　　最后,关系能力(relational competence)尤其强调,互动过程双方互依互存又彼此独立的关系。一个人必须与他人建立某种程度的关系后,才有办法经由沟通来达到自己的目的。这个关系,在跨文化沟通里,通常涵盖了语言、职业、族裔与国家等多重面向。

　　这些沟通能力的分类,似乎认为个人具有一个统一与不变的文化认同。但是从跨文化沟通能力的角度来衡量,我认为我们应该把文化视为一组告知(inform)而非决定(determine)互动的偏好(preferences)与可能性(possibilities),而沟通者同时扮演形成文化与被文化形成的角色。惟有如此整合各种不同的沟通能力,具有多重文化认同的个人,才可能在互动时表现出跨文化沟通能力。

第二节　跨文化沟通能力研究的方法

　　为了了解跨文化沟通时,互动双方谈判文化意义的过程,Dinges(1983)与 Collier(1989)把研究跨文化沟通能力的方法归纳为不同的种类。

Dinges 的方法归类

　　Dinges 把跨文化沟通能力的方法划分为六种:海外人法(overseasmanship)、主观文化法(subjective culture)、多重文化人法(multicultural person)、社交行为主义法(social behaviorism)、类型法(typology)及跨文化沟通者法(intercultural communicator)。

　　海外人法(overseasmanship)试着辨认出,旅居人(sojourners)在不同文化表现良好的共同因素(Cleveland,Mangone,& Adams,1960)。依照这个方法,一个具有跨文化沟通能力的旅居人,必须能够把不同的文化经验转换为有效的与工作或任务有关的技巧。

　　主观文化法(subjective culture)又称为同一归因法(isomorphic attribution)。这个方法要求个人能够了解互动者的行为起因并给与适当的报酬,而且能够依照不同情况的需求,修正自己的行为(Triandis,1976,1977)。

　　多重文化人法(multicultural person)强调,一个具有跨文化沟通能力的人,必须能够超越自己平常的极限,以适应极端困难的文化环境(Adler,1975,1982)。换言之,旅居人必须学习在不同文化环境出出入入、不同情况下保持前后一致(coherence)与机动(dynamic)的能力。

社交行为主义法(social behaviorism)又称文化学习法(cultural learning),认为成功的跨文化适应技巧(coping strategies),乃来自个人离开自己文化之前的训练经验,而非天生的个性因素所致(Guthrie,1975)。也就是说,跨文化沟通的能力,取决于一个人习得的规避社会制裁(social punishment)与取得的社会报酬(social reward)的技巧。

类型法(typology)则试着发展出不同形态的跨文化沟通能力。例如,Brislin(1981)主张,一个成功的跨文化沟通,必须建立在旅居人的态度、个性与社交技巧的基础上。他认为非我族主义(nonethnocentrim)与无偏见的判断(nonprejudicial judgment),是态度的两个最重要的元素。个性的元素有智力、容忍力、社交关系技巧、工作取向等。重要的社交技巧则包括对主题与语言的知识、对机会的正面取向、有效的沟通技巧与善用个人能力完成工作的能力。

最后,跨文化沟通者法(intercultural communicator)认为,成功的跨文化沟通,取决于不同文化的人们沟通互动的过程。这意味着,为了获取跨文化沟通的能力,我们必须能够经由口语与非口语行为来了解对方,并进一步建立彼此间的和谐关系(Hall,1959,1966,1976)。

Collier 的方法归类

Collier(1989)把跨文化沟通能力归类为四种:言说的民族学法(ethnography of speaking)、跨文化态度法(cross-cultural attitude)、行为技巧法(behavioral skills)与文化认同法(cultural identity)。

言说的民族学法(ethnography of speaking)主张意义(meaning)、举止(conduct)与文化成员(cultural membership)是相互依存的,因此,沟通能力或胜任度必须由情境脉络来界定(Geertz,1973;Hymes,1971,1972)。为了实现沟通的目的,我们必须能够正确地认知、选择与解释互动时讯息码的特殊意涵,并且整合其他文化知识及沟通技巧(Saville-Troike,1982)。

跨文化态度法(cross-cultural attitude)假设对沟通对象的文化了解,与发展出对该文化正面的态度,是取得跨文化沟通能力之钥。不少传播学者已经由实证研究验实了这个方法的论点(如 Abe & Wiseman,1983;Chen,1989;Gudykunst,Wiseman,& Hammer,1977;Wiseman & Abe,1984)。

行为技巧法(behavioral skills)建立在这个假设:"人类是目的取向(goal directed)与从事选择(choice making)的生物,而且有足够的能力分辨有效与无效的沟通技巧"(Collier,1989,p.294)。因此,有跨文化沟通能力的人,在跨文化沟通的过程,能够分辨与采取有效的沟通技巧(Chen,1992;Hammer,1989;Ruben,1976,1977;Ruben & Kealey,1979)。

最后是文化认同法(cultural identity)。此方法把沟通能力认定为一个动态(dynamic)与逐渐浮现(emergent)的过程。在这个过程里,互动者可以经由肯定彼此文化认同的存在,来改善他们经验的品质(Collier,1989,1994,2000;Cupach & Imahori,1993)。因此,跨文化沟通能力的获得,筑基在互动者知道如何谈判与尊重文化象征与规范(cultural symbols and norms)的意义(Collier & Thomas,1988;Kim,1994)。

这些方法对了解跨文化沟通能力的研究颇有助益。不过,每一项单独的方法并无法提供在全球化社会里,互动者彼此谈判多重文化认同的过程时,所产生的沟通能力的全貌。下一节提出一个整合这些方法的模式,来更有效地了解跨文化沟通能力这个概念。

第三节　跨文化沟通能力模式

　　一些传播学者已试着发展较完整的跨文化沟通能力模式。例如，文献链接 9 - 1 即是一例。在此，让我们来提供一个最新最完整的模式。这个模式可以用 Belay(1993)所创的"互动-多文化建立"(interactive-multiculture building)模式称之。这个跨文化沟通能力模式，旨在促进互动者认知(acknowledge)、尊重(respect)、容忍(tolerate)与整合(intergrate)文化差异，以成为一个有教化的全球社会公民。这个模式包含三个相依相存的层面：(一)认知层面(cognitive perspective)—指跨文化理解力(intercultural awareness)，(二)情感层面(affective perspective)—指跨文化敏觉力(intercultural sensitivity)以及(三)行为层面(behavioral perspective)—指跨文化效力(intercultural effectiveness)(Chen，2006)。

文献链接 9-1

作者：Guo-Ming Chen(陈国明)

题目：Relationships of the Dimensions of Intercultural Communication Competence(跨文化沟通能力层面之关系)

出处：*Communication Quarterly*，37，118 - 133，1989.

摘要：本研究旨在测试跨文化沟通能力的层面，与各层面之间的关系。首先，作者从文献的调查，归纳出了一个跨文化沟通能力的模式。这个模式包括了四个层面：个人属性(personal sttributes)，沟通技巧(communication skills)，心理调适(psychological adaptation)与文化理解(cultural awareness)。个人属性包含了四个元素：自我表露、自我理解、自我概念与社交宽怀。沟通技巧包含了：讯息技巧、社交技巧、弹性与互动经营。心理调适包含了：挫折、压力、疏离与模糊性。文化理解包含了：文化价值、文化习俗、文化规范与社会系统。作者从 611 个来自超过 60 个不同国家，且正在美国中部一所大学就读的国际学生中，随机抽出 200 人作为此项研究的对象，最后有 149 人同意参加。当中有 94 位男性，55 位女性，平均年龄为 27.5 岁，在美国居留的平均时间是两年九个月。每个参与者完成一个包含七组测试跨文化沟通能力的问卷后，提供了一名他们熟悉的美国人，以便从外人的眼光，来评判他们跨文化沟通能力。本研究主要测试的假设为：个人属性、沟通技巧、心理调适与文化理解四个层面，有着显著与正面的关系(significant and positive correlations)。除此之外，参与者的年龄、性别、国籍、语言、婚姻状况与居留美国的时间也多加以分析。结果大致上确认了假设。参与者的各项背景分析，也显示了与跨文化沟通能力的四个层面有着局部性的相互关系。

跨文化理解力（Intercultural Awareness）

跨文化理解力（intercultural awareness）代表跨文化沟通能力的认知面向，强调经由对自己与互动对方文化的理解，而改变对环境的个人观感的过程（Triandis，1977）。如第七章所述，对文化的理解乃是跨文化训练的主要方法之一。跨文化理解力提供我们一个理解文化动态性的机会，并借此降低了跨文化沟通所产生的情境模糊与不确定性（situational ambibuity and uncertainty）。这是旅居人迅速面对与适应地主国文化差异所带来的冲击的最基本需求。

因此，了解文化变异性（cultural variability）的各种面向，可以协助我们认清，为何来自不同文化的人们具有不同的沟通方式。由于每一个文化都有其一套处理资讯的特殊方法，在跨文化沟通的过程中，彼此误解对方的思考方式，乃是司空见惯之事。由此可见，要达到满意与成功的跨文化沟通，我们首先必须知晓互动对方的文化知识（Glenn & Glenn，1981；Harris & Moran，1989）。换句话说，我们必须了解文化的变异以便修正我们的思想举止，并进一步试着配合互动对方的沟通方式。惟有如此，多文化共存（multicultural coexistence）的理想才有可能实现。

另外，跨文化理解力这个概念与 Kluckhohn（1948）的"文化地图"（cultural map），Turner（1968）的"文化主题"（cultural theme），与 Colby（1975）的"文化语法"（cultural grammer）等观念类似。

Kluckhohn 认为文化认同如同一面地图，如果文化地图是正确的，我们就不会迷失，反之则造成混乱现象。因此，看懂了文化地图，对该文化的生活与思考方式，也就有了了解。Turner 认为每个文化的内涵，都有一条主线或文化主题贯穿其间，能正确拉出构成文化的主线，对整个文化的结构系统，也就能够了若指掌。Colby 则认为文化和语言一样，具有一组可寻的结构语法，了解了文化的文法，文化的结构当然一目了然。

了解了跨文化理解力的意义与性质，以下就分别从四个角度，继续探讨跨文化理解力：跨文化理解的阶段、达到跨文化理解力的方法、跨文化理解力的模式以及跨文化理解力的评估。

跨文化理解的阶段

Adler（1987）认为，跨文化的理解可以视为对一个群体的价值、态度、信仰等特征的内化性洞察力（internalizing insights）。这个内化的过程经历了三个阶段：（一）对文化表面特征（superficial cultural traits）的理解，（二）对与我们自己文化对立的重要与隐藏的文化特征的理解以及（三）对从对方角度看待他们自己文化的理解。

文化表面特征的理解

第一个阶段是建立在刻板印象（stereotypes）的基础上，对文化表面特征的理解。这种表面性的理解，通常是来自媒体的报导、旅游手册、教科书或第一印象，深具局限与不完整性。这些刻板印象的理解，在本书第三章已有详细解说。

在这个阶段，我们通常以对方最明显而且可以看得见的特征作为理解的对象，然后把此理解投射到整个群体。例如，在美国大学就读成绩很好的亚裔学生，常常会给认为是主修数学或科学等学科的。这种刻板印象的形成，往往是因为媒体有意与无意间，时常强调亚裔学生在数理方面优良表现的原因。在这个阶段的另一个以偏盖全的毛病，是把一个文化内所有的成员同等看待。譬如说,"你是中国人,你一定很聪明"。殊不知中国人虽然聪明,愚蠢的却也不在少数。

对立性文化特征的理解

在跨文化理解的第二个阶段,经由直接或间接的互动经验,我们开始注意到了对方与我们自己文化有着明显差异的特征。这个阶段有两个层次:一是经由文化冲突的情况(culture conflict situation)来理解,二是经由理智性的分析(intellectual analysis)过程。

首先,虽然媒体、旅游手册与教科书提供了与我们文化对立性的资讯,若没有真正经历与对方直接或间接的互动,是很难感受或了解文化差异的真义。虽然,在第一层次所经历的文化冲突,可能给我们带来沮丧、无助、敌对、焦虑、退缩与失序等负面性的冲击,它同时也提供我们一个真正了解对方文化的好机会。

在这个层次的情感承受,其实与我们在第七章讨论的文化震荡颇为相似。例如,外籍学生与和平团(Peace Corps)的成员,常会在这个层次感受到莫大的压力。这种文化震荡似的冲击若无法及时克服,跨文化理解力的发展可能就在这个挫折的情况下寿终正寝,文化冲突的现象也必持续地把旅居人边缘或疏离化(Mansell,1981)。

在第二层次,经由理性的分析比较,我们得知,彼此间文化的差异若从对方的角度来看,其实是很可以理解的。有了这种认知,文化间的差异,对我们就开始有了意义。依 Bennett (1986)的分析,在这个层次,我们也开始相信与接受双方的差异。这种经由了解而相信的过程,对在不同文化的适应,起了相当大的帮忙作用。这个时刻,也是我们开始感谢与尊重文化的差异,而发展跨文化敏觉力的时候(Thomas & Althen,1989)。

由于在这个层次,我们把文化的差异以正面的心情待之,因此能够发展出强烈的动机,往跨文化理解的更高阶段迈进。另外,因为这个层次的理解,建立在文化比较与对照的过程,所以我们能够学到不少不必亲自经验的文化特征。

从对方角度的理解

最后一个阶段要求以移情(empathy)的功夫,从对方的立场来观察比较文化的异同。前面谈到的经由理解而相信的现象,除了可以以理智性的分析来加强之外,主观的熟悉性(subjective familiarity)亦可达之(Hanvey,1987)。换句话说,我们应该培养弹性(flexibility)的功夫来增强心理的变化(psychic shifts)能力。移情正是造就弹性功夫的要素。不少学者认为移情的无私与设身处地,能够协助我们准确地评估对方内心的想法与分享他们的经验(Barnlund,1989;Campbell,Kagan,& Drathwohl,1971;Gardner,1962)。

移情的隐性功能,可以经由 Maruyama(1970)的"行以知之"(transspection)的过程加以显现。移情似乎只是直线性地把我们的感情投射到对方的过程,"行以知之"则是在暂时相信对方所相信之事的时候,同时试着从对方的角度去学习他们的信仰、感受与对事情的假设。这现象与跨文化适应的双文化主义(biculturalism)阶段有异曲同工之妙。在这个阶段,旅居人发展出的自主能力(autonomy),能够引导他们建立多重文化认同、享受跨文化的生活、培养对文化差异的欣赏美感与建立满意的人际关系(Mansell,1981)。

这个阶段发展的程序,显示了跨文化理解是一个学习的过程。跨文化理解力促使我们,一步一步地知晓我们与文化情况和原则有关的认知发展的学习与变迁。因此,跨文化理解力代表了从一个文化的架构准则(cultural frame of reference),到另一个文化架构准则的移动，并且提供了无限的机会来比较与对照文化的差异。经由跨文化的理解，一幅清晰明了的文化地图、文化主题或文化语法乃因应而生。

达到跨文化理解力的方法

文化通则法（culture-general）与文化特殊法（culture-specific），是用来协助一个人获致跨文化理解力的两个最普遍的方法（Chen，2008）。

文化通则法（Culture-General Approach）

文化通则法旨在了解文化对人类行为普世的影响。经由不同的学习与训练方法，我们可以得知文化可能具有的共同变项。例如，文化同化案件（cultural assimilator）和"包发包发"（baFa baFa）的模拟法，就是通常用来达到文化通则知识的技巧。

如同第七章所述，文化同化案件要求参与者从四到五个有关一个特殊文化的答案中，选择最适当的一个。文化同化案件所包含的紧要事件（critical incident），本身已显示出其激发不同文化解释的功能。类似这种归因训练（attribution training），不仅帮助参与者认识到他们所思所想的，并不见得就是其他文化的人们所思所想的，而且也同时体会到某些经验在所有的跨文化沟通是没有两样的（Albert，1986；Cushner，1989；Cushner & Brislin，1995）。

"包发包发"的模拟游戏，把参与者分成代表两个不同文化属性的 Alphas 和 Betas 组，然后把成员送到对方去收集该文化的相关特色与资讯。这种交换活动，赋予参与者一个在不同文化扮演新角色与体验在适应不同文化时所尝到的挫折、混乱及焦虑等心理冲击的机会。经历了这种模拟训练，参与者很自然地了解到文化对其成员所可能产生的共同影响。

文化特殊法（Culture-Specific Approach）

文化特殊法旨在传授与某个特殊文化的人们互动时，有关该文化的特有资讯与行为的准则。除了文化同化案件（cultural assimilator）可用来达到这个目的之外，其他较常用的技巧有角色扮演（role play）和区域研究（area study）。

角色扮演法能够让参与者以经验为基础，深入地获取不同文化的资讯。经由在某种因文化差异产生的困境下的角色扮演，学习者一下子从文化的观察者（observer）的身份，转变为实际参与对方文化者。这个过程使参与者逐渐了解对方的思想与行为形态，是培养与强化跨文化沟通技巧的重要方法。

区域研究通常是以讲解的方式，提供有关一个特定文化与其人民生活举止的资讯。例如，环境简报（environmental briefings）与文化取向（cultural orientations）法，常用来描述一个特殊文化的地理、历史、政治、经济等系统。区域研究法也常运用"该与不该"的学习模式（dos and don'ts format），协助参与者获取可以整合成了解某一文化的完整图案的各种特殊性资料。

文化通则法与文化特殊法的功能，说明了跨文化理解力是可以经由教学和经验过程来获得的。教学学习法（didactic learning）的操作，大致上以传统的教育方式为主。以演讲的模式（lecture format）传递文化的知识，就是最好的例子。教学学习法通常用在跨文化理解的第一个阶段。

经验学习法（experiential learning）则把参与者在智力、情感与行为上投入角色扮演的模拟情境（Cargile & Giles，1996）。这个方法旨在经由互动的过程，来达到获取跨文化理解的能力。在跨文化理解的第二个阶段，尤其是第二个层次，特别需要经验学习法的协助，因为该阶段要求参与者从与不同文化人们互动时,学习如何尊敬与接受彼此间文化的差异。

跨文化理解力的模式

那么什么是透视一个文化的"文化地图"、"文化主题"或"文化语法"的元素呢? 从前面的讨论,我们可以把各种元素归纳为两种:表层的事实资讯(basic factual information)和深层的文化价值结构(deep structured cultural values)。

表层的文化资讯是一个文化的历史、地理、家庭系统、社会组织、文学艺术与政治等系统的事实描述轮廓。它是一个文化是"什么"(what)的面向,可经由阅读、教学或其他间接的媒介获得。例如,Saville-troike(1978),提出以下学习表层文化资讯的项目:

信仰与行为
家庭系统与关系
生命周期
角色地位
人际间关系
沟通型态
社交礼仪
宗教
医疗保健
饮食
穿着与外表
历史与传统
节日
教育
工作与休闲
时空概念
自然现象
音乐艺术
宠物与其他动物
各种期待与抱负

Kohls(1984)也指出十项类似的表层文化资讯的范围:

1. 食物。
2. 穿着。
3. 住居。
4. 家庭组织。
5. 社会组织。
6. 政府。
7. 国防。
8. 艺术。
9. 知识及科学。
10. 宗教。

另外，"Culturgram"这个定期出版品，把文化的表层资讯分为四类：风俗习惯、人民、生活型态及国家体系。最后，Harris & Moran（1987）则把整个文化的表层资讯归纳为八大系统：

1. 亲族系统（kinship system）。
2. 教育系统（educational system）。
3. 经济系统（economic system）。
4. 政治系统（political system）。
5. 宗教系统（religious system）。
6. 联交系统（association system）。
7. 健康系统（health system）。
8. 休闲系统（entertaining system）。

比起表层的文化资讯，了解一个文化的深层价值结构的难度明显地高出很多。文化价值是一个文化深层组织的主要架构，其所关心的是文化"为什么"（why）的面向。文化价值用来合理化在表层的文化资讯里所显现的所思所为。换言之，文化价值是用来区别个人与个人或群体与群体之间的或隐或显的一组规范。研究文化深层价值结构的学者很多，其中有六个最具代表性（Chen & Starosta，2003）：Parsons（1951）、Kluckhohn（1951）、Kluckhohn & Strodbeck（1961）、Condon & Yousef（1975）、Hall（1976）、Hofstede（1983，1984）以及 Schwartz（1990，1992）。这些学者所提出的模式，我们在第四章已有详细解说，在此不再赘述。

从这些模式，我们了解到，文化价值可以说是进入跨文化理解的入门阶段。这些模式不仅提供了我们一个把文化价值的复杂性组织化的方法，它们更含藏着推进研究人类社会不同面向的潜在功能。例如，以文化价值的差异为经纬，延伸出来的研究有比较美国人与日本人，在组织言说或语言论述上的异同（Okabe，1983）；如何从文化价值观的角度，和墨西哥人进行有效的沟通与提炼跨文化沟通的伦理准则（Condon，1981，1985）；华人因和谐的价值观所产生对客气（politeness）的重视，在跨文化沟通碰到的困难（Wei，1983）；美国人与日本人文化价值的不同对决策过程的冲击（Kume，1985）；文化价值的差异对华人与西方社会组织生活的影响比较（Chen & Starosta，1997 - 8）；文化价值的差异对十一个国家在谈判（negotiation）过程的比较（Moran & Stripp，1991）；以及延伸文化价值的理论，探讨不同文化在非语言沟通过程的差异（Andersen，1997）。

不过，纵使文化价值对达致跨文化理解力有巨大的应用性，我们不能忘了这种方法也有其不可避免的局限性与问题。例如，除了把文化价值误认为是两极对立（dichotomous）的形态外，第四章提到的文化价值只是个抽象的观念、必须加以整体地对待、所有模式都具有作者的偏见与应用到实际沟通情况才有意义等，都是我们在使用这个方法时，不得不特别加以注意的事项。

跨文化理解力的评估

既然跨文化理解力旨在掀开"文化地图"、"文化主题"或"文化语法"的面纱，下一个该问的问题是：跨文化理解力的操作性定义（operalization）是什么？也就是：如何经由实证过程，来分辨出跨文化理解力的指示元素（empirical indicators），以加以观察、测试或评估呢？目前存在的为数不多的测试法，大致上都是以评估参与者对文化价值的了解程度，来断定个人跨文化理解力的水平。以下是文献里提到的几项测试跨文化理解力的工具：

　　首先是 Saville-troike(1978) 的二十个项目的测试表。作者在每一个项目底下，包括三至十条开放式(open-ended)的关于文化基本知识的问题，整个测试表总计有一百二十八个问题。第二是 Kitao(1981) 的美国基本文化知识测试。这个测试总共包括了一百条有关美国文化四十八个领域的选择题。第三是 Kohls(1984) 为了帮助旅居人了解地主国文化所设计出来的五十条开放式的问题。第四是 Harris & Moran(1989) 为全球化社会的经理人员和旅居其他文化的人们所设计的了解文化基本资讯的问卷。这四种都只是测试文化表层的基本特征，往往失之过简，而且僵化了文化本身的动态属性。

　　最后，较具有应用潜力的是针对深层文化价值取向的测试。有两种值得一提。第一是 Gilgen & Cho(1979) 把 Kluckhohn & Strodbeck 的文化价值取向模式的内涵加以简化与改造后，以 Likert 式的量表作为回答问题的依据。例如，参与者给要求用一到五代表同意或不同意的程度，回答其中这两个问题："我不相信有一个个人化的神存在着"与"人类应该极力挣脱大自然的控制"。

　　Chen(1995) 则融合了 Kluckhohn & Strodbeck 以及 Condon & Yousef 的模式，从中粹取出二十个文化价值取向的项目，作成了以下一个 Likert 量表形的问卷：

＊＊＊＊＊＊＊＊＊＊＊＊＊＊＊＊＊＊＊＊＊＊＊＊＊＊＊＊＊＊＊＊＊＊＊＊＊＊＊

Intercultural Awareness Instrument

Directions：Here are several statements about American cultural values. Please indicate the extent to which you feel that each statement describes what you think. There are no right or wrong answers. Just answer honestly how you feel by indicating：

5＝Strongly Agree

4＝Agree

3＝Not Decided

2＝Disagree

1＝Strongly Disagree

_____ 1. Americans are individualists.

_____ 2. Americans are doing-oriented.

_____ 3. Americans believe that life is basically sad.

_____ 4. Americans are high in family mobility.

_____ 5. Americans emphasize spiritual life.

_____ 6. Americans are open in the family role behavior.

_____ 7. Americans are less formal in social interaction.

_____ 8. Americans seldom express their opinions openly.

_____ 9. Americans emphasize social rank.

_____ 10. Americans often refer to each other by first name.

_____ 11. Americans are not action-oriented.

_____ 12. Americans believe that they are in control over their environment.

_____13. Americans rely on intermediaries in social interaction.

_____14. Americans express their opinions directly.

_____15. Americans are less democratic in the family role behavior.

_____16. Americans emphasize change more than tradition.

_____17. Americans do not emphasize status.

_____18. Americans emphasize the future more than the past.

_____19. Americans believe that human nature is unchangeable.

_____20. Americans believe that people are controlled by the supernatural.

Note：the underlined nation's name can be replaced by another nation.

Items to be reversed：3,5,8,9,11,13,15,17,19,20.

* *

这个测量表的特色是,划底线的部分可以改变成包括自己或任何的国家。它同时可用来测量了解自己文化与他人文化的程度。

跨文化敏觉力（Intercultural Sensitivity）

跨文化敏觉力(intercultural sensitivity)代表跨文化沟通能力的情感面向,它代表一个人在某种特殊的情境或与不同文化人们互动时,个人情绪或情感的变化(Triandis,1977)。跨文化沟通的情感面向特别指出,具有跨文化沟通能力的人,能够在互动之前、之中和之后,投射与接收正面的情感反应(positive emotional responses)。这种正面的情感反应,最终会把当事人带到认可与接受文化差异的境界。这个过程正是发展跨文化敏觉力的过程(Bennett,1986；Bhawuk & Brisin,1992；Chen & Tan,1995)。以下就来探讨跨文化敏觉力的性质、定义、元素与评估方法。

跨文化敏觉力的性质与定义

敏觉力(sensitivity)分为对一般外物(generalized other)的敏觉力与对个人差异(individual differences)的敏觉力。前者指对自己群体的社会规范的知觉,后者又称为人际间敏觉力(interpersonal sensitivity),指一个人分辨他人行为、认知或感情方面之差别的能力(Bronfenbrener,Harding,& Gallwey,1958)。跨文化敏觉力与后者类似。

Hart & Burks(1972)进一步把敏觉力视为是应用到日常生活的心态(minset)。他们认为,具有敏觉力的人,能够接受个人的复杂性(personal complexity),避免沟通的僵化性(communication inflexibility),互动中知觉性强(conscious in interaction),对意见交换心存感激,而且能够容忍他人刻意性的征询(intentional searching)。这些能力似乎同时筑基在文化间互动的认知、情感以及行为等面向。

Bennett(1981)则把跨文化敏觉力看成是一个发展的过程。在这个过程里,一个人能够在认知、情感以及行为层次,把自己从我族中心(ethnocentric)的阶段,转化到我族相对(ethnorelative)的阶段。这个转化的过程包括了六个阶段:

1. 否认(denial)——否认文化差异的存在。

2. 防卫(defense)——对抗认知到的威胁,以试着保护自己世界观的核心。

3. 化小(minimization)——试图把差异藏匿在文化相似性(cultural similarity)的伞

下,以保护自己的世界观。

4. 接受(acceptance)——开始接受文化与行为上的差异。

5. 适应(adaptation)——开始发展了对文化差异的移情(empathy)能力,并成为双重或多重文化人。

6. 整合(integration)——能够把我族相对主义应用到自己认同之上,而且体验到差异其实是人生很重要与值得愉悦的一部分。

最后,Bhawuk & Brislin(1992)认为跨文化敏觉力的意义,至少必须包含三个面向:

1. 对人类行为的可能差异有所了解。

2. 面对文化差异时,能保持一个开放的心灵(open-mindedness)。

3. 在不同文化里表现出行为的弹性(behavioral flexibility)。

以上学者对跨文化敏觉力的意义与性质的描述,几乎都超出了该概念固有的意义而侵入了跨文化理解力与跨文化有效力的范畴。这种概念性混淆(conceptual confusion)的现象,对跨文化沟通能力的了解与研究带来了不良的影响。既然跨文化理解力是属于认知的面向,跨文化敏觉力为情感的面向以及跨文化效力为行为的面向,三个概念的意义应该有清楚的分别与差异才对。基于此,我们特地把跨文化敏觉力定义为"一个人对了解与感激文化的差异,与促进适当和有效的跨文化沟通的正面情感的能力"(Chen & Starosta,1997,p.5)。这个定义显示了跨文化沟通能力三个面向之间的紧密关系,但清楚地把跨文化敏觉力界定为发展正面情感的内在能力。这种正面的情感的形成,乃建立在内心一股推动我们自己去适当地处理文化的差异,以达到互动成果的欲望。

跨文化敏觉力的元素

为了培养投射与接收正面的情感反应,一个具有跨文化敏觉力的人必须具有以下几种能力:自爱(self-esteem)、自我检视(self-monitoring)、开放的心灵(open-mindedness)、移情(empathy)、互动投入(interaction involvement)以及暂缓判断(suspending judgment)。这些能力代表着跨文化敏觉力的主要元素。

自爱(Self-Esteem)

具有跨文化敏觉力的人,首先必须有高度的自爱心。自爱(self-esteem)是自我价值肯定的过程,它建立在一个人如何在社交情境发展出潜力的认知上(Borden,1991)。具有高度自爱心的人,在沟通时通常比较乐观与有信心。他们也较能够接受他人与期待被他人接受,并且较能够应付跨文化沟通所带来的挫折、疏离感和其他的心理压力。自爱的这些能力,自然地发展出确认及尊敬文化差异的正面动机与情感。

自我检视(Self-Monitoring)

自我检视指在沟通过程中,察知周遭的各种线索与变化,并借此来指引或修正自己的行为以之配合当时情境的能力。自我检视力强的人,对社交行为的适当性与自己的表现特别的敏感,因此在互动时,他们更能够专注(attentive)、他人取向(other-oriented)与适应不同的沟通情境(Snyder,1974;Spitzberg & Cupach,1984)。另外,研究也显示,自我检视力强的人善于适应妥协(comprise)、情感诉求(emotional appeal)、胁迫(coercion)、逢迎(ingratiation)等沟通策略,并且协助互动对方在行为上配合整个沟通的情境需求(Berger & Douglas,1982;Farmer,Fedor,Goodman,& Maslyn,1993;Smith,Cody,Lovette,& Canary,1990)

开放的心灵（Open-Mindedness）

开放的心灵意味着愿意公开与适当地解释自己的思想行为，同时愿意接受互动对方的解释。这和 Adler（1977）的"多重文化人"（multicultural man）的概念类似。"多重文化人"能够接受不同于他们自己的生活形态，更能在心理与社交方面，掌握住实体的多重性（multiplicity of realties）。换言之，跨文化敏觉力强的人，不仅能够了解一个观念，可以用多种不同的形式来加以表达，并且对世界具有一个内化与广阔的概念。这些都是开放心灵的表征，促使一个人愿意认可（recognize）、感激（appreciate），甚至接受（accept）不同的观点。这种处处为他人设想与承受别人需求的特性，在跨文化沟通中，就是相互确认（mutual validation）与认可彼此文化认同的发挥。

移情（Empathy）

移情的功夫，长久以来已被认定为跨文化敏觉力的重要元素。移情就是把我们自己投射到互动对方的位置，暂时地想对方所想，感对方所感的过程，它把我们带入了别人的心灵世界，使双方合一。移情又称为"情感敏觉力"（affective sensitivity）（Campbell，Kagan，& Drathwohl，1971），"心电感应或本能敏觉力"（telepathic or intuition sensitiviey）（Gardner，1962）或"向度取拿力"（perspective-taking）（Parks，1976）。

根据 Barnlund（1988）的说法，跨文化敏觉力引导一个人，时时刻刻寻找可以分享对方经验的沟通符号（communication symbols），它使人们能够在不同的沟通情境下，成功地扮演不同的角色。这种拥有移情功夫的人，通常都是比较无私，关怀对方的感受与反应，同时能够准确地推敲出对方的行为或内心的想法（Davis，1983；Hart，Carlson，& Eadie，1980）。进一步说，移情允许人们显现情感表达的相互性（reciprocity of affect display）、主动聆听（active listening）并在口头上表示对互动对方的了解，以便建立跨文化的一致性（intercultural rapport）。这种对他方言行举止高度的关注，能够让我们正确回应他人的感觉思想（Bennet，1979）。

互动投入（Interaction Involvement）

互动投入意指沟通时专注（attentive）、回应（responsive）和感知（perceptive）的能力。Cegala（1981）发现，互动投入是沟通能力的重要指标，它是一种为人设想或顺应他人（other-oriented）的行为。互动投入和移情有密切的关系。具有移情功夫的人，通常在互动时，能够感知与专注于言谈的交换，而且对互动对方的讯息也较容易有适当地回馈。和互动投入相近的另一个概念为"互动经营"（interaction management），这个概念较偏向与行为的面向，因此留到下一节再来讨论。

暂缓判断（Suspending Judgment）

暂缓判断或不对事情妄加判断，指一种允许我们真诚地聆听互动对方的态度。缺乏敏觉性的人，往往在不明就理的情况下，就妄下结论或判断。能够按耐住对别人的意见或说法妄加判断的冲动，是跨文化敏觉力必备的条件。不妄加判断通常可以培养一种享受文化差异的情感，换句话说，跨文化敏觉力不仅要求我们确认与接受文化的差异，而且必须更进一步建立对跨文化沟通感到满意的愉悦之情。

研究显示，这种享受跨文化沟通的心情包括了三种：

1. 乐于与不同文化背景的人沟通（Randolph，Landis，& Tzeng，1977）。
2. 乐于与不同文化的人们强化良好的工作关系（Fiedler，Mitchell，& Triandis，1971）。

3. 乐于在不同文化里接受工作责任的挑战（Gudykunst，Hammer，& Wisemann，1977）。

跨文化敏觉力的评估

由于概念的混淆，学者试着评估或测量跨文化敏觉力时，无法把跨文化沟通能力的认知、情感与行为三个面向厘清，因此在设计跨文化敏觉力量表时，常常遭遇的效度（vlidity）与信度（reliability）的问题。例如，Bhawuk & Brislin（1992）利用他们所提出的跨文化敏觉力三要素，包括对行为差异的了解，开放的心灵以及行为弹性，做为测试跨文化敏觉力的依据。Kapoor & Comadena（1996）使用该量表的时候，即发现其不够可靠，因为量表内的项目，无法清楚地表达跨文化敏觉力的真正意涵。

Blue & Kapoor（1996－1997）则试着以 Schwartz & Bilsky（1987，1990）从个人主义—集体主义（individualism-collectivism）的区分所提出的普世性价值观为架构，设计了一个跨文化敏觉力的测量表，结果也没有成功。

经过多年的修正与测试，Chen & Starosta（2000）才成功地发展出一个比较可靠的量表。Chen & Starosta 以前面所引述的跨文化敏觉力的六个主要元素为基础，首先演绎出七十二条代表这些元素意义的项目，经过了连续四次的测试，最后提炼出二十四个效度和信度都可以接受的项目，做为跨文化敏觉力的量表。该量表如下：

* *

Intercultural Sensitivity Scale

Below is a series of statements concerning intercultural communication. There are no right or wrong answers. Please work quickly and record your first impression by indicating the degree to which you agree or disagree with the statement. Thank you for your cooperation.

5＝strongly agree

4＝agree

3＝uncertain　　　　（Please put the number corresponding to your

2＝disagree　　　　　　answer in the blank before the statement）

1＝strongly disagree

_____ 1. I enjoy interacting with people from different cultures.

_____ 2. I think people from other cultures are narrow-minded.

_____ 3. I am pretty sure of myself in interacting with people from different cultures.

_____ 4. I find it very hard to talk in front of people from different cultures.

_____ 5. I always know what to say when interacting with people from different cultures.

_____ 6. I can be as sociable as I want to be when interacting with people from different cultures.

_____ 7. I don't like to be with people from different cultures.

_____ 8. I respect the values of people from different cultures.

_____ 9. I get upset easily when interacting with people from different cultures.

_____ 10. I feel confident when interacting with people from different cultures.

_____ 11. I tend to wait before forming an impression of culturally-distinct counterparts.

_____ 12. I often get discouraged when I am with people from different cultures.

_____ 13. I am open-minded to people from different cultures.

_____ 14. I am very observant when interacting with people from different cultures.

_____ 15. I often feel useless when interacting with people from different cultures.

_____ 16. I respect the ways people from different cultures behave.

_____ 17. I try to obtain as much information as I can when interacting with people from different cultures.

_____ 18. I would not accept the opinions of people from different cultures.

_____ 19. I am sensitive to my culturally-distinct counterpart's subtle meanings during our interaction.

_____ 20. I think my culture is better than other cultures.

_____ 21. I often give positive responses to my culturally different counterpart during our interaction.

_____ 22. I avoid those situations where I will have to deal with culturally-distinct persons.

_____ 23. I often show my culturally-distinct counterpart my understanding through verbal or nonverbal cues.

_____ 24. I have a feeling of enjoyment towards differences between my culturally-distinct counterpart and me.

Note. Items 2,4,7,9,12,15,18,20, and 22 are reverse-coded before summing the 24 items. Interaction Engagement items are 1, 11, 13, 21, 22, 23, and 24. Respect for Cultural Differences items are 2,7,8,16,18, and 20. Interaction Confidence items are 3, 4,5, 6, and 10. Interaction Enjoyment items are 9, 12, and 15, and Interaction Attentiveness items are 14,17, and 19.

* *

分析之后,Chen & Starosta 发现代表跨文化敏觉力的这二十四个项目,包含了五个因素:互动投入(interaction engagement)、尊敬文化差异(respect for cultural diferences)、互动信心(interaction confidence)、互动享受(interaction enjoyment)与互动专注(interaction attentiveness)。

Chen & Starosta 的这个跨文化敏觉力量表,是目前最新与最可靠的一个。在美国、英国、德国、中国与西班牙等国家,都有学者正在测试这个量表使用在不同文化背景下的可靠性。其中在德国已确认了这个量表可以使用在该国的样本与环境(Fritz,Mollenberg,& Chen,2002)。

跨文化效力(Intercultural Effectiveness)

跨文化效力(intercultural effectiveness)这个概念,是引起跨文化沟通能力三个面向意义上混淆的祸首。把几十年来有关跨文化沟通能力的文献浏览以下,马上可以发觉,自始学者就没加分别地交互使用跨文化沟通能力(intercultural communication competence)和跨文化效力(intercultural effectiveness)两个概念。这种混淆现象造成往后研究上很多的困扰。Chen & Starosta(1996)于是主张以跨文化灵巧力(intercultural adroitness)来代替跨文化效力(intercultural effectiveness),以资划清跨文化沟通能力各个面向的界限。

跨文化效力或灵巧力意指在跨文化沟通的过程中,达成工作任务或沟通目的的能力。这个能力专指沟通的技巧(communication skills),它是跨文化沟通能力的行为面向,与跨文化理解力和跨文化敏觉力鼎足三分。彼此间既相互独立,又相互依存。从跨文化训练的角度而言,行为模式(behavioral model)和互动模式(interaction model)两种方法,就是直接训练参与者的跨文化效力。行为模式的训练,旨在熟练地主国的行为技巧,以达到得心应手地适应该文化;互动模式则直接与地主国人沟通,从中学习到该文化的适当行为技巧。以下就来探讨跨文化效力的内涵与评估方法。

跨文化效力的内涵

如同跨文化理解力和跨文化敏觉力分别含有不同的要素,跨文化效力乃是由不同的行为技巧组成,其中五项主要的技巧为(Chen,2002,2007):讯息技巧(message skills)、自我表露(self-disclosure)、行为弹性(behavioral flexibility)、互动经营(interaction management)及认同维护(identity maintenance)。

讯息技巧(Message Skills)

讯息技巧指能够适当地操作语言(verbal language)与非语言(nonverbal language)的讯息,以达到有效沟通之目的的能力。本书第五和第六章,对语言与非语言的讯息和沟通,已做了详细的说明。

有效地操控语言与非语言讯息,乃是成就跨文化沟通最基本的需求。也就是与日本人沟通时,能够讲日语与使用他们的身体语言等。很多研究已证实了语言与非语言的流利,是有效的跨文化沟通的基本要素(Giles,1977;Maritn & Hammer,1989;Ting-Toomey & Korzenny,1989)。这种能力当然必须建立在对讯息的理解与敏觉力的基础上,它包括了几个要目:

1. 语言能力(linguistic competence)——指对互动对方语言的结构和使用规则的了解(Chomsky,1965)。

2. 在沟通过程能有效地编码(code)和制造可以理解的讯息(Milhouse,1993;Weber,1994)。

3. 了解互动对方用语和非语言讯息的意义(Andersen,1994;Dolphin,1994)。

除了这些能力之外,讯息技巧也包括了在互动过程,使用描述性(descriptive)与支持性

(supportive)的讯息。描述性的讯息指使用不妄加判断的态度,给互动对方的一种明确与具体的回馈。不妄加判断的适当回馈,是避免对方引起防卫性反应的要件(Bochner & Kelly,1974;Hammer,1989)。支持性的讯息,更是有效的跨文化沟通所不可或缺的要素。它指在沟通时同意或支持对方的说法,并以点头、注视、脸部表情与身体靠近(physical proximity)等沟通的技巧,来回报或奖赏对方论点的能力(Olebe & Koester,1989;Spitzberg,1991)。

自我表露(Self-Disclosure)

语言讯息的传达,通常必须受到自我表露的制约。自我表露意味着一个人在沟通的过程中和对方分享心中事的意愿。这种意愿虽然与个性的内外向有关,但作为讯息传递的制约,表露的过程已是属于行为表达的一部分。因此将它归纳为跨文化能力的行为面向。

自我表露与文化、性别、年龄都很有关系。例如,东方人比西方人表达的少;女人比男人话多;老年人比较喋喋不休。因此,适当的(appropriate)自我表露是有效沟通的必要条件,包括表露的质量与主题都和双方的关系深浅与文化背景有关(Nakanishi,1987;Nakanishi & Johnson,1993)。研究也显示,适当的自我表露是达成个人沟通目的的手段(Spitzberg,1991)。

另外,在跨文化沟通的过程,文化的差异所形成的情境模糊性(contextual ambiguity),通常带来了高度的不确定性(uncertainty)。以适当的自我表露来彼此建立认识的基础,是减低这种不确定情况的重要方法之一。这些例子,都说明了能够了解个人与文化的差异,在跨文化沟通做出适当的自我表露,是通往跨文化效力的条件(Chen,1989,1990,1993;Gudykunst & Nishida,1983,1986)。

行为弹性(Behavioral Flexibility)

行为弹性指在不同情况下,知道如何表现出适当行为(appropriate behaviors)的能力,与华人所说的"圆滑"很类似。一成不变或僵化的举止行为是跨文化沟通能力的大敌。例如,在婚礼与丧礼的场合,语言与行为上当然有很大的差别,若一视同仁,可以想像其后果会是什么样子。虽然"见人说人话,见鬼说鬼话,不见人鬼不说话",是行为弹性很好的写照,但是适当的行为弹性,必须有一颗真诚无欺的心来配合才行。

总之,依照 Parks(1985)的论点,具有行为弹性的人,比较能够正确地处理与适应资讯,而且能够使用不同的行为技巧来完成沟通的目的。行为弹性除了能协助一个人在沟通时,知道运用亲密性的语言与互动对方建立良好的人际关系之外,还能够使人精于改变用语的选择,来配合互动者的地位与彼此间的关系(Wiemann,1977)。很多研究已证实行为弹性为跨文化沟通能力的要素(Chen,1992;Imahori & Lanigan,1989;Martin,1987;Martin & Hammer,1989)

互动经营(Interaction Management)

互动经营指对整个沟通流程适当与有效的控制能力。Ruben(1976)认为互动经营乃是一个人在沟通时引话(initiation)、交谈互换(take turn)与结束交谈(termination)的能力。Ruben 更发现,一个具有高度互动经营技巧的人,在沟通时极为注意如何提供与对方交谈的相等机会,而且能够在打开话匣子和结束对话的时候,表现出相当的兴趣、耐心和给对方的关照。换句话说,互动经营包括了适当地建构与维持整个交谈过程,或洗练地发展出适当的交谈主题的能力(Spitzberg & Cupach，1984)。

以美国文化为例，Wiemann(1977)认为，一个有效与适当的互动经营技巧,必须配合五项原则：

1. 不可打岔(interruption)。
2. 不应该有两个人同时说话。
3. 互动者应该适当地交换对谈的机会。
4. 必须避免过多与过长的停顿(pause)。
5. 互动者应该专注于对方的谈话。

这些原则当然不能适用于各种不同的文化,因为不同文化的沟通形态各有不同。例如,非洲人与非裔美国人的互动规则,在机会互换的同时,是允许两个人同时发言的(Sanders,1995)。足见文化对互动经营的制约。互动经营之为跨文化沟通能力的要素,已有不少研究加以证实(Chen，1989；Olebe & Koester，1989；Ruben & Kealey，1979)。

认同维护(Identity Maintenance)

认同维护指在沟通的过程,顾及到对方的面子与保护对方认同的能力。由于人类必须经过沟通的过程,建立与确认自己的各种认同身分,如何来彼此了解,并进一步告知与拥护互动对方的认同身分,便成了沟通能力的要素之一。因此,认同维护实是达到顺利沟通的基础。

维护对方认同的技巧,通常是从沟通经验中获取,而且在使用时,也因情况及个人目的的不同,有着不同的变化(Collier，1989；Cupach & Imahori，1993；Ting-Toomey，1989，1993)。在跨文化沟通里,维护对方的文化认同身分更形重要。本书第七章对文化认同的本质、发展与在跨文化沟通过程所扮演的角色已有讨论。

跨文化效力的评估

和跨文化敏觉力一样,在评估与测试跨文化效力这个概念的时候,因意义上的混淆不清,造成了评估或测试量表的可靠性出了偏差。虽然文献上不乏尝试测试跨文化效力的努力,但一个真正可以代表跨文化效力意义的量表,仍有待学者发展。本节就依据现存的文献,对跨文化效力的其中几个评估做一个讨论。

Harris(1973)算是较早试着提炼出跨文化沟通能力的行为要目的学者。他从在南太平洋的和平团(Peace Corps)志愿军的工作经验,因素分析出二十四项可以代表跨文化沟通能力的行为要素,他把这些要素归纳为四个面向：

1. 个性的力量(strength of personality/character)——这个面向包含了自主(self-reliance)、内在力量(inner strength)、坚毅与可靠等项目。
2. 一般的能力(general competence)——指当一个和平团志愿军,对教书的主题和内容的了解与责任感等项目。
3. 文化互动能力(cultural interaction ability)——指语言能力、文化敏觉力、对地主国的兴趣与适应能力等。
4. 建立人际关系的能力——如有礼貌与乐于合作。

虽然 Harris 把这些项目当做是行为要素,其实是混杂了认知、情感与行为的面向,不可全部当成跨文化效力的指标。

Ruben(1976,1977)与 Ruben & Kealey(1979)一连串的研究,提出与测试了"文化行为

评估索引"(Intercultural Behavioral Assessment Indices)。这个索引包含了七个要素：

1. 尊敬(respect)。

2. 互动仪态(interaction posture)。

3. 知识取向(orientation to knowledge)。

4. 移情(empathy)。

5. 角色行为(role behavior)。

6. 互动经营(interaction management)。

7. 模糊性的忍受力(ambiguity tolerance)。

每个要素都有一段文字解释其意义，紧接着是四到五项索引表示这个要素的大小或强弱程度。评估则由第三者来做，依观察的结果来评断受评者的分数。这个索引比 Harris 的量表更近于跨文化效力的指标，但是，索引过于冗长，操作起来不太容易，由第三者来评估，也常会有失真的现象。

Hammer，Gudykunst，& Wiseman(1978)共同选列二十四项跨文化效力的要素，然后加以内容分析，其中十八项合成了三个面向：

（一）处理心理压力的能力(Ability to deal with psychological stress)——包括了以下项目：

1. 有效地处理挫折。

2. 有效地处理人际冲突。

3. 有效地处理压力。

4. 有效地处理合模(conform)的压力。

5. 有效地处理财务困难。

6. 有效地处理社会疏离感。

7. 有效地处理政治系统。

8. 有效地处理焦虑感。

（二）有效地沟通的能力(Ability to effectively communicate)——包括：

9. 能与陌生人打开话匣子。

10. 能与他人做有意义的对谈。

11. 有效地处理与他人之间的沟通误解。

12. 有效地处理不同的沟通型态。

（三）建立人际关系的能力(Ability to establish interpersonal relationships)——包括：

13. 有效地处理社会系统。

14. 发展满意的人际关系。

15. 与他人维持满意的人际关系。

16. 正确地了解他人的情感。

17. 有移情功夫。

18. 有效地处理不同的社会风俗。

Abe & Wiseman(1983)认为跨文化沟通的能力，应该建立在文化特殊性(culture-specific)的基础上，因此改用日本样本，重新测试 Hammer，Gudykunst，& Wiseman 的二十四项跨文化效力的要素，结果得到五个面向：

1. 人际间沟通的能力（Ability to communicate interpersonally）。

2. 适应不同文化的能力（Ability to adjust to different cultures）。

3. 处理不同社会系统的能力（Ability to deal with different societal systems）。

4. 建立人际关系的能力（Ability to establish interpersonal relationship）。

5. 了解他人的能力（Ability to understand others）。

不过，不管是采取文化特殊性或文化通则性（culture-general）的方法，面向虽有变异，所包含的要素却是一样的。这个测试的要素，虽然包含了认知、情感与行为面向，但作者们在大部分的项目，直接标出了"有效地"这个字眼，试图强调它们是属于行为的层次。

最后，Hammer & Martin（1989）分发了 602 份问卷，要求参与的美国学生，从与另一个美国人，与一个不注明国籍的外籍学生，与一个日本学生，和与一个德国学生谈话时，标出跨文化沟通能力的行为要目。资料分析的结果，发现了四个跨文化沟通能力行为要目的面向。每一个面向包含了按出现频率顺序的不同数目的行为指标：

1. 非语言行为（nonverbal behaviors）——包括了仔细聆听、直接注视、微笑、投入等十二个要目。

2. 口语行为（verbal behaviors）——包括了自我表露、寻找互利的主题、分享有关自己文化的资讯比较文化的差异等十二个要目。

3. 对话经营行为（conversational management behaviors）——包括询问有关他人的行为、询问有关对方国家的行为、发问与口音清晰等二十一个要目。

4. 沟通功能（communicative functions）——包括表示兴趣、友善的、有礼貌的与做我所做之事等十九个要项。

这个研究的发现与前面讨论的几个评估量表的内涵大同小异。惟其要目过于繁杂，做成量表后，操作起来必会产生不便。

* *

Intercultural Effectiveness Scale

Direction：Below is a series of statements concerning intercultural communication. There are no right or wrong answers. Please work quickly and record your first impression by indicating the degree to which you agree or disagree with the statement. Thank you for your cooperation.

5＝strongly agree

4＝agree

3＝uncertain　　　（Please put the number corresponding to your

2＝disagree　　　　　answer in the blank before the statement）

1＝strongly disagree

_____ 1. I find it is easy to talk with people from different cultures.

_____ 2. I am afraid to express myself when interacting with people from different cultures.

_____ 3. I find it is easy to get along with people from different cultures.

_____ 4. I am not always the person I appear to be when interacting with people from different cultures.

_____ 5. I am able to express my ideas clearly when interacting with people from different cultures.

_____ 6. I have problems with grammar when interacting with people from different cultures.

_____ 7. I am able to answer questions effectively when interacting with people from different cultures.

_____ 8. I find it is difficult to feel my culturally different counterparts are similar to me.

_____ 9. I use appropriate eye contact when interacting with people from different cultures.

_____ 10. I have problems distinguishing between informative and persuasive messages when interacting with people from different cultures.

_____ 11. I always know how to initiate a conversation when interacting with people from different cultures.

_____ 12. I often miss parts of what is going on when interacting with people from different cultures.

_____ 13. I feel relaxed when interacting with people from different cultures.

_____ 14. I often act like a very different person when interacting with people from different cultures.

_____ 15. I always show respect for my culturally different counterparts during our interaction.

_____ 16. I always feel a sense of distance with my culturally different counterparts during our interaction.

_____ 17. I find I have a lot in common with my culturally different counterparts during our interaction.

_____ 18. I find the best way to act is to be myself when interacting with people from different cultures.

_____ 19. I find it is easy to identify with my culturally different counterparts during our interaction.

_____ 20. I always show respect for the opinions of my culturally different counterparts during our interaction.

Note. Items 2,4,6,8,10,12,14,16, and 18 are reverse-coded before summing the 20 items. Behavioral Flexibility items are 2,4,14, and 18, Interaction Relaxation items are 1,3,11,13, and 19, Interactant Respect items are 9, 15, and 20, Message Skills items are 6,10, and 12, Identity Maintenance items are 8,16, and 19, Interaction Management items are 5 and 7.

* *

分析之后,Portalla and Chen 发现,代表跨文化沟通效力的这二十个项目,包含了六个因素:行为弹性(behavioral flexibility),互动松弛(interaction relaxation),尊重对方(interactant respect),讯息技巧(message skills),身份维持(identity maintenance)以及互动经营(interaction management)。

第四节　跨文化沟通能力研究的展望

跨文化沟通学于 1950 年初萌芽之后,传播学者即已孜孜矻矻地寻求一个可以解释跨文化沟通能力(intercultural communication competence)的模式。虽然半世纪来,已累积了不少这方面的研究文献,可惜的是,有关跨文化沟通能力研究的文献,至今仍然散乱无章,缺乏一个整体性的视野(holitstic view)。在概念(conceptual)层次方面,研究跨文化沟通能力的学者,一直无法提出一套足以用来了解当今文化多元主义下互依(interdependence)与互联(interconnectedness)的动态和复杂的人类互动过程。在操作(operational)层次方面,也无法提供一个可以发展出在全球化社会,有效与可靠的评估与测试跨文化沟通能力的方向和方法。文献链接 9-2 探讨了跨文化沟通能力研究方法的相关问题。

可以反映出研究跨文化沟通能力在方法上的是非。以下就从概念与操作两个角度,提出几点未来研究跨文化沟通能力所面临的挑战与建议。

文献链接 9-2

作者:Myron W. Lustig & Brian H. Spitzberg

题目:Methodological Issues in the Study of Intercultural Communication Competence
(跨文化沟通能力研究方法相关问题)

出处:In R. L. Wiseman & J. Koester (1993)(Eds.), *Intercultural Communication Competence* (pp. 153 - 167). Newbury Park, CA:Sage.

摘要:本文旨在讨论研究跨文化沟通能力在方法上必须考虑到的问题。作者认为任何研究跨文化沟通能力的尝试,都必须说明决策的几项要目(topoi of decisions):(一)评估(assess)什么,(二)由谁来评估谁,(三)"能力"什么时候该评估,(四)"能力"在哪儿被评估,(五)为什么"能力"值得评估以及(六)根据什么效应来评估"能力"。第一,评估什么包括了五项要素:抽象的层次(level of abstract)、评估的对等性(assessment equivalence)、分析的层次(level of analysis)、比较的形态(type of comparison)以及内容的层次(content level)。第二,由谁来评估谁指能力评估的汇集点。研究者必须决定是由互动者自己评估,由互动对方来评估,还是由没有参与互动的观察者

(下一页)

（续前）

来评估。第三，什么时候来评估，必须在三种情况下做出抉择：（一）把"能力"定义为一种插曲性（episodic）或意向性（dispositional）的现象，（二）是横断性（cross-sectional）或纵贯性（longitudinal）的研究设计以及（三）是属与短期（short-term）或长期（long-term）的"能力"。第四，"能力"是一种情境（contextual）的产物。但在任何情境下评估时，必须顾虑到摆设、互动者企图、文化环境与关系定义等因素的影响。第五，为什么"能力"值得评估，指文化对相同的行为，是否同样把它认定是一种能力的不同。第六，根据什么效应来评估"能力"，则关系到如何处理不同文化所具有不同伦理观点的问题。

概念层次（Conceptual Level）

在概念层次方面，研究跨文化沟通能力的学者，面临着五项挑战。首先，"跨文化沟通能力"（intercultural communication competence）这个概念，由于时代的变迁，变得比以往复杂，这使得"能力"（competence）这个词的定义相对地也变得更加的紊乱。文献显示，"能力"（competence）到底是人与生具有（inherent ability or trait）的还是习得的（learned ability or state）之争论仍是持续着。虽然这个概念既可用来表示个人属性（personal attribute）的一部分，也给用来表示后天习得的沟通能力，未来的研究有必要分辨出，天生能力（trait comeptence）与后天能力（state competence）两者应该分开处理或可一同对待。

第二个挑战围绕在"能力"（competence）是一种知识（knowledge）或行为表现（performance）的论争。例如，Chomsky（1965）认为，"能力"纯然是了解互动者语言的知识。Phillips（1983）则认为 Chomsky 的"能力"，只是获取"沟通能力"的初阶。除了语言的理解之外，同时必须得知互动情境的需求。不过，两位学者的看法，都属于"能力"是一种知识的论点。虽然 McCroskey（1982）和 Spitzberg（1983）进一步把"能力"推广到包括知识、动机（motivation）与技巧（skill）三个要素，但至今仍纷争不断。本人认为"能力"定义，必须整合知识与表现技巧两个概念，才算完整。

第三，"效力"（effectiveness）与"能力"（competence）两个概念之间的纠缠不清，必须尽早了断。如本章所述，有些学者用"有效性"取代"能力"（e. g.，Hammer，Gudykunst，& Wiseman，1978），有些把两个概念互用（e. g.，Ruben，1976，1977；Ruben & Kealey，1979）。这两个概念的使用，有必要加以标准化。近几年来，Chen & Starosta（1996，1997，1998，1998 - 9，2000）已致力于澄清这两个概念的工作。本人认为使用"能力"（competence）比"效力"（effectiveness）恰当，尤其是在跨文化沟通的情况下。因为文献的纪录已说明了跨文化沟通效力只是跨文化沟通能力的一部分，也就是说，除了"效力"之外，适当性（appropriateness）同时是跨文化沟通能力的要素之一。

第四，使用文化通则法（culture-general approach）或文化特殊法（culture-specific approach）研究跨文化沟通能力的争论，亦尚未解决。文献显示，大部分有关跨文化沟通能力的研究，都是采取文化通则法。但近年来，以文化特殊法与要求整合两种方法的潮流有愈来愈强烈的趋势(e.g.，Chen，1993,2001；Hegde，1993；Miyahara，1993；Yum，1993)。本人认为，以文化特殊法来抽丝剥茧以寻求文化间的共同因子(common theme)，可以配合文化通则法的运用，并且给跨文化沟通能力的研究，带来另一道曙光。

最后，跨文化沟通能力的研究，大部分应用在跨文化适应(intercultural adaptation)的领域。这是很可惜的现象，因为跨文化沟通的领域广阔，尤其在建立全球性公民文化(global civic culture)潮流的推波助澜下，把跨文化沟通能力的研究，延伸到人际间(interpersonal)、团体间(group)、组织间(organizational)、国家间(national)与超国家间(supranational)的层次，诚属必要。

操作层次(Operational Level)

在操作层次方面，研究跨文化沟通能力的学者，最少面临着三项挑战。首先，我们必须澄清跨文化沟通能力，到底是存在哪里。(Ruben，1989)曾经提出三个可能性：

1. 讯息传送者(message sender)的观点——认为沟通能力是传送者自身所拥有，可从传送者观察出。

2. 讯息阅听人(message receiver)的观点——认为沟通能力存在于阅听人对讯息传送者的评估，不管传送者拥有什么能力。

3. 动态、系统和文化基点(dynamic，systematic，and culture-based)的观点——认为沟通能力既不存在传送者本人，也不存在阅听人的评估，而是存在于关系、社交与文化规范(relational，social，and cultural rules)之上。

西方文化的角度较偏向于第一和第二种方法，其他文化，特别是亚洲文化，则较注重第三种方法(Miike，2002)。例如，从日本文化的角度，沟通能力的分析单位以"团体"(group)为基点(Miyahara，1994)；韩国文化则从人际间(interpersonal)而非个人的角度来衡量沟通能力(Yum，1994)。

第二，我们必须决定用何种方法来评估跨文化沟通能力。是以自我报告(self-report)的方法，第三者评估(other-report)的方法，还是两种方法并用比较适当呢？依本人的看法，既然跨文化沟通能力的要素，包括个人的属性与行为的技巧，那么自我报告与第三者评估两种方法应该同时使用才是。问题在于，两种方法并用虽然可以增强研究结果的外在效度(external validity)，但是两个方法之间的差异所形成的内在误差，却不容易克服。这种困难在跨文化沟通研究上更形显著，因为不同文化的人们对评估与测试的量表本身，存在着不同的认知与态度，如何发展一个既可靠又有效的跨文化沟通能力量表，是学者一个很大的挑战(Campbell，1969；Klopf & Cambra，1983；Martin，1993)。

最后，我们该分辨出跨文化沟通能力的什么要素是测量的对象。既存的文献显示了强烈的欧洲中心主义(Eurocentric)取向。这种以西方白人的观点为主的观点，特别着重以实证方法，提炼出以西方人的思想行为为基点的跨文化沟通能力的要素。未来的研究，有必要从非西方文化的角度来处理跨文化沟通能力这个概念。例如，Chen(1994)从中国文化的角度，提出跨文化沟通能力的四个要素：控制情感的能力、间接表达情感的能力、维护对方面子的能力以及区别我族与他族分子的能力。Yum(1994)则从韩国文化的角度提出五个要素：移情(empathy)、敏觉性(sensitivity)、间接表达(indirectness)、自制(being reserved)以及超越性(transcendentality)。由此看来，一个适当的跨文化沟通能力量表，可能必须具备多声音(multiple voices)、多能力(multiple competencies)和多认同(multiple identities)的特色才行。

结论

本章探讨从概念的了解与研究方法的角度,探讨跨文化沟通学的总结概念:跨文化沟通能力或胜任度(intercultural communication competence)。跨文化沟通能力是跨文化沟通的终极目的,对跨文化沟通的学习与研究,不外乎在使自己或协助他人获取跨文化沟通的能力,以便能像鱼儿遨游在不同的文化海洋。

针对这个主题,本章首先探讨跨文化沟通能力或胜任度的本质。这一节先以有效性(effectiveness)与适当性(appropriateness)两个概念,界定了沟通能力(communication competence)的意义。然后把沟通能力分为七个种类:基本能力、社交能力、社交技巧、人际间能力、语言能力、沟通能力与关系能力。接着把跨文化沟通能力定义为"互动者谈判文化意义(cultural meanings)与适当地在一个特殊环境下使用有效的沟通行为,以便确认双方多重认同的能力"。

第二节讨论跨文化沟通能力研究的方法。Dinges 把跨文化沟通能力的方法划分为六种:海外人法、主观文化法、多重文化人法、社交行为主义法、类型法以及跨文化沟通者法。Collier 则把跨文化沟通能力归类为四种:言说的民族学法、跨文化态度法、行为技巧法与文化认同法。本节对这些方法做了解说。

第三节提出了一个较完整的跨文化沟通能力模式。这个模式,旨在促进互动者认知、尊重、容忍与整合文化差异,以成为一个有教化的全球社会公民。这个模式包含三个相依相存的面向:(一)认知面向,即跨文化理解力,(二)情感面向,即跨文化敏觉力与(三)行为面向,即跨文化效力。

跨文化理解力代表跨文化沟通能力的认知面向,它强调经由对自己与互动对方文化的理解,而改变对环境的个人观感的过程。跨文化理解的过程通常经历三个阶段:(一)对文化表面特征的理解,(二)对与我们自己文化对立的重要与隐藏的文化特征的理解以及(三)对从对方角度看待他们自己文化的理解。研究跨文化理解的两个最普遍的方法,则包括了文化通则法与文化特殊法。接着讨论的是了解跨文化理解力的不同模式。包括 Saville-troike、Kohls、Parsons、Kluckhohn & Strodbeck、Condon & Yousef、Hall、Hofstede 以及 Schwartz 等学者的模式。最后讨论了文献里提到的几项测试跨文化理解力的工具。

跨文化敏觉力代表跨文化沟通能力的情感面向,它代表一个人在某种特殊的情境或与不同文化人们互动时,个人情绪或情感的变化。它包含了六项要素:自爱、自我检视、开放的心灵、移情、互动投入以及暂缓判断。在评估跨文化敏觉力方面,本节比较了 Blue & Kapoor 与 Chen & Starosta 发展的测试量表。

跨文化效力或灵巧力指在跨文化沟通的过程,达成工作任务或沟通目的的能力。它包含了五个要素:讯息技巧、自我表露、行为弹性、互动经营以及认同维护。在跨文化效力评估方面,此节比较了以下学者的方法:Harris、Ruben、Hammer、Gudykunst & Wiseman 以及 Abe & Wiseman。

最后一节从概念与操作层次的角度,提出几点未来研究跨文化沟通能力所面临的挑战与建议。在概念层次方面,研究跨文化沟通能力的学者面临着五项挑战:(一)"能力"

(competence)这个概念定义之混乱的修正,(二)如何解决"能力"(competence)是一种知识或行为表现的论争,(三)如何了断"效力"(effectiveness)与"能力"(competence)两个概念之间的纠缠不清,(四)如何解决使用文化通则法或文化特殊法来研究跨文化沟通能力的争论以及(五)如何把跨文化沟通能力的研究,延伸到更广泛的领域。

在操作层次方面,则面临着三项挑战:(一)如何澄清跨文化沟通能力,到底是存在哪里的疑问,(二)如何决定用何种方法来评估跨文化沟通能力以及(三)如何分辨出跨文化沟通能力的什么要素是测量的对象。

未来篇

　　本篇为结论篇。包括了第
十章,在对跨文化交际学未来
的发展走向,做一个预测式的
展望。

第四篇

第十章　跨文化交际学未来的展望

> 新世纪的来临是一股无法阻挡的潮流。科技革命已将文化与国家之间的界限一层一层地剥落。二十一世纪的降临,意味着旧社会形态的消失与一个不同于过去的新新的心理与人类生活方式的产生。这个新世纪全球化社会也代表着一个整合了多种不同文化的世界。针对这种毫无选择余地的创世纪之巨变,个人或国家若无法在与浪同行之时,寻找出一套适应新时代的原理与方法,势必将失去生活的重心与生命的意义而惨遭灭顶。
>
> ——Chen & Starosta,2000

　　人类的未来可以预知吗? 未来学家大致认为,世事多变,人事难料。要预测未来人类社会是什么样子,或未来将会发生什么事,几乎是不可能的。但是,身为人类,我们应该了解,我们的一举一动,随时影响着未来世界的形成。因此,虽然无法明确地预知未来,我们却有可能经由我们的行动,使未来的人类社会变得更美好。所以从学习观察人类的行为,来揣测推动未来社会的可能潮流,做适当顺应以期待建立更美好的未来人类社会,便成了任何学科所该戮力追求的重点。

　　从跨文化交际学的角度,我们在本书第一章,已提了及包括科技的发展、商业的国际化、广泛的移民潮、多元文化的发展与邦国概念的模糊化等,是当今人类社会的五大潮流。这五大潮流将是主导形成未来人类世界的动力。虽然我们无法预知,这些潮流会把人类未来社会变成什么样子,但经由对这些潮流的了解并注入正面的元素,能使人类未来的社会变得更美好,是毋庸置疑的事。

　　这五大潮流的聚合,其实就是所谓全球化(globalization)的潮流与面貌。因此,探讨跨文化交际的未来,首先必须弄清楚全球化的概念,并进一步认识全球化潮流与跨文化交际学的关系。

第一节　全球化的意义与特性

　　如第一章所述,我们已逐渐生活在全球化的社会里。传播与交通科技的发展,大大地缩小了地球的尺寸和世界的范畴。人类与人类,文化与文化之间所形成的寰宇依存性已经成了当今生活的常态。这种把世界各个角落的人们开始连结起来的现象,已逐渐把人类社会带领到所谓的"世界村"或"地球村"(global village)(McLunhan & Fiore,1968)、"地球社区"(global community)(Holt,2000)、"地球社会"(global society)(Chang,2000)、"电脑化社区"(cyber-communities)(Cooks,2000)、"虚拟社区"(virtual communities)(McChesney,1996)或"网线城"(wired cities)(Dutton,Blumler,& Kraemer,1987)的境地。

这种全球化社会的来临,不仅改变了人类社区传统的意义,也同时促进了来自不同文化的人们相互依存的关系。因此,如何了解和接受文化间的差异,已成了全球化社会里有效沟通的先决条件。这也意味着要能够在二十一世纪活出意义和有所成就,求取跨文化沟通的知识与技能,便成了不可或缺的基本需求(Chen & Starosta,1996,1998)。但全球化到底是什么,它有何特性呢?

全球化的意义与本质

地球上人们、货物与各种象征物(symblols)之间的流通,最少已有超过五千年的历史。游牧民族可以说是最早易地而居的人类;耶稣基督旅居各地宣言上帝的福音,早在世纪初就已开始;加上亚洲人很多世纪前就已从蒙古到达北非的记载,都显示了人类自古即已从事资讯的交换以及和不同文化群体之间的互动(Lubbers,1998)。这种人类的迁徙与接触是全球化的先驱,但全球化的意义或说我们正居处于一个全球化的社会,到底是什么意思呢?

让我们来想像老子小国寡民的理想社会的另一个极端:整个世界整合成了一个系统,在其中,不同的文化经由旅游的便利与频繁的接触,紧密地结合在一起,互依互赖。换句话说,人类社会已不再是众多独立的孤岛,而是一个在个人、人际间与组织间都具有全球性连结(global connectivity)的互动网。这可能意味着以下这些现象:

1. 你现在穿在身上的衣服是在马来西亚制造的;
2. 你开的福特别克车,雨刷可能是来自墨西哥,引擎是在日本做的,轮胎是中国台湾生产,而整部车的装配是在韩国完成的;
3. 非洲饥荒与美国攻击阿富汗的镜头,同步出现在世界各个角落的电视或电脑屏幕上;
4. 昨晚你在中国台北与人洽谈生意,今夜却出现在纽约享受百老汇的歌舞剧。

这就是我们当今居住的世界,也就是全球化的世界。

根据 Walters(1995)的说法,全球化是一种社会变化的过程,它的特色是社会与文化安置的空间限制的解除,而且人们也逐渐知道这种变化的发生。广而言之,全球化指经济上的物质交换逐渐连结了在地的社会关系,政治上的支援、安全、武力与胁迫等运作逐渐突破了地域的隔阂以及文化上的符号交换(symbolic exchanges)超脱了空间的限制。换句话说,全球化就是"物质交换的在地化,政治交换的国际化与符号交换的环宇化"(Material exhcnges localize; political exchanges internationalize; and symbolic exchanges globalize)(Walters,1999,p.9)。

从 Walters 的定义,可以看出全球化反映了在地认同(local identity)与全球多元化(global diversity)或同质性世界文化与异质地方性文化两股势力彼此拉锯的现象(Chuang,2000)。Naisbitt(1994)把这种拉锯的现象称为"全球化矛盾"(global paradox),意指人类社会变得愈来愈全球化的同时,个人与小团体的力量也变得愈来愈强大。因此,理想的全球化,不仅必须整合环宇社区的多元文化,也须要顾及到个人或文化认同的发展(Chen & Starosta,2000)。从跨文化沟通的角度,协助人们如何来整合不同的文化认同与利益,以及经由沟通的过程来谈判与再造文化认同,并进一步建立一个环宇性的文明社区(global civic community),乃是人类未来社会之所寄(Boulding,1988;Lynch,1992)。

总之,全球化的潮流已经突破了空间、时间、文化假定和人类社会的结构、范畴与功能。

全球化社会的来临,不仅需求一套新的思考与组织的方式,也显示了了解思想与行动,知识与存在,以及结构与过程之间的权力关系的重要性(Kofman & Youngs,1996)。以经济领域或组织传播为例,一个成功的现代公司行业,必须在五个方面符合全球化的这种需求(Gupta & Govindarajan,1997):

1. 成长需求(growth imperative)要求公司无止境地寻求有待开放的市场,以便能在全球性的商业竞争下存活,并且保留住优秀的员工。

2. 效率需求(efficiency imperative)要求公司能够发展一种在全球经营下创造出成本利益(cost advantage)的潜力。

3. 知识需求(knowledge imperative)要求全球化的公司能够学习与吸收特殊地方市场的各种知识,使公司的产品适当地与在地环境配合。

4. 顾客需求(customer imperative)要求全球化公司能够与全球化顾客齐头并进,以确保产品与服务的世界性统合和一致性。

5. 竞争对手需求(competitor imperative)要求现代公司能够加速全球化的脚步,以防止竞争对手先进一步,抢占了全球性市场。

全球化的特征

从以上的讨论,我们可以勾勒出全球化的五个特性:辩证动态性、寰宇渗透性、整体连结性、文化混合性以及个人强化性。

辩证动态性(Dialectically Dynamic)

全球化是一个辩证性的动态过程(dialectically dynamic process)。它的目标在于达到一个整合了不同文化的大同社会。全球化的潮流不仅要求在寰宇社区内整合文化的多元特性(cultural diversity),而且同时能鼓励人们寻求建立个人的文化认同(cultural identity)。文化多元与文化认同两股势力的辩证拉锯,乃是人类未来社会必须面对的第一个问题。

从文化与社会的角度来看,全球化似乎是以西方化或美国化为基础的一种文化帝国主义(cultural imperialism),但是它其实也是一种后现代性的表征,代表着对边缘化声音(marginal voice)与多元性的重视。因此,个人与社会若无法与全球化的潮流同行并进,在文化多元化与文化认同,或在在地化(localization)与全球化(globalization)两个辩证势力之间取得平衡的发展,势必无法在未来人类社会胜出。

寰宇渗透性(Universally Pervasive)

全球化具有寰宇渗透性(universally pervasive)。全球化的潮流就像空气一样,渗透到人类社会的每一个角落与面向,而且影响了人们生活、思考以及行为的方式。科技的庞大势力、经济的竞争、宗教的多元性、政治的自由、族裔间的对抗、企业的独创性、领土的争执、文化的相互性和社会的互补性等现象所织成的现代世界,显示了全球化潮流涵盖面的广泛。

换句话说,人类社会之间,包括时间、空间、结构、地理、功能、职业、价值以及信仰等形成的界域,在全球化潮流的冲击下,已逐渐改变或转化成一个以相似性(similarities)与连结性(interconnectedness)为基础的形态。全球化这种渗透力给了人们一个启示:活在当今人类社会,我们所该问的问题,并不在于是否应该继续全球化,而是如何从全球化的过程来获取最大的利益(Rhinesmith,1996)。

整体连结性(Holistically Interconnected)

全球化潮流具有整体连结性(holistically interconnected)的特征。全球化潮流不仅贯穿人类社会的各个角落,而且建立了一个连结了每个元素的网状结构。在全球化潮流的推进下,人类社会不再是个孤岛,互依互赖(interrelationship and interreliance)成了人类社会网的结,把来自不同地域与文化的人们紧紧地系住成一个地球村。如同 Harasim(1993)指出,全球连结性势必要求每个人类社会的成员,了解与接受全球化潮流所带来的这种巨大的变迁,以便经由互助合作的过程,体现与维持全球化社区的理念与特色。人类这种互连性的锁链一旦遭到破坏,全球村的过程势必失败,人类社会也将陷入混乱的境地。

文化混合性(Culturally Hybridized)

全球化代表了一种文化混合(culturally hybridized)的状态。全球性的媒体(global media)为文化传递(cultural transmission)开出了一条突破国界与政治认同界域的新路。Walters(1995)认为,虽然全球化的潮流在二十世纪,主要是把西方现代性的中心文化(center culture)推往非西方的边缘(periphery)文化区,但反向的影响,其实是不可避免与同时存在的。这种文化双向相互渗透的现象,反映了人类社会的混合状态的潜力。当然,人类文化的混合,并不意味着一个统一或中央集权式社会的来临。相反地,这种全球文化的杂揉性,显示了一种混乱性的整合与连结,人们必须在乱中寻找出秩序,经由不断的谈判过程,把自己文化要素的意义传递到不同族裔的领域。

个人强化性(Individually Powerful)

最后,全球化代表着个人权力(individual power)的扩张。虽然全球性文化可能把人类社会与不同族裔的人们牵连起来,这个世界仍旧是属于一个多元化的社区。换句话说,全球化是一个同时分化(differentiation)与同化(homogenization)的过程,它借着认可个人或个别的能力与重要性,给这个世界注入了多元化的色彩。例如,Naisbitt(1994)发现,在经济行为方面,当整个世界的经济体系变得愈来愈大的时候,构成这个体系的元素却变得愈来愈小,以增进效率。这种体系变得愈大,个体却变得愈强化与愈重要的现象,反映了在地化与全球化,多元与认同,众性(pluralism)与殊性(particularism)等两股不同势力的拉锯消长。

全球化的层次

全球化虽然具有寰宇渗透性,像空气一样充满着人类社会的各个角落,它的影响范围与深度却有所差异。Govindarajan & Gupta(1997)观察后发现,全球化主要展现在人类社会的四个层次:全世界、特殊国家、特殊工商业组织以及个人。

全世界层次

在整个世界的层次上,全球化促使了国家之间经济与政治的彼此依赖。特别是在经济方面,几十年来国际贸易的急速增加,可以证明整个世界的经济已变得比以前更加的全球化。传播与交通科技的发展,更是把人们与人们,城市与城市之间,紧密地接连了起来。这个潮流将持续把人类带往全球村的方向发展。

特殊国家层次

在特殊国家的层次上,意味着一个国家与其他国家联系的程度。全球化虽然是一个世界性的过程中,它对世界不同角落影响的强度各有不同。也就是说,没有一个国家在社会、文化、宗教、经济方面,能与其他国家均等地融入全球的网络。由于科技对全球化重大的影响,在全球化的过程中,诸如北美洲与西欧等已开发国家,占了极大的优势。

若是像古巴、北韩与非洲内陆的国家,则因历史与政治的因素,仍然处于相当孤立的状况。如何取得双方的均等,将是未来世界和平与否的重要指标。另外,在国家层次上,全球化也将带来一个国家如何同时满足国内人民与国际社区需求的挑战。大部分的国家,无疑地必须面对与学习如何处理这种自己国家与全球社区之间的需求拉锯所衍生的问题。

特殊工商业组织层次

在特殊工商业组织的层次上,有些公司组织在跨国或国际交易的过程,显然比较具有竞争性。例如,汽车工业很明显地掌握在本田、福特与宾士—克莱斯勒等几家大公司的手里;电脑工业则受控于 IBM 和 Apple;饮料业则以可口可乐与百事可乐马首是瞻;运动业非 Adidas, Nike 或 Reebok 莫属。其他如银行、财务、化学、药品、石油、天然气、出版等业,也都急速地全球化与掌握在少数公司之下。

另外,如医疗与建筑,虽然全球化的脚步较慢,但由于跨国性投资的增加,迟早会赶上潮流。这种建立在自由市场意识型态的经济自由化,因全球化潮流的推波助澜,生成了一个现代组织文化的新型态,并且促成了像东协(ASEAN)、欧盟(EU)以及北美自由贸易协定(NAFTA)等区域性联盟的出现。这些组织的跨空间性与对组织文化景观的重划,相对地给企业公司铺下了一条通往全球化组织的道路。

个人层次

最后,在个人层次上,全球化的潮流要求每个人对新世界的复杂性必须有所了解,并且进一步发展在全球化社会存或的适应技巧。这种要求的实现,建立在情感、认知与行为三项人类能力的整合,也就是所谓的"全球沟通能力"(global communication competency)(Chen,2000)。全球沟通能力以培养全球化社区内分子互连情感为基础,再次为激发了解全球化现象的动机,最后是在行为层次上,发展出可供遵循的制定模式(Boulding,1988)。这乃是把我们塑造成一个"多元文化人"(multicultural person)(Adler,1998),共同分享寰宇空间、资源与机会,以建立一个互依互赖社区的过程。

第二节 全球化下的跨文化交际学研究

在全球化潮流的冲击下,跨文化交际学的未来,应该呈现一幅什么样的景象才能与浪同行,不致遭到灭顶呢? 换句话说,在教育与研究上,跨文化交际学在全球化的社会里,应该包含哪些必要的项目呢? 从学者的观察与论说,可以归纳出跨文化沟通学,为了适应未来的社会,必须戮力于四方面的研究:新社区意识的建立、文化认同和文化多元的辩证关系、全球化媒体的冲击以及全球化社会市民身份的建立(陈国明,2001;Chen,2000;Chen & Starosta, 2000;Monfils,2000)。

新社区意识的建立

在全球化潮流的冲击之下,定义社区意义的旧方法已经失效。代之而来的问题是如何给予社区一个崭新的定义，以适应新时代的需求。新社区与传统社区最大的不同，在于它的包容性（inclusiveness）或共同感（we-ness）。全球化的潮流已经腐蚀了传统社区的时空界限，把社区的界域提升到了全球的层次，给人们提供了一个了解这个转换过程之庞杂性过程的挑战，以及学习如何共同协力，创造一个理想的未来世界。

广泛而言，如前面 Walters（1995）指出，全球化潮流对新社区的影响，主要在三个方面。在经济上，物质的交换，包括商业交易与资本累积将紧紧地与在地的社会关系联系着。在政治上，各种援助、安全、胁迫与势力的交换，将扩展到本土外的领地，与其他政治体接连起来。在文化上，包括各种沟通的符号交换，将突破空间的限制，取得解放性的关系发展。

很明显地，新世纪形成的全球化社会并不意味着一个新的社区意识会跟着来临。要达到一个理想的新世纪全球化公民社会（civic society），新的社区意识非建立不可。建立新的社区意识如同栽培芳草异卉一样，必须经由一段细心照顾调养的过程。在社区生活里，任何人都无法如孤岛一样独居度日。新社区的包容性与全体性的特色不仅焊接了不同种族、文化、宗教、性别、信念和感情之间的隙缝，也同时要求所有分子共同投入全球化社会的建设。

另外，新的全球化社区寻求共识与交感，试图以一种喜乐与感恩的情感，诚心面对与讨论分子之间的差异，追求和谐一致的关系（Peck，1992）。换句话说，在新世纪里，全球化社区就是一个由共同的信仰、价值观和符号表征，而非由社区成员的种族、政治或地理差异，来加以界定的生活方式。

在这个新社区里，经由沟通对话，全球化社会的市民能自由陈述表达各种思想、论点、信仰、喜怒、善恶，也能使用符号表征来再造自己，并重新定义在全球化社会里，自己喜欢当何等样子的人。新社区的最终目标就是要建立一个自主自觉的认同身份和一个整体性的社会环境。在这个整体性的社会环境里，市民们不仅能够和平共存，并且能够合理化他们自身和其他人的举止行为。

从传播学的角度，我们由此可以察觉沟通在建立寰宇社区意识的过程中所扮演的重要角色。因此，沟通对新社区意识的形成与全球化潮流之间的关系为何，便成了跨文化交际学者研究的主要课题之一。

文化认同和文化多元的辩证关系

全球化的潮流反映了一个代表了地方认同（local identity）与寰宇多元（global diversity），世界文化同质化（homogenized）与地方文化异质化（heterogenized），以及众性（pluralism）与殊性（particularism）势力之间消长拉锯的两难景况（Chuang，2000；Halualani，2008；Zhong，2000）。这种 Naisbitt 把它叫做"全球矛盾"（global paradox）的现象，充满着全球化的整个潮流。如前所述，全球矛盾意味着，世界的各种体系逐渐地变成一个大一统的结构，但同时各个体系内的个体或组织，追求独立自主的声音却愈来愈大。

因此，可以预见，全球性文化虽然可能把人类社会与不同族裔的人们牵连起来，这个世界仍旧是属于一个多元化的社区。换句话说，全球化是一个同时分化（differentiation）与同化（homogenization）的过程，它借着认可个人或个别的能力与重要性，给这个世界注入了多元化的色彩。面对这种阴阳对立又相辅相成的两股势力的辩证拉锯，寻求一组崭新的思考与组织方式，并试着打开思想与行动，知识与存在，结构与过程之间的权力关系（Kofman & Youngs，1996），乃是未来跨文化交际学经由研究与教育必须帮忙解开的结。

进一步而言,全球化社会既然代表着一个整合了多种不同文化的世界,人们免不了天天得同时参涉几种不同的文化系统。在新世纪全球化社会里,没有任何一个国家社会或地方社区的市民,有权力利用无知、剥削或其他因文化上的差异所衍生的权势,来排拒各社区与社会之间的平等身份。职是之故,个人如何经由沟通的过程,在多元文化的全球化社会里,谈判交涉与共创文化认同意识,便成了一项极其重要的主题。这同时意味着,在全球化的社会里,我们必需学习滋养一种辩知自我多重认同与维系多种文化共存的新个性,来谈判协调本土社区的身份,国民的身份,和全球化社会的市民身分等三个身分层次的归属问题(陈国明,2007;Tan,2005)。

总之,我们如果无法在文化认同与文化多元的辩证关系之间取得均衡,全球化社会的理想,将如海市蜃楼,终归失败。因此,如何更深入地探讨文化认同与文化多元的辩证关系,是跨文化沟通学者不可忽视的另一个主题。在这个主题内,跨文化交际学不仅要研究文化的多元性给全球化社会带来的冲击,本土化和全球化之间的拉锯,而且更须进一步从跨文化交际的角度,研审文化认同与文化多元之间的紧张关系。

全球化媒体的冲击

全球化媒体(global media)对人类社会可能带来的冲击,将是跨文化交际未来研究的主题之一。全球化媒体所制造的虚拟环境(virtual environment),不仅提供新世纪社会成员之间相互联系的功能,而且在政治行使的过程中,也扮演了一个决定性的角色。全球化媒体创造了一个有关社区诸问题皆可付之讨论与辩论的"公共空间"(public sphere)(Herman & McChesney,1997),它们引导了市民参与全球化社区的生活,更以其快速与无远弗届的信息传递,推动了多元文化在全球化社会里相互沟通了解的潜力,给人类呈现了一幅新的远景。

例如,网络(Internet)对全球性连结(global interconnectivity)具有极大的贡献。随着使用的增加与操作的便利,网络已经模糊了大众与面对面沟通的界限,而且能使个人与公共的信息,能自如地跨越国界,提供了不同社会里,熟识与不熟识人们一个经常可以沟通的机会(Larson,2000;Ma,2000)。在教育上,网络也无远弗届,广为使用。网络把在不同国度的校园联系起来,轻易地提供学生与远在地球另一端的学生沟通。根据 Ma(1994)与 Chen(2000)的研究,这种跨国性的媒体交流,不仅使学生更畅怀地打开话匣子,而且增进了学生对不同文化的了解。

除此之外,研究也发现网络的应用,可以帮助学生同心协力一起工作,解决问题与同时实际性的操作以书写的方式彼此达到沟通的目的(Thompson,1987;Shamoon,1998)。Chen & Wood(1994)更发现,把网际网路做为学习的工具,可以帮忙学生对主题的理解、改进写作能力、培养批评思考(critical thinking)以及减低对使用电脑的焦虑感。至于因特网对身份或认同(identity),那就更不用说了(Long & Chen,2007;Lister,Dovery,Giddings,Grant,& Kelly,2003)。

网络这种全球性媒体渗入了人类日常生活的活动,可以说是已经重建了人们生活的规律。它的使用转化了物理设置(physical settings)与社会情境(social situations)的限制,并重新界定了时空的意义,以及建立了一个人人可以自由表达思想的环球城(global town)。经由在虚拟空间(cyberspace)里自我形象(self image)的投射与实境的建立(reality construction)，人类的躯体与环境于是延伸入了不同的新社区（Chen，2000；Moley，1991）。

可惜的是，在新世纪成形的过程中，媒体同时也像一只猛兽，一步一步深化了它的商业化（commercialization）、商品化（commoditization）与彼此竞争（competition）的劣根性（Miller & Bruenger，2007）。受制于广告商的媒体商业化模式的意识形态，很可能会颠覆民主的程序与逐渐毁损得来不易的自由公共空间。因此，我们应该如何来引导媒体发挥其功能以保存固有之政治文化空间与调解来自地方与国家的对抗，将决定全球化社会未来的前途。因此，跨文化交际学者必须责无旁贷，戮力探讨媒体与全球化社会的互动关系，包括全球化媒体兴起沿革，媒体与全球化社会兴起的互证关系，全球化媒体和人类相互了解的关系，网际网路对全球化社会的冲击和全球化媒体所衍生的道德责任问题等几个主要的研究课题。

全球化社会市民身份的建立

市民身份（citizenship）乃是一个社会成员，参与共同事物进化的状态。如同文化认同的重新检式，全球化社会的潮流，也逼使人们重新界定市民身份的意义。全球化社会的市民身份，应该与国籍（nation）和地域性的社区（community）身份等而视之吗？换句话说，人们将如何来谈判协调本土社区的身份，国民的身份和全球化社会的市民身份等三个身份层次的归属问题呢？很明显地，在全球化社会里，没有任何一个国家社会或地方社区的市民，有权力利用无知、剥削或其他因文化上的差异所衍生的权势，来排拒各社区与社会之间的平等身份（Lynch，1992）。

基于此，我们不禁要问：不同的教育系统，能够经由整合多样的文化认同和利益来建立一个全球的市民文化（civic culture），以推动一种自愿式的多元主义吗？探索这个问题的答案，是跨文化沟通学者的挑战之一。另外与全球化社会的市民身份有关的课题包括：如何建立一个理想的全球化社会市民身份的模式？如何设计全球化社会市民教育的内涵与方法？创造力与想象力和全球化社会市民身份之间有何关系呢？以及冲突、沟通和全球化社会市民身份之间的关联性为何？

这些问题归结起来，其实就是如何协助当今市民培养"全球沟通能力"（global communication competency）。以下就进一步来讨论这个能力。

第三节　全球沟通能力

全球沟通能力乃是第九章所谈的跨文化沟通能力的延伸，旨在达到四项目标（陈国明，2001；Chen，2005）：

1. 开拓一个全球性的视野（global vision）。

2. 培养足够的知识与技术，以均衡全球化潮流所产生的矛盾。

3. 培养足够的弹性（flexibility）能力，以在个人与组织层次，经营全球化潮流所带来的巨大变动。

4. 培养敏锐与开放的能力（sensitivity and openness）来尊重多元化以不断的改进。

这些能力促使人们寻求一种未来的视野（vision），相互的理解（shared understanding）

以及多重认同（multiple identities）的意识，并进而开发人类以智力、知识与创造力，共创一个和平与富饶社会的潜力（Rhinesmith，1996）。从文献链接 10-1，可以看出这些目标所要求的存活于全球化社会的各种基本能力。

文献链接 10-1

作者：P. Aburdene

题目：How to Think Like a CEO for the 90'（新时代的主管思想）

出处：*Working Woman*，September，1990，134-137.

摘要：本文归纳了 *Megatrends 2000* 这本书所述说的，在全球化潮流冲击下，要能够功成名就的未来领导人，所必须具备的九项主要能力：1.具备全球化的取向（global orientation）——突破在地的局限，以描摹一个广大的全球化前景。2.懂得第二外语——了解互动对方的语言，是额外收入的利息。3.建立企业的视野（corporate vision）——领导者若无法发展一个清晰合时的视野，来给予部属明确的方向，势必给全球化潮流吞没。4.深知公共演讲之术——包括整个沟通的技巧，尤其是批判思考（critical thinking）能力的训练。5.了解如何为公司服务——注入诸如因女性与不同族裔雇员人数增加后，公司内活动设计的面面俱到的元素。6.深谙领导之道——传统的专制统御术已不再管用，代之而起的是如何以较民主的方式，引导部属完成工作目标。7.具有环保意识——关怀与保护全球环境的免于污染与破坏，是主管人员不得不面对之事。8.踏足电子科技的领地——无法使用或操纵诸如电脑等传播科技，将是领导人员心理的最痛。9.有能力经营文化的多元性——由于全球化潮流给人类社会带来的文化多元性，未来的领导人必须懂得如何有效地管理公司内来自不同文化背景的员工。

为了达到全球沟通能力的目标，除了从认知、情感与行为的面向，协助全球社会公民培养描绘文化（mapping culture）的能力，以正确地认知自己与他人文化之异同；培养净化自我与开发敏锐（sensitivity）以及创造（creativity）的潜力和培养用以润滑与调理互动的人际沟通的技巧（interpersonal communication skills）之外，最主要的是要先建立起一个全球性的心态（global mindset）。由于跨文化沟通能力的认知、情感与行为面向的各个要素，在第九章已有详细的说明，本节就以阐释全球性的心态为重点，作为跨文化沟通学未来研究与教育方向的指引。

全球性心态（Global Mindset）

全球性心态指对其他文化采取开放的态度（openness），以推动跨文化沟通的能力。这种心态是全球沟通能力的基础，像是花园的土壤，土质若好，花儿必然盛开。健全的全球性心态使人们在预见(envision)全球社会来临的时候,能够适当与有效地发挥跨文化沟通的技巧。它培养了面对与处理因世界潮流所带来的巨变的能力,并且发展出一个均衡与尊重文化多元与差异的广大视野,也就是学习成为一个全球公民的能力。全球性心态这种摒除因文化差异所形成的心理障碍,以扩展人们思考与视野的功能,可以使一个人具有扫瞄世界的心智能力与有意识地在个人、社会和组织的层次,开创和谐制胜的机会(Gupta & Govindarajan,1997;Rhinesmith,1992)。

建立在开放态度的基础上,全球性心态也正意味着我族主义(ethcentrism)与褊狭主义(parochialism)的消亡。它引导人们学习一种综合与均衡"我们的方法"(our way)与"你们的方法"(your way)之间的矛盾。因此,文化的差异虽然可能带来误解与冲突,它同时也给人们带来成长与善以利用以达致正面结果的机会。换句话说,全球性心态的开放属性,允许人们在面对全球化各种潮流的冲击时,保持了动态改变与改良(improvement)的弹性。

全球性心态既是全球沟通能力的基础,与个人的情感、认知和行为能力的关系,当然密不可分。它促使人们学习如何经由内在那点针对全球化的灵明,来解放自己的潜力;学习如何达到区分与了解文化的多变性;以及发展全球性沟通的行为技巧。综合起来,我们可以提炼出具有全球性心态人们的五项特色(Rhinesmith,1996):

首先,具有全球性心态的人们,对文化的差异有着高度的敏觉性(sensitivity)。因为全球化潮流在沟通的各个层次与生活的每个角落,带来了不同文化人们相会的机会,跨文化敏觉力的培养,便成了一项重大的挑战。具有高度跨文化敏觉性的人们,不仅拥有发展良好的自我与正面的自我概念(self-concept),更拥有一颗对文化多元性的敏觉心。

第二,他们拥有一颗开放的心灵(open mind)。开放的心灵有双重的意义。在个人方面,它给予个人在全球化潮流的变动环境里,一个寻找连续改进的机会;在沟通方面,它包含着一种对文化的差异不做仓促的价值判断的能力。两者整合起来,开放的心灵要求发展一个对处理文化差异做永久学习(perpetual learning)的强烈动机。

第三,他们的知识是丰富的(knowledgeable)。具有全球性心态的人们,内心随时充满着一股扩展与深化对全球与地方事物关注的驱力。在文化、社会、商业以及其他领域上所累积的知识,使具有全球性心态的人们,能够采取适当的行动、做出完善的决策与有效地解决冲突,进而与全球化的潮流并驾齐驱,与时俱进。

第四,他们是具有批判性(critical)与整体性(holistic)思考的人。除了能够以丰富的知识,正确地认知文化的异同,具有全球性心态的人们,同时有能够经由批评与分析的思考能力,把疏全球性变动的复杂性。他们不仅能够把整个世界视为一个整体,也能够把它看成是一个具有秩序的万花筒。这也就是归纳(inductive)与演绎(deductive)的思考能力。

最后,他们有着高度的弹性(flexibility)。具有全球性心态的人们,在跨文化沟通的过程中,显示了认知与行为的弹性。在信息多元与变化不拘的环境下,他们表现出了强韧的适应力。这种屈伸自如的弹性能力,引导具有全球性心态的人们,把全球化潮流所引起的变动,视为一种往前推进的良机。弹性能力的发挥,在于他们能够适当地使用语言与非语言的沟通行为,有效与宽心地回应全球化社会的变迁。

如何依据这些全球性心态的特色,经由研究与教育的过程中来提升人们全球化沟通能力,是包括跨文化交际学者的所有传播学者所无法避免的责任。

结论

本章对跨文化交际研究做了一个总结。遥远呼应了本书第一章的陈述,作者认为跨文化交际研究与教育的未来,必须建立在如何因应全球化潮流的冲击,对人类社会所产生的巨变。因此,本章更进一步地阐释了全球化的意义、本质与特性。

全球化乃是一种社会变化的过程,它代表着社会与文化安置的空间限制的解除,而且人们也逐渐知道这种变化的发生。全球化具有五项明显的特征:辩证动态性、环宇渗透性、整体连结性、文化混合性以及个人强化性。不过它的影响范围与深度却有所差异。因此,全球化展现在人类社会的不同层次,主要可分为全世界、特殊国家、特殊工商业组织以及个人等四个范畴。

其次是探讨在教育与研究上,跨文化交际学在全球化的社会里,应该着重在哪些面向,以便有效地因应人类未来社会的需求。本章归纳出跨文化交际学为了适应未来的社会,必须戮力于四方面的研究:新社区意识的建立、文化认同和文化多元的辩证关系、全球化媒体的冲击以及全球化社会市民身份的建立。

这四个面向归结起来,就是如何达到"全球沟通能力"的问题。全球沟通能力乃是跨文化沟通能力的延伸,旨在达到四项目标:(1)开拓一个全球性的视野,(2)培养足够的知识与技术,以均衡全球化潮流所产生的矛盾,(3)培养足够的弹性能力,以在个人与组织的层次,经营全球化潮流所带来的巨大变动以及(4)培养敏锐与开放的能力,来尊重多元化以不断的改进。

为了达到这些目标,除了从认知、情感与行为方面,协助全球社会公民培养描绘文化的能力,培养净化自我与开发敏锐和创造的潜力以及培养用以润滑与调理互动的人际沟通的技巧之外,需要先建立起一个全球性的心态。因跨文化沟通能力的认知、情感与行为各个要素,已在第九章有了详细的说明,本章乃侧重全球性心态的说明。

全球性心态指对其他文化采取开放的态度,以推动跨文化沟通的能力。它是全球沟通能力的基础,与个人情感、认知与行为的能力,当然密不可分。具有全球性心态人们通常表现出五种特色:对文化的差异有着高度的敏觉性,拥有一颗开放的心灵,丰富的知识,批判与整体性的思考以及高度的弹性。

跨文化交际学者未来的责任,就是依据这些全球性心态的特色,经由研究与教育的过程来提升人们全球化沟通的能力,进而建立一个多元文化和谐相处与共存的人类社会。

参 考 文 献

一、英文部分

Abe, H. & Wiseman, R. L. (1983). A crosscultural confirmation of the dimensions of intercultural effectiveness. *International Journal of Intercultural Relations*, 7, 53-67.

Adler, N. J. (1983). Domestic multiculturalism: Cross-cultural management in the public sector. In W. Eddy (Ed.), *Handbook of organization management*. New York: Marcel Dekker.

Adler, N. J. (2002). *International dimensions of organizational behavior*. Cincinnati, OH: South-Western.

Adler, P. S. (1975). The transitional experience: An alternative view of culture shock. *Journal of Humanistic Psychology*, 15, 13-23.

Adler, P. S. (1977). Beyond cultural identity: Reflections upon cultural and multicultural man. In R. Brislin (Ed.), *Culture learning: Concepts, applications, and research*. Honolulu: University Press of Hawaii.

Adler, P. S. (1982). Beyond cultural identity: Reflections on cultural and multicultural man. In L. A. Samovar & R. E. Porter (Eds.), *Intercultural communication: A reader* (pp. 389-405). Belmont, CA: Wadsworth.

Alder, P. S. (1987). Culture shock and the cross-cultural learning experience. In L. F. Luce & E. C. Smith (Eds.), *Toward internationalism: A reader* (pp. 389-405). Cambridge, MA: Newbury.

Adler, P. S. (1998). Beyond cultural identity: Reflections on multiculturalism. In M. J. Bennett (Ed.), *Basic concepts of intercultural communication: Selected readings* (pp. 225-245). Yarmouth, ME: Intercultural Press.

Adler, N. J. (2008). *International dimensions of organizational behavior*. Mason, OH: Thompson.

Akmajian, A., Demers, R. A. & Harnish, R. M. (1984). *Lingusitics: An introduction to language and communication*. Cambridge, MA: The MIT Press.

Albert, E. (1968). Value systems. *The international encyclopedia of the social sciences* (pp. 287-291). New York: Macmillan.

Albert, R.. & Adamapoulos, J. (1980). An attributional approach to culture learning: The culture assimilator. In M. Hamnett & R. Brislin (Eds.), *Research in culture learning: Language and conceptual studies*. Honolulu: University Press of Hawaii.

Albert, R. D. (1986). Conceptual framework for the development and evaluation of cross-cultural orientation programs. *International Journal of Intercultural Relations*, 10, 197-213.

Allen, R. R. & Wood, B. S. (1978). Beyond reading and writing to communication competence. *Communication Education*, 27, 286-292.

Allport, G. (1954). *The nature of prejudice*. Cambridge, MA: Addison-Wesley.

Altman, I. & Taylor, D. (1973). *Social penetration: The development of interpersonal relationship*. NY: Holt, Rinehart and Winston.

Anderson, L. E. (1994). A new look at an old construct: Cross-cultural adaptation. *International Journal of Intercultural Relationss*, 18, 293-328.

Andersen, P. (1997). Cues of culture: The basis of intercultural differences in noveral communication. In

L. A. Samovar & R. E. Porter (Eds.), *Intercultural communication: A reader* (pp. 244 – 256). Belmont, CA: Wadsworth.

Argyle, M. (1975). *Bodily communication*. New York: International Universities Press.

Argyris, C. (1965a). Explorations in interpersonal competenceI. *Journal of A-pplied Behavioral Science*, *1*, 58 – 83.

Argyris, C. (1965b). Explorations in interpersonal competence Ⅱ. *Journal of A-pplied Behavioral Science*, *1*, 255 – 269.

Asante, M. K. (1980). Intercultural communications: An inquiry into research directions. In D. Nimmo (Ed.), *Communication Yearbook 4* (pp. 401 – 411). New Brunswick, NJ: Transaction.

Asante, M. K. Blake, C., & Newmark, E. (Eds.) (1979). *Handbook of intercultural communication*. Beverly Hills, CA: Sage.

Asante, M. K. & Gudykunst, W. B. (Eds.) (1989). *Handbook of international and intercultural communication*. Newbury Park, CA: Sage.

Babiker, I., Cox, J. & Miller, P. (1980). The measurement of culture distance and its relationship to medical consultations, symptomatology and examinationperformance of overseas students at Edinburgh University. *Social Psychology*, *15*, 109 – 116.

Baker, H. D. R. (1979). *Chinese family and kinship*. London: Macmillan.

Barnlund, D. C. (1988). Communication in a global village. In L. A. Samovar & R. E. Porter (Eds.). *Intercultural communication: A reader*. CA: Wadsworth.

Barnlund, D. S. (1989). *Communication styles of Japanese and Americans: Images and reality*. Belmont, CA: Wadsworth.

Barna, L. M. (1997). Stumbling Blocks in Intercultural Communication. In L. A. Samovar & R. E. Porter (1997) (Eds.). *Intercultural Communication: A reader* (pp. 370 – 378). Belmont, CA: Wadsworth.

Barnak, P. (1980). Role-playing. In D. S. Hoopes & P. Ventura (Eds.), *Intercultural Sourcebook: Cross-cultural training methodologies* (pp. 7 – 10). Washington D. C.: SIETAR.

Befus, C. P. (1988). A multilevel treatment approach for culture shock experienced by sojourners. *International Journal of Intercultural Relations*, *12*, 381 – 400.

Belay, G. (1993). Toward a paradigm shift for intercultural and international communication: New research directions. In S. A. Deetz (Ed.), *Communication Yearbook 16* (pp. 437 – 457). Newbury Park, CA: Sage.

Belay, G. (1996). The (re)construction and negotiation of cultural identities in the age of globalization. In H. B. Mokros (Ed.), *Interaction & identity* (pp. 319 – 346). New Brunswick, NJ: Transaction.

Benedict, R. (1946). *Patterns of culture*. NY: Penguin Books.

Bennett, M. J. (1977). Transition shock: Putting cultural shock in perspective. In N. C. M. Jain (Ed.), *International and intercultural communication*, *4*. Falls Church, VA: Speech Communication Association.

Bennett, M. J. (1979). Overcoming the golden rule: sympathy and empathy. In D. Nimmo (Ed.), *Communication Yearbook* (pp. 407 – 433). New Brunswick, NJ: Transaction.

Bennett, M. J. (1986). A developmental approach to training for intercultural sensitivity. *International Journal of Intercultural Relations*, *10*, 179 – 196.

Bennett, M. J. (1998). Intercultural communication: A current perspective. In M. J. Bennett (Ed.), *Basic concepts of intercultural communication: Selected readings* (pp. 1 – 34). Yarmouth, ME: Intercultural Press.

Bennet, R. (1946). *The chrysanthemum and the sword*: *Patterns of Japanese cultures*. Tokyo: Charles E. Tuttle.

Berger, C. R. (1979). Beyond initial interactions: Uncertainty, understanding, and the development of interpersonal relationships. In H. Giles & R. St. Clair (Eds.), *Language andsocial psychology*. Oxford: Basil Blackwell.

Berger, C. R. & Calabrese, R. (1975). Some explorations in initial interactions and beyond: Toward a developmental theory of interpersonal communication. *Human Communication Research*, *1*, 99 – 112.

Berger. C. R. & Douglas, W. (1982). Thought and talk: Excusc me, "but have I been talking to myself?" In F. E. x. Dance (Ed.), *Human Communication theory*: *Comparative essays* (pp. 42 – 60). NY: Harper & Row.

Berman, J. J., Murphy-Berman, V. & Singh, P. (1985). Cross-cultural similities and differences in perceptions of fairness. *Journal of Cross-Cultural Psychology*, *16*.

Bhawuk, D. P. s. & Brislin, R. (1992). The measurement of intercultural sensitivity using the concepts of individualism and collectivism. *International Journal of Intercultural Relations*, *16*, 413 – 436.

Birthwhistell, R. L. (1970). *Introductin to kinestics*. Philadelphia: University of Pennsylvania Press.

Blue, J., Kapoor, S. & Comadena, M. (1996 – 7). Using cultural values as a measure of intercultural sensitivity. *Intercultural Communication Studies*, *6*, 77 – 94.

Bochner, A. P. & Kelly, C. W. (1974). Interpersonal competence: Rational, philosophy, and implementation of a conceptualframework. *Speech Teacher*, *23*, 279 – 301.

Bond, M. H. (1988). Finding universal dimensions of individual variation in multicultural studies of values: The Rokeach and Chinese value surveys. *Journal of Personality and Social Psychology*, *55*, 1009 – 1015.

Borden. G. A. (1991). *Cultural orientation*: *an approach to understanding intercultural communication*. Englewood Cliffs, NJ: Prentice Hall.

Boulding, E. (1988). *Building a global civic culture*. New York: Teachers College.

Brislin, R. W. (1979). Orientation programs for cross-culturalpreparation. In A. J. Marsella, R. G. Tharp & T. J. Ciborowski (Eds.), *Perspectives on cross-cultural psychology* (pp. 287 – 303). New York: Academic Press.

Brislin, R. W. (1981). *Crosscultural encounters*: *Facetoface interaction*. NY: Pergamon.

Brislin, R. W., Cushner, K., Cherrie, C. & Yong, M. (1986). *Intercultural interactions*: *A practical guide*. Beverly Hills, CA: Sage.

Brislin, R. W., Landis, D. & Brandt, M. E. (1983). Conceptualizations of intercultural behavior and training. In D. Landis & R. W. Brislin (Eds.), *Handbook of intercultural training*: *Issues in theory and design*, Vol. 1 (pp. 1 – 35). New York: Pergamon.

Brown, D. E. (1991). *Human universals*. Philadelphia: Temple University Press.

Burgoon, J. K., Buller, D. B. & Woodall, W. G. (1989). *Nonverbal communication*: *The unspoken dialogue*. New York: Harper and Row.

Calloway-Thomas, C., Cooper, P. J. & Blake. C. (1999). *Intercultural communication*: *Roots and routes*. Boston, MA: Allyn and Bacon.

Campbell, D. T. (1969). Reforms as experiments. *American Psychologist*, *24*, 409 – 429.

Campbell, R. J., Kagan, N. & Krathwohl, D. R. (1971). The development and validation of a scale to measure affective sensitivity (empathy). *Journal of Counseling Psychology*, *18*, 407 – 412.

Cargile, A. C. & Giles, H. (1996). Intercultural communication training: Review, critique, and a new theoretical framework. *Communication Yearbook*, *19*,385 - 424.

Carlson, J. & Widaman, K.(1988). The effect of study abroad during college on attitudes toward other cultures. *International Journal of Intercultural Relations*, *12*,1 - 17.

Casmir, F.L.(1993). Third-culture building model: A paradigm shift for international and intercultural communication. *Communication Yearbook*, *16*,407 - 427.

Casmir, F.L.(1999). Foundations for the study of intercultural communication based on a third-culture building model. *International Journal of Intercultural Relations*, *23*,91 - 116.

Casse, P.(1981). *Training for the cultural mind*. Washington, D.C.: SIETAR.

Casse, P.(1982). *Training for the multicultural manger: A practical and cross-cultural approach to the management of people*. Yarmouth, ME: Intercultural Press.

Cegala, D.J.(1981). Interaction involvement: A cognitive dimension of communicative competence. *Communication Education*, *30*,109 - 121.

Chai, C. & Chai. W.(1969). Introduction. In J. Legge (Trans.), *I Ching: Book of changes*. New York: Bantam.

Chambers, V., Figueroa, A., Wingert, P. & Wingarten, J. (1999, July 12). Latino America. *Newsweek*, 48 - 51.

Chang, H-c.(2000). Reconfiguring the global society: "Greater China" as emerging community. In G. M. Chen and W.J. Starosta (Eds.), *Communication and global society* (pp. 49 - 72). New York: Peter Lang.

Chang, H. & Holt, G.R.(1991). More than relationship: Chinese interaction and the principle of Kuanhsi. *Communication Quarterly*, *39*,251 - 271.

Chang, H-c. & Holt, R.(1994). A Chinese perspective on face as inter-relational concern. In S. Ting-toomey (Ed.), *The challenge of facework* (pp.95 - 132). Albany, NY: State University of New York Press.

Chen, G.M.(1989). Relationships of the dimensioins of intercultural communication competence. *Communication Quarterly*, *37*,118 - 133.

Chen, G.M.(1990). Intercultural communication Competence: Some perspectives of research. *The Howard Journal of Communications*, *2*,243 - 261.

Chen, G.M.(1992). A test of intercultural communication competence. *Intercultural Communication Studies*, *2*,63 - 82.

Chen, G.M.(1993, November). *Communication competence: A Chinese perspective*. Paper presented at the annual convention of Speech Communication Association, Miami, Florida.

Chen, G.M.(1993). A Chinese perspective of communication competence.(*ERIC* Reproduction Service No. ED 377535).

Chen, G.M.(1994, November). *A conceptualization and measurement of communication competence: A Chinese perspective*. Paper presented at the annual convention of the Speech Communication Association, New Orleans, Louisiana.

Chen, G. M. (1995). Differences in self-disclosure patterns among Americans versus Chinese: A comparative study. *Journal of Cross-Cultural Psychology*, *26*,84 - 91.

Chen, G.M.(1995). A model of intercultural communication competence. *Mass Communication Journal*, *50*,81 - 96.

Chen, G.M.(1989). Relationships of the dimensions of intercultural communication competence. *Communication Quarterly*, *37*,118 - 133.

Chen, G. M. (1996). I Ching Ba Kua and the development of interpersonal relationship. *Chinese Yi-Ching Learning*, *202*, 64 – 68.

Chen, G. M. (1996, November). *Feng shui: The Chinese art of space arrangement*. Paper presented at the 1996 annual meeting of Speech Communication Association. November, San Diego, California.

Chen, G. M. (1997, November). *An examination of PRC business negotiations*. Paper presented at the annual convention of the National Communication Association, Chicago, Illinois.

Chen, G. M. (1998). A Chinese model of human relationship development. In B. L. Hoffer and H. H. Koo (Eds.), *Cross-cultural communication East and West in the 90's* (pp. 45 – 53). San Antonio, Tx: Institute for Cross-Cultural Research.

Chen, G. M. (1999, November). *Global Communication Competency: A Demand of 21ˢᵗ Century*. Paper presented at the annual meeting of National Communication Association. Chicago, Illinois.

Chen, G. M. (2000, November). *Globalization and intercultural communication competence*. Paper presented at the 2000 International Communication Conference. Taipei, Tiawan.

Chen, G. M. (2000). Global communication via Internet: An educational application. In G. M. Chen & W. J. Starosta (Eds.), *Communication and global society* (pp. 143 – 157). New York: Peter Lang.

Chen, G. M. (2001). Towards transcultural understanding: A harmony theory of Chinese communication. In V. H. Milhouse, M. K. Asante, and P. O. Nwosu (Eds.), *Transculture: Interdisciplinary perspectives on cross-cultural relations* (pp. 55 – 70). Thousand Oaks, CA: Sage.

Chen, G. M. (2002). Towards transcultural understanding: A harmony theory of Chinese communication. In V. H. Milhouse, M. K. Asante, and P. O. Nwosu (Eds.), *Transculture: Interdisciplinary perspectives on cross-cultural relations* (pp. 55 – 70). Thousand Oaks, CA: Sage.

Chen, G. M. (2002). The impact of harmony on Chinese conflict management. In G. M. Chen & R. Ma (Eds.), *Chinese conflict management and resolution* (pp. 3 – 19). Westport, CT: Ablex.

Chen. G. M. (2005). A model of global communication competence. *China Media Research*, *1*, 3 – 11.

Chen, G. M. (2006). Enhance intercultural communication competence. *China Media Research*, *2*(3), 100 – 101.

Chen, G. M. (2007). A review of the concept of intercultural effectiveness. In M. Hinner (Ed.), *The influence of culture in the world of business* (pp. 95 – 116). Germany: Peter Lang.

Chen. G. M. (2007). Media (literacy) education in the United States. *China Media Research*, *3*(3), 87 – 103.

Chen, G. M. (2008, December). *Beyond the dichotomy of communication studies*. Paper presented at the 2008 International Conference on Challenging the Western Pardigm: What's Next. Taipei, Taiwan.

Chen, G. M. (2009, June). *Toward a I Ching model of communication*. Paper presented at the CAFIC annual conference. June 11 – 14, 2009, Beijing, P. R. China.

Chen, G. M., & Starosta, W. J. (2000). The development and validation of the intercultural sensitivity scale. *Human Communication*, *3*, 1 – 15.

Chen, G. M. (2002, December). *A review of the concept of intercultural effectiveness*. Paper presented at the Tamkang University bi-annual International Communication Conference. Taipei: Tiawan.

Chen, G. M., & Chen, V. (2002). An examination of People's Republic of China business negotiating behaviors. *Communication Research Reports*, *19*, 399 – 408.

Chen, G. M. & Chung, J. (1994). The impact of Confucianism on organizational communication. *Communication Quarterly*, *42*, 93 – 105.

Chen, G. M. & Chung, J. (2002). Superiority and seniority: A case study of decision making in a

Taiwanese religious grouup. *Intercultural Communication Studies*, *11*,41-55.

Chen, G. M. Ryan, K. & Chen, C. (2000). The determinants of conflict management among Chinese and Americans. *Intercultural Communication Studies*, *9*,163-175.

Chen, G. M. & Starosta, W. J. (1996). Intercultural communication competence: A synthesis. *Communication Yearbook*, *19*,353-384.

Chen, G. M. & Starosta, W. J. (1997). A review of the concept of intercultural sensitivity. *Human Communication*, *1(1)*, 1-16.

Chen, G. M. & Starosta, W. J. (1998). *Foundations of intercultural communication*. Boston, MA: Allyn & Bacon.

Chen, G. M. & Starosta, W. J. (1998-9). A review of the concept of intercultural awareness. *Human Communication*, *2*,27-54.

Chen, G. M. & Starosta, W. J. (2000). Communication and global society: An introduction. In G. M. Chen and W. J. Starosta (Eds.), *Communication and global society* (pp. 1-16). New York: Peter Lang.

Chen, G. M. & Starosta, W. J. (2003). A review of the concept of intercultural awareness. In L. A. Samovar and R. E. Porter (Eds.), *Intercultural communication: A reader* (pp. 344-353). Belmont, CA: Wadsworth.

Chen, G. M. & Tan, L. (1995, April). *A theory of interculturalsensitivity*. Paper presented at the annual convention of 1995 Eastern Communication Association. Pittsburgh, Pennsylvania.

Chen, G. M. & Zhong, M. (2000). Dimensions of Chinese compliance-gaining strategies. *Human Communication*, *3*,97-107.

Chen, G. M. & Wood, S. (1994). E-mail debate as a tool of learning. *Speech Communication Teacher*, *9*,15-16.

Cheng, C. (1986). The concept of face and its Confucian roots. *Journal of Chinese Philosophy*, *13*,329-348.

Cheng, C-Y. (1987). Chinese philosophy and contemporary human communicatin theory. In D. L. Kincaid (Ed.), *Communication theory: Eastern and Western Perspectives* (pp. 23-43). San Diego: Harcoutt Brace Jovanovich.

Chiao, C. (1989). Chinese strategic behavior: Some general principles. In R. Bolton (Ed.), *The content of culture: Constants and variants* (pp. 525-537). New Haven, Conn: Hraf.

Chinese Culture Connection (1987). Chinese values and search for culture-free dimensions of culture. *Journal of Cross-Cultural Psychology*, *18*.

Chomsky, N. (1965). *Aspects of the theory of syntax*. Cambridge: MIT Press.

Chu, R. L. (1988, April). *The Chinese social interaction: Some conflict resolution process*. Paper presented the annual conference of the Eastern Communication Association, Pittsburgh, Pennsylvania.

Chuang, R. (2000). Dialectics of globalization and localization. In G. M. Chen and W. J. Starosta (Eds.), *Communication and global society* (pp. 19-33). New York: Peter Lang.

Chung, J. (1991, April). *Seniority and particularistic ties in a Chinese conflict resolution process*. Paper presented at the annual conference of the Eastern Communication Association, Pittsburgh, Pennsylvania.

Chung, J. (1992, November). *Electronic mail usage in low-context and high-context cultures*. Paper presented at the annual meeting of Speech Communication Association, Chicago, Illinois.

Chung, J. (1996). Avoiding a "Bull Moose" rebellion: particularistic ties, seniority, and third-party mediation. *International and Intercultural Communication Annual*, *20*,166-185.

Chung, J. (2000). The challenge of diversity in global organization. In G. M. Chen and W. J. Starosta (Ed.), *Communication and global society* (pp. 73-89). New York: Peter Lang.

Chung, J. & Busby, R. (2002). Naming strategies for organizational communication: The chi-shih approach, *Intercultural Communication Studies*, *11*,77-95.

Chung, J. & Chen, G. M. (2002, July). *The Relationship between Cultural Context and Electronic-Mail Usage*. Paper present at the bi-yearly conference of PACA. Seoul, Korea.

Colby, B. N. (1975). Culture grammars. *Science*, *187*,913-919.

Collier, M. J. (1989). Cultural and intercultural communication competence: Current approaches and directions for future research. *International Journal and Intercultural Relations*, *13*,287-302.

Collier, M. J. (1994). Cultural identity and intercultural communication. In L. A. Samovar & R. E. Porter (Eds.), *Intercultural communication: A reader* (pp. 36-44). Belmont, CA: Wadsworth.

Collier, M. J. (2000). Reconstructing cultural diversity in global relationships: Negotiating the borderlands. In G. M. Chen & W. J. Starosta (Eds.), *Communication and global society* (pp. 215-236). New York: Peter Lang.

Collier, M. J. & Thomas, M. (1988). Cultural identity: An interpretive perspective. In Y. Y. Kim & W. B. Gudykunst (Eds.), *Theories in intercultural communication* (pp. 99-120). Newbury Park, CA: Sage.

Collier, M. J. & Thomas, M. (1988). Cultural identity: An interpretive perspective. In Y. Y. Kim & W. B. Gudykunst (Eds.), *Theories in intercultural communication* (pp. 99-120). Newbury Park, CA: Sage.

Condon, J. C. (1977). *Interpersonal communication*. New York: Macmillan.

Condon, J. C. (1978). Intercultural communication from a speech communication perspective. In F. L. Casmir (Ed.), *Intercultural and international communication* (pp. 383-406). University Press of America.

Condon, J. C. (1981). Values and ethics in communication across culture: Some notes on the North American case. *Communication*, *6*,255-265.

Condon, J. C. & Yousef, F. (1975). *An introduction to intercultural communication*. Indianapolis, IN: Bobbs-Merrill.

Conlee, C., Olvera, J. & Vagim, N. (1993). The relationships among physician nonverbal immediacy and measures of patient satisfaction with physician care. *Communication Reports*, *6*,25-33.

Cooks, L. (2000). Conflict, globalization, and communication. In G. M. Chen and W. J. Starosta (Eds.), *Communication and global society* (pp. 257-277). New York: Peter Lang.

Cupach, W. R. & Imahori, T. T. (1993). Identity managementtheory: Communication competence in intercultural episodes and relationships. In R. L. Wiseman & J. Koester (Eds.), *Intercultural communication competence* (pp. 112-131). Newbury Park: Sage.

Copeland, L. & Griggs, L. (1985). *Going international: How to make friends and deal effectively in the global marketplace*. New York: Random House.

Cushner, K. (1989). Assessing the impact of a culture-general assimilator. *International Journal of Intercultural Relations*, *13*,125-146.

Cushner, K. & Brislin, R. W. (1995). *Intercultural interactions: A practical guide*. Thousand Oaks, CA: Sage.

Dance, F. E. X. & Larson, C. E. (1972). *Speech communication: Concepts and behavior*. New York:

Holt, Rinehar and Winston.

Daniel, J. (1985). The poor: Allens in an affluent society: Cross-cultural communication. In L. A. Samovar & R. E. Porter (Eds.), *Intercultural communication: A reader* (pp. 128 – 135). Belmont, CA: Wadsworth.

Davis, M. H. (1983). Measuring individual differences in empathy: Evidence for a multidimensional approach. *Journal of Personality and Social Psychology*, *44*, 113 – 126.

Davis, T. R. (1984). The influence of the physical environment in offices. *Academy of Management Review*, *9*, 271 – 283.

deKlerk, V., (1991). Expletives: Men only? *Communication Monographs*, *58*, 156 – 169.

Deutsch, S. E. & Won, G. Y. M. (1963). Some factors in the adjustment of foreign nationals in the United States. *Journal of Social Issues*, *19*, 115 – 122.

Devito, J. A. (1992). *The interpersonal communication book*. New York: Harper Collins.

Dinges, N. (1983). Intercultural competence. In D. Landis & R. W. Brislin (Eds.), *Handbook of intercultural training: Issues in theory and design* (Vol. 1) (pp. 176202). NY: Pergamon.

Dodd, C. H. (1977). *Perspectives of cross-cultural communication*. Dubuque, IA: Brown.

Dodd, C. H. (1997). *Dynamics of intercultural communication*. Madison, WI: Brown & Benchmark.

Dolphin, C. Z. (1994). Variables in the use of personal space in intercultural transactions. In L. A. Samovar & R. E. Porter (Eds.), *Intercultural communication: A reader* (pp. 252 – 263). Belmont, CA: Wadsworth.

Draguns, J. G. (1977). Problems of dealing and comparing abnormal behavior across cultures. In L. L. Adler (Ed.), *Issus in cross-cultural research* (pp. 664 – 675). New York: New York Academy of Science.

Dutton, W. H., Blumer, J. G. & Kraemer, K. L. (Eds.) (1987). *Wired cities: Shaping the future of communications*. Boston, MA: G. K. Hall.

Elgstrom, O. (1994). National culture and international negotiations. *Cooperation and Conflict*, *29*, 289 – 301.

Erickson, B., Lind, E. A., Johnson, B. C. & O'Barr, W. M. (1978). Speech style and impression formation in a court setting: The effects of powerful and powerless speech. *Journal of Experimental Social Psychology*, *14*, 266 – 279.

Fiske, A. P. (1992). The four elementary forms of sociality: Framework for a unified theory of social relations. *Psychological Review*, *99*, 689 – 723.

Farmer, S. M., Fedor, D. B., Goodman, J. S. & Maslyn, J. M. (1993). *Factors affecting the use of upward influence strategies*. Paper presented at the 53rd Annual Meeting of the Academy of Management, Atlanta, Georgia.

Fiedler, F., Mitchell, T. & Triandis, H. (1971). The culture assimilator: An approach to cross-cultural training. *Journal of Applied Psychology*, *55*, 95 – 102.

Fisher, G. (1980). *International negotiation: A cross-cultural perspective*. Chicago, IL: Intercultural Press.

Fischer, H. & Merrill, J. C. (Eds.) (1976). *International and intercultural communication*. New York: Hastings House.

Fisher, R. & Ury, W. (1983). *Getting to yes*. Boston, MA: Houghton Mifflin.

Flew, T. (2005). *New media*. New York: Oxford University Press.

Floyd, K. & Morman, M. T. (1997). Affectionate communication in nonromantic relationships:

Influences of communicator, relational, and contextual factors. *Western Journal of Communication*, *61*,278 - 298.

Foote, N. N. & Cottrell, L. S. (1955). *Identity and interpersonal competence*. Chicago, IL: University of Chicago Press.

Friz, W., Mollenberg, A. & Chen, G. M. (2002). Measuring intercultural sensitivity in different cultural context. *Intercultural Communication Studies*, *11*,165 - 176.

Fromkin, V. & Rodman, R. (1983). *An introduction to language*. New York: Hlt, Rinehart and Winston.

Fukumura, Y. (1995). *Culture and gender in assertiveness and restraint among Japanese and Americans*. Unpublished Master's thesis, San Francisco State University.

Furnham, A. & Bochner, S. (1986). *Culture shock: Psychological reactions to unfamiliar environments*. London: Methuen.

Furnham, A. & Bochner, S. (1982). Social difficulty in a foreign culture: An empiricalanalysis of culture shock. In S. Bochner (Ed.), *Culture in contact: Studies in cross-cultural interaction* (pp.161 - 198). New York: Pergamon.

Gallois, C., Franklyn-Stokes, A., Giles, H. & Coupland, N. (1988). Communication accommodation in intercultural encounters. In Y. Y. Kim & W. B. Gudykunst (Eds.), *Theories in intercultural communication* (pp.157 - 185). Newbury Park, CA: Sage.

Gardner, G. H. (1962). Crosscultural communication. *Journal of Social Psychology*, *58*,241256.

Geertz, C. (1973). *The interpretation of cultures*. New York: Basic Books.

Getter, H. & Nowinski, J. K. (1981). A free response test of interpersonal effectiveness. *Journal of Personality Assessment*, *45*,301 - 308.

Giles, H. (1977)(Ed.), *Language, ethnicity, and intergroup*. London: Academic.

Giles, H. & Johnson, P. (1981). The role of language in ethnic group relations. In J. C. Turner & H. Giles (Eds.), *Intergroup behaviour* (pp.199 - 243). Oxford: Basil Blackwell.

Giles, H. & Powesland, P. F. (1975). *Speech style and social evaluation*. London: Academic.

Gilgen, A. & Cho, J. (1979). Questionnaire to measure Eastern and Western thought. *Psychological Reports*, *44*.

Glenn, E. S. & Glenn, C. G. (1981). *Man and mankind: conflict and communication between cultures*. New Jersey: Norwood.

Graber, D. A. (1988). *Processing the news: How people tame the information tide*. New York: Longman.

Graham, J. L. (1983). Brazilian, Japanese, and American business negotiations. *Journal of International Business Studies*, *14*,47 - 61.

Graham, J. L. (1985). The influence of culture on the process of business negotiations. *Journal of International Business Studies*, *16*,81 - 96.

Gudykunst, W. B. (1983). Uncertainty reduction and predictability of behavior in low-and high-context cultures: An exploratory study. *Communication Quarterly*, *31*,49 - 55.

Gudykunst, W. B. (Ed.)(1983). *Intercultural communication theory: A current perspective*. Beverly Hills, CA: Sage.

Gudykunst, W. B. (1987). Cross-cultural comparisons. In C. R. Berger & S. H. Chaffee (Eds.), *Handbook of communication science* (pp.847 - 889). Beverly Hills, CA: Sage.

Gudykunst, W. B. (1994). *Bridging differences*. Newbury Park, CA: Sage.

Gudykunst, W. B. (1995). Toward a theory of effective interpersonal and intergroup communication: An anxietyuncertainty management (AUM) perspective: Current status. In R. L. Wiseman & J. Loester (Eds.), *Intercultural communication competence* (pp. 33-71). Thousand Oaks, CA: Sage.

Gudykunst, W. B. (1995). Anxiey/uncertainty management (AUM) theory: Current status. In R. L. Wiseman (Ed.), *Intercultural communication theory* (pp. 8-58). Thousand Oaks, CA: Sage.

Gudykunst, W. B., Guzley, R. M. & Hammer, M. R. (1996). In D. Landis & R. S. Bhagat (Eds.), *Handbook of intercultural training* (pp. 61-80). Thousand Oaks, CA: Sage.

Gudykunst, W. B. & Hammer, M. R. (1987). Strangers and hosts: An uncertainty reduction based theory of intercultural adaptation. In Y. Y. Kim & W. B. Gudykunst (Eds.), *Cross-cultural adaptation: Current approaches* (pp. 106-139). Newbury Park, CA: Sage.

Gudykunst, W. B., Hammer, M. R. & Wiseman, R. L. (1977). An analysis of an integrated approach to cross-cultural training. *International Journal of intercultural Relations*, 2, 99-110.

Gudykunst, W. B. & Kim, Y. Y. (Eds.) (1984). *Methods for intercultural communication research*. Beverly Hills, CA: Sage.

Gudykunst, W. B. & Kim, Y. Y. (1984). *Communicating with strangers: An approach to intercultural communication*. New York: Random House.

Gudykunst, W. B. & Nishida, T. (1983). Social penetration in Japanese and North American friendships. In R. Bostrom (Ed.), *Communication Yearbook 7*. Beverly Hills, CA: Sage.

Gudykunst, W. B. & Nishida, T. (1986). the influence of cultural variability on perceptions of communication behavior associated with relationship terms. *Human Communication Research*, 13, 147-166.

Gudykunst, W. B., Ting-Toomey, S. & Wiseman, R. L. (1991). Taming the beast: Designing a course in intercultural communication. *Communication Education*, 40, 272-285.

Gudykunst, W. B., Wiseman, R. & Hammer, M. R. (1977). Determinants of a sojourners attitudinal satisfaction: A path model. In B. Ruben (Ed.), *Communication Yearbook*, 1, (pp. 415-425). New Brunswick, NJ: Transaction Press.

Gullahorn, J. T. & Gullahorn, J. E. (1963). An extension of the U-curve Hypothesis. *Journal of Social Issues*, 19, 33-47.

Gullahorn, J. T. & Gullahorn, J. E. (1966). American students abroad: Professional versus personal development. *Annala*, 368, 43-59.

Gupta, A. K. & Govindarajan, V. (1997). *Guest for global dominance: Building global presence* [on line]. Available: http//www.bmgt.umd.edu/cib/wplist.htm/.

Guthrie, G. M. (1975). A behavioral analysis of culture learning. In R. W. Brislin, S. Bochner & W. J. Lonner (Eds.), *Cross-cultural perspectives on learning*. New York: Wiley.

Gudykunst, W. B. & Ting-Toomey, S. (1988). *Culture and interpersonal communication*. Newbury Park, CA: Sage.

Hall, E. T. (1959). *The silent language*. Garden City, NY: Doubleday.

Hall, E. T. (1966). *The hidden dimension*. Garden City, NY: Doubleday.

Hall, E. T. (1976). *Beyond culture*. Garden City, NY: Doubleday.

Hall, E. T. (1984). *The dance of life: The other dimension of time*. Garden City, NY: Doubleday.

Hall, E. T. & Hall, R. H. (1989). *Understanding cultural differences: Germans, French, and Americans*. Yarmouth, ME: Intercultural Press.

Hall, E. T. (1994). Monochronic and polychronic time. In L. A. Samovar & R. E. Porter (Eds.),

Intercultural communication：A reader（pp. 264 – 271）.

Halualani, R. T. (2008). "Where exactly is the Pacific?"：Global migrations, Diasporic movements, and intercultural communication. *Journal of International and Intercultural Communication*, 1, 3 – 22.

Hamachek, D. E. (1982). *Encounters with others：Interpersonal relationships and you*. New York：Holt, Rinehare and Winston.

Hammer, M. R. (1989). Intercultural communication competence. In M. K. Asante and W. B. Gudykunst（Eds.）, *Handbook ofinternational and intercultural communication*（pp. 247 – 260）. Newbury Park, CA：Sage.

Hammer, M. R., Gudykunst, W. B. & Wisemann, R. L. (1978). Dimensions of intercultural effectiveness：An exploratory study *International Journal of Intercultural Relations*, 2, 382 – 392.

Hamnett, M. P. (1978). Ethics and expectations in cross-cultural social science research. In N. C. Asuncion-Lande（Ed.）, Ethical perspectives and critical issues in ntercultural communication（pp. 44 – 61）. Falls Church, VA：SCA.

Hanvey, R. G. (1987). Cross-culture awareness. In L. F. Luce & E. C. Smith（Eds.）, *Toward internationalism*（pp. 13 – 23）. Cambridge, MA：Newbury.

Harasim, L. M. (1993). Global networks：An introduction. In L. M. Harasim（Ed.）, *Global networks：Computers and international communication*（pp. 1 – 14）. Cambridge, MA：The MIT Press.

Harms, L. S. (1973). *Intercultural communication*. New York：Harper & Row.

Harris, J. G. (1973). A science of the South Pacific：An analysis of the character structure of the Peace Corp volunteer. *American Psychologist*, 28, 232 – 247.

Harris, P. R. & Moran, R. T. (1987). *Managing cultural differences*. Houston：Gulf.

Hart, R. P. & Burks, D. M. (1972). Rhetorical sensitivity and social interaction. *Speech Monographs*, 39, 75 – 91.

Hart, R. P., Carlson, R. E. & Eadie, W. F. (1980). Attitudes toward communication and the assessment of rhetorical sensitivity. *Communication Monographs*, 47, 1 – 22.

He, Z., Zhu, J. H. & Peng, S. (2002). Cultural values and conflict resolution in enterprises in diverse cultural settings in China. In G. M. Chen & R. Ma（Eds.）, *Chinese conflict management and resolution*（pp. 129 – 147）. Westport, CT：Ablex.

Hegde, R. (1993, November). *Communication competence：An Indian perspective*. Paper presented at the annual meeting of Speech Communication Association. Miami, Florida.

Herman, E. S. & McChesney, R. W. (1997). *The global media*. London：Cassell.

Herskovits, M. J. (1938). *Acculturation：The study of culture contact*. Gloucester, MA：Peter Smith.

Higbee, H. (1969). Role shock-A new concept. *International Education and Cultural Exchange*, 4, 71 – 84.

Ho, D. Y. (1976). On the concept of face. *American Journal of Sociologist*, 81, 867 – 884.

Hoff, B. L. R. (1979). *Classroom-generated barriers to learning：International students in American higher education*. Ph. D. diss., United States International University, San Diego.

Hofstede, G. (1983). National cultures in four dimensions. *International Studies of Management and Organization*, 13, 46 – 74.

Hofstede, G. (1984). *Culture consequences*. Beverly Hills, CA：Sage.

Hoijer, H. (1994). The Sapir-Whorf hypothesis. In L. a. Samovar and R. E. Porter（Eds.）, *Intercultural communication：A reader*（pp. 194 – 200）. Belmong, CA：Wadsworth.

Holland, J. L., Baird, L. L. (1968). An interpersonal competence scale. *Educational and Psychological*

Measurement，*28*，503 – 510.

Holt，R.（2000）. "Village work"：An activity-theoretical perspective toward global community on the Internet. In G. M. Chen and W. J. Starosta（Eds.），*Communication and global society*（pp. 107 – 141）. New York：Peter Lang.

Hoopes，D. S.，Pusch，M. D.（1979）. Teaching strategies：The methods and techniques of cross-cultural training. In M. D. Pusch（Ed.），*Multicultural education：A cross cultural training approach*（pp. 104 – 204）. La Grange Park，IL：Intercultural Network.

Hu，H. C.（1944）. The Chinese concept of "face". *The American Anthropologist*，*46*，45 – 64.

Huang，S.（2000）. Ten thousnad businesses would thrive in a harmonious family：Chinese conflict resolution styles in cross-cultural families. *Intercultural Communication Studies*，*9*，129 – 144.

Huntington，S. P.（1997）. *The clash of civilizations and the remaking of word order*. New York：Touchstone.

Hwang，K. K.（1987）. Face and favor：The Chinese power game. *American Journal of Sociology*，*92*，944 – 974.

Hymes，D.（1971）. Competence and performance in linguistic theory. In R. Huxley & E. Ingram（Eds.），*Language acquisition：Models and methods*（pp. 326）. NY：Academic.

Hymes，D.（1972）. Models of the interaction of language and social life. In J. Gumperz & D. Hymes（Eds.），*Directions in sociolinguistics：The ethnography of communication*（pp. 1 – 71）. New York：Holt，Rinehart & Winston.

Imahori，T. T. & Lanigan，M. L.（1989）. Relational model ofintercultural communication competence. *International Journal of Intercultural Relations*，*13*，269 – 286.

Ishii，S.（1982）. Thought patterns as modes of rhetoric：The United States and Japan. *Communication*，11.

Jia，W.（1997 – 1998）. Facework as a Chinese conflict-preventive mechanism：A cultural/discourse analysis. *Intercultural Communication Studies*，*7*，63 – 82.

Jia，W.（2001）. *The remaking of the Chinese character and identity in the 21st century：The Chinese face practice*. Westport，CT：Ablex.

Jocobs，B. J.（1979）. A preliminary model of particularistic ties in Chinese political alliances：Kanching and Juan-his in a rural Taiwanese township. *China Quarterly*，*78*，237 – 273.

John，O. P.（1990）. The "big five" factor taxonomy：Dimensions of personality in the natural language and in questionnaires. In L. A. Pervin（Ed.），*Handbook of personality：Theory and research*（pp. 66 – 100）. New York：Guilford.

Kahn，H.（1979）. *World economic development：1979 and beyond*. London：Croom Helm.

Kaplan，R. B.（1966）. Cultural thought pattern in inter-cultural education. *Language Learning*，*16*，1 – 20.

Kapoor，S. & Comadena，M.（1996）. *Intercultural sensitivity in individualist-collectivist setting*. Paper presented at Intercultural Communication Convention，Albuquerque，New Mexico.

Katz，J.（1977）. The effects of a systematic training program on the attitude and behaviors of white people. *International Journal of Intercultural Relations*，*1*，77 – 89.

Keesing，R. M.（1975）. Linguistic knowledge and cultural knowledge：Some doubts and speculations. *American Anthropologist*，*81*，14 – 35.

Kelly，W.（2008）. Applying a critical metatheoretical approach to intercultural relations：The case of U. S.-Japanese communication. In M. K. Asante，Y. Miike，& J. Yin（Eds.），*The global intercultural communication reader* (pp. 263 - 279).

Key, W. B. (1972). *Subliminal seduction: Ad media's manipulation of a not so innocent America*. Englewood Cliffs, NJ: Prentice-Hall.

Kim, M. (1994). Cross-cultural comparisons of the perceived importance of conversational constraints. *Human Communication Research*, 21, 128 - 151.

Kim, Y. Y. (1979). Toward an integrative theory of communication-acculturation. In B. Ruben (Ed.), *Communication Yearbook* (pp. 435 - 453). New Brunswick, NJ: Transaction.

Kim. Y. Y. (1996). Identity development: From cultural tointercultural. In H. B. Mokros (Ed.), *Interaction & identity* (pp. 479 - 369). New Brunswick, NJ: Transaction.

Kitao, K. (1981). The test of American culture. *Technology & Mediated Instruction*, 15, 25 - 45.

Klopf, D. W. (1998). *Intercultural communication: The fundamentals of intercultural communication*. Englewood, CO: Morton.

Klopf, D. W. & Cambra, R. E. (1983). Communication apprehensionin foreign settings: The results of exploratory research. *Communication: The Journal of Communication Association of the Pacific*, 12, 37 - 51.

Klopf, D. W. & Park, M. S. (1994). *Communicating with Americans*. Seoul: Han Shi.

Klopf, C., Thompson, S. Ishii, S., & Sallinen-Kuparinen, A. (1990). Nonverbal immediacy differences among Japanese, Finnish, and American university students. *Perceptual and Motor Skills*, 73.

Kluckhohn, C. (1948). *Mirror of man*. New York: McGraw Hill.

Kluckhohn, F. K. (1951). Values and value-orientation in the theory of action. In T. parsons & E. Shils (Eds.), *Toward a general theory of action* (pp. 388 - 433). Cambridge, MA: Harvard University Press.

Kluckhohn, F. K. & Strodbeck, F. L. (1961). *Variations in value orientations*. Evanston, Ill: Row, Peterson.

Knapp, M. (1978). *Nonverbal communication in human interaction*. New York: Holt, Rinehare and Winston.

Knapp, M. & Vangelisti, A. (1992). *Interpersonal communication and human relationships*. Boston: Allyn & Bacon.

Knutson, T. J., Hwang, J. C. & Deng, B. C. (2000). Perception and management of conflict: A comparison of Taiwanese and US business employees. *Intercultural Communication Studies*, 9, 1 - 32.

Kochman, T. (1982). *Black and white: Styles in conflict*. Chicago, IL: University of Chicago Press.

Kohls, L. R. (1979). *Survival kit for overseas living*. Chicago, IL: Intercultural Press.

Kohls, L. R. (1984). *Survival kit for overseas living*. Yarmouth, ME: Intercultural Press.

Kohls, L. R. (1996). *Survival kit for overseas living*. Yarmouth, ME: Intercultural Press.

Kofman, E. & Youngs, G. (1996). Introduction: Globalization in the second wave. In E. Kofman and G. Youngs (Eds.), *Globalization: Theory and practice* (pp. 1 - 8). New York: Pinter.

Kroeber, A. L. & Kluckhohn, C. (1963). *Culture: A critical review of concepts and definitions*. New York: Vintage.

Kume, T. (1985). Managerial attitudes toward decision-making: North American and Japan. In W. B. Gudykunst, L. P. Stewart, & St. Ting-Toomey (Eds.), *Communication, culture, and organizational processes* (pp. 231 - 252). Beverly Hills, CA: Sage.

Kurachi, A. (1984). Reactions to an incident involving a child in shcool: A comparison of Japanese and American mothers' and teacher's reactions. *Journal of Cross-Cultural Psychology*, 15.

Kwok, M. H. & O'Brien (1991). *The elements of feng shui*. New York: Barnes & Noble.

Labov, W. (1969). Contraction, deletion, and inherent variability of the English copula. *Language*, *45*, 715 - 762.

Landis, D. & Bhagat, R. S. (1996). A model of intercultural behavior and training. In D. Landis & R. S. Bhagat (Eds.), *Handbook of intercultural training* (pp. 1 - 13). Thousand Oaks, CA: Sage.

Larson, G. W. (2000). Globalization, computer-mediated interaction, and symbolic convergence. In G. M. Chen and W. J. Starosta (Eds.), *Communication and global society* (pp. 159 - 179). New York: Peter Lang.

Leeds-Hurwitz, W. (1990). Notes in the history of intercultural communication: The foreign service institute and the mandate for intercultural training. *Quarterly Journal of Speech*, *76*, 268 - 281.

Lefley, H. (1985). Impact of cross-cultural training on black and white mental health professionals. *International Journal of Intercultural Relations*, *9*, 305 - 318.

Lewis, T. & Jungman, R. (1986)(Eds.). *On being foreign: Cutlure shock in short fiction*. Yarmouth, ME: Intercultural Press.

Lip, E. (1991). *Feng shui for business*. Sigapore: Times.

Lip, E. (1995). *Feng Shui: Environments of power*. London: Academy.

Lister, N., Dovery, J., Giddings, S., Grant, I., & Kelly, K. (2003). *New media: A critical introduction*. New York: Routledge.

Liu, S. & Chen, G. M. (2000). Assessing Chinese conflict management styles in joint ventures. *Intercultural Communication Studies*, *9*, 71 - 88.

Liu, S. & Chen, G. M. (2002). Collaboratioin over avoidance: Conflict management strategies in state-owned enterprises in China. In G. M. Chen & R. Ma (Eds.), *Chinese conflict management and resolution* (pp. 163 - 182). Westport, CT: Ablex.

Liu, S., & Chen, G. M. (2006). Through the lenses of organizational culture: A comparison of state-owned enterprises and joint ventures in China. *China Media Research*, *2*, 15 - 24.

Lomax, A. (1968). *Folk song style and culture*. New Brunswick, NJ: Transaction.

Long, J. H., & Chen, G. M. (2007). The impact of Internet usage on adolescent selfidentity development. *China Media Research*, *3*(1), 99 - 109.

Lubbers, R. F. (1998, November). *The dynamic of globalization*. Paper presented at the Tilburg University Seminar.

Lustig, M. W. & Koester, J. (2000). The nature of cultural identity. In M. W. Lustig & J. Koester (Eds.), *Among us: Essays on identity, belonging, and intercultural competence* (pp. 3 - 8). New York: Longman.

Lynch, J. (1992). *Education for citizenship in a multicultural society*. London: Cassell.

Lysgaard, S. (1955). Adjustment in foreign society: Norwegian Fullbright grantees visiting the United States. *International Social Science Bulletin*, *7*, 45 - 51.

Ma, R. (1994). Computer-mediated conversations as a new dimension of intercultural communication between East Asian and North American college students. In S. Herring (Ed.), *Computer-mediated communication*. Amsterdam, Netherlands: John Benjamins.

Ma, R. (2000). Internet as a town square in global society. In G. M. Chen and W. J. Starosta (Eds.), *Communication and global society* (pp. 93 - 106). New York: Peter Lang.

Mandelbaum, D. G. (1949). *Selected writings of Edward Sapir*. Berkeley and Los Angeles, CA: University of California Press.

Mansell，M.(1981). Transcultural experience and expressive response. *Communication Education*，*30*，93 - 108.

Martin，J.N.(1987). The relationships between student sojourner perceptions of intercultural competencies and previous sojourn experience. *International Journal of Intercultural Relations*，*11*，337 -355.

Martin，J. N. (1993). Intercultural communication competence：A review. In R. L. Wiseman and J. Koester (Eds.)，*Intercultural communication competence* (pp.16 - 32). Newbury Park，CA：Sage.

Martin，J.N. & Hammer，M.R.(1989). Behavioral categories of intercultural communication competence：Everyday communicators' perceptions. *International Journal of Intercultural Relations*，*13*，303 - 332.

Martin，J. N. & Nakayama，T. K. (1997). *Intercultural communication in contexts*. Mountain View，CA：Mayfield.

Marwell，G. & Schmitt，D.R.(1967). Dimensions of compliance-gaining behaviors：An empirical analysis. *Sociometry*，*39*，350 - 364.

Maryuma，M.(1970). *Toward a cultural futurology*. Cultural Futurology Symposium，American Anthropology Association national meeting，Training Center for Community Programs，University of Minnesota.

McChesney，R.W.(1996). The internet and U.S. communication policy-making in historical and critical perspective. *Journal of Communication*，*46*，98 - 124.

McCrosky，J. C. (1982). Communication competence and performance：A research and pedagogical perspective. *Communication Education*，*31*，1 - 7.

McDaniel，E.R.(2003). Japanese nonverbal communication：A reflection of cultural themes. In LA. Samovar & r. E. Porter (Eds.)，*Intercultural communication*：*A reader* (pp. 253 - 261). Belmont，CA：Wadsworth/Thomson Learning.

McDermott，J.F.，Tseng，W-S. & Maretzki，T.W.(1980). *People and cultures of Hawaii*. Honolulu：University Press of Hawaii.

McLuhan，M. & Fiore，Q.(1968). *War and peace in the global village*. New York：Bantam.

Mehrabian，A.(1972). *Nonverbal communication*. Chicago，IL：Aldine.

Mezirow，J.(1978). *Education for perspective transformation*. New York：Center for Adult Education，Columbia University.

Mezirow，J.(1981). A critical theory of adult learning and education. *Adult Education Quarterly*，*32*，3 -24.

Mezirow，J.(1991). *Tranformative dimensions of adult learning*. San Francisco，CA：Jossey-Bass.

Miike，Y. (2002). Theorizing culture and communication in the Asian context：An assumptive foundation. *Intercultural Communication Studies*，*11*，1 - 21.

Milhouse，V.H.(1993). The applicability of interpersonalcommunication competence to the intercultural communication context. In R.L. Wiseman & J. Koester (Eds.)，*Intercultural communication competence* (pp.184 - 203). Newbury Park：Sage.

Miller，D.，& Bruenger，D.(2007). Decivilization：The compressive effects of technology on culture and communication. *China Media Research*，*3*(2)，83 - 95.

Miller，G.，Boster，F.，Roloff，M. & Seibold，D.(1977). Compliance-gaining message strategies：A typology and some findings concerning the effects of situational differences. *Communication Monographs*，*44*，37 - 51.

Miyahara, A. (1993, November). *Communication competence: A Japanese perspective*. Paper presented at the annual meeting of Speech Communication Association. Miami, Florida.

Miyahara, A. (1994, November). *A conceptualization and measurement of communication competence: A Japanese perspective*. Paper presented at the annual meeting of Speech Communication Association. New Orleans, Louisiana.

Moley, D. (1991). Where the global meets the local: Notes from the sitting room. *Screen*, *32*, 1 - 15.

Monfils, B. S. (2000). Implications of communication and globalization for future research: End remarks. In G. M. Chen and W. J. Starosta (Eds.), *Communication and global society* (pp. 295 - 307). New York: Peter Lang.

Moore, M. (1985). Nonverbal courtship paterns in women: Context and consequences, *Ethnology and Sociobiology*, *6*, 237 - 247.

Moran, R. T. & Stripp, W. G. (1991). *Successful international business negotiations*. Houston, Tx: Gulf.

Moran, R. T., Harris, P. R., & Moran, S. V. (2007). *Managing cultural differences: Global leadership strategies for the 21st century*. New York: Elsevier.

Morris, R. T. (1960). *The two-way mirror*. Minneapolis, Minn: The University of Minnesota Press.

Mulac, A. J., Wiemann, S. J., Widenmann, S. J. & Gibson, T. W. (1988). Mle/female language differences and effects in same-sex and mixed-sex dyads: The gender-linked language effect. *Communication Monographs*, *55*, 315 - 355.

Murray, V. V., Jick, T. D. & Bradshaw, P. (1983). To bargain or not to bargain? The case of hospital budget cuts. In M. H. Bazerman & R. J. Lewicki (Eds.), *Negotiating in organizations* (pp. 271 - 295). Beverly Hills, CA: Sage.

Naisbitt, J. (1994). *Global paradox*. New York: Aven.

Nakanishi, M. (1987). Perceptions of self-disclosure in initialinteraction: A Japanese sample. *Human Communication Research*, *13*, 167 - 190.

Nakanishi, M. & Johnson, K. M. (1993). Implications of self-disclosure on conversational logics, perceived communication competence, and social attraction. In R. L. Wiseman & J. Koester (Eds.), *Intercultural communication competence* (pp. 168 - 183). Newbury Park: Sage.

Nevil, D. D. & Perrotta, J. M. (1985). Adolescent perceptioins of work and home: Australia, Portugal and the United States. *Journal of Cross-Cultural Psychology*, *16*.

Oberg, K. (1960). Cultural shock: Adjustment to new cultural envirnments. *Practical Anthropology*, *7*, 177 - 182.

Okabe, R. (1983). Cultural assumptions of East and West. In W. B. Gudykunst (Ed.), *Intercultural communication theory* (pp. 21 - 44). Beverly Hills, CA: Sage.

Olebe, M. & Koester, J. (1989). Exploring the cross-culturalequivalence of the Behavioral Assessment Scale for interculturalcommunication. *International Journal of Intercultural Relations*, *13*, 333 - 347.

Oliver, R. T. (1962). *Culture and communication*. Springfield, IL: Thomas.

Osmond, H. (1959). The relationship between architect and psychiatrist. In C. Goshen (Ed.), *Psychiatric architecture*. Washington, D. C.: American Psychiatric Association.

Palmer, J. (1986) (Ed.), *Tung Shu: The ancient Chinese almanac*. Boston, MA: Shambhala.

Parks, M. R. (1976, December). *Communication competence*. Paper presented at the meeting of the Speech Communication Association. San Francisco, California.

Parks, M. R. (1985). Interpersonal communication and the quest for personal competence. In M. L. Knapp & G. R. Miller (Eds.), *Handbook of interpersonal communication* (pp. 171 - 201). Beverly

Hills, CA: Sage.

Parks, M. R. (1994). Communication competence and interpersonalcontrol. In M. L. Knapp & G. R. Miller (Eds.), *Handbook of interpersonal communication* (pp. 589 - 618). Thousand Oaks, CA: Sage.

Parsons, T. (1951). *The social system*. Glencoe, IL: Free Press.

Pateman, T. (1987). *Language in mind and language in society*. Oxford: Clarendon.

Peck, M. S. (1992). The true meaning of community. In W. B. Gudykunst & Y. Y. Kim (Eds.), *Readings on communication with strangers* (pp. 435 - 444). New York: McGraw-Hill.

Peng, S., He. Z. & Zhu, J. (2000). Conflict management styles among employees of Sino-American, Sino-French, and state-owned enterprises in China. *Intercultural Communication Studies*, 9, 33 - 46.

Phillips, G. M. (1983), A competent view of "competence". *Communication Education*, 33, 25 - 36.

Phinney, 1993, J. S. (1993). A three-stage model of ethnic identity development in adolescence. In M. E. Bernal & G. P. Knight (Eds.), *Ethnic identity: Formation and transmission among Hispanics and other minorities* (pp. 61 - 79). Albany, NY: State University of New York Press.

Portalla, T., & Chen, G. M. (2009, September), *The development and validation of the intercultural effectiveness scale*. Paper presented at the 2009 annual conference of the International Association for Intercultural Communication Studies. Kumamoto, Japan.

Pratkanis, A. R. & Greenwald, A. G. (1988). Recent perspectives on unconscious processing: Still no marketing applications. *Psychology and Marketing*, 5, 337 - 353.

Prosser, M. H. (Ed.) (1973). *Intercommunication among nations and people*. New York: Harper & Row.

Prosser, M. H. (1978). *Cultural dialogue*. Boston: Houghton Mifflin.

Prosser, M. H. (1978). Intercultural communication theory and research: An overview of major constructs. In B. D. Ruben (Ed.), *Communication Yearbook 2* (pp. 335 - 343). New Brunswick, NJ: Transaction.

Quasha, S. & McDaniel, E. R. (2003). Reinterpreting Japanese business communication in the information age. In LA. Samovar & r. E. Porter (Eds.), *Intercultural communication: A reader* (pp. 283 -292). Belmont, CA: Wadsworth/Thomson Learning.

Randolph, G., Landis, D. & Tzeng, O. (1977). The effects of time and practice upon Culture Assimilator training. *International Journal of Intercultural Relations*, 1, 105 - 119.

Rhinesmith, S. H. (1992). Global minsets for global managers. *Training & Development*, October, 63 -68.

Rhinesmith, S. H. (1996). *A manager's guide to globalization*. Irwin, IL: Chicago.

Rich, A. (1974). *Interracial communicaiton*. New York: Harper & Row.

Richmond, V. P. (1992). Increasing teacher influence through immediacy. In V. P. Richmong & J. C. McCroskey (Eds.), *Power in the classroom: Communication, control, and concern*. Hillsdale, NJ: Erlbaum.

Rokeach, M. (1968). *Beliefs, attitudes, and values*. San Francisco, CA: Jossey-Bass.

Rossbach, S. (1984). *Feng Shui-Ancient Chinese wisdom on arranging a harmonious living environment*. London: Anchor Brendon.

Ruben, B. D. (1976). Assessing communication competency for intercultural adaptation. *Group & Organization Studies*, 1, 334 - 354.

Ruben, B. D. (1977). Guidelines for crosscultural communication effectiveness. *Group & Organization Studies*, 2, 470 - 479.

Ruben, B. D. (1988). Human communication and cross-cultural effectiveness. In L. A. Samovar & R. E. Porter (Eds.), *Intercultural communication: A reader*. CA: Wadsworth.

Ruben, B. D. & Kealey, D. J. (1979). Behavioral assessment of communication competency and the prediction of crossculturaladaptation. *International Journal of intercultural Relations*, 3, 15 – 47.

Ruhly, S. (1976). *Orientations to intercultural communication*. Chicago.

Samovar, L. & Porter, R. E. (Eds.) (1972). *Intercultural communication: A reader*. Belmont, CA: Wadsworth.

Samovar, L. A. & Porter, R. E. (2001). *Communication between cultures*. Belmont, CA: Wadsworth.

Sanders, O. (1995). *A multi-phase analysis of African American women's communication at a public transit setting*. Doctoral Dissertation, Howard University.

Sapir, E. (1931). Communication. *Encyclopedia of the Social Science*, 4, 78 – 81.

Sapir, E. (1958). *Culture, language, and personality*. Berkeley, CA: University of California Press.

Saral, T. B. (1977). Intercultural communication theory and research: An overview. In B. D. Ruben (Ed.), *Communication Yearbook 1*, (pp. 389 – 396). New Brunswick, NJ: Transaction.

Saral, T. B. (1979). Intercultural communication theory and research: An overview of challenges and opportunities. In D. Nimmo (Ed.), *Communication Yearbook 3* (pp. 395 – 406). New Brunswick, NJ: Transaction.

Saville-Troike, M. (1978). *A guide to culture in the classroom*. Rosslyn, VI: InterAmerica Research Associates.

Saville-Troike, M. (1982). *The ethnography of communication*. Baltimore: University Park Press.

Schnapper, M. (1980). Culture simulation as a training tool. In D. S. Hoopes & P. Ventura (Eds.), *Intercultural sourcebook: Cross-cultural training methodologies* (pp. 7 – 10). Washington D. C.: SIETAR.

Schneider, D. J. (1988). *Introduction to social psychology*. San Diego, CA: Harcourt Brace Jovanovich.

Schutz, W. C. (1958). *The interpersonal underworld*. Palo Alto, CA: Science and Behavior Books.

Schwartz, S. (1990). Individualism-collectivism. *Journal of Cross-Cultural Psychology*, 21, 139 – 157.

Schwartz, S. (1992). Universals in the content and structure of values: Theoretical advances and empirical tests in 20 countries. In M. Zanna (Ed.), *Advances in experimental social psychology* (pp. 1 – 65). Orlando, FL: Academic Press.

Schwartz, S. & Bilsky, W. (1987). Toward a psychological structure of human values. *Journal of Personality and Social Psychology*, 53, 850 – 862.

Schwartz, S. & Bilsky, W. (1990). Toward a theory of the universal content and structure of values: Extensions and cross-cultural replications. *Journal of Personality and Social Psychology*, 58, 878 – 891.

Schwartz, S. & Sagiv, L. (1995). Identifying culture-specifics in the content and structure of values. *Journal of Cross-Cultural Psychology*, 26, 92 – 116.

Seidel, G. (1981). Cross-cultural training procedures: Their theoretical framework and evaluation. In S. Bochner (Ed.), *The mediating person: Bridge between cultures*. Cambridge: Schenhman.

Shamoon, L. K. (1998). International e-mail debate. In D. Reiss, D. Selfe & A. Young (Eds.), *Electronic communication across the curriculum* (pp. 151 – 161). Urbana, IL: National Council of Teachers of English.

Sheldon, W. (1954). *Atlas of man: A guide for somatyping the adult male of all ages*. New York: Harper and Row.

Shenkar, O. & Ronen, S. (1987). The cultural context of negotiations: The implications of Chinese interpersonal norms. *The Journal*.

Shirts, G. (1973). *BAFA BAFA: A cross-cultural simulation*. Delmar, CA: Simile 11.

Shuter, R. (1993). On third-culture building. *Communication Yearbook*, *16*, 429 - 436.

Singer, M. R. (1998). Culture: A perceptual approach. In M. J. Bennett (Ed.), *Basic concepts of intercultural communication: Selected readings*. Yarmouth, ME: Intercutural Press.

Sitaram, K. S. & Cogdell, R. T. (1976). *Foundations of intercultural communication*. Columbus, OH: Bobbs-Merrill.

Sitaram, K. S. & Haapanen, I. W. (1979). The role of values in intercultural communication. In M. K. Asante & C. A. Blake (Eds.), *The handbook of international communication* (pp. 147 - 166). Beverly Hills, CA: Sage.

Skinner, S. (1982). *The living earth manual of Feng Shui*. London: Graham Brash.

Smalley, W. A. (1963). Culture shock, language shock, and the shock of self-discovery. *Practical Anthropology*, *10*, 49 - 56.

Smith, A. H. (1965). *Proverbs and common sayings from the Chinese*. New York: Dover.

Smith, A. (Ed.) (1966). *Communication and culture*. New York: Holt, Rinehart & Winston.

Smith, M. B. (1955). Some features of foreign student adjustment. *Journal of Higher Education*, *26*, 231 - 241.

Smith, S. W., Cody, M. J., Lovette, S. & Canary, D. J. (1990). Self-monitoring, gender and compliance-gaining goals. In M. J. Cody & M. L. McLaughlin (Eds.), *The psychology of tactical communication* (pp. 91 - 134). Clevedon, England: Multilingual Matters.

Snyder, M. (1974). Selfmonitoring of expressive behavior. *Journal of Personality and Social Psychology*, *30*, 528.

Soo, F. Y. K. (1981). *Mao Tse-tung's theory of dialectic*. Boston, MA: D. Reidel.

Sosa, L. (1998). *The American dream: How Latinos can achieve success in business and in life*. New York: Dutton.

Spitzburg, B. H. (1991). Intercultural communication competence. In L. A. Samovar & R. E. Porter (Eds.), *Interculturalcommunication: A reader* (pp. 353 - 365). Belmont, CA: Wadsworth.

Spitzberg, B. H. & Cupach, W. R. (1984). *Interpersonal communication competence*. Beverly Hills: Sage.

Starosta, W. J. (1984). Intercultural rhetoric. In W. B. Gudykunst & Y. Y. Kim (Eds.), *Methods for intercultural communication* (pp. 229 - 238). Beverly Hills, CA: Sage.

Starosta, W. J. & Chen, G. M. (in press). A fifth moment in intercultural Communication: A Dialogue. *International and Intercultural Annual*, *27*.

Starosta, W. J. & Olorunnisola, A. A. (1995, April). *A meta-model for third culture development*. Paper presented at the annual meeting of Eastern Communication Association, Pittsburgh, Pennsylvania.

Stephan, C. & Stephan, W. (1992). Reducing intercultural anxiety through contact. *International Journal of Intercultural Relations*, *16*, 89 - 106.

Stewart, E. C. (1978). Outline of intercultural communication. In F. L. Casmir (Ed.), *Intercultural and internationalcommunication* (pp. 265 - 344). University Press of America.

Stohl, C. (1985). The A. M. I. G. O. Project: A multicultural intergroup opportunity. *International Journal of Intercultural Relations*, *9*, 151 - 175.

Strack, S. & Lorr, M. (1990). Three approaches to interpersonal behavior and their common factors. *Journal of Personality Assessment*, *54*, 782 - 790.

Stewart, E. C. (1985). Culture and decision-making. In W. B. Gudykunst, L. P. Stewart & St. Ting-Toomey (Eds.), *Communication, culture, and organizational processes* (pp. 177 - 211). Beverly Hills, CA: Sage.

Sundstrom, E., Burt, R. & Kamp, D. (1980). Privacy at work: Architectual correlates of job satisfaction and job performance. *Academy of Management Journal*, 23, 101 - 117.

Suzuki, D. T. (1960). Buddhist symbolism. In E. Carpenter & M. McLuhan (Eds.), *Explorations in communication* (pp. 36 - 42). Boston, MA: Beacon.

Tannen, D. (1989). *You just don't understand: Women and men in convensation*. New York: William Morrow.

Tan, S-H. (Ed.). (2005). *Challenging citizenship: Group membership and cultural identity in a global age*. Burlington, VT: Ashgate.

Taylor, E. W. (1994). A learning model for becoming interculturally competent. *International Journal of Intercultural Relations*, 18, 389 - 408.

Thayer, L. (1987). *On communication: Essays in understanding*. Norwood, NJ: Ablex.

Thiagarajan, S. & Steinwachs, B. (1990). *Barnga: A simulation game on cultural clashes*. Yarmouth, ME: Intercultural Press.

Thompson, D. P. (1987). Teaching writing on a local area network. *T. H. E. Journal*, 15, 92 - 97.

Thomas, C., Park, K. & Ishii, S. (1993). *Comapring values across three disperate cultures: Japan, Korean and the United States*. Paper presented at World Communication Association, Pretoria, South Africa.

Thomas, K. & Althen, G. (1989). Counseling foreign students. In P. B. Pedersen, J. G. Draguns, W. J. Lonner & J. E. Trimble (Eds.), *Counseling across cultures* (pp. 205 - 241). Honolulu: University of Hawaii Press.

TingToomey, S. (1985). Toward a theory of conflict and culture. In W. B. Gudykunst, L. P. Stewart & S. TingToomey (Eds.), *Communication, culture, and organizational processes* (pp. 71 - 86). Beverly Hills, CA: Sage.

TingToomey, S. (1988). Intercultural conflict style: A facenegotiation theory. In Y. Y. Kim & W. B. Gudykunst (Eds.), *Theories in intercultural communication* (pp. 213 - 235). Newsbury Park, CA: Sage.

Ting-Toomey, S. (1989). Identity and interpersonal bond. In M. K. Asante & Gudykunst (Eds.), *Handbook of international and intercultural communication* (pp. 351 - 373). Newbury Park, CA: Sage.

Ting-Toomey, S. (1993). Communication resourcefulness: An identity negotiation perspective. In R. L. Wiseman & Koester, J. (Eds.), *Intercultural communication competence* (pp. 72 - 111). Newbury Park, CA: Sage.

Ting-Toomey, S. (1994). Managing intercultural conflicts effectively. In L. A. Samovar & R. E. Porter (Eds.), *Intercultural communication: A reader* (pp. 360 - 372). Belmont, CA: Wadsworth.

Ting-Toomey, S. & Korzenny, F. (1989) (Eds.), *Language, communication, and culture: Current directions*. Newbury Park, CA: Sage.

Tomkins, S. S. (1984). Afect theory. In K. R. Scherer & P. Ekman (Eds.), *Approaches to emotion*. Hillsdale, NJ: Lawrence Erlbaum.

Trager, G. L. (1958). Paralanguage: A first approximation. *Studies in Lingusitics*, 13, 1 - 12.

Triandis, H. C. (1976). *Interpersonal behavior*. Monterey, CA: Brooks/Cole.

Triandis, H. C. (1977). Subjective culture and interpersonal relations across cultures. In L. LoebAdler (Ed.), Issues in crosscultural research. *Annals of the New York Academy of Sciences*, *285*, 418 - 434.

Triandis, H. C. (2003). Culture and Conflict. In L. A. Samovar & R. E. Porter (2003) (Eds.), *Intercultural Communication: A reader* (pp. 18 - 28). Belmont, CA: Wadsworth.

Trudgill, P. (1995). *Sociolinguistics: An introduction*. Middlesex: Penguin.

Turner, C. V. (1968). The Sinasina "Big Man" complex: A centralculture theme. *Practical Anthropology*, *15*, 16 - 23.

Vagas, M. F. (1986). *Louder than words: An introduction to nonverbal communicatio*. Ames, IA: Iowa State University.

Van Dijk, T. (1987), *Communicating racism: Ethnic prejudice in thought and talk*. Newbury Park, CA: Sage.

Victor, D. A. (1992). *International business communication*. New York: Harper Collins.

Wade, C. & Tavris, C. (1999). *Psychology*. New York: Prentice Hall.

Wah, L. (1998, May). The power office. *American Management Association International*, 10 - 14.

Wall, J. a. (1985). *Negotiation: Theory and practice*. Glenview, IL: Scot, Foresman and Company.

Walters, D. (1988). *Feng shui*. New York: Simon & Schuster.

Waters, M. (1995). *Globalization*. New York: Routledge.

Wang, J. (1988). Some cultural factors affecting Chinese in treaty negotiations. In R. P. Anand (Ed.), *Cultural factors in international relations* (pp. 47 - 112). New Delhi: Abhinar.

Wang, M. M. (1995). Reentry and reverse culture. In K. Cushner & R. W. Brislin (Eds.), *Improving intercultural interactions: Modules for cross-cultural training programs* (pp. 109 - 128). Thousand Oaks, CA: Sage.

Ward, C. & Kennedy, A. (1994). Acculturation strategies, psychological adjustment, and sociocultural competence during cross-cultural transitions. *International Journal of Intercultural Relations*, *18*, 329 - 343.

Waters, H. (1990). Preparing the African-American student for corporate success: A focus on cooperative education. *International Journal of Intercultural Relations*, *14*, 365 - 376.

Weber, S. N. (1994). The need to be: The socio-culturalsignificance of black language. In L. A. Samovar & R. E. Porter (Eds.), *Intercultural communication: A reader* (pp. 221 - 226). Belmont, CA: Wadsworth.

Weinstein, E. A. (1969). The development of interpersonal competence. In D. A. Goslin (Ed.), *Handbook of socialization theory and research* (pp. 753 - 775). Chicago: Rand McNally.

Weiss, J. (1988). The negotiating style of the People Republic of China: The future of Hong Kong and Macao. *Journal of Social Political and Economic Studies*, *13*, 175 - 194.

White, R. W. (1959). Motivation reconsidered: The concept of competence. *Psychological Review*, *66*, 297 - 333.

Whorf, B. (1956). *Language, thought and reality: Selected writings of Benjamin Lee Whorf* (edited by J. Caroll). Cambridge, MA: MIT.

Whorf, B. (1998). Science and linguistics. In M. J. Bennett (Ed.), *Basic concepts of intercultural communication* (pp. 85 - 95). Yarmouth, ME: Intercultural Press.

Wiemann, J. M. (1977). Explication and test of model of communication competence. *Human Communication Research*, *3*, 195 - 213.

Wiemann, J. M. & Backlund, P. (1980). Current theory and research in communicative competence.

Review of Educational Research，50，185 - 199.

Wiener，M. & Mehrabian，A.（1968）. *A language within language*：*Immediacy*：*A channel in verbal communication*. New York：Appleton-Century-Crofts.

Wilhelm，R.（1979）. *Lectures on the I Ching*：*Constancy and change*. Princeton，NJ：Princeton University Press.

Wiseman，R. L. & Abe，H.（1984）. Explication and test of a model of communicative competence. *Human Communication Research*，13，333.

Wood，J.（1994）. *Gendered lives*：*Communication*，*gender*，*and culture*. Belmont，CA：Wadsworth.

Wright，A.（1970）. *Experiential cross-cultural training*. Mimeo produced by Center for Research and Education. Eastes Park：Colorado.

Xiao，X-S.（2002）. Li：A synamic cultural mechanism of social interaction and conflict management. In G. M. Chen & R. Ma（Eds.），*Chinese conflict management and resolution*（pp. 39 - 49）. Westport，CT：Ablex.

Yu，X.（1997 - 8）. The Chinese native perspective on *mao-dun*（conflict）and *mao-dun* resolution strategies：A qualitative investigation. *Intercultural Communication Studies*，7，63 - 82.

Yu，X.（2002）. Conflict strategies in state-owned enterprises in China. In G. M. Chen & R. Ma（Eds.），*Chinese conflict management and resolution*（pp. 183 - 201）. Westport，CT：Ablex.

Yum. J. O.（1993，November）. *Communication competence*：*A Korean perspective*. Paper presented at the annual meeting of Speech Communication Association. Miami，Florida.

Yum. J. O.（1994，November）. *A conceptualization and measurement Communication competence*：*A Korean perspective*. Paper presented at the annual meeting of Speech Communication Association. New Orleans，Louisiana.

二、中文部分

蔡东照.住宅与风水.台北:武陵出版社,1991

柴宇球.谋略论.台北:书泉出版社,1993

陈国明.风水与华人的沟通行为:理论建立之尝试.论文发表于中华传播学会年度研讨会.台北:台湾出版社,2002,6

陈国明.海外华人传播研究初探.新闻学研究,2001,第69期,页1—28

陈国明.跨文化沟通.鲁曙明编.沟通交际学.北京:人民大学出版社,2008,页194—217

陈国明.全球化社会的新媒体与文化认同.论文发表于北京论坛,2007

陈国明.儒家思想对组织传播的影响.孔孟月刊,1994,第32卷,第9期,页18—25

陈国明.水之道.罗州华人导报,1999,第232期,页3—4

陈国明.文化价值取向与语言.世界华文教育协进会编.第二届华语语文教学研讨会论文集:教学与应用篇（上册）.台北:世界华文教育协进会,1990

陈国明.易经八卦的人际关系发展模式.陈国明编.中华传播理论与原则.台北:五南出版社,2004,页203—229

陈国明.易经八卦与人际关系的演进.中华易学,1996,第202期,页64—68

陈国明.语言学习与文化知识.世界华文教育协进会编.第四届华语语文教学研讨会论文集.台北:世界华文教育协进会,1994

陈国明.在美华人家庭价值取向的变迁.海外华人研究,1992,第2期,页111—121

陈俊森、樊葳葳.外国文化与跨文化交际.武汉:华中科技大学出版社,2000

傅伟勋.西洋哲学史.台北:三民书局,1989

高莫野.中国成语大辞典.高雄:大众出版社,1967

高树藩.机智的运用.台北:启业出版社,1976

高友谦.中国风水.北京:新华出版社,1992

龚文庠.说服学:攻心的学问.北京:东方出版社,1994

关世杰.国际传播学.北京:北京大学出版社,2004

关世杰.跨文化交流学.北京:北京大学,1995

关世杰.试论中国人与英美人思维方式的差异及汉字在其成因中的作用.刘海平编.中美文化的互动与关联.上海:上海外语教育出版社,1997

洪文珍.文字的故事.台北:将军出版社,1981

胡文仲.跨文化交际概论.北京:外语教学与研究出版社,1999

黄光国.人情与面子:中国人的权力游戏.黄光国编.中国人的权力游戏.台北:巨流出版社,1988

黄光国.儒家思想与现代化:理论分析与实证研究.中国论坛,1989,第319期,页7—24

黄铃媚.谈判与协商.台北:五南出版社,2001

黄葳威.文化传播.台北:正中书局,1999

贾玉新.跨文化交际学.上海:上海外语教育出版社,1997

金溟若.英语单字记忆法(编译).台北:志文出版社,1976

金耀基."面"、"耻"与中国人行为之分析.杨国枢编.中国人的心理.台北:桂冠出版社,1988

京士顿.赠言.罗州华人导报,1999,10.15,第247期,页3

劳思光.中国哲学史.台北:三民书局,1991

李焕明.易经的生命哲学.台北:文津出版社,1992

李焕明译.风水:中国的方位艺术.台北:明文出版社,1987

李庆译.气的思想.上海:人民出版社,1990

李人奎.李人奎谈风水.台北:时报文化出版社,1989

李泽厚、刘纲纪.先秦美学史.台北:金枫出版社,1983

李泽厚、刘纲纪.先秦美学史.台北:金枫出版社,1990

林语堂.吾国与吾民.台北:远景出版社,1981

林志森.林云大师风水观及其矫正法大全.纽约:华侨联合会计师楼,1990

刘长林.中国智慧与系统思维.台北:商务书局,1992

刘长林.周易圜道观与中国思维.中华易学,1990,11(3):14—16;11(4):13—18

刘瑞符.谋略.台北:碧山岩出版社,1980

刘晓明.风水与中国社会.江西:新华出版社,1995

龙天机.风生水起好运来.台北:华视出版社,1987

卢郁佳.鉴史如对境.世界日报,2002,2.24,B8

罗世宏译.传播理论—起源、方法与应用.台北:五南出版社,2000

马盛家.云林禅机.台北:华视文化出版社,1995

牟传琳、牟传珩.谈判学研究:谈判理论、方法与技巧.北京:中国华侨出版社,1991

乔健.关系刍议.杨国枢编.中国人的心理.台北:桂冠出版社,1988a

乔健.建立中国人计策行为模式刍议.杨国枢编.中国人的心理.台北:桂冠出版社,1988c

乔健.中国文化中的计策问题初探.杨国枢编.中国人的心理.台北:桂冠出版社,1988b

汪琪.文化与传播.台北:政治大学新闻研究所,1982

王寒生.太极图.台北:民主宪政出版社,1957

王玉德.神秘的风水.南宁:广西人民出版社,1991

王振复.周易的美学智慧.长沙:新华出版社,1991

韦政通.中国文化概论.台北:水牛出版社,1981

文崇一.从价值取向谈中国国民性.李亦园、杨国枢编.中国人的性格.台北:桂冠出版社,1988

吴瀛涛.台湾民俗.台北:振文出版社,1970

杨春时.走出迂回:中国文化转型.香港:天地,1995

杨国枢.中国人孝道的概念分析.杨国枢编.中国人的心理.台北:桂冠出版社,1988

杨慧杰.天人关系论.台北:水牛出版社,1989

杨文衡、张平.中国的风水.台北:幼狮出版社,1995

叶朗.中国美学的发端.台北:金枫出版社,1990

依复仁.英美语对照手册.台北:惊声文物出版社,1969

殷海光.中国文化的展望.香港:文艺书屋,1969

殷海光.中国文化的展望.香港:文艺书屋,1976

于凌波.向知识分子介绍佛教.台北:佛陀教育基金会,1981

俞灏敏.风水探究.香港:中华书局,1992

虞瑾.洋泾浜英语曾大大有用.世界日报,1998,3.16,C10

张慧元.大众传播理论解读.台北:五南出版社,1998

张让.晰明时刻.世界日报,2000,1.20,B8

张心斋.幽梦影.台北:西南出版社,1973

正中编委会.文字学纂要.台北:正中书局,1975

郑国治.中国文化与圣经教训之对比.台北:中国学园传道会,1989

钟进添.科学相法.台中:瑞成书局,1964

朱熹.易经集注.台北:文化图书公司,1974